JN215221

福島綾子

香港カトリック教会堂の建設

信徒による建設活動の意味

九州大学出版会

口絵 1 　悲しみの聖母チャペル（**Our Lady of Sorrows Chapel**, 聖母七苦小堂, **No. 60**）
　　　 1935 年開設

口絵 2 　聖母無原罪カテドラル（**Cathedral of Immaculate Conception**,
　　　 聖母無原罪主教座堂, **No. 22**）　 1888 年竣工

口絵 3　ヴァルトルタ司教記念チャペル（**Bishop Valtorta Memorial Chapel**, 恩理覺主教紀念小堂,
現・教区障がい者司牧センター, **Diocesan Pastoral Centre for the Disabled**,
教區傷殘人士牧民中心, **No. 80**）　**1952** 年竣工

口絵 4　アッシジの聖フランシスコ教会，アッシジの聖フランシスコ英文小学校
（**St. Francis of Assisi Church, St. Francis of Assisi's English Primary School,**
聖方濟各堂, 聖方濟各英文小學, **No. 102**）　**1955** 年竣工

口絵 5　洗礼者聖ヨハネ・カトリック小学校, 洗礼者聖ヨハネ・ミサ・センター
（St. John the Baptist Catholic Primary School, St. John the Baptist Mass Centre,
聖若翰天主教小學, 聖若翰彌撒中心, No. 202）　1962 年竣工

口絵 6　仁德カトリック小学校, 使徒聖マタイ・ミサ・センター
（Yan Tak Catholic Primary School, St. Matthew the Apostle Mass Centre,
仁德天主教小學, 聖瑪竇宗徒彌撒中心, No. 296）　1983 年開設
1 階　講堂兼ミサ・センター

口絵 7　カリタス牛頭角コミュニティ・センター（Caritas Community Centre Ngau Tau Kok,
明愛牛頭角社區中心, No. 244）　1 階多目的ホール　1970 年竣工　ミサ時以外の状態

口絵 8　カリタス牛頭角コミュニティ・センター　1 階多目的ホール
労働者キリスト・ミサ・センター（Christ the Worker Mass Centre,
基督勞工彌撒中心）としてのミサ準備状態

口絵 9　聖ベネディクト教会（St. Benedict's Church, 聖本篤堂, No. 326）　1993 年竣工

口絵 10　プラハの幼子イエス・ミサ・センター（Infant Jesus of Prague Mass Centre,
耶穌聖嬰彌撒中心, No. 292）　1982 年竣工

口絵 11　聖ジェローム教会，聖ジェローム・カトリック幼稚園
（St. Jerome's Church, St. Jerome's Catholic Kindergarten,
聖葉理諾堂, 天主教聖葉理諾幼稚園, No. 343）　2002 年竣工

口絵 12　聖母聖衣教会（**Our Lady of Mount Carmel Church**, 聖母聖衣堂, No. 340）
　　　　　1 階　教会ホール　2001 年竣工

口絵 13　聖母聖衣教会でのミサ

口絵 14　香港島アドミラルティでの民主化運動（雨傘運動）　2014 年 11 月

口絵 15　香港島アドミラルティでの民主化運動（雨傘運動）　2014 年 11 月

目　次

凡　例

言語表記

・日本人以外の人名については，原則カタカナ表記とする．初出に原語表記を付記する（アルファベット表記もしくは漢字表記，あるいは両方）．香港では，中国系市民の本名は中国語漢字表記であるが，通称である英語のファーストネームを社会生活全般で使用している場合が多い．特に教会では，信者は洗礼名でもある英語名を使うことが一般的である．したがって本書では，英語名を使っている中国系香港人については，英語名を優先してカタカナ表記する．英語名称を使っていない人物については，香港人など広東語圏の場合は，漢字名の広東語読みをカタカナ表記する．漢字，広東語発音アルファベット表記を付記する場合もある．

・出典の著者名表記は，出典原語を原則として用いる．

・組織名については，原則，日本語訳を使用する．公式日本語訳がないものは，筆者による訳を使用する．初出に原語表記を付記する（アルファベット表記もしくは漢字表記，あるいは両方）．頻出かつ長文の組織名については，アルファベットの略称を使用する．

・香港の教会堂や学校など施設名称については，筆者による日本語訳を使用する．日本語に訳せないもの（地名の入った学校名など）は原語の中国語名を使用する．教会の守護聖人名は，英語名称をカタカナ表記している．ただし，「キリスト」，「マリア」など，日本語にも浸透している名称は，聖書日本語訳に使われるカタカナ表記をする．

・香港および中国大陸の地名は，原則，漢字表記とする．初出にアルファベット，カタカナ表記を入れる場合もある．英語名が一般的な地名についてはカタカナ表記とする．初出にアルファベット表記もしくは漢字表記を入れる場合もある．

「政府」表記

・本書では，香港の「政府」という言葉は，1842 年から 1997 年 6 月 30 日の期間において使う場合は，イギリス植民地香港政庁を指す．もしくは政庁と呼ぶ．1997 年 7 月 1 日以降現在までの期間において使う場合は，香港特別行政区政府を指す．

インタビュー

・本研究のインタビューはすべて香港でおこなった．氏名掲載については，インタビュー対象者の希望に従い，本名，イニシャル表記，あるいは匿名である．

アーカイブ資料

・本研究ではカトリック香港教区アーカイブスの所蔵資料を，許可を得て使用・参照・引用している（The Documents reproduced with permission of the Hong Kong Catholic Diocesan Archives. © The Roman Catholic Church in Hong Kong, License No. HKCDA-DOC/001/2019）．アーカイブ資料は本書注で HKCDA と記す．さらに所蔵セクション番号，ボックス番号，フォルダ番号/名称を記す．

図版

・写真は注記のない限りは筆者撮影である．それ以外のものは撮影者，写真所有者の許可を得て掲載している，教会堂や学校など不動産の写真と図面は，当該不動産所有者あるいは賃借者であるカトリック香港教区，カリタス香港の許可を得て掲載している．

教会堂 No.

・資料 1 に挙げた教会堂を本文中や図表で言及する場合は No. ○○として記述する．

序　章

信徒の信仰と教会堂建設活動

第 1 節　研究の出発点

1　信徒による教会建築営繕という視点の再発見

カトリック信者たちは，なぜ，教会堂を建設し，維持するのか．このような一見自明に思われる問いを私が持つに至ったのは，日本のカトリック信徒たちが自ら教会堂を建設し，営繕している姿を見知ったときであった[1]．

私は 2008 年から 2010 年にかけて，長崎県五島市に所在するキリスト教系集落の調査研究に携わった．こうした集落にはいわゆるカクレキリシタンの信仰を継承している人々，そしてカトリック信者が暮らしている．禁教期の 17 世紀，数多くの潜伏キリシタンが迫害を逃れ，九州本土から五島列島に移住した[2]．1873 年に禁教令が撤廃されると，カトリック教会に復帰した人も多かった．調査のなかで，五島のカトリック信徒は自ら教会堂の建設作業をおこない，改

---

1)「信者 (Catholics)」とはすべてのカトリック信者を指し，聖職者，修道者，信徒 (laity) を含む．第二バチカン公会議公文書「教会憲章」およびカトリック教会法によれば，信者の「立場 (condition)」あるいは「職務」の違いによって，信者は「聖職者」と「信徒（叙階されていないすべての信者．叙階されていない修道者を含む）」の 2 種類に分かれる．信者の「身分 (status)」の違いによっては，「聖職者」，「修道者」，「信徒」の 3 種類に分かれる（日本カトリック司教協議会教会行政法制委員会 1992, 第 204, 207, 208 条，第二バチカン公会議文書公式訳改訂特別委員会 2013,「教会憲章」13 項）．本書では，「信徒」は，聖職者と修道者（叙階されていない修道者も含める）以外の信者を指すこととする．ただし，叙階されている終身助祭は信徒に含めることとする．終身助祭は多くの場合，助祭職以外に世俗の生業や専門を持って生計を立てており，婚姻をしているためである．
　「教会」は，聖職者，修道者，信徒を含むカトリック信者の集合体，すなわち，教皇庁，教区，小教区，修道会などといった組織を指す．「教会堂」は礼拝等宗教活動のための場所を指す．カトリック信者による宗教活動がおこなわれている，あるいは過去におこなわれていた場所である．
　「営繕」は，建築，構造物，それらが所在する敷地の全体もしくは一部の新築，改修，修復，保存，維持活動を指す．「管理」とは，営繕活動と事業の計画，資金調達，工程計画，監理，それらに伴う事業関係者間の調整を指す．本書では「営繕」と「建設」を同義的，互換的に使う．「建設」，「建設事業」の語句を使用する場合，新築に限らず，維持を含む建設行為全般を意味する．
2) 潜伏キリシタンとは，カトリック信仰を持ち続けながらも，表面的には仏教徒を装い，カトリック信仰を隠し続けながら生活していたカトリック信者を指す．カクレキリシタンとは，もともと潜伏キリシタンであったが，長い潜伏生活のなかで，徐々にそのカトリック信仰が変質し，最終的にはカトリックと異なる独自の信仰を持つようになった人々を指す．禁教令撤廃後もカトリック教会に復帰せず，伝承された信仰を持ち続けた．彼らは自身の信仰はカトリック信仰とは異なると認識しているため，カクレキリシタンはカトリック信者ではない．キリスト教の一宗派でもなく，独自の信仰である（上智学院新カトリック大事典編纂委員会 1996,「かくれキリシタン」）．

修や補修などの維持も担ってきたことを知った．1960 年代後半になると，離島でもあるため，信徒の島外移住による減少，高齢化が著しく，また 19 世紀から 20 世紀初頭にかけて建設された教会堂の劣化も激しく，信徒が維持できない教会堂が出始めたことも知った．そのような教会堂は建築学的には価値の高い，保存に値するものであった．しかしながら信徒らは，維持できなくなった教会堂は閉鎖し解体することが教会堂に対する敬意と信仰を持った接し方であると考え実行した（木方ほか 2010, 29, 福島 2011, 2014, Fukushima 2015）．五島の信徒たちは，教会堂を建設，維持，改修，補修，そして場合によっては解体までしていたのだ．

奄美はやはり離島である．そこでも私は 2009 年から 2011 年にかけて，信者によるカトリック教会堂営繕の調査をおこなった．信者たちは，大工である信徒を中心に，自分たちの教会堂を営繕していた．さらに，同じ集落に居住している，信者ではない住民も営繕に協力していた．その理由のひとつには，五島とは異なる奄美のカトリック史がある．奄美においては，江戸期にはカトリックは伝えられず，明治の禁教令廃止後にカトリック宣教が始まった．このため，五島のような迫害，潜伏の歴史がなく，信者と非信者の間の分断が強くなかったのである．また，古代より，集落住民の暮らし全般は「ユイ」による相互扶助によって成り立っており，その生き方が現代でも継承され，教会堂も集落全体の財産として大切にされていることがうかがわれた（木方ほか 2010, 福島 2014）．同じ日本，同じカトリックであっても，教会堂営繕のありようには地域的固有性があることを知った．

さらに福岡や神奈川の都市部においても同様の調査をおこない，信徒が，信仰を動機とし，また目的としておこなっている建築営繕を実見することができた（福島 2013, 2015, 西村，福島 2013, 田原，福島 2013）．

2　現代における教会建築研究の脱宗教化

現代において国内外でおこなわれている教会建築研究は，建築様式，平面計画，空間構成，構法，材料の分析が中心である（太田 1982, 川上，土田 1983, 川上 1985, 川上ほか 1986, 1990a, b, Schloeder 1998, 前川 2002, Kieckhefer 2004, Vosko 2006）．日本建築学会で 2018 年までに発表された論文のうち，表題に「教会」が入る論文は 55 件ある[3]．そのうちのじつに 54 件が様式，平面計画，空間構成，構法，材料の研究である．残りの 1 件は修道会による教会堂建築方針に関するものである（宮元 1991）．

宗教学において，信仰という観点から教会建築が研究されているかというと，それもほとんど見られない．日本宗教学会の学会誌で 2018 年までに発表された論文のうち，表題に「教会建築」を含む論文はわずか 1 件であった[4]．「教会堂」,「聖堂」,「礼拝施設」が表題やキーワードに入っている論文は存在しない．

---

3) 日本建築学会. 日本建築学会論文等検索システム, https://www.aij.or.jp/paper/search.html, 2018 年 11 月 12 日検索. 日本建築学会計画系論文集, 計画系論文報告集, 論文報告集に掲載された論文を検索した.
4) 日本宗教学会.『宗教研究』データベース論文検索, http://jpars.org/journal/search, 2019 年 3 月 22 日検索.

　つまり，現代の教会建築研究には以下のような視点がほとんどないのである．教会堂を建設する信徒とはどのような人々であるのか，なぜ彼らは建設するのか，信徒が信仰ゆえに建設するのであれば，その信仰とは具体的にどのようなものであり，それは建築そのものやあるいは建設行為にどのように表れているのか．

　このように教会建築と信徒の信仰に関する既往研究が欠落している理由は以下であろう．19世紀に世俗化が進んだことで，信仰と学問が分離した[5]．宗教建築研究者自身が信仰を持たないことも一般的になった．彼らはまた，建設することの基礎にあるはずの信仰や精神を，建築から切り離して考えるようになった．宗教建築研究は脱宗教化されたのである．20世紀以降，建築学は意匠や構造といった物質性のみを扱い，信仰については神学や宗教学が扱うべきとされるようになった．20世紀後半に至っては，この分離が当然となり，そのことに疑義を持たれることさえなくなったように思われる．とりわけ政教分離が戦後徹底された日本では，この傾向，意識が強く，建築学研究者が信仰について研究し言及するのは，タブーとさえ考えられてきたように見うけられる．

3　ピュージン，ラスキンの教会建築研究

　学問における世俗化意識が一般化する以前の19世紀，宗教建築を研究していた人々は，信仰について深い洞察をした信者であった．その代表格は，オーガスタス・W. N. ピュージン（Augustus Pugin, 1812-1852年）やジョン・ラスキン（John Ruskin, 1819-1900年）であろう．彼らが生きたイギリスでは，16世紀に国王ヘンリー8世が個人的な理由によって奇妙な宗教改革をし，英国国教会（Church of England）を新設し，カトリック教会から分離した．カトリック信者に対しては迫害を続けた．19世紀には近代化，世俗化によって信仰そのものが衰退していた．さらに産業革命によって建築デザインの質と技術が変質し劣化していた．そのような時代背景において，ピュージンやラスキンは，信仰があればこそ，教会堂やその他の建築が美しくデザインされ，建設され，維持されることを，中世を理想として説いたのである．

　ピュージンは，20歳代前半でアングリカンからカトリックに改宗した．彼の信仰心は，教会建築研究と設計活動のすべてにわたって熱烈に表明されている．中世において教会建設に携わった人々が持っていた信仰心を憧憬し，その回復を切望した．

　　彼等（筆者注：中世の信者）は，金銭的な報酬を望むようなことはおろか，人の子の賞讃とか感嘆を超えた，はるかに崇高な動機によって駆り立てられた．彼等は，人間に与えられた最も栄えあるつとめ，活ける真の神を誉め奉る神殿の建立に携わっているのだ，との思いにあふれていた．
　　その建物を設計した工匠長を導いたのはこの思いであり，一つ一つの多様で美しい細部装飾に

> 鑿をふるった，倦むことなき彫物師を導いたのも，この思いであった．また，労苦や危険や困難をかえりみず，雲を凌ぐ高い尖頂屋根を築き上げることを往古の石工達に堪えさせたのは，やはり，この思いであった．往時の聖職者達をして，この敬神の事業に入り金を惜しみなくはたかせ，工事を成し遂げるにあたって手ずから労に勤しむよう促したのは，この思いである．中世の数多の建物の至るところに読みとれる思いとは，まさにこれであろう．…この思いこそが，建設に携わる者達，芸術に携わる者達を誘い導く目標の一致をもたらしたのである（ピュージン 1836=2017, 6）．

　ピュージンは，こうした中世の理想社会を破壊した根源として，ヘンリー 8 世によるカトリック教会からの分離と英国国教会の設立，国家によるカトリック教会に対する迫害，搾取，破壊を糾弾する．そうした行為は 19 世紀に至っても続き，道徳や信仰は完全に衰退，欠如し，その結果，人々は教会堂を営繕するという奉仕精神を失い，残された教会堂は荒廃が進み，修繕された教会堂であっても，その修繕方法はお粗末過ぎる内容で，もはや破壊でしかないと痛烈に批判する．

> 人々の資力ではそれ以上に造りえぬというのであれば，建てうる限りの至って粗末な堂内から捧げられる祈りが，至って豪華な伽藍から唱えられる祈りと同等に良しとされ，聞き届けられようことを，私は端から否定したりはしない．しかしながら，贅沢が何処にも行きわたり，いや増し，富も資力もかつてなく豊かになっている中で，聖なる礼拝に用いるべく所々方々で築かれている建物のけち臭い姿，そして往古の教会堂の只々荒廃するに任せられた姿を目の当たりにするという現実，これは信仰に寄せられる熱意の全き欠乏，神を拝する光栄への気持の無さを物語っており，国の恥さらしであるとともに，全能の神に対する侮辱にほかなるまい（ピュージン 1836=2017, 22）．

　ピュージンは，教会建築のみならず，世俗建築や都市をつくるうえで，信仰に基づいた道徳は絶対的に必要であること，それがなければいかなる建築も社会も良いものとはならないことを訴えた．

　ジョン・ラスキンは，いささか複雑な信仰の道のりを歩んだ．熱心なプロテスタント福音主義の母親に育てられ，将来は高位聖職者になることを期待されていた．しかし 1860 年頃，プロテスタント福音主義から離れた．だが，信仰そのものがなくなったわけではなかった．ラスキンによれば，今までの信仰よりもさらに優れた方法で神に仕えると考えるようになったのである（ベル 1978=1989, 102, ランドウ 1985=2010, 149-152）．

　ラスキンは，著書『建築の七燈（*The Seven Lamps of Architecture*）』の序で真っ先に，建築を含むすべての行為は「神を悦ばすこと」に帰するものでなければならないと述べる（ラスキン 1880=1997, 18）[6]．さらに，七燈のうちの第一の燈「犠牲」とは，教会堂建設においては，資金，材料，技術，労力を惜しまず，それらを神への信仰と愛として捧げる行為であり，神への「生け贄」を捧げる精神を有していなければいけないと主張する（ラスキン 1880=1997, 24-25）．

　私は大理石の教会を持つことをすべての村のために要求しているのではないと．いや，私は大理石の教会を，教会自身のために微塵も要求してはいない．教会を建てる人々の精神を要求しているのだ．…教会の作り出す荘厳さが人々にとって正しい信心の湧き出る源泉となっているかということは問題外で，むしろ教会を建築する人々にとってこそ問題となるのだ．

　人々が教会に要求するのは建物ではなく，神への「捧げ物」なのである．外見上だけの賛美の感情ではなく，崇拝的な行為であり，施しなのである．このことを十分に理解しているならば，自然に外見上も美しくなり，また正反対の感情を有する人々にとってもどれだけ多くの愛が，労働の中にもどれだけ多くの高貴さが是認されることであろうか（ラスキン 1880=1997, 35-36）．

　ラスキンは，宗教建築の第一義は，教会堂を建設する行為がどのような動機に基づいているか，犠牲を厭わない信仰心があるかどうかだとした．材料や装飾の豪華さはあくまで二義的なものとした．

　五島，奄美などのカトリック教会堂を調査するに及び，少しずつ，しかし力強く，ピュージンやラスキン的な理念が私のなかで意味を深めていった．建てること，営繕することが信仰そのものであり，信徒が信仰を生きることなのだと理解するようになった．したがって，カトリック信者にとって，営繕行為は教会堂そのものと同じくらい，あるいはそれ以上に重要であると思われる．私は，信徒による営繕活動を，宗教的，社会的価値のある行為として認識し，研究する必要を感じるようになった．

4　香港のカトリック信者と教会

　他方で，宗教的文脈ではない関心から，香港の市民による都市保全運動を 2006 年より研究してきた．そもそも私が香港を研究するようになったきっかけは，香港大學の建築保存教育プログラムに興味を持ち，どのような文化財保存教育をおこなっているのかを調査し始めたことであった．その調査のなかで，香港市民による都市保全運動が 2006 年当時まさに展開されていることを知るに至り，研究の対象をそれへと広げた．それ以来，香港に足しげく通い，運動を現場で取材してきた．その成果を『香港の都市再開発と保全：市民によるアイデンティティとホームの再構築』として 2009 年に出版した（福島 2009）．香港の人々は，戦後の庶民の暮らしを象徴する場所，すなわち，路上の青果市場，集合住宅，フェリー乗り場といった場所を，香港人の「集合的記憶」が集積する大切な場所として積極的に意義づけし，政府による経済性重視の再開発に反対し，文化遺産保全とまちづくりへの市民参加を要求して運動を展開してい

　6）『建築の七燈』初版は 1849 年であり，ラスキンが 1860 年に離教する以前に執筆された．本書で引用するのは 1880 年の再版である．1880 年の再版前書きのなかでラスキンは「初版に記したプロテスタンティズムに関する若干の部分は割愛することにした」と述べている（ラスキン 1880=1997, 7）．初版出版以降に，ラスキンの信仰心には大きな変化があり，初版で述べた主張が少なからず変わったためと思われる．しかし，再版では，宗教建築を建設する信仰心に関する見解は変わらず記載されている．

た．それは少数の文化財を愛好する人たちによる市民運動ではなく，大きな社会運動であった．その背後には，香港固有の経緯があった．香港が1997年に中国に返還されることが決まった後，香港に住む人々のアイデンティティ，「香港人」とは何かということが大きな社会的関心となった（Abbas 1997, Pun and Yu 2003, Faure 2003, Chan 2004, 林 2005, 呂 2007, Kam 2015, 周 2016）．このアイデンティティ探求は，2006年に政府が市民の意思を無視して港湾の再開発を進めたことによって再び刺激され，大きな高まりを見せた．「香港人アイデンティティ」が内包するものとは，中国への返還後の香港において進行する「大陸化」，「再植民地化」への反発，民主主義への目覚めと切望，中国人ではなく香港人としての自己像の再構築，香港への強い帰属意識であった．

　五島，奄美そして香港での研究をおこなっているうちに，私のなかで二つの視点，すなわち，信徒の信仰としての教会堂建設という視点と，香港人アイデンティティという視点が合流した．

　香港は伝統的キリスト教地域ではないにも関わらず，永住者人口のじつに5%（約39万4,000人）もがカトリック信者である（表序.1, 図序.1）．長期滞在の外国人信者（約20万7,000人）も含めると，60万1,000人となる．もともとキリスト教社会ではない宣教地としては，きわめて異例の高い割合である．日本の状況と比べてみると，より明らかである．香港はひとつの教区であるが，日本は16の教区から成り立っている．日本の全16教区を合わせた信者数は44万832人であり，たったひとつの教区である香港の信者数が，日本の全信者数をはるかに上回っていることは驚きである[7]．

　周知のとおり，イングランドでは英国国教会が公定教会とされているが，イギリス植民地ではそうではなかった[8]．香港においては，英国国教会である聖公会の他に，カトリックや他のプロテスタント諸派，他宗教も宣教活動の自由を与えられた．同時に，香港植民地政府と諸教会，諸宗教は，緩く分離しつつも相互依存的な協力関係を構築していた．実態としては，香港において最大のキリスト教会となったのはカトリックであった．

　私は香港に通うなかで，香港のカトリック信徒たちがきわめて主体的に教会堂建設と維持に関わっていることを知るに至った．そこには二つの特徴が観察される．ひとつ目の特徴は，信徒にして建設専門家である人々が活動の主体となっていることである．現役あるいはリタイアした専門家が教会内で組織をつくり，彼らの専門技能を活用した高度な教会堂建設事業管理を展開している．彼らは建築家やエンジニア，プランナーなどとしての知識と経験をそのまま教

---

7) 日本の2017年時点での信者数は以下参照．カトリック中央協議会．「カトリック教会現勢2017年1月1日〜12月31日」，https://www.cbcj.catholic.jp/wp-content/uploads/2018/07/statistics2017.pdf, 2018年11月12日閲覧．在日外国人信者は，日本の教会で信者登録をしていない場合が少なくない．在日外国人信者数に関する信頼できる統計は存在しないが，教会活動をしている外国人信者は日本全体で数万人，多く見積もっても10万人は超えないと推測する．

8) イングランドは現代にいたるまでアングリカニズム（英国国教会主義）という政教一致原則を保持しながら，同時に信教の自由や寛容や良心の自由をいち早く制度化した（大西，千葉 2006, 22, 斎藤 2006）．イギリス連邦のうちアイルランドとスコットランドでは，英国国教会は公定教会ではない．

表序.1　香港総人口，カトリック信者数，カトリック信者人口比

年	香港総人口（人）	カトリック信者数（人）	総人口に占めるカトリック信者の割合	年	香港総人口（人）	カトリック信者数（人）	総人口に占めるカトリック信者の割合
1841	7,500			1938	1,028,619	34,982	3.40%
1842		300		1939	1,050,256	35,821	3.41%
1843		925		1940		36,326	
1845	23,817	1,260	5.29%	1941	1,600,000		
1848	24,000			1945	750,000		
1851		1,600		1946		33,000	
1852		1,898		1947	1,800,000	30,000	1.67%
1853	39,017	1,502	3.85%	1948	1,800,000	33,848	1.88%
1855	72,000	1,697	2.36%	1949	1,860,000	37,186	2.00%
1858		3,260		1950	2,060,000	39,522	1.92%
1859	86,941	3,000	3.45%	1951	2,070,000	43,004	2.08%
1861	119,320			1952	2,183,300	48,260	2.21%
1862	120,000			1953	2,302,700	54,116	2.35%
1867		4,100		1954	2,428,700	62,921	2.59%
1869		4,000		1955	2,553,700	73,499	2.88%
1870		4,360		1956	2,677,000	89,537	3.34%
1872	121,985	4,520	3.71%	1957	2,796,800	108,587	3.88%
1875		5,250		1958	3,023,300	131,698	4.36%
1876	139,144	5,360	3.85%	1959		146,464	
1877		5,500		1960	3,128,200	164,966	5.27%
1878		5,600		1961	3,168,100	174,279	5.50%
1879		5,820		1962	3,305,200	190,461	5.76%
1880		5,970		1963	3,420,900	205,791	6.02%
1881	160,402	6,170	3.85%	1964	3,504,600	220,280	6.29%
1882	166,433	6,270	3.77%	1965	3,597,900	229,982	6.39%
1883	173,475	6,470	3.73%	1966	3,629,900	238,372	6.57%
1884	181,529	6,600	3.64%	1967	3,722,800	241,986	6.50%
1885	190,594	6,710	3.52%	1968	3,802,700	235,937	6.20%
1886	200,990	6,800	3.38%	1969	3,863,900	241,813	6.26%
1887	212,951	6,850	3.22%	1970	3,959,000	247,961	6.26%
1888	215,800	6,900	3.20%	1971	4,045,300	252,803	6.25%
1889	194,482	7,020	3.61%	1972	4,123,600	257,713	6.25%
1890	198,472			1973	4,241,600	261,890	6.17%
1891	221,441			1974	4,377,800	265,806	6.07%
1892	231,662			1975	4,461,600	260,015	5.83%
1893	238,724			1976	4,439,250	250,197	5.64%
1894	246,006			1977	4,583,700	256,938	5.61%
1895	248,498	8,315	3.35%	1978	4,667,500	258,817	5.55%
1896	239,419	8,360	3.49%	1979	4,929,700	266,843	5.41%
1897	248,710	8,700	3.50%	1980	5,063,100	259,817	5.13%
1898	254,400	9,000	3.54%	1981	5,183,400	263,405	5.08%
1899	259,312	9,170	3.54%	1982	5,264,500	266,508	5.06%
1900		9,265		1983	5,345,100	269,798	5.05%
1901	283,975	9,300	3.27%	1984	5,397,900	269,324	4.99%
1902		9,900		1985	5,456,200	267,249	4.90%
1903	445,000	10,800	2.43%	1986	5,524,600	267,321	4.84%
1904		11,500		1987	5,580,500	263,270	4.72%
1905		12,250		1988	5,627,600	255,629	4.54%
1906	319,803	13,295	4.16%	1989	5,686,200	258,209	4.54%
1907		14,195		1990	5,704,500	253,362	4.44%
1908		14,945		1991	5,752,000	250,605	4.36%
1909		15,695		1992	5,800,500	249,182	4.30%
1910		16,201		1993	5,901,000	254,134	4.31%
1911	456,739	16,751	3.67%	1994	6,035,400	257,457	4.27%
1912		17,359		1995	6,156,100	237,416	3.86%
1913		18,000		1996	6,435,500	242,491	3.77%
1914		18,500		1997	6,489,300	239,683	3.69%
1915		19,100		1998	6,583,400	227,086	3.45%
1916	530,000	19,820	3.74%	1999	6,637,600	229,723	3.46%
1917		20,593		2000	6,711,500	236,327	3.52%
1918	561,500	21,858	3.89%	2001	6,714,300	224,156	3.34%
1919	598,100	22,742	3.80%	2002	6,786,100	239,402	3.53%
1920		23,477		2003	6,803,100	240,362	3.53%
1921	625,166	24,945	3.99%	2004	6,882,600	242,513	3.52%
1922		26,556		2005	6,837,800	243,866	3.57%
1923		27,135		2006	6,857,100	246,877	3.60%
1924		28,110		2007	6,952,800	248,939	3.58%
1925	725,000	29,135	4.02%	2008	6,988,900	259,596	3.71%
1926		30,237		2009	6,972,800	353,000	5.06%
1927		30,639		2010	7,024,200	357,000	5.08%
1928		31,120		2011	7,071,600	363,000	5.13%
1929		32,350		2012	7,154,600	368,000	5.14%
1931	840,473	31,037	3.69%	2013	7,191,661	374,000	5.20%
1932		30,849		2014	7,228,914	379,000	5.24%
1933		31,105		2015	7,324,800	384,000	5.24%
1934		31,597		2016	7,346,248	389,000	5.30%
1935		32,055		2017	7,456,542	394,000	5.28%
1936		32,921		2018	7,482,500	399,000	5.33%
1937		34,413					

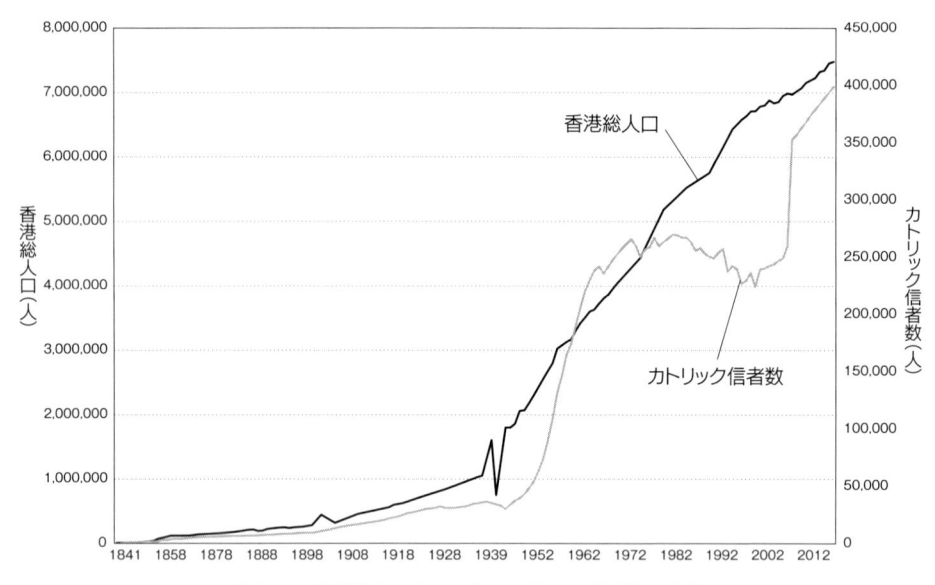

図序.1　香港総人口およびカトリック信者数の変遷

表序.1, 図序.1 出典

香港総人口出典

資料名	データの年	所蔵・出典
Sanderson, Edgar. 1897. The British Empire in the Nineteenth Century: Its Progress and Expansion at Home and Abroad. Blackie publishing. digitalized doc from Stanford University	1841/48/55	The Library of University of Hong Kong
CENSUS OF HONGKONG 31ST DECEMBER, 1853.	1853	
Stanford, David. 2006. Roses in December. Lulu press	1862/ 1916/25	
The population of HK	1872/81/91/ 1901/11/21/31	
Government Notification No.204	1876/81	
HK Report on the Blue Book for 1886	1882–86	
HK Report on The Blue Book and Departmental Reports for 1889	1882–87/89	
HK Report on The Blue Book and Department Reports for 1888	1887–88	
HK Report on The Blue Book and Departmental Reports for 1891	1890	
HK Report of the Register General for 1899	1892–99	
HK Report on the Blue Book for 1911	1901/06/11/19	
HK Report on the Blue Book for 1903	1903	
Administrative Reports for the year 1919	1906	
HK report on the Blue Book for 1918	1918	
Administrative Reports for the year 1939	1938–39	
Fan Shuh Ching. 1974. The population of Hong Kong, The Committtee for International Coordination of Natinoal Research in Demography	1845/59/61	http://www.cicred.org/Eng/Publications/pdf/ c-c21.pdf
Hong Kong Population History	1941/45/76	Demographia. http://www.demographia.com/ db-hkhist.htm
HK statistics 1947–1967	1947–58/60–67/71	The Library of University of Hong Kong
HK population and Housing Census 1971 main report	1961–71	
Demographic trends in HK 1981–2006	1981/86/91/96 2001/06	
Hong Kong Monthly Digest of Statistics December 2003	1998–2000/02	
Population and Household Statistics Analyzed by District Council District 2004	2003–04	
Hong Kong Monthly Digest of Statistics March 2010	2005/07/08	
country meters	2009–18	Countrymeters. http://countrymeters.info/en/ Hong_Kong

カトリック信者数出典

資料名	データの年	所蔵・出典
Number of Catholics, Annual Adult Baptisms, Churches, Chapels, Western Missionaries and Local Missionaries in Hong Kong	1842–1902/20–29	HKCDA Section I-05
Statistic of the Vicariate Apostolic of Hong Kong	1930–31	
Prospectus Status Missionis	1932–38/47–61	
天主教香港教區　統計資料	1903–19	カトリック香港教区アーカイブス. http:// archives.catholic.org.hk/Statistic/ST-Index.htm
Hong Kong Catholic Directory 1963	1939	Catholic Truth Society
Hong Kong Catholic Church Directory 1963–2019	1962–2018	

会堂建設のために活用しているのである．そのようなシステムは，少なくとも日本では見られ
ないものであった．二つ目の特徴は，建設専門家であるカトリック信徒らはこうした営繕への
参画を，単なる実務的な奉仕にとどめるのではなく，自身の霊的成長，霊性の探求をも目的と
しておこなっているということである．

　そうした活動を知るに至り，香港のカトリック信徒たちは主体的な教会堂営繕というかたち
で，自分たちの信仰，そしてアイデンティティを，希求し構築しようとしているのではないか
と考えるようになった．すなわちピュージンやラスキンが19世紀に指摘していたような，建設
することが信仰そのものでもあるという大きな理念に収斂してゆくもののように思えた．そう
考えると，私自身が文化財に関わることにおいて出会い，時に格闘しているいくつかの概念が
位置づけられるように思えた．

　例えば「敬虔なる蛮行（pious vandal）」という概念である．国内外において，信徒たちによる
自立的営繕，特に改修，補修，移築，解体などの行為は，従来の文化財行政，文化財保存学の
枠組みでは正しく評価されず，むしろ教会建築の学術的価値を損なう行為（すなわち，敬虔なる
蛮行）であると研究者や行政職員に判断されることが多々あった（Wijesuriya 2001）．日本でも，
信者が維持できなくなった教会堂を閉鎖し解体することを一度は決断したが，行政と研究者の
働きかけにより「文化財」として保存された事例がいくつかある．歴史学的，建築学的観点か
らは，教会堂が保存されたことの意義は大きい．近代的文化財保存制度では，宗教建築の建築
的価値，すなわち意匠や構法を評価し，信者・非信者を含む国民全体にとっての公益的価値を
認め，文化財として指定し，公的資金をその保存修復に用いることを可能としてきた．このよ
うな価値観の確立，保存制度の整備において建築学研究者が果たしてきた役割は大変大きなも
のである．こうした近代的文化財概念・制度があったからこそ，少なからぬ宗教建築が現在に
至るまで維持可能となったことは事実である．行政の資金的，技術的介入なくしては，保存や
修復はおろか，維持すら不可能であった宗教建築は少なくない．しかし，そのようにして保存
された教会堂であっても，事実上は廃堂となり，使用する信者がおらず，ミサなど宗教活動が
実践されなくなった教会堂は，本質的な価値を失ったようにも私には感ぜられた（Fukushima et
al. 2008）．建築学的，文化財学的視点からは，信徒による営繕には，解体など，望ましくはない
方法や技術があるかもしれない．しかし信者の信仰という観点を主軸に据えるならば，自分た
ちで維持できなくなった教会堂は，放置して荒廃させるのではなく，自分たちの手で解体し，
尊厳を持って教会堂の役割を終わらせるという信者の判断は，十分に理解できるものであり，
宗教的に意味のある営為といえるであろう．

　こうした信徒の営繕行為は，まさに19世紀にピュージンやラスキンが訴えたこと，すなわ
ち，教会堂を建てる者の精神・信仰を体現したものである．しかしながら，日本では，建築の
精神性とそれに基づく営為は，特に文化財として扱われる場合，ほとんど評価されてこなかっ
た．信仰と営繕が過小評価されたり，評価から除外されてよいのだろうか．むしろそれこそが，
教会堂の価値の核心ではないのか．研究者や行政はそれを積極的に評価し，信者たちがその営
みと精神を持続，更新させる体制を支援すべきなのではないか．この無形の営みとしての信徒

による教会堂営繕が，文化財行政においても，学術界においても評価されない現状にあっては，まずはこの価値を複合領域的に理解し評価する研究をすべきではないか．したがって，教会堂の保存政策・計画論よりもむしろ，「信徒による宗教建築営繕」という新たな価値評価基準を発見しようという歴史研究に重点を置く必要があると考えるに至った．

第 2 節　既往研究

　私は 2009 年より，香港カトリック教会における信徒による教会堂営繕を詳細に調査し研究し始めた．すると五島や奄美とは課題を共有しながらも，また違った信徒参画のありようがわかってきた．カトリック香港教区（Catholic Diocese of Hong Kong, 天主教香港教區）には高度に組織化された施設営繕の委員会がある．そこにエンジニアや建築家などの建設専門家である信徒がボランティアの委員として参加し奉仕している．それは営繕事業の円滑な計画，管理，実施支援という技術的なものにとどまらず，参画を通した信仰の自覚的な深化，信徒の霊性運動でもあることが研究を進めるうちにわかってきた．彼ら信徒の，このような多様で深い参画を考察するためには，香港社会全般の成熟，専門家教育の発展，政教関係の変遷，香港の返還などの背景を詳しく理解しなければならないこともわかった．そこで，関連する以下の既往研究を紐解き，自身の研究の基礎とした．

　香港カトリック教会史の研究者はきわめて少ない．その一人がルイス・ハ（Louis Ha Keloon, 夏其龍）である．19 世紀半ばの香港植民地化から 19 世紀末にかけて，カトリック教会がどのようにして香港社会に根を下ろし，欠くべからざる存在となったかを明らかにしている（Ha 1998, 2018）．主に聖職者，すなわち宣教師や修道者の活動を描いている．19 世紀は信徒の活動が顕著ではなかったためでもあろう．建築や建設活動に関する情報も含まれており有益であるが，それらは主要なテーマではない．

　香港のカトリック教会建築も既往研究がきわめて少ない．戦前に建設された教会堂の現存が少ないこともあり，建築史学的関心があまり払われてこなかった．楊佩華とヴィンセント・ン（Vincent Ng, 呉永順）による香港カトリック教会建築形態変遷に関する短い解説があるが，いずれも十分なデータや分析に基づいた学術研究ではない（楊 1991, 呉 2005）．その他の論考は様式研究が中心で，対象は中国キリスト教様式，ゴシック，古典主義などの明確な様式を持つ教会堂に限定されており，包括的，通史的に教会建築を考察してはいない（林 2010, 陳 2016, 黃 2016, 陳 2018, Coomans and Ho 2018）．

　中国本土のカトリック教会建築に関しては，戦前の建築が少なからず残っていることから，近年，トマス・コーマンス（Thomas Coomans）が建築学研究を進めている（Coomans and Wei 2012, Coomans 2014a, b, 2016）．主に様式と建設方法に着目した研究である．コーマンスの研究は，西洋人宣教師が建設した 19 世紀から 20 世紀前半の教会堂を対象としており，香港のカトリック教会建築についても，戦前の数件について考察をしている（Coomans 2016, Coomans and Ho 2018）．

しかし，特定の設計者による，様式の明確な教会堂に限定された研究であり，香港の教会堂の包括的研究ではない．

　薛求理（Xue Qiuli）は，香港近現代建築通史を著した（Xue 2016）．香港の教会堂は，公営団地の建設，民間ディベロッパーや政府によるニュータウン開発といった文脈のなかで理解しなければならないため，薛求理の研究は筆者にとって有益であった．彼の研究対象は，世俗建築が主であり，教会建築については，著名な建築家による作品をいくつか紹介しているのみである．

　宗教社会学の領域では，近年特に中国の宗教に関する研究成果が相次いで公刊されている（Lam and Maheu 2006, Ashiwa and Wank 2009, 川口 2013, Lam 2013, 2016, 2017, 川田 2015, 奈良 2016, 櫻井 2017, Ticozzi 2018）．香港の宗教を理解するうえで，こうした著作は大いに役立った．中国の宗教に対する関心は高まっている一方，香港を対象とした宗教社会学研究はきわめて少ない．伍嘉誠は，香港のキリスト教組織がおこなってきた社会福祉活動の変遷を整理した（伍 2017）．香港の教会堂や礼拝空間を対象にした宗教社会学研究は，グスタボ・イェウン，劉紹麟によるプロテスタント教会に関するものがあるが，これら以外はほとんど見られない（Yeung 2013, 劉 2018）．

　他方，香港の政教関係に関しては，興味深い研究がなされている．国際政治学者ベアトリース・レオン（Beatrice Leung, 梁潔芬）による，植民地時代および返還後の香港政府と香港のカトリック教会との関係の研究は，私自身の研究の基礎ともなり，また多くの示唆を与えてくれるものであった（Leung 1992, 1996, 1998, 2004, 2010, 2014, Leung and Young 1993, Leung and Cheng 1997, Leung and Chan 2003, Leung and Liu 2004, Leung and Lo 2010, 梁 2010）．

　これら既往の研究を理解し，調査を進めるなかで，私の研究のオリジナリティも自覚できた．先述のように，信者による宗教建築営繕の精神性という研究テーマは，文献を探しても，各種研究データベースを検索しても，先行研究はほとんどない．その理由は，すでに指摘した 19 世紀以来の宗教建築研究の脱宗教化に加え，「信徒」というテーマそのものが新しいものだからであろう．特にカトリック教会では，信徒の概念はこの半世紀ほどで一新された．教会はとりわけ近代性を念頭に置き，1960 年代前半の第二バチカン公会議においてはっきりした意思を持って信徒概念を改めた．このため，信徒に注目した教会史研究は，1970 年代になって現れた新しいテーマである（Burke 1988, Kawamura 1999, 6-8）．したがって，新たな存在ともいえる「カトリック信徒」の建設活動についての研究をしようと思えばやはり，現代的な，まったく新たな問題意識に基づかねばならない．既往研究の少なさ，現代において再定義された信徒がいかに建設に参画したかという研究が皆無であるのは，そこに起因するのであろう．言い換えれば，私が信徒の建設活動に関心を抱いたという事実もまた，信徒の定義が現代において改訂されたことの帰結なのであろう．

　神学のなかでも，「信徒神学」は上記のような理由で，1970 年代に現れた新しい研究領域である．研究そのものが少ないが，ポール・レイクランド（Paul Lakeland）やマシモ・ファジオリ（Massimo Faggioli）の著作は，信徒像変遷の理解にとって大変有益であった（Lakeland 2003, Faggioli 2014, 2015, 2016）．

第3節　研究の射程と方法

　この研究は，世界中に存在するカトリック教会のなかでも，特に香港のみを対象としている．理想的な研究方法は，教会堂営繕における信徒参画の状況をグローバルに調査，分析して，それとの比較で香港を位置づけることかもしれない．しかし，世界に13億人の信者を持つカトリック教会の建設活動はきわめて多様である．例えば建設資金の出所についても，信徒個人から行政まで様々であるように，教会堂建設の普遍的，標準的なシステムというものを示すことはほとんど不可能である．教会自身も標準的なシステムというものを想定しているわけではない．そのため，香港の事例について詳細に調査し，このひとつの事例の特徴を際立たせ，成立の文脈や過程を明らかにすることで，将来の比較研究のための最初の定点のひとつとすることができるのではないかと考える．

　そこで既往研究を入口としながら，私は2009年から2018年にかけて香港を毎年1-2回訪れた．1回の調査で1か月ほど滞在した．2018年夏から2019年にかけては長期に香港に滞在し調査研究をおこなう機会を得た．

1　インタビュー調査

　まず教会関係者の肉声を聴くことに努め，インタビューをおこなった．対象者は，教区営繕活動に直接あるいは間接に関与した聖職者，修道者，信徒，教区・小教区職員，設計者，政府職員であり，合計100人を超える．

　インタビューは香港において英語でおこなった．香港の公用語は英語と中国語であり，香港人の日常会話は広東語である．特に植民地時代は政府職員，民間のビジネスマン，建設専門家の多くがイギリス人を中心とする西洋人であり，彼らは中国語を解さなかったため，英語能力は香港人にとって必須であった．現在も業務上の言語は英語である場合が多い．香港の教会運営で使用される言語も英語と中国語である．また，香港の初等・中等・高等教育機関の少なからずが主に英語で教育をおこなってきた．私がインタビューした人々のほとんどは，植民地時代に英語で教育を受け，英語を主要言語として仕事をしてきた世代であり，きわめて高い英語能力を持つ人々である．英語圏で長期に滞在，留学，勤務した経験のある香港人も多かった．また，香港の教会にはイタリア人，ベルギー人，メキシコ人など英語を母語としない外国人宣教師も多くいるが，彼らは皆，高い英語と広東語能力を持っている．インタビューにおいて必要な時には私は北京語を用いることもあった．

　本文の注にインタビュー対象者，実施年月日を記載している．インタビューはすべて香港でおこなった．香港現地でのインタビューで不足した情報があった場合は，後日，インタビュー対象者への電話やEメールによって補足的に情報を入手した．

　主なインタビュー対象者は以下である．

　カトリック香港教区聖職者・修道者である Edward Khong, David Chan, Giovanni Giampietro, Thomas Law, John Ahearn, Dominic Chan, John Cuff, John Tsang, Salvador Sanchez, Ferdinand Bouckhout, Paul Tam, Patrick Sun, Pedro Leong, Secundino Vicente Zurdo, Timoteo Merino Martin, Rémy Kurowski, Stephan Rothlin, William Meng, Gabriel Altamirano Ortega, Josekutty Mathew, Patrick Masschelein, Henry Ng, Matthieu Masson, Charles Chu, Edwin Ng, Valan Arockiaswamy, Johnson Dhos, Adam Gudalefsky, Vincent Corbelli, Philip Chan, Carlos Cheung, Andrew Fung, Luke Tsui, Peter Lo, William Ng, Stephen Ip, Maria Fumi, カトリック香港教区の司祭であり香港カトリック教会の歴史学者でもある Louis Ha, Sergio Ticozzi, 修道者であり政治学者である Beatrice Leung, 修道者であり典礼芸術学研究者でもある Paola Yue, 教区営繕事業に参画した信徒および教区職員 Bernard Hui, Edwin Li, Edward Leung, Simon Li, Philip Kwok, Joseph Chan, Bosco Fung, Raymond Tang, Philip Kwong, Lam Sair-ling, Leung King-wai, Raymond Shiu, Chow Man-tat, Gabriel Lam, Ken Lam, Bernard Lai, Lana Ho, Anna Kwong, Denis Ko, Bosco Yiu, Patrick Tam, May Cheung, Tony Wong, Teresa Lee, Reges Ng, Rose Chan, Louis Chu, Veronica Ho, George Li, John Ng, Stephen Fok, Ada Mok, Minnie Li, Laya Minda, Vincent Ng, John Lam, Laura Chan, Teresa Ma, Michelle Mak, CT Lau, May Kwan, Maria Chik, Anthony Poon, Paul Tam, Bosco Wong, Lai Kwok Wing, 教区建設事業に設計者として参画した Anthony Ng, Daniel Lin, Kenneth Chau, Wong Wah Sang, 中国教会研究者の Anthony Lam, 香港教育史・学校建築の研究者である Chung Chak, Francis Chan, 香港カトリック学校の歴史に詳しい信徒であり教員でもある Paul Man, Peter Lau, Wilson Tang, Lau Wai-kit, Rosana Ho, カリタス香港職員 Patrick Fung, Frank Yeung, Leo Hung, 前香港政府公営住宅署職員 Rosman Wai, NGO 職員 Tao Fan.

　上記以外にも多くの関係者にインタビューした．本研究には直接の引用はしていないものの，筆者の理解には大いに役立った．

2　アーカイブ調査

　本研究の基礎となるデータはその多くが未公刊の内部資料である．アーカイブ調査でそれら資料を閲覧，入手した．主要な入手機関は以下である．

　カトリック香港教区の組織である「カトリック香港教区アーカイブス（Hong Kong Catholic Diocesan Archives, 香港天主教教區檔案処, HKCDA）」は様々な一次資料を所蔵している．教区信者や教会堂の統計，財政報告，各種委員会の議事録，小教区教会堂建設・営繕に関わる書簡や資料を閲覧，入手した．個人情報保護などを理由に閲覧が許可されない資料もあった（修道会修道者に関する情報，土地賃借契約など）．

　「カトリック香港教区総務処（Procuration Office）」は教区の財務や不動産を管理する部署である．ここでは，教会堂やカトリック学校など教区所有施設の建築図面および土地・建物賃借契

約書を所蔵しており，筆者はそれらを閲覧もしくは一部の情報を得ることができた．本書の図版として使用している教区所有不動産である教会堂や学校の写真（そのほとんどは筆者撮影）や図面は，総務処から使用許可を得た．

「教区建築および発展委員会（Diocesan Building and Development Commission, 教區建築及發展委員会, DBDC)」事務局も一次資料の主要な入手源である．ここでは，DBDC および小委員会の議事録，教会堂の建設事業に関わる書簡や図面などを閲覧することができた．

「教区典礼委員会（Diocesan Liturgy Commission, 教區礼儀委員會, DLC)」事務局では，DBDC 設立に関わる議事録，典礼委員会および下部組織のニュースレターなどを閲覧，入手することができた．

香港島灣仔に所在する小教区教会堂「聖母聖衣教会（Our Lady of Mount Carmel Church, 聖母聖衣堂)」では，聖母聖衣教会再開発事業に関わる議事録，図面，書簡などを閲覧，収集した．

二次資料は，香港政府機関や香港大學図書館で閲覧，収集した．

香港政府機関である「私有建築署（Buildings Department, 屋宇署)」の「私有建築情報センター（Building Information Centre, 樓宇資訊中心)」は，個人や法人の賃借地にある建造物の図面を所蔵，公開している[9]．ここでは教区や修道会所有の教会堂，カトリック学校，その他カトリック施設の図面を閲覧，購入することができた．

同じく香港政府機関「土地署（Lands Department, 地政總署)」の「地図販売センター（Map Publications Centre)」では，香港の古地図を閲覧，購入した．

香港大学図書館では，香港の人口統計データ，教区統計データの掲載された教区ダイレクトリ（1953 年-現在)，古地図，その他文献を閲覧した．

カトリック教会は，教会設立や教会堂竣工 20 周年，50 周年などに際し記念誌を出版することが多い．記念誌には，教会の歴史や信者の活動などの情報があり，歴史研究には大変有益である．しかし，これらは公刊されたものではなく，ほとんどの場合販売もされない．このため，記念誌は，個別の教会から提供を受けたり，HKCDA や香港大學図書館で閲覧するなどした．教会ウェブサイトに掲載されている記念誌もある．

その他に，インタビューした個人からも，様々な資料の提供を受けた．

資料の言語は主に英語と中国語であった．筆者は中国語の読解ができるので，中国語資料も分析することができた．

---

9) 現存しない建物についてはその大半の図面が非公開である．特に戦前の建築は，図面を政府に提出する必要がなかったものもある．もともと建築図面が作成されていない建物も少なくない．

第4節　本書の構成

　本書では，香港社会史，カトリック教会史における信徒参画を，四つの観点で縦断しつつ論考する.

　第一の観点は「信徒」である. 第1章でまずその歴史的展開を俯瞰する. 信徒の定義により，信徒による営繕の意味全体も大きく変わってしまう. そもそも信徒は教会組織によってどのように定義されてきたか，聖職者とどう違うのか，教会のなかでどのような存在であったか. キリスト教が誕生してから，古代，中世において彼らはどう位置づけられてきたかを把握してはじめて，近現代における彼らのあり方が判明する. 現代の第二バチカン公会議とその後の信徒運動が，信徒のあり方を決定的に変えたことを論じる. そして，香港の各時代で信徒像がどのように変遷したかを，第3章以降で論じてゆく.

　第二の観点は「社会」である. これは時系列に従って，第3章から第9章で考察する. 教会堂営繕に参画する信徒を生んだのは，前述のようにまず教会組織なのであるが，信徒は信徒である前に，社会を構成する市民であり，職業人である. その社会のあり方，市民たちのあり方を基礎として信徒は登場する. また社会の変化が信徒の特性や属性を徐々に変化させている. 香港のどのような社会がどのような信徒を供給したかという大きな文脈を論じる. とりわけ，戦後のカトリック香港教区の建設活動に参画する信徒とは，建築家やエンジニアといった高度な専門家たちである. 香港社会全般の近代化，成熟を考えておかないと，香港のカトリック信徒像そのものを見誤ってしまうことになる. 本書では7期の時代区分を用いて香港社会を論じる. 戦後，香港に出自を持ち，そこで教育を受け，さらには建設などの高等専門教育を受け，香港への帰属意識を持つ「香港人」が生まれた. その香港人のなかの建設専門家であるカトリック信徒が営繕事業へ参画し，事業を主体的に管理運営するようになる背景を明らかにする.

　第三の観点は「政教関係」である. 一般的に政教関係は，歴史のなかで，国教としての政教一致から，政治による宗教の支配，近代の政教分離と大きく変化した. とりわけ近現代の香港において政府と教会は「契約関係」ともいわれる独特の関係を構築してきたのであり，この関係が香港の教会建築のあり方を大きく規定してきたことを本研究で明らかにしてゆく. この政教契約関係が戦前には，独立棟としての教会堂，戦後には，公営団地内の教会堂，学校と一体化した教会堂，カトリック学校講堂を教会堂とする建築を生んだのである. このことを特に教会アーカイブ資料やインタビュー，現地調査をもとに考察する. さらに香港の返還決定，返還後の宗教活動の自由に対する危機感が教会堂類型を変化させる要因となったことを論じる. 7期の時代区分に従い，第3章から第9章で述べる.

　第四の観点は，信徒たちの「信仰」であり「霊性」である. 香港カトリック教会における教会堂営繕への信徒参画が1950年代以降にいかなる文脈で求められ，どのように展開してきたのかを，第3章から第8章までで明らかにしたことを背景として，第9章で特に詳しく論証する. 信徒たちは，はじめは聖職者を補佐する実務的奉仕をするにとどまっていたが，やがて自覚的

に一種の霊性運動を展開し，営繕と霊性を統合していったのである．

　以上の四つの観点に基づき，本書は以下のような流れで構成する．

　第1章の信徒論は，全体の背景である．初代教会から信徒はどのような存在，立場であったのかを概観し，本書のテーマでもある近代的信徒が新しい教会論のなかでどのように形成されてきたかを論じる．

　第2章では，香港カトリック教会堂の調査研究手法を説明する．すなわち，教会堂の悉皆調査と類型研究である．

　第3章から第9章においては，1841年から2018年までの香港史を七つの時期に分けて，それぞれにおける社会の概況，すなわち産業，都市形成，教育制度などを論じ，さらに教会建築，教会堂営繕の変遷を論述してゆく．

　第3章は，香港植民地化（1841年）から，第二次世界大戦までの約100年間を扱う．イギリス植民地香港において，植民地政府と教会が相互依存的な関係を構築していった経緯を見てゆく．カトリック宣教師たちは宣教初期にあって，臨時礼拝施設を多数設置しつつ，恒久的な教会堂も建設していった．それらは主に西洋人の設計による，西洋の様式を持つものであったことを述べる．

　第4章は，1945年から1960年代までを対象とする．大陸から香港に大量の難民が流入したことを受け，教会が社会福祉と教育の主要な担い手となったこと，教会堂が学校と一体的に建設されるようになったことを見てゆく．

　第5章は，香港の都市域が拡大した1970年代から1981年である．香港社会の成長と共に，香港人建設専門家が育成され，彼らが教会堂営繕へ参画し始めた経緯を説明する．

　第6章では，香港返還交渉が始まった1982年から1989年の天安門事件前までを扱う．香港返還決定という政教関係の重大な変化が，香港社会と教会建築，そして教会堂建設に与えた影響を論じる．

　第7章は，大陸で天安門事件が起きた1989年6月から1996年までである．香港の社会，とりわけ教会が危機意識をさらに強めていったこと，そうした文脈のなかで，教会堂営繕専門組織である「教区建築および発展委員会（DBDC）」が設立された経緯を論じる．

　第8章は，香港が中国に返還された1997年から2005年までである．一国二制度下における新たな政教関係のなかで，都市再開発型の教会堂がなぜ，どのようにして計画され設計されたのか，そこにおける建設専門家信徒の参画の実態を，小教区教会堂である聖母聖衣教会の事例から論じる．DBDC委員である建設専門家信徒たちが専門性を発揮し，聖職者，小教区信徒たちと役割分担し，高層集合住宅に包含された教会堂を計画・設計した過程を詳述する．

　第9章は，2006年から2018年までである．実務組織として誕生したDBDCに，信徒自らが霊性，信仰を豊かにしていくという目的を新たに付与し，営繕活動を通した霊的成長を明確にしていく背景と過程を論じる．そのための新たな組織を設立したことを述べる．

　終章では，第3章から第9章までで論じたことから，香港カトリック教会堂営繕における信

徒参画は三つの文脈に起因するものであること，信徒参画は四つの段階で展開したと理解できることを述べる．さらに，香港教会建築の特性を概括する．香港における教会堂営繕への信徒参画は，信徒の自覚のダイナミックな変化というユニバーサルな文脈を大きな背景に持ちつつ，香港人建設専門家信徒の成熟と香港返還というローカルな社会的・政治的文脈のなかから生じ，信徒が主体的に営繕へ参画するようになっていったこと，営繕が信仰のひとつの実践であったことを確認する．

　本書は多様な読者を想定している．日本のカトリック信者の読者は，そもそも教会堂というものが日本と香港ではまったく異なる建築，空間であることに驚きを覚えるであろうし，香港のカトリック教会で，信徒がどのように教会堂営繕に参画するようになったのか，その組織体制や実務的奉仕のありようは大変興味深いものであろう．またそれ以上に，特に20世紀後半から現在にかけて，教会堂空間と共に，営繕のありようや目的が劇的に変化する状況はさらに意義深いものとして読まれるだろう．信者ではない日本の読者にとっては，香港という，なじみがあるようで深くは知らない場所において，信仰や宗教が興隆している現状と背景は，新鮮な驚きを持って読まれるであろう．建築に興味のある読者には，宗教建築営繕と信仰の関係という視点を提起したい．近現代香港における信仰としての教会建築営繕とはいかなるものであるか，ひとつの事例として読んでいただければと思う．

　21世紀という時代は，ポスト世俗化，あるいは「第二の近代」ともいわれる．20世紀に予測されたような世俗化の徹底，伝統宗教の衰退という状況にはならず，むしろ宗教興隆の様相を呈している（Taylor 2007, Beck 2010, Berger 2014）．このようなポスト世俗化の現代において宗教建築を研究する際，それに関わる信者の信仰や精神を読み解こうという視座は必要不可欠であり，取り戻すべきものと思われる．このささやかな論考が，新しい宗教建築研究に貢献するものになることを祈っている．

第1章

信 徒 論

　信徒の建設活動に着目するこの研究ではまず，信徒とは何か，その概念の歴史的な展開を述べなければならない．古代より，信徒は聖職者や修道者に劣り，彼らに従属する存在と考えられてきた．ところが近代後期になり，信徒は宣教の客体ではなく主体であるという考え方が現れたことは一般的に知られている．香港カトリック教会では，世俗において専門家でもある信徒たちが主体的に教会堂建設に参画し，やがて霊的成長を活動の目的としてゆくプロセスを第7章以降で述べるが，それはとりもなおさず，信徒たちの主体化である．したがってカトリック史全般のなかで，そして，1960年代の第二バチカン公会議とその後の信徒霊性運動といった現代における信徒主体化という全般的な傾向のなかで，香港の事例は適切に位置づけられるはずであり，そのことを主に教会史，信徒神学の観点から整理する．

第1節　初代教会時代から19世紀までの信徒概念

1　初代教会

　紀元1世紀の初代教会時代には，キリスト信者間に区別や優劣はなかった．新約聖書の福音書によれば，イエスは12人を「使徒」とし，ペトロに「子羊を飼う」，すなわち信者の世話をするように命じた[1]．しかし，信者が「聖職者」と「信徒」という異なる「身分」に分かれるという記述は，福音書を含む新約聖書にはない（Lakeland 2003）．イエスが生きていた1世紀前半にはそのような区別はなかったことは，多くの神学者が認めるところである．

　ところが1世紀末までに信者の序列化が始まる．イエスの死後，1世紀末になると，教会が徐々に組織化され，管理，指導といった役務を担う者が現れ始める．彼らは「監督（後の司教）」，「長老（後の司祭）」，「執事（後の助祭）」といった称号を持っていた（上智学院新カトリック大事典編纂委員会 1996，「位階制」，Lakeland 2003, 10-13）．しかしながら，それはまだ「位階（ヒエラルキー）」として厳格に制度化されたものではなく，神から信者に与えられる様々な「カリスマ（聖霊の賜物）」，様々な奉仕のうちのひとつととらえられていたようである．

---

1) マルコによる福音書 3: 13-19, マタイによる福音書 10: 1-42, ヨハネによる福音書 21: 15-17. 本書において参照する聖書はフランシスコ会聖書研究所訳注による『聖書　原文校訂による口語訳』である（フランシスコ会聖書研究所 2011）.

　他方，同時期の1世紀末には，信徒を表す「ライコス（*laikos*）」というギリシア語が使われていた．コリントの教会における権力闘争に関してこの言葉が見られる．「最高の司祭」，「司祭」たちに対し，その他の「信徒」は積極的な役割を与えられず，「信徒は信徒としての立場を守らなければならない」とされた（デンツィンガー，シェーンメッツァー 1982, 21-22）．

　聖職者に対する信徒の劣性は3世紀までには明確になる．313年，コンスタンティヌス帝がキリスト教をローマ帝国の国教としたことで，それまでは教会内のカテゴリーにとどまっていた聖職者は経済的・政治的利益を持つひとつの社会階級となった．また信徒とは，聖職者を支える経済力のある男性信徒を指すようになった（Phan 2002）．

　信徒はまた，修道者に対しても劣るとされた．4世紀半ばまでに，信徒のなかに，世俗から隠遁しキリスト教的完徳を目指す者が現れ始め，修道者となった．キリスト教が公認されてからは，迫害も殉教もなくなったため，キリスト教的完徳の模範は殉教者から修道者へと変わったのである．このため結婚生活は劣ったものと考えられ，男女の信徒が完徳を追求するなら，それは修道生活を模倣するよりほかないとされるようになった．修道者たちの生活は，最初は砂漠での隠遁独住であったが，後に定住し共同生活を営むようになった．清貧・貞潔の修道生活は聖職者らにとりいれられ，多くの聖職者が修道者的生活を営むようになり，また，多くの修道者が聖職者となった（Phan 2002, Lakeland 2003, Catholic University of America 2003, "lay spirituality"）．信徒は，聖職者や修道者に比して聖性の低い世界に生きる者と考えられるようになった．

2　中世

　中世になると，聖俗二元論的な考え方から信徒が定義されるようになる．すなわち「聖職者（および修道者）」は霊的な領域をつかさどり，「信徒」は世俗的な事柄に関わるという考え方であり，教会法学者をはじめ教会全体に広まった（Catholic University of America 2003, "lay spirituality"）．12世紀の教会法学者グラティアヌス（Gratian）は信徒について以下のように説明した．「彼らは世俗的な物質を所有することを許されている…彼らは結婚し，土を耕し，人間の紛争を裁き，法廷で弁論し，祭壇に供え物をし，十分の一税を納めることが許されている．そのようにし，善をおこない悪を避ければ，彼らは救われる」[2]．このような信徒のあり方は，信徒の大多数が文盲であるという事実によっても強化された．

　こうした文脈にありながらも，信徒はパトロンとして教会堂建設に関わった．王族，貴族，その他社会的に高い階級出身の信徒は，教会そして社会において，修道院，教区教会のパトロンとして影響力を増した（Jamroziak and Burton 2006, 3-4）．9世紀以降，教父たちは典礼の場とし

---

2) カノン法大全（*Corpus juris canonici*）C. 12, q. 1 c. 7. カノン法大全とは，グラティアヌスの編纂になるグラティアヌス教令集（*Decretum Gratiani*, 1140年頃）およびその後16世紀までの公的私的編纂の五つの編纂物の総称である．教会法大全ともいわれる．『教会法典（*Codex Juris Canonici*）』が1918年にできるまで効力を有した（上智学院新カトリック大事典編纂委員会 1996,「教会法大全」）．

ての教会堂そのものを重視するようになったし，教会堂の建設は「敬虔なるおこない（*opus pietatis*）」とみなされるようになった（Vroom 2010, 69-271）．主なパトロンは聖職者，すなわち，司教，聖堂参事会，教区司祭などの場合もあった（Vroom 2010, 77）．そういう場合でも，建設資金が足りない場合は，その地方の領主，そして信徒個々人に寄付が求められた．信徒たちは，教会での献金，十分の一税，巡礼での献金，贖宥状購入，遺贈などによって資金を提供した．教父たちの旧約聖書解釈が，信徒たちの金銭的，物質的な貢献を促した．自発的な寄付によって，罪と償いの必要性が免除される，すなわち贖宥を与えられるとされた（Vroom 2010, 158）．特に中世後期以降普及した考え方によれば，商人が高利貸しをしたり，過剰な利益と教会がみなすものを得たりすることは罪であった．しかし教会は，教会を通して神に捧げられた適切で美しい捧げものは人間の罪を軽くすると宣伝した．また，捧げものの大きさや質は，死後に得られる赦しの多さに比例しうると考えられた（Fremantle 2008）．このため，教会堂建設とそれへの崇拝，教会堂建設に伴う捧げものの質は，商人たちが得た富に比例して増した．

3　ルネサンス期

　ルネサンス期は「商人の時代」ともいわれるように，教会の衰退に対し，商人の隆盛が顕著な時期であった．教会の有力パトロンは王侯貴族から商人へと変わった．商人たちが芸術家たちを庇護したことでルネサンス芸術が開花した．その代表はメディチ家であり，コジモ・デ・メディチ（1389-1464 年）はルネサンス期の名だたる芸術家たちを庇護したことで有名である．コジモや彼の子孫は，フィレンツェの教会や修道院のパトロンとなったことでその地位を確立した．このようにして教会は，商人の財産を芸術という形で手に入れ続けることに成功したのである（Fremantle 2008, 34）．

　他方，中世後期から，一般の信徒たちが自ら信仰の主体たらんとする運動が起き，「信徒信心会（コンフラタニティ，兄弟会）」が多く組織された．これは聖職者の主導ではなく，信徒の自主運営の宗教共同体，兄弟姉妹的集まりである（川村 2003, 25-26）．信徒個々人が属する社会階級や老若男女を問わない．13 世紀南ヨーロッパの信徒運動から生まれ，中世後期とルネサンス期のヨーロッパで興隆した．この運動は，キリスト教の民衆化，信徒信仰復興運動とも呼ばれ，きわめて多彩で力強いエネルギーに満ちた動きであったと川村は指摘する（川村 2003, 28）．こうした信徒集団の目的は，会員の霊的生活を活性化することであった．また信徒信心会は，慈善事業，典礼，苦行を通して，彼らの愛徳と敬虔を表現し強める場として機能した．彼らの慈善事業には，病院，巡礼者の宿泊施設，孤児院，教会堂の建設と維持が含まれていた（河原，池上 2014）．これはアッシジのフランチェスコによって始められた運動に起因する．真に貧しい人々と共に生き，自らも本物の貧者になっていくフランチェスコの霊性は「キリストにならう」ことの実践を示した．この運動はまた，民衆の真っ只中で示されたことによって，キリスト教の民衆化の基点に位置するとされる（川村 2003, 35-41）．フランチェスコが実践した生き方そのままではないにせよ，その一部の要素を日常生活のなかで実践したいと思う多くのキリスト

者，信徒たちが，それぞれの小さな回心を起こした．彼らの信心，愛徳，敬虔が，個人的なレベルから集合的なレベルへと発展していく過程で，信徒信心会という精神的活動団体の組織へと昇華していったのである．

　一方，ギルドもまた信徒の団体であるが，職能集団の同職組合であり，信徒信心会とは区別される．ツンフト，メティエとも呼ばれる（河原, 池上 2014, 8）．主目的は経済的利益の追求である（Kawamura 1999, 21）．特にメディチ家が実質的な支配体制を打ち立てる以前の時期は，芸術と結びついた重要な公共事業を経済的に支えたのは多くのギルドであった（高階 1997, 18-25）．例えばフィレンツェでは，カテドラル，オル・サン・ミケーレ聖堂，サン・ジョバンニ洗礼堂の建設とその内部・外部装飾などへの資金提供をおこなった．ギルド間には強い競争意識があったため，有力な組合は争って教会堂建築や装飾のパトロン活動をおこなった．ギルドの会員たちは，教会堂設計，内外装飾のデザインにも深く関与した．高階によれば，その動機は，単なる芸術的愛好心というよりむしろ，彼らの信仰心の表れであった．

　中世とルネサンス期を通して，信徒の神学的位置づけは積極的なものではなかったが，信徒信心会やギルドによる活動は，信徒の霊性が非常にダイナミックで生き生きとしたものであったことを示している．その要因については，以下のことが指摘されている．第一に，飢饉と黒死病により人口が激減し，小教区制度が維持できなくなったため，人々は小教区教会を中心とした結束から，より小さな信徒信心会などのグループに相互扶助を求めた（川村 2006, 241）．第二に，飢饉や黒死病，さらに長引く戦乱は，日常生活を常に危機にさらし，人々の間には終末観が蔓延した（川村 2006, 65）．信徒らは自身の救いを得るため，慈善活動に没頭するようになった[3]．

　ところがトレント公会議（1545-1563年）が信徒の従属性，劣性を強化した．16世紀前半に起きた宗教改革，その結果，カトリック教会から分離したプロテスタント諸派への対抗として，カトリック教会はこの公会議を開催した．公会議によって，カトリック教会はより中央集権的なものとなり，位階制は確固たるものとなった（テュヒレ 1997, 408-457）．「信徒」が議論の対象になることはなく，彼らが教会内で霊的で積極的役割を果たしうるとは考えられなかった．公会議以降，信徒信心会の自律性は教会当局や聖職者たちにより弱められ，司教や教区司祭の管轄下で半教会的組織へと移行していった（河原, 池上 2014, 18-20）．このような教会のあり方は1960年代の第二バチカン公会議まで受け継がれた．聖書の各国語への翻訳は禁じられ，信徒たちが自由に読み考えることを妨げた．しかしながら教会外では，信徒の信仰と信心は自立的に発展した．信徒は聖書以外の，各国語で書かれた二次的な書物を熱心に読んだ（テュヒレ 1997, 436-438）．

---

3) 川村によれば，ヨーロッパの信徒信心会は，海外宣教の拡大と共に，日本にも16世紀にもたらされた．日本人信徒組織は慈善事業のために設立されたが，禁教という環境の激変後は，迫害，潜伏を耐え抜くための信心結束の組織へと変化したという（川村 2003, 2006）．

4　近代

　19 世紀になっても信徒の地位は低いものであった．バチカンはこの世紀を通して社会の近代化，すなわち言論の自由，信教の自由，政教分離に対して組織的に抗い続けた（Lakeland 2003, 17-48）．第一バチカン公会議（1869-1870 年）では，信徒という概念は神学的な考察に値するものではないと考えられた（Lakeland 2003, 2）．ここでは，信徒は単に「聖職者でない者」と定義された．信徒が有する唯一の権利とは，聖職者の司牧を受けることであった (Lakeland 2003, 19)．この状況は 20 世紀になっても続き，教会史におけるこの時期は「長い 19 世紀（long nineteenth century)」と呼ばれる．

　第 3 章以降で詳述するが，香港がイギリス植民地として誕生した 1841 年から 1970 年代までは，本節で述べた信徒像，すなわち，聖職者に従属する受動的な信徒概念が香港でも支配的であった．

第 2 節　　19 世紀後半以降の信徒概念

1　新神学，カトリック運動

　19 世紀のいわゆる「新神学」で信徒概念の再検討がなされ，これがやがて「信徒神学」につながってゆく．新神学とは，特にフランスの神学者たちが，近代化に呼応して神学の停滞の克服を目指し，新しい展開を試みたものであった（上智学院新カトリック大事典編纂委員会 1996,「ヌヴェル・テオロジー」)．教会はしかしながら，この潮流に批判的であった（大貫ほか 2002,「新神学」)．新神学者たちはトマス・アクィナスの権威を否定したわけではなく，典礼刷新，聖書研究，教会生活における信徒参加の意味などに関する教会自身の課題を研究した．代表的な新神学者は，アルフレッド・ロワジー，マリ・ドミニク・シェヌ，イヴ・コンガール，アンリ・ド・リュバック，ジーン・ダニエルーらである．彼らは 1950 年代まで，教皇をはじめとする教会の保守派によって批判，抑圧されたが，やがて第二バチカン公会議の原動力となり，教会の主流派となってゆく．

　それと並行するかのように，19 世紀後半以降には信徒が主体となる「カトリック運動 (Catholic movements)」がフランス語圏，イタリア，スペイン，ラテンアメリカで興隆した．そのうちのひとつが「カトリック・アクション」であった．運動の共通した目的は，世俗化が進む近代社会を再びカトリック化することであり，信徒たちがその社会的責任を自覚し主体的に活動し始めたのである（上智学院新カトリック大事典編纂委員会 1996,「アクティオ・カトリカ」)．イタリアでは，教会に対するあからさまな敵意に打ち勝ち，政教関係を改善し，カトリック信仰を回復しようと意図された（Catholic University of America 2003, "Catholic Action"）．フランスやベルギーでは，青年労働者の信仰と生活の統合が目指された．

　バチカンは，こうした信徒たちの活動をむしろ吸収しようとした．1930年代，教皇ピウス11世は様々なカトリック運動をカトリック・アクションとしてまとめ，「聖職位階の使徒職への信徒の参加（participation）」と定義した（Lakeland 2003, 27-29）．カトリック・アクションは，教会の「認可」と「指令」に基づき，位階的教会の保護のもとでおこなわれる信徒主体の運動，あくまで組織としての教会の一部であり，聖職位階の延長にあるものと矮小化された．レイクランドは，カトリック・アクションは信徒の役割に関し，何らの神学的考察も伴わなかったと指摘する（Lakeland 2003, 35, 44, 67）．

　神学者イヴ・コンガール（Yves Marie Congar, 1904-1995年）はそれに対し，カトリック・アクションと信徒を神学的に解釈した（Lakeland 2003, 52-53）．ドミニコ会司祭であり，新神学主導者の一人であった．公会議の25年前，教会のエキュメニズム（キリスト教内部の教派間の対話に基づく教会一致の試み），伝統，改革，聖霊論，信徒神学について著述した（Lakeland 2003, 33, 49）．1953年には『信徒神学序論』をフランス語で出版した．教会は1000年紀の間，信徒が果たしてきた重要な役割を正しく理解してこなかったと述べ，教会の聖職者主義を批判した．信徒は，世俗的特性を持つと同時に，「神の民（the people of God）の一員として，信徒は聖職者や修道者と同様に，そのあり方によって，直接に，聖なる奉仕に秩序づけられている」とし，聖職者と同等の「神の民」であると定義した．従来は，聖職者のみが宣教を担うとされてきたが，信徒は神の民として同じくこれに直接に召され，責務を負っている．したがってカトリック・アクションにおいては，信徒は「参加」するのではなく，聖職者に「協力」するのである．そう彼は主張した（Lakeland 2003, 53）．後に第二バチカン公会議で提示されることになる新たな教会像，教会論の形成に最も大きな影響を与えた．

2　第二バチカン公会議

　カトリック運動と新神学を受け，第二バチカン公会議（1962-1965年）は信徒概念の刷新を試みた．公会議そのものの目的は，教会の使徒的使命を現代的要求に適応させること，すなわち，教会の「現代化（アジョルナメント）」であった．そのなかで信徒の役割については，公会議が作成した公文書のうちの三つ（「教会憲章」，「信徒使徒職に関する教令」，「現代世界憲章」）において定義が見られる．とりわけ「教会憲章」は新たな教会論の枠組みを規定し，神の民としてのすべてのキリスト信者の普遍性，平等性を定義した．信者それぞれのカリスマ（神の賜物），役割，機能は異なるが，すべての信者は，同じ尊厳を持ち，神との一致に招かれていると宣言した．

> 13　すべての人が，神の新しい民に加わるように招かれている．…地上のすべての民族の中に神の一つの民が存在している．…神の民は種々の異なった国民から集められているだけでなく，なおそれ自身においても種々の序列から成り立っている．実際，その成員の間には相違がある．あるいは職務上の違いから，たとえば，ある者は兄弟たちのために聖なる奉仕職を務める．あるい

は生活様式と条件の違いから，たとえば，多くの人々は修道身分にあって，狭い道を通り聖性を追求しながら，その模範をもって兄弟を励ます（第二バチカン公会議文書公式訳改訂特別委員会 2013,「教会憲章」第二章「神の民について」）.

「教会憲章」第四章「信徒について」は，コンガールを主とするチームによって起草され，彼の思想が多くとりいれられている（Lakeland 2003, 49）.

31　ここでいわれている信徒とは，聖なる叙階を受けた者ならびに教会において認可された修道身分に属する者以外の，すべてのキリスト信者のことである．すなわち，洗礼によってキリストのからだに合体され，神の民に組み込まれ，自分たちのあり方に従って，キリストの祭司職，予言職，王職に参与する者となり，教会と世界の中で，自分たちの分に応じて，キリストを信じる民全体の使命を果たすキリスト信者のことである.

　信徒に固有の特質は，世俗に深くかかわっているということである．…信徒に固有の召命は，現世的なことがらに従事し，それらを神に従って秩序づけながら神の国を探し求めることである．信徒は世俗の中に生きている．すなわち，世の個々のそしてあらゆる務めと仕事に携わり，家庭と社会の通常の生活条件の中で生活するのであって，彼らの生活はいわばそれらによって織りなされている．彼らはそこから神に招かれているのである．それは，自分自身の務めを果たしながら，福音の精神に導かれて，世の聖化のために，あたかもパン種のように内部から働きかけるためである.

32　キリストにおいて新たに生まれることから来る各成員（聖職者，信徒，修道者）の品位は共通であり，神の子としての恵みも共通，完徳への召命も共通であって，救いは一つ，希望は一つ，愛は分割されることはない.

33　信徒の使徒職は教会の救いの使命そのものへの参与であり，すべての人は洗礼と堅信を通して主ご自身からこの使徒職に任命される．…信徒はとくに，自分たちによらなければ教会が地の塩となりえない場所と環境において，教会を存在させ活動的なものとするよう招かれている（第二バチカン公会議文書公式訳改訂特別委員会 2013, 第四章「信徒について」）.

　公会議が示した信徒像は次のようなものであった．聖職者であるか信徒であるかに関わらず，キリスト信者の使命は普遍的で，ひとつのものである．洗礼と堅信を通して信徒は，キリストの祭司職，預言職，王職に参与する．すなわち，教会運営や宣教の役割を担う．信徒たることは，聖性への真正な道であり，人間的弱さへの譲歩ではない．キリスト信者の普遍性と唯一性を認めつつも，信徒の役割は世俗的特性にある．公会議は，神学的というよりは現実的に，信徒は地上の家庭人，職業人，市民としての社会的責務を生きるとし，こうした日常生活が聖性における成長の機会を与えるとしたのである（Catholic University of America 2003, "lay spirituality"）.

3　典礼改革

　公会議は，典礼と教会建築も改革した（第二バチカン公会議文書公式訳改訂特別委員会 2013,「典礼憲章」）．その背景には，1933 年から 1945 年にかけて起きた，ナチスによるキリスト者の迫害があった．これによって信徒は自分たちの身分に，より関心を持つようになった（Catholic University of America 2003, "History of church architecture"）．信徒らは教会に関する考えを深め，それを典礼に反映させた．共同体の会堂としての教会堂が強調されるようになった．祭壇は，原始キリスト共同体の礼拝に倣い，教会堂の中心に据えられるようになり，信徒は祭壇の周囲を取り囲むように集った．聖体の秘儀においては，記念的犠牲と聖別が強調された．三位一体が改めて認識されるようになった．このような典礼の変化に続いて，教会建築の改革が起きた．祭壇と会衆の関係に関する考え方は，内陣と外陣の計画に反映された．従来の，聖体に向かって会衆が列をなす長方形の平面プランは，集中式，正方形，放射状，ひし形，円形，多角形，L 字型，T 字型などのプランに取って代わられた．これら新しいプランでは，会衆は中央に配置された聖体を囲むように並んだ（Catholic University of America 2003, "History of church architecture"）．このように，20 世紀の教会堂は，世俗的な事情というよりは，神学的な探求によって発展した．コンクリート造という新たな建築が出現し，芸術的可能性が拡大したなかで，新たな典礼をどう実現させていくかという様々な試みがなされた．

　公会議文書「典礼憲章」を受け，公会議後は，ミサは対面式で執り行うことが普遍化された．聖櫃は小聖堂に設置するのが一般化した．朗読台がことばの典礼のために設けられた．祭壇の背後の少し高くした位置に司祭席が設置されることが多くなった（Catholic University of America 2003, "History of church architecture"）．

4　教会法改正

　第二バチカン公会議の開催が決定した際，1917 年に制定された「教会法典」の改正もおこなうことが決まった．公会議開催中の 1963 年，教会法改訂委員会が設置され，公会議の終了を待って実際の改正作業が始められた（日本カトリック司教協議会教会行政法制委員会 1992, x-xxi）．新教会法は 1983 年に公布された．公会議の新たな教会論だけではなく，公会議以降の神学的発展も反映されている．すべてのキリスト信者の尊厳と品位は平等であり，職務上の違いから，キリスト者の「立場（condition）」は「聖職者」と「信徒」に分けられ，生活様式と条件の違いから，キリスト者の「身分（status）」は「信徒」，「聖職者」，「修道者」に大別されるとした．教会憲章では，信者の定義について，神の民，聖職者，信徒，修道者の順に説明されている[4]．し

---

　4) 教会憲章の章立ては，以下の順序である．第二章「神の民」について，第三章「教会の聖職位階制度，特に司祭職について」，第四章「信徒について」，第六章「修道者について」（第二バチカン公会議文書公式訳改訂特別委員会 2013,「教会憲章」）．

かし新教会法典では，神の民，信徒，聖職者，修道者の順の記載となっている．教会憲章はま
だ一定の聖職者中心主義を反映していたが，新教会法ではそれが意識的に改善されたといえる．

5　公会議後の信徒像

　公会議後の信徒神学は目覚ましい発展をしたとはいいがたい．実態としては，信徒使徒職，
教会関係の任意団体は急増したし，様々な信徒神学が登場した（Catholic University of America
2003, "lay spirituality"）[5]．しかしながらレイクランドは，信徒のあり方という神学的課題はあま
り論じられなかったと指摘する（Lakeland 2003, 111）．

　レオナルド・ドーハン（Leonard Doohan）は1980年代に，信徒のあり方について以下のよう
に述べた．

　　いろいろな緊張が増してきています．信徒の役割について，心構えという点から再検討を求める
　公会議の呼びかけと，これまでの信仰との間に生じた緊張は，その最も明らかな例でしょう．聖
　職者のなかのある人々は，信徒を教会活動のなかに喜んで受け入れるつもりがあったと思われま
　すが，結局恐れのために，「司牧的賢明」と呼ばれる道を選ぶことになりました．しばしばこの司
　牧的賢明は，教会の奉仕に召されている信徒たちの，洗礼によって与えられている信徒としての
　権利を侵害することを意味していました．
　　そのうえ，「信徒＝世俗」とする根深い態度が，往々にして信徒の奉仕職を財政と運営のことだ
　けに限定してしまい，その結果，こうした奉仕職には霊的宗教的内容が欠如しているという点で，
　信徒も聖職者もどちらも満足できないという結果になってしまいました．
　　…現在信徒は，ごくわずかな特別なカリスマをもつリーダーをとおしてか，または著作家や記
　者をとおしてしか影響をおよぼすことはできません．端的にいえば，信徒の教会における責任に
　関しては，第二バチカン公会議も教会の中央機構にほとんど影響を与えなかったかのように思わ
　れます．
　　…改革に熱心な教区においてさえ，組織と権威からくる難しい問題のため，信徒が教会でまじ
　めな責任をとることは妨げられています．信徒は教区や所属の教会で働いていますが，実際の力
　をもっている場合はまれです．通常，彼らは拒否権をもつ司祭評議会や主任司祭のもとで働いて
　います（ドーハン 1984=1994, 53, 59-60）．

　5）ドーハンは1984年に，公会議後の信徒神学を以下のように分類した．「道具として働く信徒」の神学，「世
　　界に対する教会の現存としての信徒」の神学，「世を変革する信徒」の神学，信徒と教会組織の再編成の神
　　学，信徒の「自己発見」の神学（ドーハン 1984=1994）．

6　信徒に関するシノドス

　1987 年には信徒に関するシノドス（世界代表司教会議）が開催された.

　まず 1985 年に,「第二バチカン公会議の再確認」をテーマとする第 2 回臨時シノドスが開催された. ここでの討論を受け, キリスト信者の異なる身分（信徒, 聖職者, 修道者）の召命と使命に関するシノドスを 3 回にわけて開催することとなった. 信徒に関するシノドス「教会と世界における信徒の召命と使命」は 1987 年に開催された. このシノドスは, 公会議の教会論に対する二つの異なる解釈の間の葛藤であったといわれる. 一方では, 神の民のイメージの中心性を強調し, 他方は公会議以前の考え方によって公会議の中心的イメージを回避するものであった（Lakeland 2003, 122）.

　シノドスを受け, 教皇ヨハネ・パウロ 2 世（在位 1978-2005 年）は使徒的勧告「信徒の召命と使命」を 1988 年に発表した. レイクランドはヨハネ・パウロ 2 世の保守的な部分に注目し, 批判的に評価している. 例えば, 使徒的勧告のなかで教皇は, 信徒の教役者化傾向は危険なものであると指摘した（教皇ヨハネ・パウロ二世 1988, 63）. また, 信徒の特性は世俗性にあることを強調し, 聖職者と信徒の役割が混同される可能性を懸念した. さらに「（筆者注：奉仕職という）ことばの無差別な使用」に警告を発した（教皇ヨハネ・パウロ二世 1988, 62-63）.「司牧 (ministry)」という用語は聖職者の使徒的活動にのみ使われるべきとし, キリストの司祭職を担うにあたって, 聖職者と信徒の間には, 質的な違いがあることを明確にした（Lakeland 2003, 126-127）. レイクランドによれば, このような教皇の立場は, 1997 年にバチカンが発表したガイドライン「聖職者による聖なる司牧に対する叙階されていない信者の協力に関する問題についての指導」のなかでも再確認, 強調されている[6]. 信徒使徒職がきわめて盛んな北米の聖職者と信徒らは, これら二つの文書に対し大きな失望を感じ, 公会議の新たな教会論を否定するものだと批判した. また, ほんの一世代前までは聖職者にのみ許されていた司牧, 例えば聖体授与などは, すでに信徒が奉仕するようになっていた. 教皇の立場は, こうした信徒による奉仕にますます依存している教会生活をも否定するものであるとして反発した（Lakeland 2003, 129）.

7　新カトリック運動, 公会議精神の識別

　一方, 神学者マシモ・ファジオリは, レイクランドとは対照的な評価をしており, ヨハネ・パウロ 2 世は「新カトリック運動（new Catholic movements）」の絶対的な擁護者, 推進者であり, その姿勢は 1988 年の使徒的勧告にも表れていたとする（Faggioli 2016, 11-33）[7]. 教皇は勧告で,「現代, 信徒どうしが連合する現象は, その多様性と活力が特徴となっています. …現代は, 信

---

6) Vatican City. "On Certain Questions Rrgarding the Collaboration of the Non-Ordained Faithful in the Sacred Ministry of Priest," 1997, http://www.vatican.va/roman_curia/congregations/cclergy/documents/rc_con_interdic_doc_15081997_en.html, 2019 年 3 月 24 日閲覧.

徒がグループ作りを試みる新しい時代だといえるでしょう」と語っているからである（教皇ヨ
ハネ・パウロ二世 1988, 79）．教皇は様々な新カトリック運動に直接，公式な認可を与え，運動の
直接的な原動力となったとファジオリは述べる．

　ファジオリは，公会議後に新カトリック運動が興隆した直接の原動力は，公会議と公会議公
文書そのものではなく，「公会議の精神（spirit of Council）」あるいは「公会議後の精神（post-
Vatican II spirit）」であったと指摘する（Faggioli 2016, 87-112）．実際，公会議公文書を熟読すれば，
そこには聖職位階の指導のもとで活動する信徒とその団体という主従関係の構図が読み取れ
る．「教会憲章」，「信徒使徒職に関する教令」，「現代世界憲章」では，聖職位階に「従属」する
信徒のあり方が示唆されている（下線は筆者による）．

　　教会憲章
　　33　すべてのキリスト信者の務めであるこの使徒職のほかに，<u>信徒は，なお種々の方法で聖職位</u>
　　<u>階の使徒職へのより直接的な協力に招かれうる</u>．…さらに信徒は，霊的目的のためにある教会的
　　任務を果たすよう，<u>聖職位階から任用される適性を有している</u>（第二バチカン公会議文書公式訳
　　改訂特別委員会 2013, 169）．

　　信徒使徒職に関する教令
　　20b　信徒は，…独自のしかたで<u>聖職位階に協力</u>しつつ，自分の経験を役立てて，その責任を引き
　　受ける．
　　20d　信徒は，…聖職位階の使徒職とともに行動するときやそれに直接協力するときには，<u>聖職位</u>
　　<u>階の上からの指導のもとに行動する</u>．聖職位階はこのような協力を明確な委任によっても認可す
　　ることができる（第二バチカン公会議文書公式訳改訂特別委員会 2013, 444-445）．

　　現代世界憲章
　　43　世俗の職業と活動は，独占的ではないにしても，信徒に固有の領域である．…信徒は，キリ
　　スト教の知恵に照らされ，<u>教導職の教えに深く注意を払いながら</u>，自分の役割を引き受けるよう
　　にしなければならない（第二バチカン公会議文書公式訳改訂特別委員会 2013, 644-645）．

　レイクランドも，公会議は信徒の本質に対する神学的検討を完全におこなうことを避けたと
指摘する（Lakeland 2003, 108-110）．その代わり公会議は，重要ではあるがより簡単な，信徒使

　7）「新カトリック運動」とはファジオリの定義によれば，20 世紀後半から 21 世紀にかけて起きた信徒主体の
運動，信者の会である．その特徴は，カリスマ的創立者，特定のカリスマ，何らかのかたちでの共同体的生
活あるいは頻繁で定期的な集会，会員の中心は信徒，福音主義，会のカリスマに直接関連した何らかの教育
あるいは養成，教会生活への特定のカリスマの導入である（Faggioli 2016, 2-3）．具体的には以下の運動や会
がある．共生と解放（Communion and Liberation），オプス・デイ，聖エジディオ共同体，フォコラーレ，ネ
オカテクメナート（新求道期間の道），クルシリヨ，キリストのレギオ修道会，カトリック・スカウト運動，
カリスマ刷新運動．これらは信徒運動とも呼ばれる．

徒職の特性に取り組んだ．この理由は，聖職者中心主義という教会の伝統は非常に強固であり，公会議が打ち破ることのできるものではなかったためである．したがって公会議は，信徒の神学的定義には背を向け，信徒の現象学的な描写にとどまった．結果としてその後，公会議の信徒論を解釈するにあたっては，二つのまったく異なる方向が可能になった．ひとつは保守的な方向であり，聖職者と信徒の役割の違いを強調する．すなわち，前者は教会内で活動し，後者は世俗世界でキリスト者として生きるということである．二つ目はよりリベラルな解釈であり，教会憲章を拡大解釈して，聖職者と信徒が等しく教会での生活と司牧に従事する新時代を夢見るものである．

ファジオリによれば，公会議後，特に 1980-1990 年代の新カトリック運動では，信徒と聖職位階の役割は分かちがたく複雑かつ密接に結びついており，公会議公文書のような主従関係，上意下達的な関係では展開しなかった（Faggioli 2016, 87-112）．かつては聖職者が独占していた奉仕を信徒が担うようになった．カテキズム指導，神学校での神学教育，教会運営などで信徒が活躍した．公会議公文書は，公会議後の信徒運動の基礎を準備したとはいえる．しかしながら，運動の直接的な原動力となったのは，教皇ヨハネ・パウロ 2 世が打ち出した「新しい福音宣教（new evangelization）」による新カトリック運動の賞賛，公認，推進，それを受けたバチカンのポリシーの変化，後継者の教皇ベネディクト 16 世（在位 2005-2013 年）によるヨハネ・パウロ 2 世の教会論の継承，二教皇の合わせて 35 年に及ぶ長い在位期間であった．ここから「公会議の精神」あるいは「公会議後の精神」という考え方が生まれ，信徒運動の支柱となっていったのである．1980 年代には神学者たちは，公会議の「精神」を識別しなければならないことを認識し始めた．公会議が残した未完の課題である「信徒であるとはどういうことなのか？」という根本的な疑問に対する完全な回答はいまだない．そして 2018 年時点でもこれは大きな神学的，教会論的課題として残されている．

2013 年に着座した教皇フランシスコは，きわめてリベラルかつ実直に，公会議の精神を取り戻そうとしている．信徒に対しては，宣教が彼らの務めであり，信徒はもはや二流信者ではないと呼びかけている．2016 年 11 月，教皇が主導し，バチカンは女性助祭の可能性について検討する委員会を起ち上げた[8]．女性に対しては，助祭や司祭になる道を長らく頑なに閉ざしてきたカトリック教会にとっては画期的な出来事であった．2018 年時点では，フランシスコによる教会改革は進行中である．

8）初代教会時代には女性助祭（deaconesses）がいたことは広く知られている（上智学院新カトリック大事典編纂委員会 1996,「女執事」）．委員会はまず，初代教会における女性助祭について研究をすることとなった．その後，女性終身助祭を叙階する可能性を検討するようである．

　Philippa Hitchen. "Vatican commission on female diaconate holds first meeting," https://cctn.org/vatican-commission-on-female-diaconate-holds-first-meeting/, 25 November 2016, 2019 年 3 月 22 日閲覧.

第 3 節　香港の信徒とは？

　信徒概念の歴史的変遷を述べたうえで，現代の状況について説明してきた．信徒に聖職者と対等の身分を認めてこなかった長い歴史的経緯ののち，現代になってようやく平等性が認められた．すなわち，中世より信者のなかに「信徒」，「聖職者」，「修道者」という身分の違いが生じ，現代に至るまで信徒の立場は従属的，限定的なものであった．19 世紀後半のカトリック運動，20 世紀初頭の信徒神学，そして 1960 年代の第二バチカン公会議が信徒の伝統的な定義を転換させてゆく契機となった．公会議公文書において，聖職者，修道者，信徒は優劣や上下のない「神の民」として平等であることが公式に宣言された．これにより，信徒の立場や霊性が聖職者に劣らないもの，信徒も積極的に教会運営を含む使徒職に関わるべきであることが確認された．しかしこの「公会議の精神」が本質的に実践されたのは 1980 年代になってからのことである．公会議の精神識別の潮流から，新カトリック運動，信徒運動が世界的に興隆した．

　では，このような世界的潮流は，香港でどのように展開したのであろうか．近現代香港の信徒とはどのような存在であったのだろうか．そして彼らは教会堂建設にどう関与し，どのような影響を与えたのであろうか．これらのことを第 3 章以降で論じてゆくが，香港のカトリック教会においては，信徒像の展開は欧米に遅れ，保守的に展開した．信徒の主体化は 1990 年代になって顕著になる．この時期には教会堂建設事業が増加したこともあり，主体化した信徒たちが，専門家として参画するようになる．同時期，世界的な信徒運動，公会議精神識別の動きは，香港の信徒も刺激し，様々な信徒霊性運動が展開されるようになる．こうした運動は，香港の中国への返還，香港の大陸化といった固有の文脈を背景に展開されたものであったことを詳述する．教会堂建設事業への信徒参画は実務的な要請から始まったものであったが，2000 年代になると，信徒自身の霊的成長，神の民としての生き方の主体的実践へと止揚されていったのである．

第 2 章

香港カトリック教会堂

　本研究の対象は信徒と同時に教会堂である．香港の教会堂とはどれくらいの数存在し，どのような形態であり，それらはどのように変遷したのかを第3章以降で論じる前に，本章では教会堂の基礎的データを提示し，類型分析方法を説明する．時系列に従って分析するので，本書で用いる時代区分も提示する．香港の教会堂は，西洋の教会堂のように様式によって類型化することは適切ではない．用途，礼拝専用空間，所有者，恒久性といった独自の指標を用いる．

第 1 節　時代区分

　本書では，独自の時代区分を用いる．第1章で述べた2特徴，すなわち建設専門家信徒が教会堂営繕で奉仕し，かつ霊的探究をしているという現象が，どのように普遍的であり，しかしどのように香港に固有なことなのかを分析する．だが，そのような分析は，きわめて多面的，多角的，なおかつ総合的であらざるをえない．香港および中国大陸の政治，経済，都市開発，建設産業，教育，政教関係などを明らかにし，そのなかに香港カトリック教会の信徒参画を適切に位置づけるために，次の時代区分を考えた．

1841-1944 年	イギリス植民地期．緩やかな政教協力関係．
1945-1969 年	香港への難民流入．より緊密な政教相互依存関係．
1970-1981 年	公共サービス充実期．ニュータウンと公営団地開発加速．
1982-1989 年	香港返還決定．教会堂建設事業増加．天安門事件前まで．
1989-1996 年	天安門事件による不安増幅期．政教相互依存関係からの自立．
1997-2005 年	返還，一国二制度期．
2006-2018 年	再植民地化，大陸化の進行．それに対する民主化運動．

　おおまかにいえば，植民地成立から大陸での共産党政権成立までのほぼ100年間は，香港の教会堂は一般的に，独立した低層の建物で，それは宗教活動のために専用されるものであった．ところが第二次大戦後から今日に至るまでのほぼ70年の間，専用の教会堂はほとんど新築されず，もっぱら他用途と複合的に建設された．こうした教会堂は誰が所有するのか，誰が設計するのか，建設資金はどこが提供するのか，どのような用途の施設が併設されるのか，そして礼

拝の空間がもっぱら宗教活動のためのものか，他の用途も念頭に置かれているかは，それこそ10年ごとに，政治的そして社会的状況の変化に従って，絶え間なく展開してきた．それゆえこの70年間は，教会関係者たちが創意工夫をこらした時期であると同時に，それを観察する研究者には，社会的，政治的産物でもある信仰の空間を考えるうえで，きわめて多様で意義深い素材を提供し続けているのである．そして信徒が建設活動に参加した意味を理解するためには，こうした激動の背景と教会建築の変遷を知っておかねばならない．

第2節　16世紀-19世紀半ば　香港カトリック教会成立の背景

　香港の教会の誕生は，マカオ（澳門）と密接に関係している[1]．1557年，ポルトガルはマカオを居留地とし，事実上の植民地とした．1576年，マカオ教区が創設された．その教区はポルトガルの「布教保護権（*padroado*）」下にあった．保護権とは，ポルトガルとスペインによる植民地拡大の情勢のなかで16世紀に設けられた制度である．すなわち，教皇の認可のもと，特定の国家が特定の地域において，司教の任命，司教区の創設，宣教師の選抜・派遣，宣教活動および教会堂建設をおこない，その資金を負担するという権利と義務であった（上智学院新カトリック大事典編纂委員会1996,「保護権」）．植民地政府と教会が一体的組織として活動できるので，双方に利があった．

　一方バチカンは「プロキュラ（*Procura*）」をマカオに置いた．プロキュラとは，1622年にバチカンが設立した「布教聖省（Roman Sacred Congregation for the Propagation of the Faith, *Propaganda Fide*）」の，宣教地におけるいわば財務支所である．すなわちそれはバチカン直属の出先機関であり，その長である「プロキュレーター（Procurator）」は財務管理者であり，かつバチカンの代理人であった．バチカンが任命した司祭がこの役職を務め，宣教活動のための財務を担当すると同時に，知牧区・代理区の責任者（司教に相当）でもあった（Ha 1998, 33-36）[2]．バチカンは布教聖省を通して，マカオと中国大陸における宣教師派遣の主導権をとろうとした．バチカンとポルトガル・スペイン王室との間に軋轢が生まれると，バチカンはポルトガルの干渉を排除したいと考えるようになった（Ha 1998, 36）．

　一般的に，植民地主義とキリスト教宣教活動は事実上一体化していたといわれる（Atkin and Tallett 2003, 189）．19世紀香港における植民地政府とカトリック教会は，植民地化においては戦略的に一体ではなかったものの，教会はその状況に素早く反応し便乗した．イギリスは，1839年にアヘン戦争において清に勝利し，1841年1月26日から香港島を統治した（図2.1）[3]．バチ

---

　1) マカオは香港の南西60kmほどに位置する．1999年にポルトガルから中国に返還され，以降は香港と同様，中華人民共和国の特別行政区である．

　2) 知牧区とは，定住司教制が設置されていない宣教地において設立される教会行政上の区域・組織である（上智学院新カトリック大事典編纂委員会1996,「知牧」「知牧区」「代牧」「代牧区」）．バチカンに直属する．一般に，宣教地はまず知牧区となる．その次に代理区となり，最終的に司教区となる．

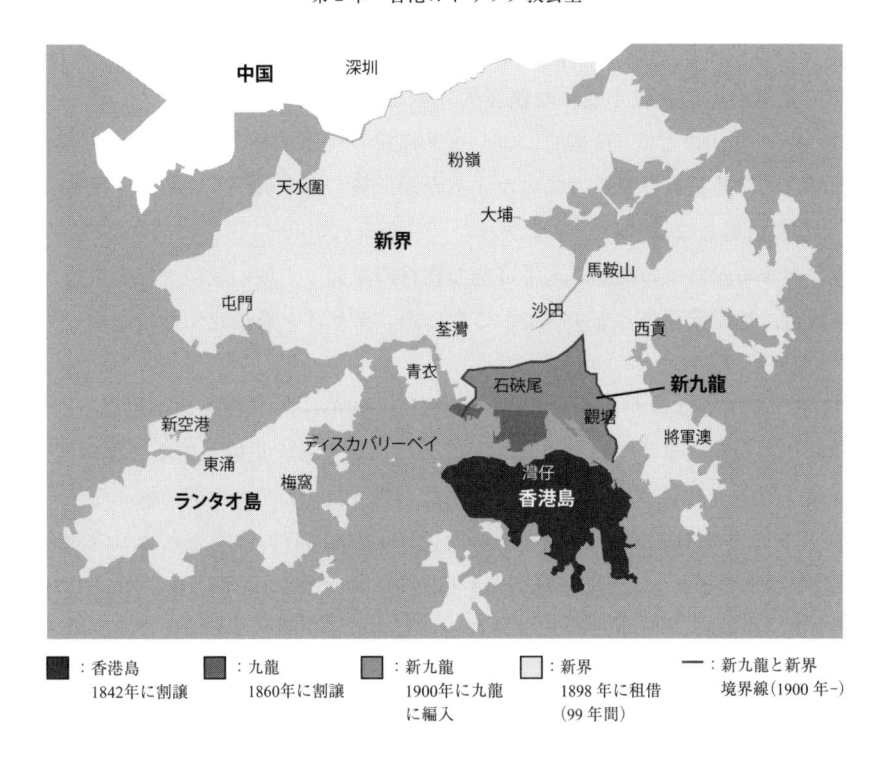

図 2.1　香港

カンは上述のようなマカオにおけるポルトガルとの確執から，これを好機と見た．1841 年 4 月 22 日，香港と周辺 6 地区をマカオ教区から切り離し，新たに「香港使徒座知牧区」とし，布教聖省プロキュラをマカオから香港に移した．このため香港カトリック教会は，バチカンの財務支所として始まったともいえる．香港はイギリスに植民地化されつつ，並行して，バチカンの重要宣教拠点となっていったのである．

第 3 節　中国の教会建築

　香港の教会堂を論じる前に，中国大陸全般について説明しておく必要がある．政治や社会史のみならず，教会建築においても，大陸と香港には関連性があるからである．
　中国カトリック教会建築の既往研究としては，トマス・コーマンスの一連の著作がある（Coomans and Wei 2012, Coomans 2014a, b）．19 世紀の宣教師たちはほぼ全員が，西洋キリスト教文化は他のあらゆる文化に比し優れていると確信していた（Coomans and Wei 2012, 254）．彼らは，

36

ロマネスクやゴシック，バロックなどの様式が中国の教会建築にも適切と考え採用した[4]．ヨーロッパで建築の専門教育を受けた西洋人宣教師もおり，アルフォンソ・デ・モアルース（Alphonse De Moerloose）などは，積極的にゴシック様式の教会を建てた（Coomans 2014a, 128）．大多数の宣教師たちは建築教育を受けていなかったが，彼らは全員が「宣教師建築家（missionary builders）」として活動しなければならなかった（Coomans 2014b）．建設に関する役所との折衝，現地の気候に対する設計上の配慮，入手可能な建材の把握，土地の取得，資金調達，施工者の選定，基本設計，施工監理などをすべておこなった．デザインを決定するにあたってはパターン・ブックを参照した．

20世紀初頭，中国ではナショナリズムが高まり，反キリスト教運動が起こった（Ho 2009, 86-90）．1900年の義和団事件では，キリスト教会堂に対する大規模な破壊運動が展開された．1920年代，カトリック教会は反キリスト教的情勢を生き抜くため，中国の様々な伝統に根ざした形態や様式をとりいれる，いわゆる「現地化（localization）」策をとった（Charbonnier 2007, 419-421）．教皇ベネディクト15世（在位1914-1922年）とピウス11世（在位1922-1939年）は現地化を推奨した（Coomans 2014b, 130）．ヨーロッパでも，ゴシックなど中世の建築様式は採用されなくなった．

1922年から33年にかけて駐中バチカン大使であったセルソ・コスタンティーニ大司教（Celso Costantini）は，自身が建設事業者の家庭出身で，典礼芸術の専門家でもあった．彼は「中国キリスト教折衷様式（Sino-Christian style）」を熱心に中国に普及させようとした（Coomans 2014a, 131, 2016）．1926年，オランダ人ベネディクト会司祭アデルバート・グレスナイト（Adelbert Gresnigt）に，最初の中国キリスト教折衷様式教会堂の設計を依頼した（Coomans 2014a, 132, 2014b, 104）．グレスナイトは画家・彫刻家であり，建築家ではなかったが，当時はまだ中国人カトリック建築家はいなかったため，こうした宣教師たちが設計を担ったのである．次章で述べるが，グレスナイトは香港でも教会施設設計に携わった．第二次大戦前までは，大陸と香港で同じ設計者が教会堂を建設するなど，大陸と香港には深い関係性があった．

しかしながら，絶え間ない国共内戦，日本による侵略，戦後の共産党による宗教抑圧や文化大革命などが，中国における教会建築の発展を阻害し続けた（Coomans 2014a, 139）．多くの教会堂が騒乱のなかで破壊された[5]．他方，後述するように，香港では教会堂建設活動がきわめて活発になった．中国と香港の教会堂設計・建設活動はまったく分離して展開し始めたのである．

4）上海にアングリカン教会が建設した聖ヨハネ大学（St. John's University, 聖約翰大學, 1894年竣工）は，中国と西洋の折衷的な「擬華様式」，「アジア趣味の建築」としてデザインされており，19世紀としては例外的な事例である（藤森, 汪 1996, 97）．この理由のひとつには，教会関係者の「現地化」意識があり，とりわけ教育施設のデザインにおいて，現地の文化・伝統を尊重する姿勢を見せるという意図が働いたのかもしれない（Rowe and Kuan 2002, 33）．

第4節　香港教会堂悉皆調査と類型化

　序章で説明した通り，香港教会建築の既往研究はほとんど存在しない．このため，そもそも，どのような教会堂が，どのくらいの数存在し，それらの数や形態はどのように変遷してきたのかを，悉皆調査をおこなって把握することが必要だと考えた[6]．

　まず，あらゆる種類の教会堂を一次資料から抽出し，その数の変遷を表2.1と図2.2に示した．その後，個別の教会堂の詳細調査をおこなった．すなわち，教会名，併設施設，所有者，建物の状況，所在地である．教会堂の悉皆調査の後，類型研究をおこなった．

1　教会堂悉皆調査の対象

　悉皆調査の対象は，1841年から2018年までに存在した教会堂であり，現存しないものも含める．そして，少なくともある一定期間，ミサが定期的におこなわれ，かつ公的に開放されていた施設を対象とする．修道院チャペルや学校チャペルは本来私的礼拝施設であるが，公的に開放されているもの，過去にされたことのあるものに限って対象とする．墓地チャペルは定期的なミサがあったわけではないので対象としない．軍キャンプ内チャペルも公的に開放されてはいなかったので対象としない．

2　調査方法

以下の資料と方法によって，把握しうる限りの教会堂を抽出した．

・香港教区組織である香港公教真理學會（Catholic Truth Society of Hong Kong）が1953年から発

---

5) 2018年時点においても教会堂建設は中国では非常に厳しく政府によって管理されている（Clark 2015）．政府非公認の地下教会は，教会堂を建設することは原則的には許されない（K. K. Yeo. "Church and state in China," http://www.christiancentury.org/article/2006-01/home-grown, 2015年10月21日閲覧）．近年政府の許可を得て建設された教会堂は西洋中世の様式を盲目的に採用したものばかりである（Clark 2015）．自由かつ創造的な教会建築デザインが中国人建築家によって発展されるような土壌は存在しない．2016年，政府の指導を受け，政府公認の愛国教会は，中国カトリックの「現地化（中国語で本地化）」，「中国化」を推進し，教会建築，典礼芸術についても中国化を研究し実践するとした（「第四届中国天主教本地化暨中国化神学论坛在京举行」，人民政协报，2016年10月17日）．今後も政治的な要因で，大陸における教会建築発展の可能性は制限され続けると思われる．

6) 宗教活動のための場所を意味するいくつかの用語はローマ・カトリック教会の「教会法典」で定義されている．「聖なる場所（sacred places）」とは，1983年公布の現行の教会法典によれば，「典礼書が規定する奉献又は祝別によって，神に対する崇敬又は信者の埋葬に当てられる場所」を意味する（日本カトリック司教協議会教会行政法制委員会 1992，第1205条）．教会堂，礼拝堂，私的礼拝堂，巡礼所，墓地が含まれる．香港教区では，墓地を除く聖なる場所を「聖堂（places for religious service）」と総称している．聖堂の種類には，「聖堂（church）」，「小堂（chapel）」，「礼堂（hall）」があるとしている．本研究の主な対象はこれらのうち公的礼拝に開放されたものである．本書では日本語訳として「教会堂」と総称する．建築形態によっては「礼拝施設」，「礼拝空間」という言葉も使用する．

行している「香港カトリック・ダイレクトリ（Hong Kong Catholic Church Directory, 香港天主教手冊）」. 各年に存在する教会堂が掲載されており，その献堂年あるいは開設年，所在地，併設施設の情報を得ることができる．香港大學図書館，カトリック香港教区アーカイブス（Hong Kong Catholic Diocesan Archives, HKCDA）で閲覧した.

・HKCDA 所蔵の教会堂統計原簿[7]．香港の教会がバチカンに報告するために毎年作成した資料と見られ，1842 年からほぼ毎年存在する．HKCDA で閲覧，収集した.

・HKCDA ウェブサイトに掲載されている教会堂[8]．上記ダイレクトリなどに基づいて整理されたと思われる二次的情報.

・個別の教会記念誌．小教区設立や教会堂献堂の周年記念に出版されることがある．公刊出版物ではないので，各教会から個人的に入手，あるいは，香港大學図書館，HKCDA で閲覧した．建設，建て替え，用途の変遷などの記録があることも多い．記念誌の一部は，教会のウェブサイトに掲載されている[9].

・一部の教会堂の開設年，併設施設，現状については，香港教区司祭であり，総務処前プロキュレーターであったエドワード・コン（Edward Khong, 康建璋）神父にインタビューをおこない，情報を得た．コンはプロキュレーターとして，教区不動産を管理する立場にあり，教会堂の状況について最も詳しい人物の一人である．その他，個別の教会の司祭，職員，信徒，教区職員などにもインタビューをおこない，用途や現状を確認した.

・現存している教会堂については，可能な限り筆者自身が現地調査し，用途や現状を確認した.

・教会堂の情報記載がある論文，書籍，パンフレットなど二次資料も可能な限り収集し参照した.

　HKCDA 所蔵の教会堂統計資料は特に有用であった．カトリック教会が作成した統計原本は 1842 年から存在し，毎年の礼拝施設の数や種類などが記録されている．1842 年から 1930 年代までは統計資料を整理した二次資料が乏しいため，一次資料を可能な限りアーカイブスで参照，入手した．1940–1945 年の間は戦争による混乱のためか，統計データは見つからなかった．1948 年以降は統計の正確な二次資料があるため，これらを参照した．統計資料は様々なフォーマットのものがあり，使用言語も，ラテン語，イタリア語，フランス語，中国語，英語の資料が混在していた．統計ごとに異なる用語が使われており，用語の定義は不明確なことも多く，また同じ用語でも，統計が異なれば違う意味で使われている場合も多い．集計方法も不明確であり，しばしば変更されているようである．また，統計で示される数字は大まかなものである

7) HKCDA I-5, 6, 7.
8) "Church Buildings," http://archives.catholic.org.hk/Church%20Building/CB-Index-Chi.htm, 2018 年 1 月 31 日閲覧.
9) 以下を起点に各教会のウェブサイトを参照することができる．Catholic Diocese of Hong Kong. "Catholic Heritage," http://www.catholicheritage.org.hk/en/home/index.html, 2018 年 1 月 31 日閲覧.

ことが多い．このように，統計資料には様々な限界，制約があるが，それでもなお，これら一次資料は分析に値するものと考える．

　入手した統計データすべてを表2.1に整理した．最左列は統計で使われている原語の礼拝施設カテゴリーの名称，隣列はその名称の日本語訳である．筆者が訳した．同年に複数の統計資料がある場合もあり，同じ種類のようであってもその数字が異なっていることもある．それらにも手を加えずにそのまま記載している．グレイで示しているのは，各年の教会堂，ミサ・センターの統計のうち最も信頼性の高いデータと筆者が判断したものであり，これらを抜き出してその数の変遷を折れ線グラフ化した（図2.2）．

　さらに，各種資料に現れる個別の教会堂を，竣工年（不明な場合は，献堂年，開設年，または記録の初出年）順に資料1に列挙した[10]．

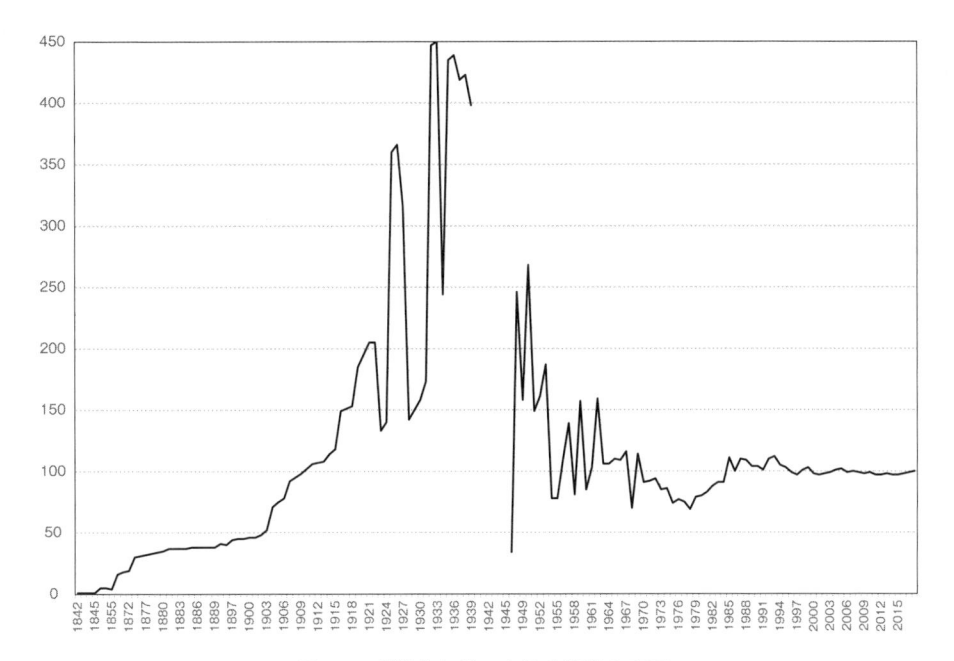

図2.2　香港カトリック教会堂数の変遷

---

10) 資料1の教会名は英語名，中国語名の順で記した．どちらかが不明の場合は記載していない．教会名が変更された場合は，変更年（判明する場合のみ）と共に時系列で記載した．

　礼拝以外の用途がある場合には，「併設施設」列に施設名称を英語・中国語で記載した．名称が変更された場合は時系列順に記載した．

　併設施設がある場合，それらの用途を「複合用途」の列に記載した．用途には，礼拝以外に，教育，福祉，教育および福祉，商業がある．竣工時あるいは開設時の複合用途のみに基づいて類型をおこなっている．竣工・開設後，一定期間を経て用途が変わっている場合がある．例えば19世紀から20世紀前半にかけて新界に建設された小規模な教会堂の複数が，戦後に教会堂としての機能をなくし，1990年代にキャンプ基地や福祉施設に転用された．転用された教会堂については，「併設施設」欄に転用された施設の名称は記載している．しかし，本研究では転用行為そのものは考察の対象としない．

表 2.1　香港カトリック教会堂のカテゴリーと数

礼拝施設カテゴリー（原語）	礼拝施設カテゴリー（日本語訳）	1842	1843	1844	1845	1851	1852	1853	1855	1858	1859	1867	1869	1870	1872	1875	1876	1877	1878	1879	1880	1881	1882	1883	1884	1885	1886	1887	1888	1889	1895	1896	1897	1898	1899	1900	1901	1902	1903	1904	1905	1906	1907	1908	1909	1910	1911	1912
Ecclesiae	教会堂				1	1	1	1		1		2	2	3	3	4	4	4	4	4	4	4	4	4	4	4																						
Sacella	チャペル	1			4	4		3				14	16	16	28	28	28	29	30	31	33	33	33	34	34	34																						
Ecclesiae	教会堂																														4	4	4	4	4	4	4	4	4	5	5	5	5	5	5	5	5
Sacella	チャペル																														37	36	40	42	42	42	44	48	67	70	73	87	90	93	97	98	102
Ecclesiae	教会堂																																	4	4	4	4	4	4	5	5	5	5	5	20	24	25
Sacella	チャペル																																40	41	41	42	42	44	48	66	70	73	87	90	93	82	82	82
Stazioni Secondarie	二次的ミッション・ステイション																																											150	157			
Chiese	教会堂																																4											20	24			
Cappelle	チャペル																																40											78	82			
Eglises ou Chapelles	教会堂もしくはチャペル																																46	46	46	48	59	71	75	88	92	98						107
Ecclesiae	教会堂																																															
Sacella	チャペル																																															
Stazioni principali	主要ミッション・ステイション																																															
Stazioni secondarie	二次的ミッション・ステイション																																															
Cristianita senza Cappella	チャペルなしのミッション・ステイション																																															
Eglises ou Chapelles	教会堂もしくはチャペル																																															
Quot Christianitates velMissiones vel Stationes	ミッション・ステイション																																															
Ecclesiae publicae	公的教会堂																																															
Sacella (cum residentia)	常駐司祭なしチャペル																																															
Sacella (absque residentia)	常駐司祭なしチャペル																																															
Christianit. sine. sacello	チャペルなしのミッション・ステイション																																															
Ecclesiae (solemniter benedictea) cum residentia	教会堂																																															
Alia sacella cum residentia																																																
Sacella provisoria 公所 sine residenia	チャペル / 修道院チャペル																																															
Mission Station	チャペルありのミッション・ステイション / チャペルなしのミッション・ステイション																																															
Kung-Soh 公所 (Temporary Premises)	ミッション・ステイション																																															
Catholic Centres	教会堂なしのミッション・ステイション																																															
Stationes primariae (ubiresidet sacerdos, paroec. Exclusis)	主要ミッション・ステイション（常駐司祭あり，小教区ではない）																																															
Stationes secondariae (ubi non resident sac.)	ミッション・ステイション（常駐司祭なし）																																															
Ecclesiae	教会堂																																															
Stationes inchoatae	常駐司祭ありミッション・ステイション																																															
Sacella omnia	全チャペル																																															
HK's Ecclesiae	香港の教会堂																																															
Rural Ecclesiae	新界と中国本土の教会堂																																															
Sacella provisoria 公所 sine residentia	常駐司祭なしの臨時チャペル																																															
Christianitates sine sacello	チャペルのあるミッション・ステイション																																															
Ecclesiae et Oratoria Pubblica	公的教会堂チャペル																																															
附屬傳教站	二次的ミッション・ステイション																																															
Urban parishes (placeswith resident priests)	小教区教会堂　香港 / 九龍																																															
Ecclesiastical districts inthe New Territories	教会堂 / チャペル / ミッション・ステイション																																															
Rectories	チャペル																																															
Urban Secondary Stations	都市域の二次的ミッション・ステイション																																															
郊區主要傳教站	非都市域の主要ミッション・ステイション																																															
聖祭中心（市區）	都市域のミサ・センター																																															
聖祭中心（郊區）	非都市域のミサ・センター																																															
牧民中心	司牧センター（ミサ・センター）																																															
彌撒中心	ミサ・センター																																															
禮堂 Halls	学校講堂（ミサ・センター）																																															

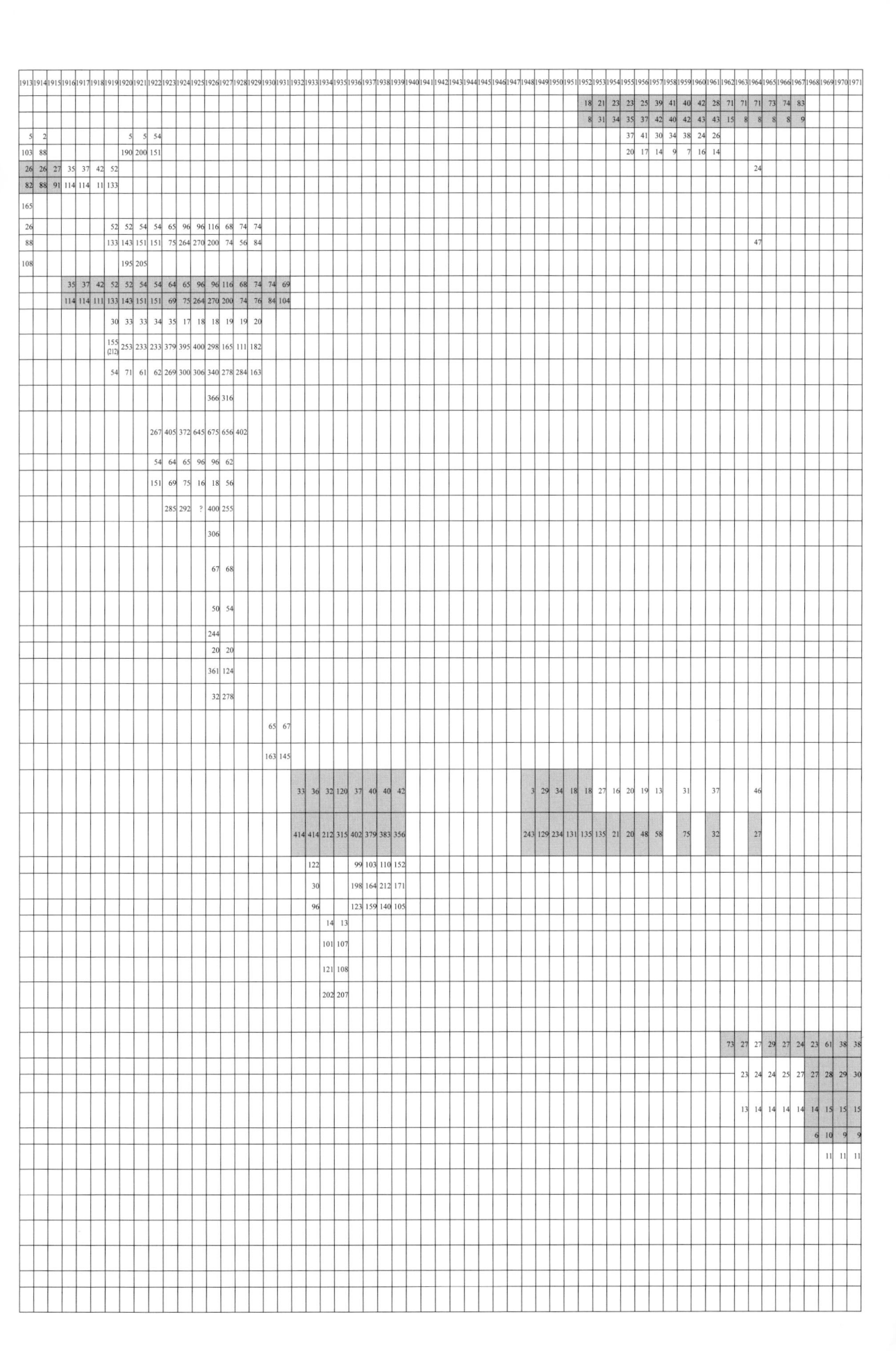

1913	1914	1915	1916	1917	1918	1919	1920	1921	1922	1923	1924	1925	1926	1927	1928	1929	1930	1931	1932	1933	1934	1935	1936	1937	1938	1939	1940	1941	1942	1943	1944	1945	1946	1947	1948	1949	1950	1951	1952	1953	1954	1955	1956	1957	1958	1959	1960	1961	1962	1963	1964	1965	1966	1967	1968	1969	1970	1971
																																18	21	23	23	25	39	41	40	42	28	71	71	71	73	74	83											
																																8	31	34	35	37	42	40	42	43	43	15	8	8	8	8	9											
5	2							5	5	54																								37	41	30	34	38	24	26																	
103	88							190	200	151																								20	17	14	9	7	16	14																	
26	26	27	35	37	42	52																																												24						
82	88	91	114	114	11	133																																																		
165																																																										
26							52	52	54	54	65	96	96	116	68	74	74																																								
88							133	143	151	151	75	264	270	200	74	56	84																																	47						
108								195	205																																																	
			35	37	42	52	52	54	54	64	65	96	96	116	68	74	74	69																																							
			114	114	111	133	143	151	151	69	75	264	270	200	74	76	84	104																																							
								30	33	33	34	35	17	18	18	19	19	20																																							
								155 (212)	253	233	233	379	395	400	298	165	111	182																																							
								54	71	61	62	269	300	306	340	278	284	163																																							
													366	316																																												
												267	405	372	645	675	656	402																																								
													54	64	65	96	96	62																																								
													151	69	75	16	18	56																																								
											285	292	?	400	255																																											
													306																																													
													67	68																																												
													50	54																																												
													244																																													
													20	20																																												
													361	124																																												
													32	278																																												
																65	67																																									
																163	145																																									
																		33	36	32	120	37	40	40	42		3	29	34	18	18	27	16	20	19	13		31			37					46												
																		414	414	212	315	402	379	383	356		243	129	234	131	135	135	21	20	48	58		75			32					27												
																	122				99	103	110	152																																			
																	30				198	164	212	171																																			
																	96				123	159	140	105																																			
																					14	13																																				
																					101	107																																				
																					121	108																																				
																					202	207																																				
																																																	73	27	27	29	27	24	23	61	38	38
																																																		23	24	24	25	27	27	28	29	30
																																																			13	14	14	14	14	15	15	15
																																																							6	10	9	9
																																																								11	11	11

礼拝施設カテゴリー（原語）	礼拝施設カテゴリー（日本語訳）		1972	1973	1974	1975	1976	1977	1978	1979	1980	1981	1982	1983	1984	1985	1986	1987	1988	1989	1990	1991	1992	1993	1994	1995	1996	1997	1998	1999	2000	2001	2002	2003	2004	2005	2006	2007	2008	2009	2010	2011	2012	2013	2014	2015	2016	2017	2018
Ecclesiae	教会堂						35	35	32	36	36	38	40	37	37	36	36	37	37	37	39	39	37	40	40	39	37	37	37	37	38	40	40	40	41	41	41	40	40	40	40	40	40	40	40	40	40	40	40
Sacella	チャペル							45	37	37	30	20	25	26	32	34	30	23	36	35	34	31	30	36	26	26	29	27	34	34	30	27	30	31	33	34	31	31	31	32	33	31	31	31	31	31	32	32	33
Ecclesiae	教会堂																																																	
Sacella	チャペル																																																	
Ecclesiae	教会堂																																																	
Sacella	チャペル																																																	
Stazioni Secondarie	二次的ミッション・ステイション																																																	
Chiese	教会堂																																																	
Cappelle	チャペル																																																	
Eglises ou Chapelles	教会堂もしくはチャペル																																																	
Ecclesiae	教会堂																																																	
Sacella	チャペル																																																	
Stazioni principali	主要ミッション・ステイション																																																	
Stazioni secondarie	二次的ミッション・ステイション																																																	
Cristianita senza Cappella	チャペルなしのミッション・ステイション																																																	
Eglises ou Chapelles	教会堂もしくはチャペル																																																	
Quot Christianitates velMissiones vel Stationes	ミッション・ステイション																																																	
Ecclesiae publicae	公的教会堂																																																	
Sacella (cum residentia)	常駐司祭なしチャペル																																																	
Sacella (absque residentia)	常駐司祭なしチャペル																																																	
Christianit. sine. sacello.	チャペルなしのミッション・ステイション																																																	
Ecclesiae (solemniter benedictea) cum residentia	教会堂																																																	
Alia sacella cum residentia																																																		
Sacella provisoria 公所 sine residenia	チャペル／修道院チャペル																																																	
Mission Station	チャペルありのミッション・ステイション／チャペルなしのミッション・ステイション																																																	
Kung-Soh 公所 (Temporary Premises)	ミッション・ステイション																																																	
Catholic Centres	教会堂なしのミッション・ステイション																																																	
Stationes primariae (ubiresidet sacerdos, paroec.Exclusis)	主要ミッション・ステイション（常駐司祭あり，小教区ではない）																																																	
Stationes secondariae (ubi non resident sac.)	ミッション・ステイション（常駐司祭なし）																																																	
Ecclesiae	教会堂																																																	
Stationes inchoatae	常駐司祭ありミッション・ステイション																																																	
Sacella omnia	全チャペル																																																	
HK's Ecclesiae	香港の教会堂																																																	
Rural Ecclesiae	新界と中国本土の教会堂																																																	
Sacella provisoria 公所 sine residentia	常駐司祭なしの臨時チャペル																																																	
Christianitates sine sacello	チャペルのあるミッション・ステイション																																																	
Ecclesiae et Oratoria Pubblica	公的教会堂チャペル																																																	
附屬傳教站	二次的ミッション・ステイション		40	31	31	23	17	18	15																																									
Urban parishes (placeswith resident priests)	小教区教会堂	香港	31	30	30	30																																												
		九龍																																																
Ecclesiastical districts inthe New Territories	教会堂／チャペル／ミッション・ステイション		15	16	17	15																																												
Rectories	チャペル		8	8	8	6	6	6	7						3	2																																		
Urban Secondary Stations	都市域の二次的ミッション・ステイション			6	6																																													
郊區主要傳教站	非都市域の主要ミッション・ステイション						15	15	15	15																																							
聖祭中心（市區）	都市域のミサ・センター							23	20	18	18																																							
聖祭中心（郊區）	非都市域のミサ・センター								7	7	4																																							
牧民中心	司牧センター（ミサ・センター）											43	44																																					
彌撒中心	ミサ・センター													45	48	54	54																																	
禮堂 Halls	学校講堂（ミサ・センター）											0	44	42	45	41	37	37	33	34	32	34	46	39	35	33	30	31	32	28	28	28	27	28	27	25	26	26	27	27	25	26	26	27	26	26	27	27

3　類型化指標

　悉皆調査の後，類型分析をおこなった．類型化の指標であるが，西洋の教会建築類型の指標としては，建築様式と構法が用いられることが多い．しかし，香港の教会堂については，これらは明確な指標とはならない．これは以下の理由による．

　様式については，香港にも，戦前と戦後に明確な様式を有する教会堂がいくつか存在する．コーマンスが指摘しているように，戦前の香港における教会堂建築様式は，特定の修道会や宣教会，あるいは，特定の国籍の信者が，それぞれに固有のアイデンティティを表出するにふさわしい様式を採用した（Coomans 2016, Coomans and Ho 2018）．例えば，神学校（South China Regional Seminary, 華南總修院, 今日の聖神修院, 1931 年竣工, 図 3.7-3.9）は，「中国キリスト教様式」であり，これは当時のバチカンが教会現地化のために採用したものである（第 3 節参照）．これに対し，聖テレサ教会（St. Teresa's Church, 聖德肋撒堂, 1932 年竣工, No.57, 図 3.6）はイタリア・ロマネスク様式で，これはポルトガル人のパトロン信者たちとイタリア人代理区長がこの様式を好んだためであり，彼らの西欧アイデンティティが表出したものである．彼らは当時バチカンが推進していた現地化政策には興味を示さず，中国風の様式を好まなかった．このように，特に 1930 年代は，カトリック，アングリカンなど様々な宗派や修道会が，香港固有の政治・社会的文脈において，様式を選択し採用したのである．したがって，様式は，教会堂建設計画に関与した人々がどのような意図と動機を持っていたかというコンテクストで理解されなければならない．意匠のみから判断して既存の様式類型に従って解釈することは，香港の教会堂を正確に理解することにはつながらない．今後，教会堂のケーススタディを複数おこない，様式のコンテクストを理解する必要がある．

　これら少数の様式的教会堂事例に対し，香港教会堂の圧倒的多数は，戦後に建設・開設されたものであり，非様式的である．戦後の復興期，すなわち人口急増の社会混乱期に建設されたものが多く，機能主義的であり，明確な様式は持たない．このように，様式的教会建築がきわめて少なく，非様式的なものが大多数の香港においては，様式での類型化は困難であるし，意味をなさない．

　構法についても，香港教会堂類型の指標とはしない．大半が，戦後に建設されたコンクリート造であるためである．戦前に建設された教会堂のうち，臨時礼拝施設の構造は，石造かレンガ造である．それぞれの地区で，どのような建材が入手可能か，材料生産地から建設現場まで運搬できるか，どれほどの建設費を準備できるかで，材料と構法が決まったようである．香港には花崗岩が豊富にあり，石切場が多く存在し，石材の調達は比較的容易である．一方，レンガは石材に比べ，製造の手間と費用を多く要した．しかし，現存する戦前の教会堂であっても，漆喰仕上げがなされており，石造かレンガ造かが容易には判別できないものが少なくない．構法の確認には詳細な調査が必要である．

　戦後は，1950 年代前半のごく短期間にのみ石造教会堂が複数建設された．戦後復興期および難民流入期のこの時期は，鉄筋などの建材不足，建材と人件費高騰が深刻であった．第 4 章で

も述べるように，教会組織は，難民のための居住施設やチャペル，福祉施設，学校を緊急に建設したが，十分な資金もなく，これらすべてを鉄筋コンクリート造で建設することはできなかったようである（Galvin 2011, 89）．この緊急性と建材不足，建材・人件費高騰が，材料の入手が比較的容易な石造教会堂がこの時期に建設された要因と推測される．

1920–1940 年代および 1950 年代後半以降の，比較的規模が大きい恒久教会堂のほぼすべてが鉄筋コンクリート造であり，現存する教会堂の大半はこれに該当する．

このように，異なる構法採用の背景には，その時々の社会的事情があったと推察され，その検討には事例研究が必要である．数的には大半の教会堂が鉄筋コンクリート造であることを踏まえ，本研究では構法を指標としては用いない．

香港のカトリック教会堂を特徴づけるのは，様式や構法よりもむしろ，用途の複合，礼拝専用空間の有無，所有者が誰であるか，教会堂としての恒久性の有無といった要素である．これらには，急速に変化をし続ける社会，経済，政治情勢に，教会組織が対応した結果が反映されている．そして，これら要素こそが結果として，教会建築の形態を規定したのである．本研究では以下を指標として教会堂の類型化を試みた．

（1）用途

香港のカトリック教会堂は，用途が複合的であるものが圧倒的に多い．すなわち，宗教活動以外の用途を有している．この背景はいくつかある．

後述するが，香港植民地政府は，特に中国系住民に対する教育・福祉政策にはきわめて消極的であり，教会組織など慈善団体に助成金を与えて教育・福祉事業を担わせた．この結果，教会堂には学校や福祉施設が併設されることが多かった．戦後になると，政府による土地供給コントロールが厳しくなり，その結果，慢性的土地不足となり，地価・不動産価格が高騰した．教会のような慈善団体には，高額な土地取得手数料を支払い，教会堂を建設する財力がそもそもない．したがって，宗教活動以外の何らかの公益施設を併設することを条件に，政府から土地を無償で借りる，土地取得手数料の減額を得る，建設費の助成を受けるなどの必要があった．戦後人口が急増するなか，政府は，教育や福祉の機能を備えることを条件に教会堂の新設を許可し，土地や建設助成金を与えたのである．このように，教会堂にどのような用途が複合しているかは，その時々の社会，経済，政治情勢を反映しており，結果的に形態や平面計画にも差異をもたらしたのである．

教会堂に複合される用途は以下の 5 種類に分類した（表 2.2）．

礼拝：礼拝など宗教活動の用途のみ．他用途の恒常的併設はない．

教育：幼稚園，小中学校，高等教育機関を併設．

福祉：孤児院，老人ホーム，診療所，病院，社会福祉センターなどを併設．

教育福祉：教育施設と福祉施設の両方を併設．

商業：集合住宅，商業施設など，収益を上げる目的の施設併設．

(2) 礼拝専用空間の有無

上述の通り，香港の教会堂は必ずしも宗教活動専用の空間であったわけではない．

20 世紀前半までは礼拝専用空間である教会堂が建設されたものの，数的には臨時の教会堂が大多数を占めており，そこではしばしばひとつの空間が礼拝と教育など複数の用途に利用された．司祭が居住しておらず，ミサが不定期にしかおこなわれない臨時教会堂では，礼拝専用空間を確保することは困難であったろうし，その必要もなかった．

戦後は人口急増によって教会堂や学校の需要が増大するなか，土地が不足し，教会にとっては建設資金も不足する状況となった．このため，空間利用の最大効率化がはかられ，ひとつの空間が宗教と教育，福祉などの用途に利用された．香港返還決定後は，教会は政治的な理由から，礼拝専用空間を意識的に確保する方針へと転換した．

このように，社会的，政治的，経済的文脈が礼拝専用空間の有無を規定したといえる．

(3) 所有者

教会堂建物の所有者については，特に戦後に多様化が見られる．

戦前は，教会組織（香港知牧区 / 代理区，修道会，宣教会）が主な所有者であった．しかし戦後は，教区でも，修道会や宣教会でもなく，政府が建物所有者である教会堂が多く出現する．急激な人口増に対応するため，政府が学校を建設し，教会はそれをカトリック学校として運営しながらそのなかに教会堂も開設したためであった．教会堂やカトリック学校を建設できない場所では，民間のディベロッパーや個人が所有している物件を教会が有償あるいは無償で賃借し教会堂とする事例も現れた．

これらも社会的，政治的，経済的要因によるものであり，また，建築形態にも影響を与えていることから，指標とする．

後述するが，香港では土地が政府所有であり，個人や法人は土地を賃借する．教会堂の土地は，教会組織が賃借人である場合と，土地は賃借していないが建物のテナントである場合がある．いずれの場合も土地所有者ではないので，土地所有者については指標としない．

(4) 恒久性

香港はもともとキリスト教社会ではない．信者のいない宣教地であるため，教会堂は臨時の施設から始まった．これらは教会堂として聖別されておらず，守護聖人に奉献されておらず，常設の祭壇と聖櫃がない．こうした臨時施設が多数開設され，学校としても使われつつ，宣教の基地とされた．

他方で，恒久的な教会堂も徐々に建設されていった．聖なる場所として聖別され，守護聖人に奉献され，守護聖人の名前を教会名に冠し，通常，司祭が常駐し，恒久的な祭壇と聖櫃がある．

恒久的な教会堂が建設中の時期などには，過渡的な教会堂が開設された．これは多くの場合聖別されているものの，近い将来，恒久的な教会堂に取って代わられるものであるので，短期

間の賃貸スペースであることが多い．またカトリック学校が過渡的教会堂として使用されることもしばしばあった．

このように，教会堂が臨時，恒久，過渡のいずれであるかは，礼拝専用空間の有無，建築形態，平面計画にも影響したのである．

4 類型

上述の四つの指標，すなわち，用途（礼拝，教育，福祉，教育福祉，商業），礼拝専用空間の有無，所有者（教会，政府，民間），恒久性（恒久，臨時，過渡）の異なるコンビネーションから，類型を定義した（表2.2）[11]．12種類に分類した．

各類型の名称については，ひとつの指標のみに基づいてはいない．すなわち，ミッション・ステイションという名称は用途・機能を指しており，独立棟教会堂は建築形態，学校チャペルは用途，学校併設教会堂は用途，民間建物の教会堂は建設主体，公営団地教会堂は所有者をそ

表 2.2　香港カトリック教会堂の類型とその指標

No.	類型	定義	併設用途	礼拝専用空間	建物所有者	恒久性	全期間小計	1841-1944	1945-1969	1970-1981	1982-1989	1989-1996	1997-2005	2006-2020
1	ミッション・ステイション	宣教師が常駐せず巡回し，ミサが不定期な礼拝施設	教育	○/×	教会/民間	臨時	130	32	94	3	0	0	1	0
2	独立棟教会堂	ミサなど宗教活動専用空間	礼拝	○	教会	恒久	30	19	5	4	0	2	0	0
3	修道院チャペル	修道院に併設の礼拝専用空間	礼拝	○	教会	恒久	3	1	0	1	0	0	1	0
4	民間建物	民間が建設した建物の一部を賃借あるいは購入した礼拝空間	礼拝	○/×	教会/民間	過渡/恒久	17	0	5	4	1	3	2	2
			教育	×	教会/民間	過渡	7	0	3	2	1	1	0	0
			福祉	×	教会	恒久	1	0	0	0	1	0	0	0
			教育福祉	×	教会/民間	過渡	1	0	1	0	0	0	0	0
			商業	○/×	教会/民間	過渡/恒久	5	0	1	0	0	1	1	2
5	学校チャペル	カトリック教会運営学校内の礼拝専用空間	教育	○	教会	恒久	25	10	6	2	3	1	1	2
6	公営団地	公営団地を賃借し礼拝に兼用	礼拝	×	政府	過渡	1	0	1	0	0	0	0	0
			教育				6	0	2	2	1	1	0	0
			福祉				4	0	3	0	0	1	0	0
			教育福祉				2	0	2	0	0	0	0	0
7	学校併設	学校と同一建物内（敷地内）の専用礼拝空間	教育	○	教会	恒久	23	3	16	2	2	0	0	0
8	カトリック学校ミサ・センター	教会が設計したカトリック学校の講堂を礼拝に利用	教育	×	教会	恒久/過渡	24	0	8	7	4	2	2	1
9	政府標準設計学校ミサ・センター	政府が標準設計学校講堂を礼拝に利用	教育	×	政府	恒久/過渡	36	0	4	16	6	6	2	2
10	幼稚園併設	同一建物内（敷地内）に幼稚園と教会堂がある	教育	○/×	教会	恒久	12	0	2	2	1	4	2	1
11	福祉施設併設	教会運営福祉施設に併設された礼拝空間，あるいは施設の一部を礼拝に使用	福祉	○/×	教会/政府	恒久	17	3	3	5	1	0	1	4
12	難民エリアチャペル	難民集住エリアに設置された教会堂	教育福祉	×	教会	臨時	14	0	14	0	0	0	0	0
13	その他	その他（家庭教会，空港内チャペル）	その他				3	0	0	0	0	1	2	0
	合計						361	68	170	50	21	23	15	14

れぞれ主に指している．上述のように，香港の教会堂は，複数の指標のコンビネーションであり，ひとつの指標のみで分類することができない．したがって，各類型の名称についても，それぞれの特徴を最も端的に示す指標に基づくこととした．

---

11) 資料 1 に表れる教会堂のうち，信徒個人の住宅を利用した家庭教会，空港に政府が設計・開設した多宗派兼用チャペルは例外的で件数も少なく考察が困難，あるいは，独立したひとつの類型とは考えられないため，今回は分析対象から除外した．これらは表 2.2 では「その他」に分類している．

第3章

1841-1944 年　宣教初期における聖職者主体の教会堂建設

　第1章では，信徒が古代から現代までどのように位置づけられてきたかを，もっぱら教会史的な枠組みにおいて説明した．信徒の定義は現代になって一新されたのであった．しかしこの指摘だけでは戦後香港のカトリック信徒とは何者であったかは，まだ十分には明らかにされない．香港のイギリス植民地化，大陸の共産党支配，香港の返還などといった大きな変化と共に，経済，産業，教育制度，政教関係に加え，高等教育，とりわけ建設教育などの発展もまた，信徒とは実際は何者であるか，すなわちどのような社会階層の，どのような職業の，どのような意識の人々なのかということに大きく関わっている．

　第3章から第9章では，香港史を七つの時期に分けて，上記の社会的側面を概観する．そのうえで，それぞれの時期における教会堂類型と営繕の特徴，変化を論述してゆく．

第1節　時代背景

1　植民地とカトリック教会の設置

　前章で述べたように，バチカンは 1841 年に香港がイギリス植民地となったことに便乗して，バチカンの出先機関をマカオから香港に移した．これが香港におけるカトリック教会の始まりであった．その後カトリック教会は，植民地香港の拡大と発展に従って，その活動規模を拡大させていった．

　イギリスは，1856 年に第二次アヘン戦争（アロー戦争）において再び清を破った．このことによって，ヴィクトリア湾を隔てた香港島北側の九龍半島先端部を 1860 年に割譲させた（Tsang 2004, 3-12）（図 2.1）．バチカンは，1874 年に香港知牧区を「使徒座代理区（apostolic vicariate）」に昇格させた．さらにイギリスは世界の列強が清の港を次々と手に入れていたことに危機感を覚え，1898 年，九龍半島の北部を 99 年間，清の意向により，割譲ではなく租借した．この地域は「新界（The New Territories）」とよばれた[1]．

---

1) もともと 1860 年に割譲された九龍の範囲は「界限街（Boundary Street）」以南であった（何 2016, 83）．界限街以北を「新界」として租借した 2 年後の 1900 年，香港政庁は，界限街以北で九龍山脈以南の地域を「新九龍地区」とし，新界から切り離して九龍市街地に組み込んだ（図 2.1）．これ以降，九龍と新界の境界線が変わった．新九龍地区は特に第二次大戦後，新市街地として発展する．

　イギリス人による香港植民地経営は，よくプログラムされていた．まず 1842 年に，自由放任主義に基づき香港島を自由貿易港とし，対中国貿易拠点とした．香港は，大陸におけるイギリスの交易拠点であった広州に近いという立地に加え，水深が深く貿易港として最適の地形であった（Tsang 2004, 17, 56-59）．ほどなく大陸の中国人が出稼ぎ労働者として香港にやってきた．大陸で頻発していた内乱からの一時避難者もいた．ほとんどは肉体労働者であった．香港と中国の国境管理は厳格なものではなく，行き来は自由であった．彼らはいずれも，香港では一時的な滞在者であり，遅かれ早かれ大陸の故郷に戻るのであり，香港に定住，永住する者は少なかった（Tsang 2004, 24, 46, 110）．

　同 1842 年には，香港政庁は「土地委員会（Land Committee）」を設置している（図 3.1）．まず土地を測量，管理し，そして経営することから始めた（ホーム 1997=2001）．そして 1843 年，土地委員会を再編し，「測量署（Surveyor General's Office, 總測量官署）」を設置し，土地管理方針を定めた．土地政策の主眼は，植民地政府ができるだけ早期に財政自立するための財源確保に努めることであった[2]．香港は自由貿易港であるので，関税をかけることができない（Nissim 2012, 11）．したがって，政庁の主要な財源は土地賃貸料となった．すべての土地はイギリス女王／国王の所有（Crown land, 官有地），すなわちリースホールドの土地所有システムとし，契約によって一定期間，賃借者にリースされるものとした[3]．政庁は借り手である民間個人や開発業者に，今日でいう定期借地権に近いかたちで貸し，賃貸料を得る．そして開発業者はそこに建物を建設して賃貸借により経営あるいは分譲する．民間業者は通常まず競売という手続きで土地の権利を得るのであるが，イニシャルコストとして土地取得手数料（land premium）を支払い，さらに毎年，年間賃借料（annual rent）を払った．当初は最高の年間賃借料を提示した者が権利を得た．1869 年に方針が変更され，最高の土地取得手数料を提示したものが権利を得ることになり，年間賃借料は低額とされた（Nissim 2012, 12-15）．

　測量署は，都市インフラ計画と管理，官民のあらゆる建築物の建設をも所管するようになった．数名のエンジニアと補佐職員がこうした業務を担った．一般に 19 世紀の都市計画の主要な関心事は公衆衛生であり，医師，公衆衛生技師が都市計画に参加した．

　1883 年，「公共事業局（Public Works Department, 工務司署）」が新設され，測量署の仕事を継承しつつ，土地管理，都市計画，公衆衛生，官民の建築設計を包括的に担うようになった．

　20 世紀初頭，「建築条例（建築規則）」が制定された．その主目標は，都市の公衆衛生から高層高密化の管理へと徐々に変化した．1935 年の建築条例改訂は，耐火性の高い建材を使用することにより，より高層の建築を可能とした（Christ and Gantenbein 2012, 16）．

　2）1847 年には，植民地政府歳入の 45% が土地賃貸料であった（Nissim 2012, 11）．
　3）香港セントラルに所在する聖公会カテドラル（St. John's Cathedral）は例外的に土地を所有している（フリーホールド）．新界の原住民集落も官有地ではない（Xue 2016, 97）．

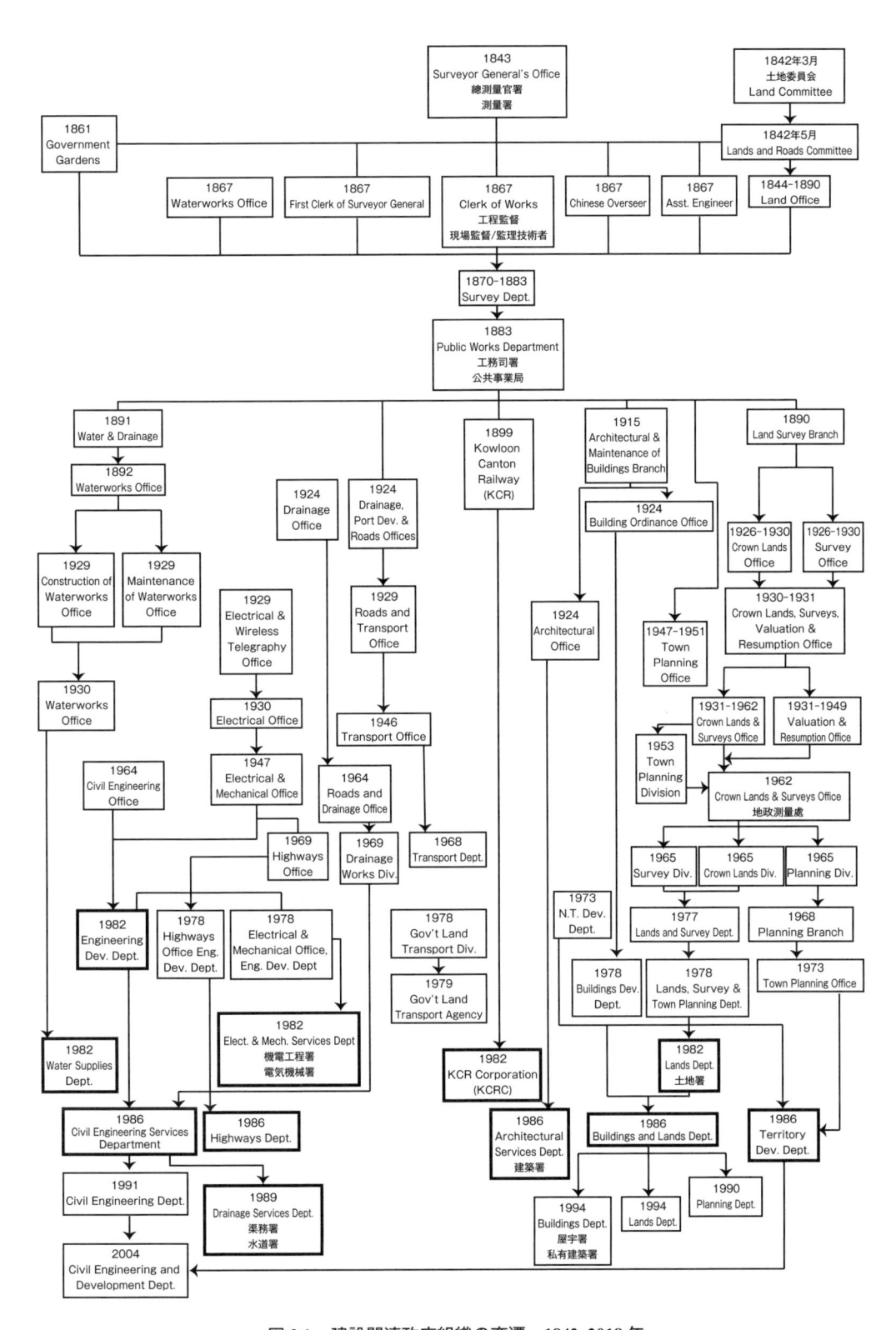

図 3.1　建設関連政府組織の変遷，1842-2018 年

Ho（2004）をもとに筆者作成.

2 緩やかな政教協力関係

植民地化後まもなく，政府と教会は，教育・福祉分野において相互依存的な協力関係を構築するようになった．政庁は，特に中国系住民に対する教育・福祉事業には消極的であった．イギリスにとって植民地香港は，経済的利益を得るためだけの場所だったからである．そこで，教育・福祉の担い手となったのは，慈善団体や宗教団体，とりわけキリスト教諸教会であった（Sweeting 1990, 205, 伍 2017）．このため香港の小中学校の大半は，宗教団体が建設・運営し，政府が助成するものとなった[4]．

この背景にある政教関係を，国際政治学者のベアトリース・レオンとチャン・シュンヒン（Chan Shun-hing, 陳慎興）は「意図的ではない契約関係」，「伝統的政教関係」と呼ぶ．この政教関係は，公定教会などのように，政府の議決により展開したものではない．こうした緩やかな政教協力関係においては，教会は質の高い教育・社会福祉機関を政府よりも低コストで運営し，そうした場所で宣教もすることができた（Leung and Chan 2003, 147）．政府側は，自ら教育・福祉サービスを提供するよりも，教会組織に委託することで，支出を抑えることができた．こうした関係では，教会は政府の教育・福祉政策において，対等な「パートナーシップ」関係とはいえず，教会は政府政策を実施するだけの「請負事業者（contractors）」となり，この意味で政教は「契約関係（contractual relationship）」であったとレオンは指摘する．香港のアングリカン教会と政府との関係を研究したブラウンは，「互恵的関係（mutual accommodation and benefit）」と呼んだ（Brown 1993, xxiii, 108）．

政府はこの時期，宗教活動への補助もおこなった．教会組織が教会堂や教会関連施設を建設する際には，政庁が土地を無償あるいは最低限の土地取得手数料と賃料で提供するのが常であった（表3.1）．政府は，イギリス人職員やアイルランド系兵士，ポルトガル系住民，様々な国からやってくる船員たちが信奉する宗教の組織が，植民地で活動し宗教的サービスを提供できるように環境整備することは公的サービスの一環であると考え，教会堂建設費もしばしば提供した（Brown 1993, 78, Ticozzi 1997, 12-13, 29, 82, Ha 1998, 140-141）．

3 建設専門家の育成

1920年代まで，香港で活動する官民の建設専門家は主にイギリス人であった（Xue et al. 2012）．

---

4) 香港の教育制度は時期によって異なるものの，現在は6歳から12歳までが初等教育（primary education）であり，「小学（primary school）」と呼ばれる．13歳からの6-7年間の教育が，中等教育（secondary education）であり，中等教育機関は「中学（secondary school）」と呼ばれる．この「中学」は日本における中学校と高校に相当するものである．条例で制度化されたのは1960年代以降である．香港での呼称に従って，本書では香港の中等教育機関を「中学」と呼ぶ．

　1903 年，条例によって「認可建築家（Authorized Architect, 認可建築師, AA）」制度が導入された[5]．建築物の安全に対する責任は，政府から認可建築家に委任された．認可されるには以下の条件を満たすこととされた．

　　　・27 歳以上であること．
　　　・訓練や専門教育の開始時期から，土木エンジニアもしくは建築家として少なくとも 8 年間の実績があること．
　　　・土木エンジニアもしくは建築家として十分な訓練と経験があること（Lam 2006）．

　第二次大戦前は，多くの認可建築家が非中国系であった．また，多くはエンジニアであった（Lam 2006, Wang 2008）．香港にはいまだ建築の高等教育がなく，建築教育を受けた建築家が圧倒的に少なかったため，多くのエンジニアが認可建築家として政府によって登録され，建築家として活動することが許されていたのである[6]．
　1906 年以降，建設技術者を育成する職業訓練学校（technical institute, trade school などと呼ばれた）が香港で開設され始めた（Sweeting 1990, 193-358）．そこで建設などを学んだ中国系の卒業生たちは現場監督となり，あるいは製図工として建築事務所で修業をした．彼らの少なからずが後に認可建築家となった．
　1911 年，香港政庁は香港大學を設立した．開学当時は，医学部と工学部（Faculty of Engineering, 工程學院）の二学部で構成されていた（Ho 2004, 287）．イギリスの利益に資することを目的とし，香港と大陸の中国系学生，またイギリスやオランダの東南アジア植民地の学生を教育するために開設された（University of Hong Kong 2002, 26-27, Tsang 2004, 113）．工学部の卒業生らは，これら地域で必要とされていたインフラ整備に従事することが期待された．工学部設立によって，「専門家（professional）」と「技術者（technician）」の区別が明確になった．すなわち，大学修了者は専門家とみなされ，職業訓練校修了者は技術者とみなされた（Sweeting 2004, 318）．このような区別は現在に至るまで存在する．
　1920 年代，アメリカやイギリスに留学した中国人たちが帰国し，中国人建築家の第一世代となった（Rowe and Kuan 2002, 24, 48, 53, Wang 2008）．1920 年代後半には中国の國立中央大學（南京，1927 年），東北大学（1928 年），北平大学芸術学院（Peking School of Fine Arts, 北京, 1928 年）で建築の高等教育が始まった（藤森，汪 1996, 145, Rowe and Kuan 2002, 50, Wang 2008, 120-121）．中国人建築家たちは，香港においても 1920 年代から徐々に活動するようになっていった（Lam 2006, Wang 2008）．

　5）1974 年に「認可者（Authorized Person, 認可人士, AP）」に名称変更された（Wang 2008, 113）．認可者には，建築家，エンジニア，測量技師の 3 種類がある．
　6）"Proposed architects registration ordinance," *The Hong Kong & Far East Builder and Home Decorator*, Vol. 9, No. 2, 1951, p. 41, 香港大學図書館．

第2節　教会堂類型

1841年から1944年までの間に，68件の教会堂の建設，新設が確認された（表2.2, 資料1）.

1　ミッション・ステイション

　1860年から1944年の間の香港カトリック教会の地理的範囲は，現在の中国本土である広東省の一部，すなわち，新安（現在の地名は広東省保安），歸善（広東省惠陽），海豐（広東省海豐）も含んでいた. 表2.1と図2.2に示す教会堂数は，これら本土地域にあった多数のミッション・ステイションを含んでいる. したがって香港のみを考える際には，この数字は割り引いて考えるべきである.

　植民地化から1944年までの礼拝施設の大部分は，きわめて簡素で臨時的な施設「ミッション・ステイション（mission station）」により占められていた（表2.1）. この時期に開設され，個別の所在地や名称が確認できたものは32件である（表2.2, 資料1）[7]. 大半がすでに閉鎖されており，所在地が確認できないものが多数ある.

　教会が作成した統計にはprincipal stations, secondary stations, stations without chapel, mission stations, 公所（temporary premises, Catholic Centres）といった名称が記載されている（表2.1）[8]. これらがいかなる施設であるかという定義は，1917年公布および1983年公布の教会法にはない[9]. ミッション・ステイションが教会組織によって言及されるのは教皇ベネディクト15世（在位1914-1922年）が1919年11月30日に発布した使徒的書簡『マクシムム・イルド（*Maximum illud*）』においてである. この書簡は，第一次世界大戦によって著しい打撃を受けた世界宣教の展望を示し，アフリカ，アジア，オーストラリア，太平洋地域といったキリスト教宣教最前線において，福音宣教事業をどのようにおこなうべきかを示したものであった（上智学院新カトリック大事典編纂委員会 1996,「ベネディクトゥス15世」）. 書簡にはミッション・ステイションに関して以下の記述がある.「効果的な手段：…（宣教地である）所管地域に，ミッション・ステイションやポストをできる限り早期に多数設立することで，福音宣教はより迅速かつ効果的になされうる. そして，所管地域を分割する時が来たならば，これらは新たな知牧区や代理区のセンターとして利用することができる」[10]. ミッション・ステイションとは，宣教地における臨時・仮設的な宣教施設であったことが推察される. 書簡はしかしながら，これ以上詳細な説明

---

　7) 第4章で後述するが，1945-1969年の期間に確認されたミッション・ステイションの多くも実際には1841-1944年に開設されていたものと考えられる.

　8) "*Vicariatus Apostolicus Hong-Kong (China)*," 1926-1932, 1934-1940, 1945, "*Sacri Ministerii Annuus Catalogus*" 1932-1933, 1936-1937, HKCDA I-5, 6, 7.

　9) 1916年以前は，ローマ・カトリック教会に統一的な教会法は存在しなかった.

　10) Benedict XV. "*Carta Apostolica Maximum illud*," http://w2.vatican.va/content/benedict-xv/es/apost_letters/documents/hf_ben-xv_apl_19191130_maximum-illud.html, 1919, 2019年3月26日閲覧.

をしていない．ミッション・ステイションに関する学術研究はほとんど見られないこともあ
り，筆者は，香港教区司祭でありカトリック教会史研究者のルイス・ハと香港教区司祭であり
総務処前プロキュレーターのエドワード・コンに香港のミッション・ステイションに関し，解
説を求めた．

　ルイス・ハによれば，「主要ミッション・ステイション（principal mission stations）」とは宣教師
たちが新界や中国本土の農村部を巡回するときの宿泊・活動拠点であった[11]．交通網が整備さ
れていなかったこの時期，宣教師たちは船や徒歩で移動していたため，香港島を出発して目的
地の集落に辿り着くまでには中継地点に宿泊する必要があった．この中継地点が「二次ミッ
ション・ステイション（secondary mission station）」と呼ばれた．九龍城に所在した聖フランシス
コ・ザヴィエル教会（No. 13, 63）がこれに相当する施設であった．別の場合には，宣教師が常
駐もしくは巡回時に宿泊する農村部の施設が主要ミッション・ステイションと呼ばれ，さらに
その周辺集落にある宣教師が常駐しない巡回施設が二次ミッション・ステイションと呼ばれる
こともあった．

　悲しみの聖母チャペル（Our Lady of Sorrows Chapel, 聖母七苦小堂）は，新界の集落に所在する
（No. 60, 口絵 1）．1935 年，もともと鄭一族の祠堂であった建物を転用し，教会堂とした（陳 2018,
239-240）．開設当初は主要ミッション・ステイションに近い機能を持っていたと思われる．1966
年に廃堂となってからは，再び鄭氏祠堂となった．

　エドワード・コンによれば，「公所（Kung-soh）」と「カトリック・センター（Catholic Centre）」
はミッション・ステイションとほぼ同義だという[12]．公所という中国語は，本来は役所や事務
所を意味する．公所は農村部のキリスト信者にも非信者にも理解しやすい言葉であった．同時
に「公」はカトリックという意味も持つ．16 世紀のマテオ・リッチの時代より，カトリックは
中国語で「公教」と訳されてきた．すなわち公所は，公的なことを扱う事務所という意味と同
時に，カトリックの礼拝施設という二重の意味を持っていたと思われる．公所の英語名称が
Catholic Centre である．公所は，正式な教会堂がなく，常駐司祭のいない非都市域に設けられ
た．その建物は集落の民家を転用したものであった．巡回してくる宣教師の宿泊施設でもあっ
た．日々，集落の住民は朝晩の祈りのためにここに集った．宣教師が不定期に巡回した際には，
この公所に一晩か二晩滞在し，そこでミサをおこない，聴罪し，病者に塗油をほどこすなどの
秘跡をおこなった．集落にカテキスト（公教要理指導者，伝道師）がいる場合もあった．通常，
未婚か寡婦の女性であり，集落の宗教リーダーとみなされた．宣教師が生活費を与えることも
あった．

　ミッション・ステイションの性質について，アーカイブ資料からも推測することができる．
HKCDA 所蔵統計資料 “*Vicariatus Apostolicus Hong-Kong (China) Prospectus Status Missionis et
Fructuum Spiritualium*” の最左列 “*Ecclesiae vel Districtus*（教会あるいは地区）” には，教会名か地区

---

11) ルイス・ハから筆者への E メール，2015 年 8 月 4 日．
12) エドワード・コンから筆者への E メール，2015 年 8 月 10 日．

名の記載があり，その右側に様々な項目の記載がある（図 3.2）．そのひとつに *LOCA SACRA* (sacred places, 聖なる場所)" という項目がある（図 3.2 の太枠）[13]．「聖なる場所」の項目にはさらに五つの細目がある．すなわち，"*Ecclesiae (solemniter benedictae) cum residentia*（聖別された教会堂で，常駐の司祭がいる）"，"*Alia sacella cum residentia*（その他の聖なる場所で，常駐の司祭がいる）"，"*Sacella provisoria* 公所 *sine residentia*（聖なる場所で，司祭が常駐していない）"，"*Christianiates sine sacello*（聖別されていないが，キリスト教的な場所）"，"*Caemeteria catholicis reservata*（カトリック墓地）"．各細目にその数が記載されている．1930 年の，"Sai Kung（西貢）"地区の「聖なる場所」の記載を見ると，「聖別された教会堂」，「常駐司祭がいる聖なる場所」，「司祭が常駐しない聖なる場所」は存在しない（図 3.2 の太枠）．「聖別されていないキリスト教的な場所」は 3 件，「カトリック墓地」は 10 件ある．"Tai Po（大埔）"地区の「聖なる場所」は，「聖別された教会堂」と「常駐司祭がいる聖なる場所」はないが，「司祭が常駐しない聖なる場所」は 4 件，「聖別されていないキリスト教的な場所」は 6 件ある．「カトリック墓地」はない．このような記載から判断すると，ミッション・ステイションは通常，聖別されておらず，守護聖人に奉献されていない施設であり，統計における「司祭が常駐しない聖なる場所」もしくは「聖別されていないキリスト教的な場所」に該当すると考えて差し支えないだろう．しかし資料 1 が示す通り，一部のミッション・ステイションは後に聖別され，守護聖人に奉献された教会になっている．これらはもともと，主要ミッション・ステイションとしての位置づけであったと推察される．

　これらミッション・ステイションの具体的な所在地に関しては，1841 年から 1944 年までの期間はデータがほとんどない．したがって，表 2.1 に挙げたミッション・ステイションの数に比して，資料 1 に記載することができたものはきわめて少ない．次の時期であるが，1957 年以降の統計にミッション・ステイション所在集落名称が現れる．資料 1 の 1957 年以降に多数のミッション・ステイションが列挙されているのはこのためである．しかしこれらの多くは，実際には 1841 年から 1944 年の期間に開設されていたものと考えられる．

　1841 年以降の全期間に存在したミッション・ステイションの位置を図 3.3 に示した．

　香港では 2018 年時点でも，領土の 75％が自然保護公園（指定の大半は 1970 年代）であり，そこは開発が制限され，居住域がほとんど存在しない区域である．戦後の開発は，主に既存都市部での垂直的再開発と，香港島と九龍の都市部沿岸の埋め立てであった．つまり人口集住域はほとんど変わっていない．そこで，2018 年の高解像度衛星画像に基づき，人口集住域をグレイで示した．ミッション・ステイションの大半が，人口集住域に所在していることがわかる．宣教師たちは，人口集住域をくまなくカバーするようにミッション・ステイションを計画的に配置したといえるだろう．

　唯一の例外は西貢半島（西貢の東側部分）である．西貢半島には多くのミッション・ステイ

---

13) "*Vicariatus Apostolicus Hong-Kong (China) Prospectus Status Missionis et Fructuum Spiritualium*," 1929–1930, HKCDA I-6-2.

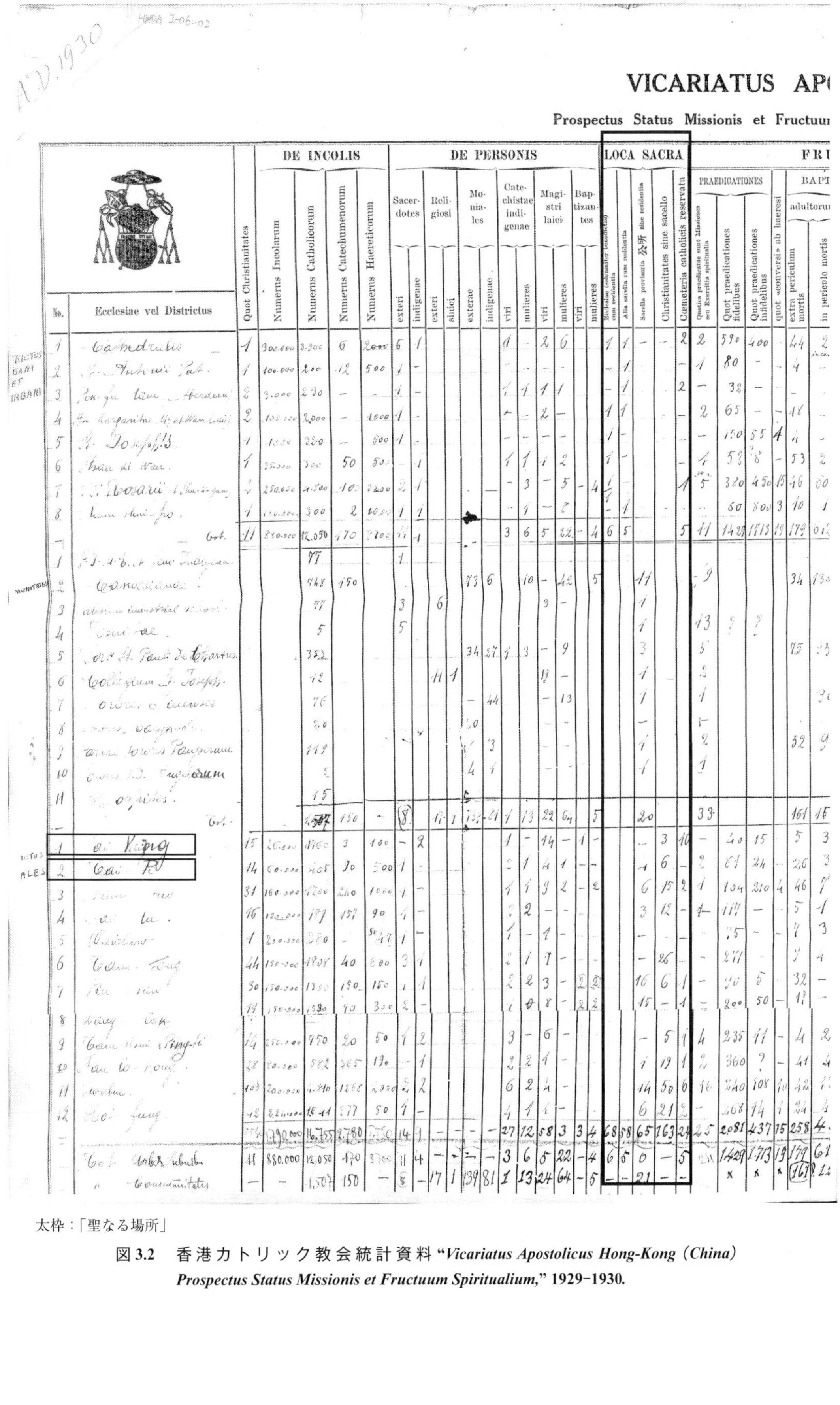

VICARIATUS AP⟨...⟩

Prospectus Status Missionis et Fructuu⟨...⟩

		DE INCOLIS				DE PERSONIS														LOCA SACRA				FR⟨...⟩			
						Sacerdotes		Religiosi		Moniales		Catechistae indigenae	Magistri laici		Baptizantes						Ecclesiae (solemniter benedictae) cum residentia	Alia ancilla cum residentia	Sacella provisoria 支所 sine residentia	Christianitates sine sacello	Coemeteria catholicis reservata	PRAEDICATIONES		BAP⟨...⟩	
No.	Ecclesiae vel Districtus	Quot Christianitates	Numerus Incolarum	Numerus Catholicorum	Numerus Catechumenorum	Numerus Haereticorum	exteri	indigenae	exteri	sinici	externae	indigenae	viri	mulieres	viri	mulieres	viri	mulieres								Quotae praedicantes sunt Missionen seu Exercitia spiritualia	Quot praedicationes fidelibus	Quot praedicationes infidelibus	quot «conversi» ab haeresi	adultorum	extra periculum mortis	in periculo mortis

太枠：「聖なる場所」

図3.2　香港カトリック教会統計資料 *"Vicariatus Apostolicus Hong-Kong (China) Prospectus Status Missionis et Fructuum Spiritualium,"* 1929–1930.

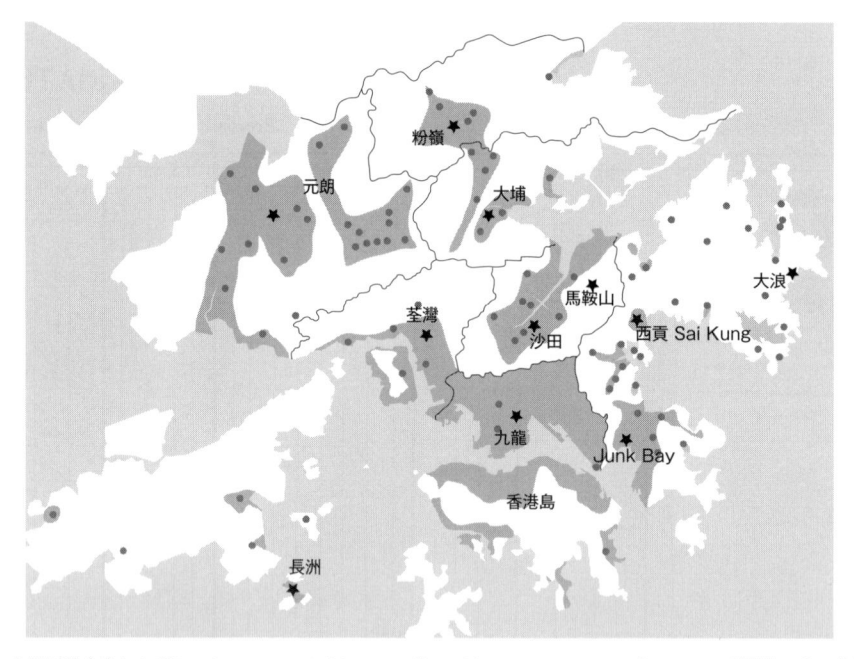

★：小教区教会堂およびミッション・ステイション　●：二次ミッション・ステイション　▨：人口集住域

図3.3　ミッション・ステイションの所在地と都市域

ションがあったものの，現在は人口集住域ではない．19世紀，この半島には多くの集落があり，カトリック宣教が最も盛んな地区のひとつであった．しかし戦後，非都市部居住者の海外移民，香港島や九龍都市部への移住が加速し，1960年代以降は西貢半島の多くの集落が廃村となった．したがって現在は人口集住域ではない．

　ミッション・ステイション32件のうち17件が，学校機能を併せ持っていたことが確認できた（資料1）．しかし他のミッション・ステイションも，教育活動が皆無であったとは言い切れない．当時の主な宣教活動手段は教育であり，宣教師はまず学校を開設する名目で集落に入っていくことが一般的であった（羅2015, 116-124）．政府による教育制度整備は発展途上であったため，カトリック教会がこの時期に提供した学校は小学校低学年相当のものが中心であった．こうした農村部の学校は，village school あるいは vernacular school（中国語では郷村學校）と呼ばれ，教員は政府助成金で雇用していた．これらには，教会堂と学校が空間的に一体で，礼拝専用空間を持たないものと，教会堂と学校が別の部屋を使用し，礼拝専用空間が設けられているものがあった．学校と一体のミッション・ステイションでは，同一の空間が時間帯によって，宗教活動と学校とに使い分けられた．ミッション・ステイションでの同一空間用途複合は比較的一般的であったことがわかる．臨時施設で，交通の不便な場所にあるミッション・ステイションのすべてに礼拝専用空間を確保することは困難だったであろう．また，常駐の司祭がおらず，ミサが不定期にしかおこなわれない状況では，専用空間を確保する必要性も高くはな

かったであろう．このような場合には，ひとつの空間を礼拝と教育に兼用していたと考えられる．

　ミッション・ステイション，公所および類似の施設の多くは，戦時中に閉鎖，廃絶されたようである（表 2.1）．中国本土に所在した施設は，戦時中に教会活動が停止を余儀なくされたこと，また 1950 年以降香港と大陸との国境が閉鎖されたことから，戦時中以降は香港の教会の統計に含まれていない．ミッション・ステイションは戦後減少し，1970 年代末にはなくなった[14]．この理由には，正式な教会堂が多く設置されるようになったことに加え，交通インフラが整備され始めたため，宣教師が徒歩で移動しなければならない時期に必要であった簡易宿泊施設的性格のミッション・ステイションは必要がなくなったためであろう．

2　独立棟教会堂

　独立棟教会堂とは，一般的に教会堂としてイメージされる，周囲から独立した棟として建設される建築である．ミサ，祈禱など宗教活動専用の空間であり，教育，福祉，商業などの他の用途との複合は基本的にない．ミッション・ステイションのような臨時的性質はなく，恒久的な施設として，聖別あるいは祝別された建物である．常設の祭壇があり，聖櫃のなかに聖体が常時置かれており，司祭が常駐している．この時期には 19 件確認できた（表 2.2, 資料 1）．1841 年から 2018 年までの全期間では合計 30 件存在するので，3 分の 2 近くがこの時期に建設されたことになる．

　表 3.1 はこの時期の独立棟教会堂であり，いずれもゴシック，ロマネスクなどの西洋の様式を有し，平面は十字形か長方形であり，宣教師たち，あるいは西洋人設計者たちの母国の教会建築を反映したものと考えられる（西洋の様式の教会堂は「建築様式」列セルをグレイ表示，口絵 2, 図 3.4, 3.5, 図面 1）．香港カトリック教会の中心教会として，無原罪の聖母教会（Immaculate Conception of the Virgin Mary Church）が，植民地化後間もない 1843 年に香港島中心部で着工された（No. 2）[15]．その後，移転，建て替えを経て，1888 年に竣工したものが現存し，カテドラルとなっている（No. 22, 現在の名称は Cathedral of the Immaculate Conception, 聖母無原罪主教座堂）．ゴシック風の様式を持つ（口絵 2, 図 3.4, 図面 1）．イギリス在住の設計者が基本設計をおこない，香港の建築家が実施設計と施工監理を担う方式がとられた（表 3.1「設計者」列）．

　聖ヨゼフ教会（St. Joseph's Church, 聖若瑟堂）は 1872 年，香港島中心部の香港政庁舎や総督府近くに建設された．1876 年にネオ・ゴシック様式で再建され，さらに戦後に建て替えられた（No. 14, 16, 228, 表 3.1）．

　同名の別の聖ヨゼフ教会（St. Joseph's Church, 聖若瑟堂）と学校は，1890 年に新界西貢の離島である 鹽 田 仔（Yim Tin Tsai）に，ロマネスク風の様式で建設された（No. 23, 表 3.1）．植民地化後

14）ミッション・ステイションとしては使われていないが，建物は現存しているものもある（資料 1）．

15）当時の香港教会はまだ司教区ではなかったので，カテドラルとは呼ばれていなかった．

表 3.1 1944 年以前建設の主要な独立棟教会堂

教会名	竣工年	資料1 No.	既往研究による建築様式分類	設計者	現場監督	土地賃借	建設費	出典
無原罪の聖母教会 Immaculate Conception of the Virgin Mary Church Church of the Blessed Virgin of the Immaculate Conception 聖母無原罪主教座堂 Cathedral of the Immaculate Conception	1843/ 1860/ 1888	2/ 4/ 22	ネオ・ゴシック (1888)	Crawley, Hanson and Company (London) (1888)	Fr. Navarro, the vice-Prefect, Thomas Lo (Chinese seminarian)/ Fr. Bernardo Vigano, the District Surveyors (Gov)	公開競売で購入 (1880)	ポルトガル人信徒, イスラム教徒, フィリピンの信者, イギリス人総督の妻が献金	Ticozzi 1997, 17, 38–39, 96, Ha 1998, 69, website "Catholic Heritage"
聖ヨゼフ教会 St. Joseph's Church, Garden Rd.	1872/ 1876	14/ 16	ネオ・ゴシック (1876)	Messrs Wilson and Salway	Fr. Bernardo Vigano	政府と軍が所有していた土地を, イギリス軍人であるカトリック信者のために寄付	カトリック信者, 非信者, 政府	Ticozzi 1997, 80–81, Lam 2006
聖ヨゼフ教会 St. Joseph's Church St. Joseph's Chapel, Yim Tin Tsai	1890	23	ネオ・ロマネスク	ミラノ外国宣教会司祭	不明	集落住民寄付	不明	Ticozzi 1997, 52 "Conservation of St. Joseph's Chapel" 2006
ロザリー教会 Rosary Church	1905	28	ネオ・ゴシック	Palmer and Turner	不明	カノッサ修道会所有地寄付 (もともとは信徒 Gomes が献金)	ポルトガル人信徒 Dr. Anthony Gomes	website "Catholic Heritage"
聖マーガレット教会 St Margaret Mary's Church	1923	38	新古典様式とネオ・ロマネスク様式折衷	Ugo Gonella of Hazeland & Gonella	カトリック信徒施工事業者 Liu Chun	一部, 政府換地, 一部, 政府からの賃借	湾仔の既存教会の土地売却益を利用. 西洋人, 中国人の個人が多数, 献金, 典礼家具や建材を寄付	Ticozzi 1997, 129–130, Lam 2006, "Catholic Heritage"
聖テレサ教会 St. Teresa's Church	1932	57	イタリア・ロマネスク	Jos. V. Chanatong Fr. Adelbert Gresnigt (第一案) Gabriel Van Wylick and A. H. Basto (施工担当建築家)	Fr. Angelo Grampa and Fr. Spada (PIME)	公開競売で購入. 競売開始価格 $38,250, 年刊賃料 $526. 75 年間の賃借期間	カトリック信徒が資金調達の委員会結成	Ticozzi 1997, 151–153, Lam 2006, Coomans 2016
華南總修院 South China Regional Seminary 聖神修院 Holy Spirit Seminary	1931		中国キリスト教様式	Fr. Adelbert Gresnigt Little, Adams and Wood (施工担当建築家)	Fr. Angelo Grampa (PIME)	不明	Pontifical Society of St. Peter the Apostle	Ticozzi 1997, 147–150, Coomans 2016

・建築様式が西洋式, 設計者が西洋人, 設計者や現場監督が司祭や修道士, 土地賃借と建設費に信徒の関与が確認できたケースをグレイセルで示した

まもなく全島民(陳一族)がカトリックに改宗したためである. 現存しているが, 戦後に無人島となったため, 現在は定期的なミサはおこなわれていない.

ロザリー教会(Rosary Church, 玫瑰堂)は 1905 年, 九龍における最初の正式な教会堂として, ゴシック風の様式で建設された(No. 28, 表 3.1, 図 3.5).

聖マーガレット教会(St. Margaret Mary's Church, 聖瑪加利大堂)は 1923 年, 当時開発が進んだ香港島のハッピー・バレー(Happy Valley, 跑馬地)地区に, 新古典主義とロマネスク様式の折衷で建設された(No. 38, 表 3.1).

聖テレサ教会(St. Teresa' Church, 聖德肋撒堂)は 1932 年, 九龍 2 件目の恒久教会堂として, ロマネスク風の様式で建設された(No. 57, 表 3.1, 図 3.6).

カトリック大神学校である華南總修院(South China Regional Seminary, 現在は Holy Spirit Seminary, 聖神修院)は教会堂ではないが, 1931 年に香港島南部アバディーンに中国キリスト教折衷様式で建設された(表 3.1, 図 3.7-3.9, 図面 2). この時期の香港のカトリック施設でこの様式を採用しているのは, 香港島南部スタンレーに所在する旧メリノール宣教会本部(Maryknoll House, 1935

**図 3.4　聖母無原罪カテドラル（Cathedral of Immaculate Conception,
聖母無原罪主教座堂, No.22）　主廊　1888 年竣工**

年竣工）のみである（Ticozzi 1997, 147-150, Coomans 2014a, 2016）．これら 2 件は公的礼拝に開放されてはいなかったので，本研究では詳細な検討の対象とはしない．大神学校は，1956 年にチャペル増築後，一般の信者にも，非公式にではあるが開放されるようになった（No. 108）．

　設計者については，この時期は全員が西洋人であった（表 3.1「設計者」列セルをグレイ表示）．戦前まで，西洋人建築家たちの多くは香港には短期間しか滞在しなかった．おそらくこの理由は，植民地である香港は短期的な利益を得るための場所とみなされており，定住し長期的にビジネスをおこなおうとする者は少なかったためであろう．したがってこの期間，カトリック教会には特定のお抱え建築家のような人物は存在しなかったようである[16]．先述の，北京に在住していたアデルバート・グレスナイトは，香港の大神学校と九龍の聖テレサ教会を設計したが，基本設計のみをおこない，その図面を香港の建築設計事務所に託した（Coomans and Ho 2018）

---

16) カトリック教会関係建設事業を複数請け負った設計者は，現時点では以下が確認されている．Palmer & Turner（P&T）は 19 世紀後半に香港で設立された建築設計会社のうち，戦後も定着した数少ない設計事務所のうちの一社である．香港島の聖ヨゼフ教会（St. Joseph's Church）を設計した Salway は 1878 年に香港を離れオーストリアに移り，パートナーの Wilson は 1881 年に引退した（Lam 2006）．その後，Wilson & Salway は Clement Palmer と Arthur Turner が引き継ぎ，Palmer & Turner を設立し現在に至る．P&T による 19 世紀から 20 世紀初頭の香港での事業には以下がある．Nethersole Hospital (1893), Chartered Bank (1894), Hong Kong Club (1897), Former British School, Kowloon (1902), Mountain Lodge (1902). P&T はロザリー教会（Rosary Church）を設計したが，カトリック香港教会との関係が特に深かったわけではないようである（表 3.1）．2000 年代にはカノッサ女子修道会の学校等の設計を複数請け負った．

図3.5　ロザリー教会（Rosary Church, 玫瑰堂, No.28）
1905年竣工

（表3.1）．著者のこれまでの調査では，この時期に中国人もしくは中国系香港人建築家が設計し
施工に至ったカトリック教会堂は確認できていない[17]．これは，中国人・中国系建築家がこの
時期まではきわめて少なかったことが原因であろう．

　戦後，独立棟教会堂はほとんど建設されなくなるが，例外的に建設された独立棟教会堂には

17) 20世紀前半までの期間に中国系建築家設計によるカトリック教会堂が建設された可能性は完全には排除
　できない．特に現存しない教会堂については今後調査が必要である．1930年代，カトリック教会は香港島灣
　仔の聖フランシスコ・ザヴィエル教会（St. Francis Xavier's Church, No. 7）の建て替えを計画しており，中国
　系建築家のウィリアム・スエ・イン（William Sue Ing, 認可建築家，教育機関は不明であるが建築学士号取得）
　が基本設計を担当していた．しかし1941年，戦争のために事業は中断を余儀なくされたようである．戦後
　にこの事業計画が再開されたときには，インは設計者とはならなかった（Letter from William S. Ing B. Arch.
　Authorized Architect to Rev. Fr. J. Ziliolli, 5 March 1941, HKCDA IV-2-3）．プロテスタント教会では，中国系建築
　家による戦前の設計事例がある．聖公会の聖マリア教会（St. Mary's Church, 聖馬利亞堂）は，Chau & Lee
　Architects and Engineers（周耀年李禮之畫則師設計）が設計，1937年竣工，中国キリスト教折衷様式を持つ．
　香港島コーズウェイ・ベイに現存する．後に牧師館も彼らが設計した（"New projects – contemplated and in
　progress," The Hong Kong and Far East Builder, Vol. 6, No. 1, 1941, p. 39, 香港大學図書館）．

図 3.6　聖テレサ教会（St. Teresa's Church, 聖德肋撒堂, No.57）
1932 年竣工

以下がある．聖ヨゼフ教会（St. Joseph's Church, 聖若瑟堂, 1953 年, 粉 嶺所在, No. 92）と聖ユダ教会（St. Jude's Church, 聖猶達堂, 1967年, 錦 田所在, No. 224, 現在の名称は St. Jude's Mass Centre, 聖猶達彌撒中心）はいずれも新界に位置する．1950-1960 年代，これらの地区は農村であり，人口増加が香港・九龍地域ほど急激ではなかったため，学校等を併設する強い必要性がなかったのではないかと推測される．聖フランシスコ教会（St. Francis Church, 聖方濟堂, 1996 年, 馬 鞍 山所在, No. 332）については，1950 年代より教区が所有していた土地を政府の要請により換地した[18]．もとの土地賃貸契約では学校併設の義務はなかったため，専用の教会堂として建て替えることができた．キリストの母教会（Mother of Christ Church, 基督之母堂, 1990 年, 上 水 所在, No. 318）は，教区が 1974 年に購入し所有していた土地で，教会堂を建て替えた．これも土地利用に関する規制がなかったため，独立棟教会堂として建て替えることが可能であった．

---

18) 筆者によるエドワード・コンへのインタビュー, 2014 年 9 月 12 日.

図 3.7　カトリック大神学校　華南總修院（現・**Holy Spirit Seminary,** 聖神修院**, No. 108**）
南棟　**1931 年竣工**

図 3.8　カトリック大神学校　華南總修院（現・**Holy Spirit Seminary,** 聖神修院**, No. 108**）
南棟

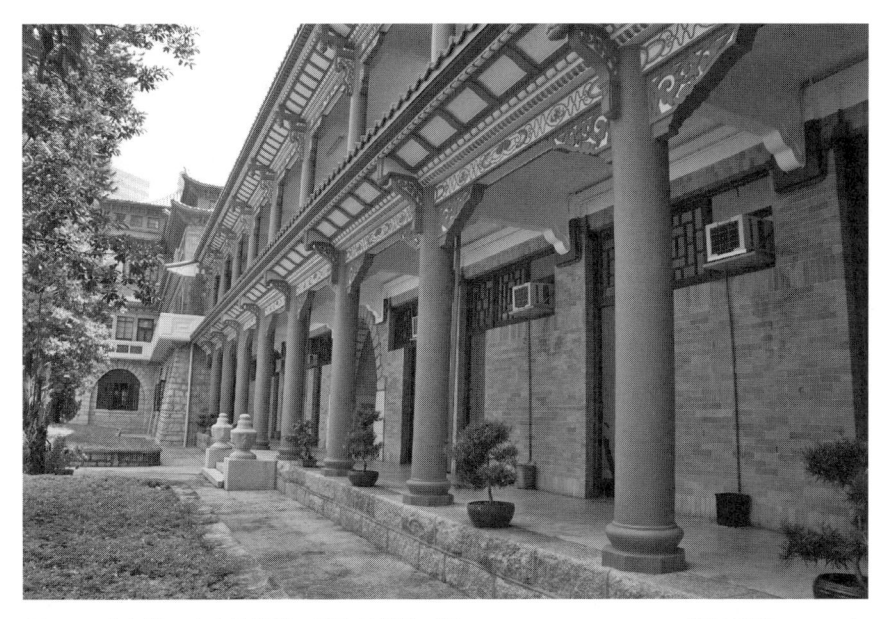

図 3.9　カトリック大神学校　華南總修院（現・Holy Spirit Seminary, 聖神修院, No. 108）南棟北回廊

　次章以降で詳述するが，独立棟教会堂の建設は，上記の例外を除いて，戦後は事実上不可能となったため，激減した．

3　修道院，学校，福祉施設のチャペル

　この時期，修道院チャペル 1 件，修道会運営カトリック学校チャペル 10 件，修道会運営の福祉施設併設のチャペル 3 件が公的礼拝に開放されていたことが確認できた（表 2.2）．

　修道院のチャペルや，修道会や宣教会が運営するカトリック学校，病院，養老院，孤児院などのチャペルは，本来は当該施設の私的礼拝堂であり，公的礼拝には開放されないものである．しかし，統計資料などの調査から，この時期，少なからぬこうしたチャペルが公的礼拝に開放されていたことが明らかになった．その理由は，この時期は小教区教会堂がまだきわめて少なかったためである．こうしたチャペルが事実上，小教区教会堂の役割を担っていた．また，当時は香港では教区が設立されておらず，香港での宣教活動主体は，様々な修道会・宣教会であり，それらの会員である男子・女子修道者と司祭であった．特に活動修道会と呼ばれる修道会・宣教会は，社会のなかで教育・福祉活動をおこないながら宣教活動をすること，すなわち，学校や孤児院，養老院，病院を運営することが使命である．こうした状況も，修道院や学校のチャペルが公的礼拝空間として使われた理由のひとつであろう．また，ほとんどの場合，修道院は，学校や福祉施設と同じ敷地や同じ建物に設けられていた．すなわち，ひとつのチャペルが，修道院チャペルと同時に学校チャペルもしくは病院チャペルでもあり，複数の用途を持っていたことが少なくなかった．資料 1 では，修道院のチャペルが教育や福祉の用途もある場合，

チャペルがいずれの用途を主に念頭に置いて計画設計されていたか，その場所や規模から判断して分類している．例えば，No. 48 のチャペルは，シャルトル聖パウロ修道女会の修道院チャペルであり，また小中学校，幼稚園，孤児院，病院のためのチャペルでもあった．チャペルは約 1,000 の会衆席があり規模が大きく，学生に供することを念頭に設計されたと思われる．この時期のカトリック学校の生徒は多くが信徒であった[19]．したがって，いずれのカトリック学校にも比較的広い専用チャペルが必要だったのである[20]．この場合は，学校チャペルと分類している．

　確認できる限りでは，この時期，修道院チャペルで，他の用途がなく，かつ公的礼拝に開放されていたのは，香港島スタンレー（Stanley, 赤柱）の女子跣足カルメル修道会の 1 件のみである（No. 62）．カルメル会のような観想修道会は，活動修道会とは異なり，修道院内での祈りと労働が中心であり，社会での教育・福祉活動をおこなわない．このため，そうした施設を持たない．しかし，カルメル会修道院チャペルは設立当初より公的礼拝に開放されていた．当時，スタンレー地区には小教区教会堂がなく，交通が不便な場所で，地区の信者が他の小教区教会に行くことは難しかったためと思われる．戦後にスタンレーにも小教区教会堂が開設されたものの，カルメル会チャペルは現在に至るまで公的礼拝に開放されている．修道女のみの禁域と一般会衆席が L 字の平面で接続されつつも分離し，両者が直接交わることのないプランになっている．

　学校チャペルとは異なる類型として「学校併設教会堂」がある（表 2.2 の類型 7）．これは，礼拝専用の教会堂と学校が同じ敷地もしくは同じ建物に設けられているものであり，かつ，この教会堂は当初より恒常的な小教区教会堂として設置され，公的開放されているものである．形態的には，独立棟教会堂や学校チャペル，あるいはミッション・ステイションに近いが，所有者や開設意図が異なる．20 世紀前半までの時期には少なく，戦後に多く出現する．この時期に見られる 3 件の学校併設教会堂は，その典型というよりは，独立棟教会堂やミッション・ステイションに近いものであった．

　西貢の聖心教会（Sacred Heart Church, 聖心堂）は，通常の学校以外に小神学校も有しており，神学校チャペルとしての機能もあったと思われる（No. 19）．機能的には独立棟教会堂に近いものであったと思われるが，学校と教会が同じ敷地にあることが重要であったと考えられるので，学校併設教会堂と分類した．

　筲箕灣の聖十字架教会（Holy Cross Church, 聖十字架堂）も，独立棟教会堂に近いものであったが，同じく学校と同時に存在することが重要であったので，学校併設とした（No. 32）．

　大澳の学校併設教会堂はミッション・ステイションに近い簡素な建物であったようである

---

19) "Increase in Hong Kong's Catholic population," Sunday Examiner, 2 November 2012. 戦前の記録は未発見であるが，カトリック学校の生徒の大半は信徒であったと考えられる．1958 年にはカトリック学校生徒のうち信徒の割合は平均 33% であった．その後，減少した．

20) 筆者によるカルロス・チェウン（Fr. Carlos Cheung, サレジオ会 Aberdeen Technical School 香港仔工業學校在住司祭）へのインタビュー，2017 年 9 月 22 日．

が，恒常的施設を意図して開設されたようであるので，学校併設と分類した（No. 65）．

第3節　教会堂所有者

1840年代から1944年における教会堂の建物所有者は，ほとんどが教会組織であった．すなわち，カトリック香港知牧区（1841-1873年），代理区（1874-1945年）である．修道会や宣教会が建設して運営する学校や修道院も，登記上の所有者は知牧区長，代理区長である場合が多かった．

確認できた限りでは，粉嶺のミッション・ステイション（Shek Lo, 石廬, No. 43），悲しみの聖母チャペル（Our Lady of Sorrows Chapel, 聖母七苦小堂, No. 60）は民間の個人所有であった．悲しみの聖母チャペルは，もともと村民共有の祠堂であり，教会堂として使用していた期間中（1935-1966年）も建物所有者は村民であった[21]．正確な所在地が確認できておらず，資料1には掲載がないミッション・ステイションのなかには，この事例同様に，集落民が所有する建物を教会組織が借用していたものが他にもあったと考えられる．

この時期，教会は多くの場合，建物を自ら所有し，礼拝空間を確保することができたといえる．戦後になると所有者が多様化する．

第4節　聖職者中心の建設体制

この時期，教会堂建設事業を計画し管理していたのは，主に司祭であった．彼らはまた資金調達者，現場監督でもあり，時には設計者でもあった（このようなケースを，表3.1の「設計者」，「現場監督」列にグレイセルで示している）．

プロキュレーターが実質上の建築主であった．第2章で説明したように，香港のカトリック教会はバチカンの財務支所プロキュラ（後に中国語名は「総務処」とされた）として始まった．プロキュレーターが，プロキュラの責任者にして事実上バチカンの代理人，かつ中国宣教のための資金管理者でもあった．建設事業を含むすべての宣教活動は資金的裏付けがあって可能になる．したがってプロキュレーターは，実質的にあらゆることの決定権を持ち，建設事業管理者の役割も担っていた（Ha 1998, vii, 331）．後述するが，この慣習は1980年代まで続いた．

修道会・宣教会の修道士が，中国本土や他の宣教地でもそうであったように，香港でも施工現場監督（clerk of works, 工程監督）の役割を担っていた（表3.1「現場監督」列グレイセル）．この慣習は1980年代まで続いた．修道士らは一般的に，建設の専門教育・高等教育を受けてはおら

---

21) エドワード・コンから筆者へのEメール, 2018年4月23日.

ず，現場で自ら経験を積んで建設事業監理を学んだ[22]．

　信徒はといえば，表3.1 に示すように，この時期の教会堂営繕活動においては，教会堂用地，建設資金や資材，典礼家具などを寄付はするが，基本的にはこれ以外の奉仕活動はなかったようである．そういった状況のなか，聖テレサ教会の信徒らは，資金調達委員会を組織した点で際立っている．

---

22) ヨーロッパ出身の多くの司祭・修道士が海外宣教に携わったので，ヨーロッパの神学校では 1970 年代まで，様々な技能訓練を神学生に受けさせることが一般的であった．医療，機械，電気，印刷，調理などの訓練がおこなわれ，宣教地で様々な局面に自ら対処する技術を学んだ（筆者によるミラノ外国宣教会司祭セルジオ・ティコッジ Sergio Ticozzi へのインタビュー，2010 年 9 月）．

　　修道士が施工現場監督を担った別の理由は，1980 年代まで香港教区は現場監督を雇用する経済的余裕がなかったことである（筆者によるエドワード・コンへのインタビュー，2010 年 9 月 27 日）．

第4章

1945–1960年代　学校と一体的な教会堂の大量建設，設計者としての信徒

　第二次世界大戦終結，日本による香港の支配終焉，イギリス植民地としての香港の復活に伴い，避難していた人々が続々と香港に戻ってきた．さらに，1949年に大陸で共産党が支配を確立したことで，多くの中国人が香港に難民として流入した．香港政庁と教会は，相互依存的関係を強化し，難民に教育・福祉を提供した．これにより，カトリック教会は多数のカトリック学校を開設するようになった．これらは多くの場合，教会堂と一体的に建設された．そこでは多くの生徒が受洗し，信者は急増した．また，加速した都市開発に応じて建築の専門教育が香港で始まり，香港人建築家が育成され始めた．そのなかには多数のカトリック信徒がおり，彼らは後に教会堂営繕を担うのである．

第1節　時代背景

1　大陸における宗教抑圧，文化大革命

　大陸では，1949年の共産党政権確立により，キリスト信者への迫害が始まった（Bokenkotter 2004, 357-358）．そもそも中国共産党は1921年結党時より，キリスト教のみならず宗教そのものを退廃的とみなして否定し，無神論を標榜していた．キリスト信者を西洋帝国主義の手先であると非難し，1950年以降は，聖職者，修道者，信徒を次々と逮捕した（Leung and Liu 2004, 231）．外国人宣教師を国外追放または投獄した．中国のカトリック教会を，あらゆる外国とのつながり，とりわけバチカンから完全に切り離そうとした（Brown 1993, 93）．1951年，バチカンとの国交を断絶し，「三自運動（Three-Self Movement）」を称揚した[1]．1957年に「中国カトリック愛国教会（Chinese Catholic Patriotic Association, 中国天主教愛国会, 通称は愛国教会）」を設立させ，1958年に独自の教会位階制をつくらせた（Bokenkotter 2004, 358）．愛国教会は，教会そのものというよりは，全国のカトリック教会を管理する政府組織である．バチカンの承認を得ず，中国政府の承認のみにより，司教の叙階を繰り返した．愛国教会には属さずバチカンに忠実を貫くカトリック信者集団は，非合法なものとなり，一般的に「地下教会（家庭教会）」と呼ばれている．

---

1) 三自とは「自治，自養，自傳」，すなわち，教会の統治，財政，宣教の自立である．外国の干渉を受けないためのスローガンである．

特に 1950 年代後半以降は，反右派闘争（1957 年）と大躍進政策（1958-1960 年）のなかで，共産党は教会堂やカトリック学校などの教会施設を多数接収・占拠し，様々な政府機関に使わせた（Leung and Liu 2004, 231, Ashiwa and Wank 2009, 10, Ticozzi 2018, 146, 208）．

　文化大革命期（1966-1976 年）には，政府はすべての宗教を否定し，すべての礼拝施設を閉鎖した．キリスト信者には身体的，精神的な迫害を加えた（Bays 2012, 185）．教会施設のさらなる接収をおこなった（Ashiwa and Wank 2009, 10）．

2　香港への難民流入，産業転換

　1941 年 12 月から 1945 年にかけて，香港は日本に占領されていたが，1945 年の日本撤退後，香港は再びイギリス植民地となった．本土に避難していた中国系住民が香港に戻って来た．本土では国共内戦が続いており，新たに香港へ避難してくる中国人も多くいた．そうした人々は都市部に難民として滞在するようになった．まもなく都市部周縁の難民許容区域（tolerated areas）に移動させられ，難民集住域であるスクォッターを形成するようになった（Catholic Foreign Mission Society of America 1978, 232）．スクォッターの住居とは，レンガやセメントの柱は一切使わず，屋根は粗末な板の上を油紙で覆ったものであった（水岡 1998, 2）．1949 年以降は，さらに多くの中国人が，共産党支配から逃れ，難民や移民として香港に流入し定住し始めた．1950 年以降，大陸と香港の国境は閉鎖されたものの，香港政庁は不法移民に対して寛容な対応を続けた（Tsang 2004, 193）．このため移民は増加を続けた．大陸における大躍進政策（1958-1960 年）の失敗と自然災害による飢饉のために，難民は 1960 年代にも増加し続けた．戦後ベビーブームによって，香港生まれの人口も増えた．1950, 1960 年代にはそれぞれ約 100 万人ずつの人口増があった（表序.1, 図序.1）．

　大陸の文化大革命は，社会主義中国と資本主義香港の経済的，文化的差異を広げた．他方で，共産主義と文化大革命に共鳴する人々が香港に現れ，1967 年に暴動を起こした．暴動の主因は中国系住民の貧困と失業問題であったとされる（伍 2017, 207）．彼らは香港政庁に対する不満をためていた．政府は，植民地の安定が揺らいだことに大きな衝撃を受けた．香港を安定的に統治するには，中国系住民のイギリスに対する忠誠心と，植民地政府に対する満足感を得ることが重要だと考えるようになった（Tsang 2004, 143-144）．このため，市民のニーズに応えるための改革をさらに推し進める決断をした（Tsang 2004, 171, 181, 189, 伍 2017）．

　そうして教育や福祉の公共サービスが充実する一方，真の民主主義は香港には存在しなかった（Tsang 2004, 182）．イギリス人総督が独裁的権限を握っており，行政評議会と立法評議会の議員は直接選挙で選出されるのではなく，総督によって委任された（倉田 2009, 97）．香港の住民自身も民主化を強く求めなかった．この理由は，教育，福祉などの行政サービスを政府がそれなりに満たしていたこと，言論や信教の自由，法の支配，人権擁護も相当程度実現されていたためとスティーヴ・ツァンは指摘する（Tsang 2004, 207-208）．また倉田は，大陸の共産党支配を逃れて香港にやってきた人々の多くが，政治参加そのものに対し否定的だったと指摘する（倉

田, 張 2015, 46）．政治や政党という言葉に対し，大陸で起き続けてきた権力闘争や内乱などのイメージを抱く人が少なくなかったのである．さらに，中国大陸との地理的，心理的近さゆえ，香港の中国系住民の間には，他のイギリス植民地（インド，パキスタン，ビルマ）のような脱植民地化運動，独立運動は起こらなかったとも指摘される（倉田, 張 2015, 34-35）．

　他方，香港の産業は 1950 年代に大きく転換した．1951 年，国連は，朝鮮戦争に関わった中国との通商を禁じた．香港経済の中心を担ってきた対中貿易が立ち行かなくなると，香港の事業家たちは軽工業への転換と，中国以外への輸出業への転換を余儀なくされた（Tsang 2004, 162-166, Jim et al. 2011, 115）．中国からの難民，移民が軽工業の労働力となった．彼らは専門技術も学歴もなかったが低賃金で懸命に働き，家族を養った．こうして香港は東アジアの自由貿易港としての新たな地位を確立した．

3　教会組織による学校建設急増

　戦後の学童増加を受け，香港政府は 1950 年に「学校建設 10 年計画」を策定し，特に小学校校舎充足を目指した（羅 2015, 47）．1951 年,「フィッシャー・レポート（Fisher Report）」を発表し，民間組織による私立学校開設を奨励，補助するとした．1954 年には「小学校拡充 7 年計画（The Seven Year Plan/Primary School Expansion Programme, 小學擴展七年計劃）」を発表した．具体的な政策は，学校を運営する慈善・宗教団体には学校建設のための土地取得手数料を課さない，土地年間賃貸料は低額あるいは事実上の無償貸与とすることであった（Chung and Ngan 2002, 7）．また，校舎建設資金の 5 割から 8 割を補助した．運営団体の自己負担額は 2-5 割であった．自己負担分には，政府から無利子ローンが提供された（Sweeting 1989, 392-409, 2004, 204-205）．

　植民地政府はこの時期，香港に共産主義が流入し拡散するのを阻止するために，キリスト教会と連携して教育，福祉事業をおこなうことを好んだ（Leung 2004, 101-102）．なぜなら政府も教会も，非宗教系団体が運営する学校は共産主義の無神論者を生む可能性が高いが，宗教団体が運営する学校は共産主義に抗することができると考えたためである．結果，政府はより多くの助成金を教会の教育・福祉事業に提供し，教会系の学校が激増した．

　このように 1949 年以降，政教関係は政治的な理由でより強固なものとなったのである．しかしながら，この関係は不平等な力関係であり，教会は社会における「預言職（prophet）」の役割を失ったとベアトリース・レオンは指摘する（Leung and Chan 2003, 20, 147-148, 梁 2010, 83-84）．つまり，教会は，政府や政治に対する批判をしにくい立場になったのである．

　1950 年以降，中国から追放された外国人宣教師たちは多数香港に定住し，同じく大陸からの難民・移民たちの教育・福祉を担うようになった（Leung 2004）．例えばメリノール宣教会は 1950 年以降，香港島や九龍の難民集住地区に社会福祉センター，学校，チャペルを次々と開設した[2]．

　政府はまた，学校や社会福祉施設の絶対的な不足に対処するため，民間への土地供給方針を転換した．すなわち，独立棟教会堂のように宗教活動目的のみの建築に対する新たな土地貸与

をおこなわず，新たに建設される教会堂には必ず何らかの公益施設を併設することを求めた[3]．このため，戦後のほとんどの教会堂は学校を併設することとなった（本章第 2 節）．

1950 年代は政府標準設計校舎はまだ存在せず，政府が校舎設計に関与することはほとんどなかった（Chung and Ngan 2002, 3, Sweeting 2004, 47）．学校運営団体自身が民間の設計者に校舎設計を委託した．

1950 年代のカトリック学校の事例としては，イエズス会が運営する九龍華仁書院（1952 年建て替え）と香港華仁書院（1954 年建て替え）がある．いずれも戦前に建設された校舎の移転建て替えで，空間的に余裕のあるキャンパスを維持することができた．校舎は低層で，広い屋外運動場を備えている．このような校舎とキャンパスは，戦後の香港都心部ではきわめて稀であった．

政府は学校運営費（教員給与等）の大半も助成した（Sweeting 2004, 186, 205, 217）．1963 年までに 33 棟のカトリック学校が建設された．教会にとっては，非信者へ宣教をおこなうための一般的な手段は，カトリック学校を設立・建設し，そこでカトリック教育をおこなうことであった．このため，政府と社会の求めに応え，教会堂を備えたカトリック学校を多数建設した．カトリック教会は香港の全教育機関の 5 分の 1 を運営していた（Luk 1991）．1960 年代には，カトリック学校在籍生徒数は 3,909 人から 2 万 8,029 人に増加し，彼らの多くが在学中に受洗した（Chan 2004, 61）[4]．カトリック学校では英語で授業がおこなわれ，多くが進学校，エリート校となり，バイリンガルの卒業生は香港社会のエリートとして活躍した（Leung and Chan 2003, 32, Chan 2004, 58）[5]．実際，カトリック学校は保護者の間で非常に人気があった（Li Ng 1978, 125-128）．

1965 年，政府は初等教育を 1970 年代に義務化することを決定した．それ以降，たとえ私立学校であっても，政府が助成する小学校の校舎建設は政府の責務となった．私立学校運営団体が政府から借り入れていた学校建設費は，返済を免除された[6]．教会側がすでに支払った費用は，政府が徐々に払い戻した．

2）メリノール宣教会（正式名称は Catholic Foreign Mission Society of America, 通称 Maryknoll Missioners）は，アメリカ合衆国で 1911 年に設立された．1918 年以来，本国からの資金援助を得て中国大陸で社会事業を展開していた（上智学院新カトリック大事典編纂委員会 1996,「メリノール宣教会」）．

3）筆者によるエドワード・コンへのインタビュー，2010 年 9 月 27 日．

4）プロテスタント教会でも同様の現象が起きていた（Brown 1993, 108）．

5）レオンによれば，1999 年時点で香港政府上級職員（キャリア官僚や専門職員に相当）の 75％がカトリック学校を含むキリスト教学校の卒業生であった（Leung and Chan 2003, 32）．ブラウンも指摘しているが，生徒たちのなかには経済的に貧しい家庭出身であるが，キリスト教系学校で学んだことで高い能力を身に着けた者が少なからずいた．大半の学校が政府助成を受けていたため，私立学校であっても，生徒は高額な学費を支払う必要はなく，学力さえあれば進学が可能であった．彼らは卒業後，香港社会の中流階級，エリートとなった（Brown 1993, xxiii-xxiv）．

6）筆者によるエドワード・コンへのインタビュー，2014 年 11 月 3 日．

Diocese of Hong Kong. "Financial Report for the Year ending 15th January 1972," HKCDA III-23-3.

4　政府主導の都市開発

　中国および香港の現代建築研究者である薛求理（Xue Qiuli）が述べるように，戦後から1960年代までの香港の都市開発は政府が主導するものであった（Xue 2016, xi）．すなわち，政府は難民・移民定住のための公営団地，学校，病院を建設しつつ，これらを計画・建設するための政府機関や条例を整備した．

　1950年代初頭に難民たちが形成したスクォッターでは火災が頻発した（水岡 1998, 2, Xue 2016, 11）．1953年12月25日，新九龍の石硤尾（シェッキップメイ）（Shek Kip Mei）のスクォッターで火災が発生し，5万人が焼け出された．これを機に政府は難民を定住させる公営団地の建設を決断し，1954年，「公営住宅署（Housing Authority, 房屋署）」を設立し，ここを担当部署として公営住宅の供給を始めた．新九龍地区（1900年に九龍市街地に組み込まれた九龍北部の新市街地）を中心に多数建設した（図2.1）．1954年，最初の公営団地が石硤尾に建設された．1950年代から1960年代初頭まで，公営団地の設計者は民間の建築家であった（Xue 2016, 24-27）．団地には，幼稚園，小学校，中学校も併せて設計され，これらは団地学校（estate school）と呼ばれた．

　1955年には，住宅の需要急増を受け建築条例が改訂され，高さ制限は大幅に緩和され（道路幅の3-4倍），エレベーターなしで最高9階建ての建築が可能となった．これにより高層高密都市への再開発が加速した（Shelton et al. 2011, 113-114）．1962年の新たな建築条例は，高さと用途に応じたスライド式の容積率と建蔽率を導入した．また，用途が住居ではない下層階の建蔽率を100%とすることを可能とした．これ以降の建築の多くが，下層階に建蔽率の高いポディウムを設け，そこに商業施設，駐車場，建築設備などを配置し，その上に高層の細長いタワーがそびえるという形態をとるようになった（Shelton et al. 2011, 82, 114）．従来の主要なビルディング・タイプであった2-4階建て住商混合の「ショップハウス（唐楼）」は姿を消した（Christ and Gantenbein 2012, 16）．

　1960年代には，政府は新界にニュータウンを計画し始め，そこに大規模公営団地を建設した（何 2016, 145）．1965年には人口の3分の1が公営団地に居住していた．これ以降現在に至るまで，香港は世界でも最も公営住宅居住率が高い地域となった（Jim et al. 2011, 41-43）．

5　建築教育の始まり

　戦前より，香港で活動する建築家の協会（architectural association for Hong Kong）を設立しようという動きがあったが，戦争などの要因により棚上げとなっていた[7]．1949年，中国系建築家N. H. フォク（N. H. Fok）が再び，建築家協会設立を提案した[8]．しかしこれもすぐには実現し

　7）"Proposed Hong Kong Society of Architecs," The Hong Kong and Far East Builder, Vol. 12, No. 1, 1956, p. 23, 香港大學図書館．

　8）"An architectural association for Hong Kong," The Hong Kong and Far East Builder, Vol. 7, No. 6, 1949, 香港大學図書館．

なかった.

1950 年, 香港大學に建築学部 (Faculty of Architecture, 建築學院) が開設された. 香港初の建築の高等教育機関であり, 香港建設業界の重要な一里塚であった. 設立の背景は, 難民流入による住宅需要急増に対応するために, 香港内での建築家養成が急務だったことである (Caryl 2012, 6). 建築学部は 5 年制教育で, 第 1 期生は 1955 年に卒業した. 卒業生たちは政府機関や民間建築事務所で実務に携わった.

1956 年, すなわち建築学部第 1 期生が卒業した翌年, 「香港建築家協会 (Hong Kong Society of Architects, 香港建築師公會)」が正式に設立され, 27 名の会員が所属した[9]. うち 15 名は非中国系であった (薛 2014, 62). 協会員は 1964 年には 182 名, 1966 年には 243 名に増加した. 認可建築家の数は, 1953 年の 95 名から, 1967 年には 183 名に増加した (薛 2014, 62). 設計事務所も 1950-1960 年代に急増した (Xue 2016, 56).

1961 年, 香港大學の建築教育は, イギリス王立建築家協会 (Royal Institute of British Architects, RIBA), 英国建築家登録審議会 (Architects' Registration Council of the United Kingdom), 香港建築家協会の認証を受けた (Caryl 2012, 11).

香港で建築教育が始まったものの, 1960 年代までの香港における建築実務を担ったのは, 西洋人と中国系移民の建築家であった. 香港大學建築学部卒業生は, 1960 年代はまだ専門家としては成熟していなかった (Xue 2016, 55). 1945 年から 1960 年代の公共事業設計を担ったのは, 政府公共事業局建築職員であり, 彼らはイギリスやイギリス連邦出身者であった (Xue 2016, xviii).

民間の建築設計で活躍したのはいわゆる「移民建築家 (immigrant architects, migrant architects)」であった. 彼らは中国大陸出身で, アメリカやイギリス, 上海の大学 (聖ヨハネ大学, St. John's University) で建築を学び, 戦前に建設活動が盛んであった上海で主に活動していたが, 1949 年以降, 共産党支配を逃れて香港に移住してきた人々であった (Wang 2008, Xue 2016, xiv)[10]. 彼ら以外には, 戦前に香港で西洋人が設立し, 戦後も長く活動し規模を拡大させた組織系建築設計事務所も官民の事業を多く請け負った[11]. こうした建築家たちは, 上述した 1950-1960 年代の公営団地も設計した.

第 2 節　教会堂類型

この時期の社会的変化が教会堂の併設用途, 形態も大きく変えた. 第 1 節で既述の通り, 戦後の人口急増によって, 学校を供給することが教会組織に期待される主要な社会的役割となっ

---

9) 1972 年, 協会は「香港建築家学会 (Hong Kong Institute of Architects, 香港建築師學會, HKIA)」と改名した.
10) Eric Cumine, 司徒惠 (Wai Szeto), 陸謙受 (Luke Him Sau), Robert Fan など, 67 人の建築家が香港に移住した (Xue 2016, Chapter 3).
11) Palmer & Turner, Leigh & Orange, Spence & Robinson などがある (Xue 2016, Chapter 3).

た．政府は教会組織に対し，独立棟教会堂の建設は許可しないが，学校建設は大いに奨励し支援した．この結果，この時期の教会堂は学校や福祉施設を併設するものとなった．土地・建物が不足するなか，教会はまた，公営団地や民間の商業建築を利用し教会堂とした．

1　独立棟教会堂

独立棟教会堂の建設が激減した．第 1 節 3 で述べたように，政府は教会組織に対し，学校建設を奨励する一方，独立棟教会堂の新築は支援せず，そのための土地供給をおこなわず，現実的に独立棟教会堂の新築は不可能となったためである．この時期に建設された独立棟教会堂は以下のわずか 5 件である（表 2.2, 資料 1）．

聖ヨゼフ教会（1953 年, No. 92）は中国との境界に近い地区に建設された．建設時は難民流入期であったため，建設工事には難民として大陸からやってきた人々が雇用された[12]．竣工後すぐに教会堂は難民福祉機能を有するようになった．近隣には，学校や診療所，製麺所，託児所が開設された．したがって，実際には，宗教活動専用の独立棟教会堂というよりは，福祉施設併設教会堂に近いものとなった．

1961 年竣工の，汚れなき御心の聖母教会（Immaculate Heart of Mary Church, 聖母聖心堂, 後に聖母無玷之心堂, No. 194）は，当初は独立棟教会堂として計画され竣工したものの，竣工後すぐに学校として利用された[13]．宗教活動専有空間ではなくなった．

1967 年竣工，新界の聖ユダ教会（St. Jude's Church, 聖猶達堂, No. 224）は信徒から土地の寄贈があったため，独立棟教会堂として建設されたようである[14]．建設費が不足したため，別の信徒からの教区への遺贈が充てられた[15]．この遺贈は，もとは他の教会堂建設のためのものだったようである．

1968 年竣工の聖ヨゼフ教会（St. Joseph's Church, 聖若瑟堂, No. 228, 香港島花園道）および 1969 年の聖ヴィンセント教会（St. Vincent's Church, 聖雲先堂, No. 237）はいずれも，既存の独立棟教会堂の建て替えであったため，他用途を併設する必要はなかった．

このように，この時期の独立棟教会堂は，例外的な条件でのみ建設されたのである．

2　ミッション・ステイション

資料 1 に示す通り，1957 年から 1961 年にかけて，多数のミッション・ステイションが出現する．これは，この時期に教会が作成した統計資料にミッション・ステイションの具体的な所

---

12) 聖若瑟堂．『聖若瑟堂　粉嶺 60 週年紀念特刊』2013 年．
13) Immaculate Heart of Mary Parish. "150 Years of Evangelization in Taipo," 2011, pp. 175-177.
14) 筆者によるヴィンセント・コルベリ（Vincent Corbelli）神父へのインタビュー，2018 年 11 月 29 日．
15) Diocesan Procuration. "Financial report for the year ending 15th January 1969," HKCDA III-23-1.
　　Diocesan Procuration. "Financial report for the year ending 15th January 1970," HKCDA III-23-3.

在集落名が記載されているためである[16]. これ以前の統計には大まかな総数が記載されるのみで，所在集落名は不詳であった. したがって，これらミッション・ステイションの大半は，実際には1957年以前に開設されていたと考えるのが妥当である. しかし1960年と1961年に記載のミッション・ステイションは当該年に開設された可能性がある. 1957年と1958年の統計には，これらのステイションの記載はないためである.

　実際の開設年が不詳であるステイションを差し引いても，1960年代には新たなステイションが複数開設されている. 併設用途が確認できないものが多いが，人口急増期において，ミッション・ステイションは宣教基地であるとともに，難民のための学校としても機能したため，開設が続いたと推察される.

3　難民エリアチャペル

　戦後に大陸から流入した難民が集住するエリアに設置されたチャペルである（表2.2の類型12）. 合計14件確認でき，すべてこの時期に開設された. 1件の建て替えを除き，13件が1950年代前半に集中的に開設された（No. 74, 77, 78, 79, 80, 81, 82, 83, 84, 85, 95, 98, 99）.

　難民たちは当時郊外であった新九龍や香港島沿岸部に，廃材などでスクォッターを建設し集住した. 政府は，難民たちは遅かれ早かれ大陸に戻ると考えていたため，彼らを直接支援することには消極的であった. そのため，カトリック宣教師たちが，こうした難民集住域に小規模な教会堂を建設し，宗教サービスと共に教育・福祉サービスを提供したのである.

　多くの場合，政府が教会堂や福祉施設の敷地を無償で提供し，建設費の5割を給付し，残りの費用の3-5割に対し無利子ローンを提供した（Galvin 2009, 351）. 香港，アメリカ，欧州の信者や援助組織が建設費や救援物資を寄付した（Taveirne 2009, 9）.

　難民集住域の教会堂は一般にチャペルと呼ばれた. チャペルは石造，平屋であった（口絵3）[17]. 所有者は，教区や修道会，宣教会である（表2.2, 資料1）. 当初は，仮設・応急施設として，既存の小教区教会堂に属する巡回教会の位置づけであった[18]. 後に複数のチャペルが小教区教会になった（No. 74, 77, 78, 79, 81, 82, 83, 84, 95）（Galvin 2009, 297）. チャペルは通常，診療所，薬局，保育所，学校，司祭宿舎としても使用された（Galvin 2009, 330, 335, 344）. 宣教師たちは徐々に福祉サービスを拡充させ，チャペルの近隣に他の施設を建設した. 学校，麺や牛乳の製造所，食堂，職業訓練施設などであり，政府の助成がある場合もあった（Galvin 2009, 349-353）.

---

16) Catholic Diocese of Hong Kong. "*Prospectus Status Missionis*," 1956, HKCDA I-7-4.
　　Catholic Diocese of Hong Kong. "*Ratio Localis*," 1957, HKCDA I-7-5.
　　Catholic Diocese of Hong Kong. "*Ratio Generalis in Prospectus Status*," 1957-61, HKCDA I-8-1, 2, 3, 4.
17) 1950年代前半建設の難民エリアチャペルはほぼすべて石造である. 花崗岩は香港全域で広く建材として産出・使用されており，建材が不足・高騰していたこの時期でも入手が比較的容易であったためと思われる（Xue 2016, 3-4, Poon and Ma 発行年不詳，何 2018）.
18) Anthony Reganti. "REGULATIONS REGARDING RELIGIOUS WORK AMONG REFUGEES IN HONG KONG," 15 July 1952, HKCDA VI-12-2.1.

こうした施設がまた逆に，宗教活動に利用されることも多かった．政府はそうした宗教目的での利用を知っていたが，禁止はしなかった．

　1950 年代後半以降，公営団地が建設され始めると，難民たちはこうしたスクォッターを出て団地に移り定住した．スクォッターは撤去され，それとともにこうしたチャペルも徐々に姿を消した．スクォッターの跡地には新たな公営団地が建設された（Xue 2016, 11-13）．

　現存する難民エリアチャペルは 3 件であるが，うち聖ヨゼフ教会は閉鎖（No. 77），2 件は転用されている（No. 79, 80）．

(1) ヴァルトルタ司教記念チャペル

　九龍にあるヴァルトルタ司教記念チャペル（Bishop Valtorta Memorial Chapel, 恩理覺主教紀念小堂，No. 80, 口絵 3, 図 4.1, 4.2）は，1952 年にメリノール宣教会がキングス・パーク難民集住域に建設した（Chu et al. 2009, 446-447）．石造平屋である．後にスクォッターは完全に撤去されたものの，チャペルはカトリック教会所有のまま残った．1993 年に教区障がい者司牧センター（Diocesan Pastoral Centre for the Disabled, 教區傷殘人士牧民中心）となり，教区による障がい者司牧活動に利用され，24 時間聖体礼拝がおこなわれ，手話ミサも定期的におこなわれている．

To the Memory of Bishop Henry Valtorta/
Father of the Poor/Lover of Poverty/
May 25 1952

（ヘンリー・ヴァルトルタ司教を記念して /
貧者の父 / 清貧を愛する者 /
1952 年 5 月 25 日）

図 4.1　ヴァルトルタ司教記念チャペル（**Bishop Valtorta Memorial Chapel, 恩理覺主教紀念小堂**），
　　　　現・教区障がい者司牧センター（**Diocesan Pastoral Centre for the Disabled,**
　　　　教區傷殘人士牧民中心, No. 80）　1952 年定礎石

図 4.2　ヴァルトルタ司教記念チャペル（現・教区障がい者司牧センター）

4　公営団地教会堂

1950年代半ばから政府が建設し始めた難民定住用公営団地は，学校，保育所，診療所，社会福祉センターとしても利用されるようになった（Galvin 2009, 347）．カトリック教会は政府に団地内スペースの賃借を申請し，教育・福祉施設を運営した[19]．教会は最低額の年間賃借料を支払った．保育所や診療所は地上階に開設されたが，小学校は屋上に設けられることも多く，これらは「屋上学校（rooftop school, 天台学校）」と呼ばれた（Catholic Foreign Mission Society of America 1978, 232-233, Chung and Ngan 2002）．カトリック教会が運営する公営団地内施設の一部は，定期的な公的礼拝にも，非公式であるが利用された（表2.2の類型6）．この類型はこの時期が最も多く，確認できたものだけで8件開設された（表2.2, 資料1）．

公営団地は政府所有不動産であり，これを利用した教会堂は，政府の再開発計画によって撤退や移転を余儀なくされたケースもあった．しかし教会側は，そうした不安定性のリスクよりも，社会的な需要に応えるために，こうした公営団地のスペースを比較的容易かつ安価に利用することを利点としてとらえ，積極的に活用していたようである．また，教会側はそもそも，恒久教会堂が開設されるまでの過渡的教会として短期間公営団地を使用しており，長期にわたって教会堂として使用し続ける意図はなかったようである．政教の相互依存的関係が，このような公営団地の教会堂を出現させたといえる．公営団地教会堂は，恒久的な小教区教会堂としての学校併設教会堂やカトリック学校ミサ・センターが建設，開設されると，その過渡的役割を終えて，閉鎖された．

19) 筆者によるヴィンセント・コルベリへのインタビュー，2018年11月29日．

いくつかの事例を紹介する．

(1) 洗礼者聖ヨハネチャペル

1959 年，九龍の観塘（Kwun Tong, 官塘とも表記された）に開設された洗礼者聖ヨハネチャペル（Kwun Tong Catholic Mission, 官塘小堂，後に St. John the Baptist Chapel, 聖約翰小堂, No. 175）は，民間非営利団体「香港住宅協会（Hong Kong Housing Society, 香港房屋協會）」が建設した低コスト集合住宅の一室を利用したものであった[20]．チャペルは 1961 年に他の公営団地に移転したようである（No. 199）．恒久的な教会堂として洗礼者聖ヨハネ・ミサ・センター（St. John the Baptist Mass Centre, 聖若翰彌撒中心, No. 202）が 1962 年に竣工し開設されるまで存在した．

(2) 官塘メリノール神父診療所チャペル

同じ観塘（官塘）地区の公営団地に 1960 年，メリノール宣教会が診療所を開設した（Chapel in Maryknoll Fathers Clinic Kwun Tong, 官塘瑪利諾神父診療所小堂, No. 190）．保育所，会議室，図書室，読書室，麺とパンの製造工場，裁縫訓練施設も併設した（Ryan 1962, 153-154）．祭壇が部屋の一端に設置され，室内はパーティションで仕切られ，開放すればチャペルになり，平日ミサがここでおこなわれた．1968 年まで存在した（Catholic Truth Society, 1968, 289）．これは，1972 年に恒久的教会堂として建設された官塘司牧センター（Kwun Tong Pastoral Centre, 九龍官塘牧民中心, No. 255）に最終的に継承され，公営団地の施設は閉鎖された．メリノール神父診療所が有していた社会福祉機能は，近隣地区である牛頭角に 1970 年に竣工・開設した牛頭角カリタス・センターが継承したようである（No. 244）．

5　民間建物の教会堂

この時期から出現した教会堂類型で，民間事業者が建設した商業ビルや集合住宅といった建物の一部を，教区もしくは修道会が賃借あるいは購入して教会堂とするものである（表 2.2 の類型 4）．

上述のミッション・ステイションのなかには，個人が所有し，教会が借用していた建物も少なからずあったが，それらはこの類型には含めない．ミッション・ステイションは，主に非都市域に低層の個人住宅として建設されたもので，ディベロッパーが都市部に建設した中高層の商業用途の建物とは形態，性質が大きく異なるためである．

民間建物を利用した教会堂はこの時期，合計 10 件確認された．所有者は，賃借の場合は民間

---

20) 聖若翰堂.『天主教聖若翰堂五十周年特刊』2011 年.
　　Hong Kong Housing Society. "About Us," https://www.hkhs.com/en/about-us, 2019 年 1 月 15 日閲覧. 香港住宅協会は，非営利，非政府団体で，戦後復興期・難民流入期の住宅問題を解決するため，低所得者のための低価格賃貸住宅を供給することを目的として 1948 年に設立された．政府による公営住宅に近い性質であるため，公営団地として分類した．

であり，分譲の場合は教会組織（教区・修道会・宣教会）である．賃借の場合は過渡的教会，分譲の物件は恒久的な教会堂と意図された．香港島と九龍の都心部に主に見られる．都市部での信者増加に対応したものである．以下に事例を紹介する．

(1) カトリック・センターの聖母聖心チャペル

1945 年，香港カトリック教会は「カトリック・センター（Catholic Centre, 公教進行社）」を開設した（No. 69）．日本が敗戦し香港から引き揚げた直後の混乱期，2 名の宣教師が，香港都心部セントラル（Central, 中環）に所在する民間ディベロッパー所有の商業ビル（キングス・ビルディング）の 2 フロアを賃借した（Catholic Press Bureau 1958, 46-55）．その目的は，戦争中の抑留から解放された人々への福祉サービス，カトリック教会に関する情報，当時香港に多数駐留していた軍人や新たに香港へやってきた人々へのレクリエーションなどを提供することであった．具体的なサービスとして，図書室，宗教用品販売所に加え，チャペル（聖母聖心チャペル，Immaculate Heart of Mary Chapel, 聖母聖心堂, No. 69）も開設し，公的開放した．しばらく後には，カトリック出版社もここに設置し，1946 年から中国語の教会ニュースレター「公教報」を発行した．英語ニュースレターも発行するようになり，香港カトリック教会に関する情報を欧米などに発信した．教会や信仰に関するパンフレットや書籍も多数発行された．図書室には，カトリック関係の図書に加え，香港のカトリック学校に貸し出すフィルムも用意された．教区広報室（Diocesan Public Relations Office），教会・学校建設促進基金委員会の事務局も開設された（本章第 3 節 3 で詳述）．中国で共産党が政権をとり，バチカンとの国交を断絶した後は，駐中国バチカン大使が中国本土から香港へと移り，カトリック・センターにオフィスを設けた．1949 年以降，センターは，大陸からの退去を余儀なくされた多数のカトリック宣教師たちを受け入れて対応する拠点施設となった．チャペルでは毎朝夕，ミサがおこなわれた．聖体礼拝，複数言語による聴罪が常におこなわれていた．会議室は，レジオ・マリエなどの複数の信徒団体が利用した．

センターは 1959 年に，同じセントラルに所在する商業ビル（グランド・ビルディング）内に教区が購入した計 5 フロアに移転した（No. 174）[21]．チャペルも再び開設された．新たにレストランも開設された（Ryan 1962, 11-15）．当時の教区は厳しい財政状況であったが，司教は香港カトリック教会が成長し続けることを見越し，チャペルに加え，広報や出版のための施設を都心部に設ける必要性を確信し，恒久的な空間を確保したのである．

(2) ロザリー・チャペル，ノース・ストリート・チャペル

1953 年からは，難民集住地区に恒久的な教会堂が建設されるまでの短期間，民間建物を賃借した過渡的教会堂が設けられるようになった．

1953 年，難民が集住していた香港島西部のケネディ・タウン（堅尼地城）に，民間建物の地

---

21) エドワード・コンから筆者への E メール，2018 年 6 月 8 日，6 月 11 日．

上階を借用してロザリー・チャペル（Rosary Chapel, 玫瑰小堂）が開設された（No. 88）（Ryan 1962, 63-66）[22]．これは 1957 年までに閉鎖されたようで，同地区の他の場所で，やはり民間建物を転用し，ノース・ストリート・チャペル（North Street Chapel, 北街公所）が設けられた（No. 111）．ここでは難民の子供たちの教育もおこなわれた．同地区には 1960 年に恒久小教区教会堂であるロザリオの聖母教会（Church of Our Lady of the Rosary, 玫瑰聖母堂，後に Our Lady of Rosary Church, 聖母玫瑰堂に改名）が学校併設教会堂（後述）として建設された（No. 187）．しかしこの教会堂は坂の中腹にあり，高齢者には不便であり，また労働者たちの仕事場からは若干距離があり，ノース・ストリート・チャペルのほうが便利であったため，チャペルは 1963 年までミサ・センターとして維持された（Ryan 1962, 66, Catholic Truth Society, 1963, 123）．

(3) 聖心チャペル

1956 年，移民人口が急増していた九龍の紅磡（ホンハム）（Hung Hom）にある民間建物 1 階に，スクート会（CICM）のベルギー人宣教師が聖心チャペル（Sacred Heart Chapel, 聖心小堂）を開設した（No. 104）[23]．同じ建物の他の部屋には，教会事務所，聖アンナ学校が開設され，司祭も居住した[24]．宣教師たちは，近隣に愛徳診療所（1952 年），愛徳貧民小学校（1957 年，紅磡難民定住団地の屋上）も開設した（Catholic Truth Society, 1958, 199, 1960, 277）．いずれも貧しい移民たちのためのものであった．このチャペルおよび学校は，1959 年に同地区で恒久小教区教会堂である聖母教会（St. Mary's Church, 聖母堂）が学校併設教会堂として建設されるまでの過渡的教会であった（No. 172）[25]．

(4) 労働者聖ヨゼフ・チャペルおよび公教要理学校

1957 年，九龍の中心部にある民間建物に，労働者聖ヨゼフ・チャペルおよび公教要理学校（St. Joseph the Worker Chapel and Catechumenate, 聖若瑟模範工人小堂・要理講授所）が開設された（No. 112）．賃貸であったと思われる．既存のロザリー教会（1905 年，No. 28）とアッシジの聖フランシスコ教会（1955 年，No. 102）の中間に位置する地区に開設された（Catholic Press Bureau 1958, 62-63, 86, Ryan 1962, 102）．

1950 年代，難民，移民たちが多数，公教要理を学び，カトリック信者となることを希望した．こうした需要に応える施設であった．教会が提供する食料などの物資も受洗の動機のひとつであった．同地区には，1963 年に，労働者聖ヨゼフ診療所（St. Joseph the Worker Clinic）も開設さ

---

22) Our Lady of Rosary Church.「足印」, http://olrchurch.catholic.org.hk/wp-content/uploads/2012/03/1953%E5%B9%B4-1963%E5%B9%B4.pdf, 2013, 2018 年 6 月 7 日閲覧.
23) 天主教香港教區. 公教報，1956 年 8 月 10 日.
　　Letter from Charles Govaert to Bishop Bianchi, 10 May 1956, HKCDA IV-12 St. Mary's Church.
　　香港では建物階を英語表記する場合，日本で 1 階に相当する階を地上階（ground floor），2 階に相当する階を 1 階（first floor）と称するのが一般的である．本書では香港英語表記方法に従う.
24) 聖母堂.『紅磡聖母堂五十週年紀念特刊』2009 年, p. 35.
25) 賃借か購入かのデータは未確認であるが，明らかに短期間の過渡的教会であったので，賃借スペースであったと考えるのが妥当である.

れた（Catholic Truth Society, 1964, 315）．チャペルは 1974 年まで存在した．1970 年には近隣に恒久的な小教区教会として聖パウロ・チャペル（St. Paul's Chapel, 聖保禄小堂, No. 245）が油麻地カトリック小学校（Yaumati Catholic Primary School, 油麻地天主教小學）を利用して開設されたため，労働者聖ヨゼフ・チャペルの必要性は低減したものと思われる．

(5) 平和の元后チャペル

事例は多くはないものの，民間建物の一部を教区が購入して，恒久的な教会堂とすることもあった．

1958 年，香港の離島である坪洲（Peng Chau）の永興街に，平和の元后チャペル（Queen of Peace Chapel, 和平之后堂）が設置された（No. 168）[26]．ある信徒が 3 階建ての建物を購入し，教区に寄贈したものであった．もとは住宅であったと思われる．この建物が教会堂になった．しかし，教会設立後間もなく，この建物ではスペースが足りなくなった．

図 4.3　平和の元后チャペル（**Our Lady Queen of Peace Chapel,
和平之后小堂, No. 275**）　**1976 年開設**

26）天主教香港教區.「坪洲和平之后小堂鑽禧　島上小團體致力服務社區」，公教報, 2018 年 10 月 7 日.

　1965 年，教区が同じ坪洲に，カトリック小学校である聖家族学校（Holy Family School, 聖家學校）を建設した．そこで，この学校ホールを主日ミサに使用するようになった（No. 218）．

　1976 年，坪洲に民間ディベロッパーが建設した重商混合ビルの地上階の一部を教区が購入し，そこを恒久的小教区教会堂とした（No. 275, 図 4.3）[27]．宗教活動以外の用途はない．現在に至るまで使用されている．坪洲はきわめて小さな離島であり，住民数，信者数も限られているため，規模の大きい教会堂は必要ではなかったようである[28]．

(6) 鴨脷洲ミサ・センターと鴨脷洲カノッサ幼稚園

　1958 年，香港島南部の鴨脷洲（Ap Li Chau）にある民間住商混合建物の 1 階 2 ユニットを教区が購入し，接続させ，平日は幼稚園（Aplichau Canossa Kindergarten, 鴨脷洲嘉諾撒幼稚園），週末は教会堂（Aplichau Mass Centre, 鴨脷洲小堂）として使った（No. 166）．香港島南部も難民集住地区であり，人口が急増していたためであった．教区は鴨脷洲に将来的に恒久的小教区教会堂を設立する計画であり，それまでの過渡的教会として設立した．しかし，小教区教会堂設立には至らなかった（Ryan 1962, 78）．その理由は不明であるが，隣接する地区である田湾（Tin Wan）に 1965 年にチャペルが開設されたこと，また漁民である船上生活者が多かったこの地域では，1950 年代後半から，イエスの小さい姉妹の友愛会（Little Sisters of Jesus）修道女やミラノ会宣教師や教区司祭たちが「船上司牧（boat ministry）」をおこない，修道会が所有する船上でミサを立てていたことから，陸上に新たに教会堂を建設する必要は低かったのかもしれない（Catholic Truth Society, 1959, 179）[29]．

6　学校併設教会堂

　1945-1969 年の時期に最も特徴的な教会堂類型が学校併設教会堂である．1841 年から 2018 年の全期間では 23 件確認された（表 2.2, 資料 1）．1945-1969 年までは 16 件で，3 分の 2 がこの期間に集中的に建設された．

　この期間の教会堂の特徴は教育用途の併設である．新設された教会堂 170 件のうち，教育施設を併設するものは 50 件であった（表 2.2）．特に 1950 年代以降，新設教会堂の大半は教育施設を併設した．この理由は，先述のように，1954 年以降，政府は土地利用を最大化するため，教会組織に対し戦前のように教会堂のみの建設のためには土地貸与をおこなわなくなったためであった．教会堂が学校を併設する場合に限って土地を与え，新築を許可した．つまり，教会

---

27) エドワード・コンから筆者への E メール，2018 年 6 月 8 日，6 月 11 日．

28) Hong Kong SAR Government. "District Profiles," https://www.bycensus2016.gov.hk/en/bc-dp.html, 2019 年 1 月 15 日閲覧. 2016 年の坪洲の人口は 6,487 人であった.

29) 筆者によるシスター・マリア・フミ（イエスの小さい姉妹の友愛会）へのインタビュー，2019 年 3 月 21 日. イエスの小さい姉妹の友愛会がアバディーンで所有していた木造船は修道院でもあり，チャペルも備えていた. 修道女たちは船上で居住し，漁民たちと同じ生活をしていた. 修道会の船には，信者・非信者の漁民たちが日々訪ねてきた.

が宗教活動空間を新たに確保するためには，学校を建設するほかなくなったのである．他宗派・他宗教も同様の状況にあった．香港聖公会（アングリカン教会）のホール主教は，小教区・学校・社会福祉センターを一体的に建設する理由は，身体，心，霊性が一体的に成長できるためでもあると述べた（Brown 1993, 102）．

　学校併設教会堂16件のうちほとんどは1950-1960年代，新九龍の難民定住地域に建設された．主に教区が運営するカトリック学校に，小教区教会堂として計画・設計された．したがって，修道会が運営するカトリック学校に，学校関係者である学生・教職員専用の私的礼拝堂として建設された「学校チャペル」（表2.2の類型5）とは性質が異なる[30]．1841-1944年にも3件存在したが，それらは独立棟教会堂に近い形態・性質であった（第3章第2節2）．

　教区学校の場合は，教区総務処プロキュレーターが建設事業計画・管理を全面的に担った．土地取得や建設費ローンに関わる交渉のすべては，プロキュレーターと政府（主に教育司署長）との間でおこなわれた[31]．教区の事業計画に対する政府の合意がとれると，土地取得の手続きが政府の公共事業局と教区の間で始まる[32]．教区が政府に学校併設教会堂のための土地供給を申請する．戦後，地価は高騰し，公開競売では土地取得はすでに困難になっていたので，政府と教区との間で直接交渉された．土地賃貸個人契約（Private treaty grant, 私人協約方式批地）がイギリス国王（the Crown）と教区との間で交わされる[33]．したがって，土地賃借者・建物所有者は教区である（表2.2, 資料1）．

　土地取得手数料は多くの場合，学校空間が無償，教会堂空間は市場価格の3分の2，司祭居住空間は市場価格と同額を教区は政府に支払った[34]．建設費に関しては，1950年代は教会が全額を用意することが多かったが，1960年代には政府が5-8割を給付し，2-5割を教会が負担するのが一般的になった（本項 (2)）[35]．この教会負担分に対しては，政府の無利子貸与があった．借入金の返済には開学後の学費収入を充てた．

　設計者の選定は，総務処プロキュレーターもしくは小教区司祭が指名でおこなった．コンペや入札はなかった．本研究によって，数名の特定の香港人設計者が複数の事業を請け負っていたことがわかった（資料2）．資料3で設計者の経歴を紹介しているが，彼らのほとんどがカトリック信徒であった．彼ら設計者については本章第3節でも詳述する．

　この時期も以前と同様に，修道士が施主（教会）側の現場監督の役割を担った．例えばミラノ外国宣教会修道士ビクター・ポロ（Victor Polo）は，戦後少なくとも1968年から1984年まで

---

30) 教会堂のなかには，学校チャペルとして修道会運営カトリック学校に建設されたが，後に地域信者が増加したため，小教区教会堂として開放されるようになったものがある．この場合は，表2.2と資料1では当初の用途である学校チャペルとして分類している．

31) エドワード・コンから筆者への資料提供, 2014年11月6日．

32) 公共事業局の土地管理の部門は後に，工務司署地政測量處（Crown Lands and the Survey Office），さらに土地署（Lands Department）および地政処（District Lands Offices）に再編された．

33) 土地賃貸の期限は，新界に位置するものについては1997年6月27日，すなわち新界の租借期限の3日前までとされた．1984年の英中共同声明発表以降，すべての土地賃貸契約は自動的に2047年，すなわち「一国二制度」が終了する年まで延長された．

34) エドワード・コンから筆者へのEメール, 2015年3月23日．

35) Procuration of Catholic Diocese of Hong Kong. 教会堂建設に関する諸資料, 1956-1960年代, HKCDA III-23-1.

総務処に所属し，現場監督（Building Superintendent）として活動していた（資料 4）（Catholic Truth Society, 1968-1984）[36]．

　学校併設教会堂は，多くの場合，4-6 階建ての鉄筋コンクリート造である．小教区司祭たちが居住するスペースも有する．ほとんどの場合，司祭は学校監理者や校長を兼任した．教会堂では毎日ミサがたてられ，司祭は生徒に対し熱心に宣教活動をおこなった．教師のほとんどは信徒であったため，彼らは放課後のカテキズムの授業に参加するよう生徒に勧めた[37]．

　校舎内に礼拝専用空間が恒久的小教区教会堂として設けられた．この場合，教会堂の上下階には学校施設が併設された．講堂（ホール）が教会堂階下に配されることが多かったが，教室である場合もあった．あるいは校舎と接続して教会堂が建設された例もある．

　数百の会衆席を有する広いスペースが教会堂専用空間として確保された．すべての事例において教会ホールの平面は長方形であった．

　以下に学校併設教会堂の事例を紹介する．

（1）聖霊教会と基立學校

① 前身教会堂

　香港島の灣仔（Wan Chai）は 1860 年代までに植民地で最初の中国人居住区として発展した（図 2.1）（Smith 2003, 158）．カトリック宣教師たちは 1841 年に香港で活動を始めるとすぐ，灣仔に様々な施設を開設した（Ha 1998, 73-75）．最初の事業はカトリック墓地の整備であり，植民地化直後の 1842 年に実施した（Ticozzi 1997, 12-13）．カトリック信者であるアイルランド出身の兵士たちが香港に多く送られ，ここで亡くなったためである．

　1843 年にはカトリック教会は，聖フランシスコ・ザヴィエル・チャペル（St. Francis Xavier's Chapel, 聖方濟小堂）の建設に着手し，1845 年に竣工させた（No. 3）．これは香港のカトリック教会堂としては 2 番目のものであった（図 4.4 の B）．チャペルを 1864 年に建て替え，聖フランシスコ・ザヴィエル教会（St. Francis Xavier's Church, 聖方濟堂）と改名したようである（No. 7）[38]．

　カノッサ女子修道会と宣教師たちは，教会堂の周辺に，孤児院，病人と老人のための施設，視覚障害のある女性の施設，神学校，病院，中国人少女のための学校，賃貸用集合住宅を建設，開設した（Ticozzi 1997, 20-21, Ha 1998, 73-75）．この地域にはカトリックに改宗した中国人と，もともとカトリック信者であるポルトガル人が多く居住するようになった（Smith 2003, 158）．しかしながら，19 世紀末までにこの地区の治安は悪化し，カトリック信徒も含む無法者の外国人が

36）別のミラノ外国宣教会修道士マリオ・コレオネ（Mario Colleone）は 1934 年から 1985 年まで香港におり，総務処プロキュレーター補佐（Assistant Procurator），カトリック墓地管理者（Superintendent of the Catholic cemeteries）を務めた（筆者によるエドワード・コンへのインタビュー，2010 年 9 月 27 日．Sergio Ticozzi. "In Memory of the Past Members of PIME in Hong Kong, 1861-2010," PIME, 2010, http://www.pimehkc.org/download/necro.pdf, 2015 年 7 月 28 日閲覧．コレオネは主にカトリック墓地管理を担当しており，教会堂建設事業には関わっていなかった．

37）筆者によるポール・マン（Paul Man, 領島學校卒業生・領島學校元教員）へのインタビュー，2012 年 10 月 5 日．

38）"A short history of St. Francis Xavier's Church," 18 September 1949, HKCDA IV-2.

86

集まるようになった．そのため教会はこの地区の改良策を立てた（Smith 2003, 158-159）．1922 年
か 1923 年に，隣接する地区であるハッピー・バレー（Happy Valley, 跑馬地）で建設中であった
聖マーガレット教会（St. Margaret Mary's Church, 聖瑪加利大堂, No. 38）の施工費用を捻出するた
め，湾仔の教会堂とその土地を売却した（Ha 2007, 22）．この教会堂は取り壊された．同湾仔地
区内に新たな土地を購入し，新教会堂を建設する計画を立てた．計画期間中は聖フランシスコ・
ザヴィエル病院内のチャペルを公的教会として使用した（No. 37, 図 4.4 の C）（Ticozzi 1997, 37）[39]．

1939 年 12 月 13 日，教会はようやく 1,347m² ほど（1 万 4,500 平方フィート）の土地を取得し
た（図 4.4 の A）．これは香港電燈有限公司（Hong Kong Electric Company）から 4 万 7,850 香港ド
ルで購入したものであった[40]．

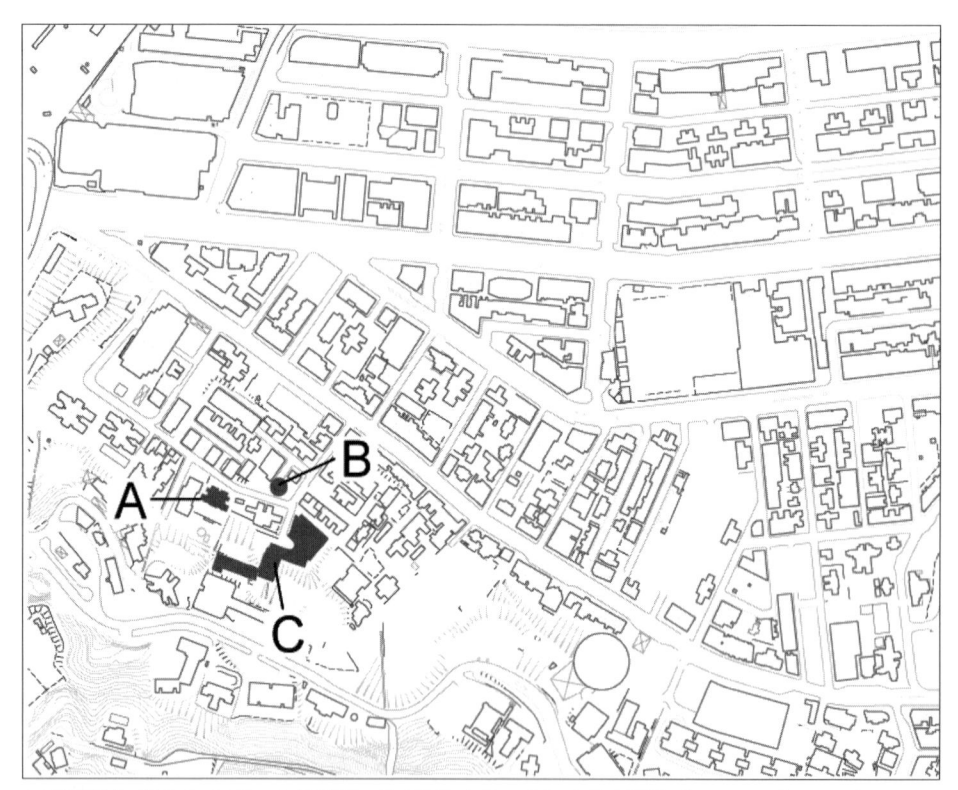

A：聖霊教会（Holy Souls' Church, 煉靈堂）・基立学校（Ki Lap School, 基立學校）（1950-1997 年, No. 73），
　　No. 1 Star Street（集合住宅）/ 聖母聖衣教会（2001 年-, No. 340）
B：聖フランシスコ・ザヴィエル礼拝堂 / 教会（1843-1922 年あるいは 1923 年, No. 3）
C：聖フランシスコ・カノッサ修道院および学校, 聖フランシスコ・ザヴィエル病院（No. 37）

図 4.4　湾仔　教会および関連施設の変遷

The map reproduced with permission of the Director of Lands. ©The Government of the Hong Kong SAR. Licence No.
66/2019.

---

39) 1852 年に教会は聖フランシスコ・ザヴィエル病院を開院した（Vicar Apostolic of Hongkong. "Re: St. Francis
　　Church," 12 November 1945, "A short history of St. Francis Xavier's Church," 18 September 1949, HKCDA IV-2）．
　　聖母聖衣堂.『聖母聖衣堂 40』1990 年, p. 10.

　設計を依頼されたのは，中国系建築家のウィリアム・スエ・イン（William Sue Ing, 呉兆彪, 認可建築家，教育機関は不明であるが建築学士号取得）であった[41]．信徒であったかは不明である．しかし 1941 年，戦争のために事業は中断を余儀なくされたようである．戦後にこの事業計画が再開されたときには，インは香港で建築活動をおこなっていたものの，設計者とはならなかった．その理由は不明である．

② 聖霊教会

　戦後の 1950 年になってようやく，教区は，小教区教会堂である聖霊教会（Holy Souls' Church, 煉靈堂）と，教区小学校である基立学校（Ki Lap School, 基立學校）を建設した．教会堂と学校が一体となった学校併設教会堂である（No. 73, 図 4.4 の A）．4 階建てであり，屋上に 6 階層の塔が建つ（図面 3-12）．地上階からの 3 階層が学校スペース，4 階と塔屋が教会スペースであった．教会ホールは長方形平面で，会衆席数は 531 であった[42]．塔屋は，鐘楼と司祭居住空間であった．

　設計者は K. C. チウ（Chiu Kwan Chee, 趙君慈）であった．信徒であったかは不明である．教区が指名した．エンジニアの学士号を持っていた（Lam 2006）．どこで専門教育を受けたかは不明である．1932 年に認可建築家（AA）として登録され，エンジニア，建築家として実務をおこなっていた[43]．

　1957 年，教会は聖母聖衣教会（Our Lady of Mount Carmel Church, 聖母聖衣堂）と改名された．

　第 8 章で詳述するが，この学校併設教会堂は，1997 年から再開発が計画され，2001 年に集合住宅のなかの教会堂として再建された．

(2) アッシジの聖フランシスコ教会・アッシジの聖フランシスコ英語小学校

　アッシジの聖フランシスコ教会（St. Francis of Assisi Church, 聖方濟各堂）は，アッシジの聖フランシスコ英語小学校（St. Francis of Assisi's English Primary School, 聖方濟各英文小學）との学校併設教会堂として 1955 年に竣工した（No. 102, 口絵 4, 図 4.5, 4.6, 図面 15-19）．九龍の石硤尾に所在する．

---

40) Gibb, Livingston & Co. Ltd. "I.L.2837-Wanchai," 13 December 1939, HKCDA IV-2.
　　Land Register（for Property Particulars）. "Property reference number: A2475434," https://www1.iris.gov.hk/eservices/byaddress/search.jsp, 2012 年 4 月 19 日閲覧.
　　　取得した土地は聖フランシスコ・ザヴィエル教会および聖フランシスコ・ザヴィエル病院の近隣であった．敷地はもともと，1928 年に香港植民地政府から香港電燈有限公司に 75 年間の契約で賃貸されたものであった.

41) Letter from William S. Ing B. Arch. Authorized Architect to Rev. Fr. J. Ziliolli, 5 March 1941, HKCDA IV-2-3.
　　　インの建築設計活動は 1941 年から確認できる（"New projects – contemplated and in progress," The Hong Kong and Far East Builder, Vol. 6, No. 1, 1941, p. 39, 香港大學図書館）.

42) K. C. Chiu & Co. Architects. "Drawing No. 6 I. L. Nos 2837 Section A and 349 Section F R. P. Proposed New Church," 23 February 1948, "Approved Plans and Related Documents," カトリック香港教区.

43) K. C. チウの建築設計活動は，遅くとも 1941 年から確認できる（"New projects – contemplated and in progress," The Hong Kong and Far East Builder, Vol. 6, No. 1, 1941, p. 39, 香港大學図書館）. チウが設計した教会関係施設で，現時点で確認できているものには，サレジオ会が開設した鄧鏡波學校（Tang King Po School. Mary Help of Christians Church を有する. 1953 年竣工, 九龍馬頭圍, No. 87）がある.

図 4.5　アッシジの聖フランシスコ教会，アッシジの聖フランシスコ英文小学校
(St. Francis of Assisi Church, St. Francis of Assisi's English Primary School,
聖方濟各堂, 聖方濟各英文小學, **No. 102)　1955 年竣工**

① 前身教会堂

　もともと 1869 年，九龍の東に位置する九龍城地区に聖フランシスコ・ザヴィエル教会（St. Francis Xavier's Church, 聖方濟各堂）が建設された（No. 13）．これは空港建設のために解体，換地され，1937 年，アッシジの聖フランシスコ教会（Church of St. Francis of Assisi, 聖方濟亞西西堂）として新築された（No. 63, 図面 13, 14）．学校（Da Tung School もしくは Tai Tung School, 大同學校）を併設する教会で，遺存する図面によれば，地上階がチャペル，1 階が教室，2 階が司祭宿舎であった[44]．建築面積は 250m² ほどの小規模なものであったので，資料 1 ではミッション・ステイションと分類している．設計はラバン＆バスト（Raven & Basto）であった．バストは 1932 年竣工の聖テレサ教会の実施設計担当建築家でもあった（表3.1）．バストは他にも聖ルイス学校（St. Louis School），聖アントニー教会（St. Anthony's Church, 聖安多尼堂, No. 86）など，戦前と戦後において複数のカトリック教会関係施設の設計を請け負っている．信者だったかは不明である．

　日本軍が香港を占領していた 1943 年，空港の拡張のため，軍が教会堂を解体した．カトリッ

---

44) Raven & Basto, "Proposed Chapel and School on K. I. L. Kowloon City," May 1936, HKCDA III-24-1.

ク教会は，この教会堂を他地区に再建することを計画していたようであるが，戦争期間中は，教会活動の停止を余儀なくされ，実現しなかった[45]．

② 新教会堂建設計画

戦後の 1950 年，カトリック教会は政府に対し，九龍の西側に位置し，九龍城からは離れた深水埗（Sham Shui Po）での教会堂と学校建設のための土地供給を求めた．1943 年に解体された教会堂の再建であった．1950 年の嘆願書では，その理由が以下のように説明されている[46]．1930 年頃には深水埗地区の信者は 300 人ほどであったが 1950 年には約 3,000 人に急増し，公的礼拝のための教会堂として借用している修道会運営カトリック学校（Church of the Precious Blood, 寶血堂, 1929 年, No. 49）では信者を収容しきれなくなった．また，教会堂に加えて学校建設が必要な理由は，深水埗は難民スクォッターとなり，貧困家庭の児童が急増しており，彼らが通える学校が大幅に不足しているためであった．特に，九龍城のアッシジの聖フランシスコ教会に併設されていた大同学校が閉鎖された後，カトリック男子校が不足していたため，男子小学校の開設を希望した．司教は，建設するのは教会と学校の公益施設のみであるので，最低価格での土地供給を政府に求めた．しかし 1951 年になっても政府は土地供給手続きを進めなかった．そこで教区は再度嘆願をし，ようやく交渉は進み始めた．教区は，深水埗に隣接する石硤尾の土地を申請した．1952 年に教会が政府に提出した学校新設申請書の下書きと思われる文書によれば，教会は政府に校舎建設費用の給付を求めない，とある[47]．またこの時点で，建設費のうち 6 万香港ドルの用意ができており，教会が建設に全面的に責任を持つと述べている．この理由は，教会が政府の建設費給付なしに事業を実施できる状態でないならば，政府は敷地を供給しないだろうと推測したためであることが申請書下書きに記されている．さらに，新教会堂は少なくとも 800 席，学校の児童数は 500 人と計画した[48]．1953 年 9 月，政府は教会堂部分と司祭居住スペースの土地取得手数料として 13 万 1,360 香港ドルを提示した[49]．教会は提示した金額を受け入れた[50]．土地取得交渉を長引かせず，至急着工することを優先させたようである．教区が政府に支払った教会堂部分の土地取得手数料は，教会堂部分については市場価値の 3 分の 2 にあたるものであった．司祭居住スペースについては市場価格と同額を支払った．学校部分については無償であった[51]．

---

45) Henry Valtorta. Letter to Miss Anna T. Gomes and Miss Guilhermina M. Gomes, 16 July 1943, HKCDA IV-9-3.

46) Letter from Bishop of Hong Kong to Mr. M. I. De Ville, Superintendent of Crown Lands & Surveys, Public Works Department Office, 29 November 1950, HKCDA IV-11-2.

47) "Application Form," 21 February 1952, HKCDA IV-11-2.

48) Letter from Fr. A. Riganti to the Superintendent of Crown Land & Surveys, Public Works Department, 7 August 1952, HKCDA IV-11-2.

49) Letter from W. L. T. Crunden, Crown Lands & Survey Office, Public Works Department to the Procurator of the Catholic Mission. "Church & School at Shek Kip Mi St. New Kowloon," September 1953, HKCDA IV-11-2.

50) Letter from Fr. O. M. Liberatore to W. L. T. Crunden, Crown Lands & Survey Office, Public Works Department, "Church & School at Shek Kip Mei St. New Kowloon," HKCDA IV-11-2.

51) エドワード・コンから筆者への資料提供, 2014 年 11 月 6 日. 土地賃貸契約は 1953 年 12 月 15 日に交わされた.

　教区の「1957年度財務報告」には「アッシジの聖フランシスコ基金：教会および学校」の収支が記録されている[52]. この報告によれば，建設費（設計料，什器含む）はおよそ128万香港ドルだった[53].

　先述のように，香港政庁がカトリック小学校建設費用を給付した事例は，1950年代にはほとんど見られない. このため教区が土地取得手数料と建設費の財源として頼ったのが，バチカン（布教聖省），修道会，カトリック学校，外国の信者団体からの寄付であった. さらに，教区保有株式の売却，ベルギー銀行に預金した「アッシジの聖フランシスコ基金」の利子に加え，香港内の信者からの寄付を活用した. 香港在住ポルトガル人信徒であるゴメス姉妹（G. M. and Anna T. M. Gomes）が20万香港ドルという多額の寄付をした[54].

　また，この建設事業は，本章次節で後述する「教会・学校建設促進基金」を活用した事業第1号であった[55]. この事業のための建設委員会が組織されたようであり，このことを示唆する建設委員リストがアーカイブに存在する[56]. リストには38人の委員が挙げられている. その中の36人が，後述する教会・学校建設促進基金委員会の委員でもあった.

　1953年11月の政府からの書簡では，供給が決まった敷地には難民スクォッターが形成されており，早期には撤去できないと教会側に伝えられた[57].

　1953年12月25日，石硤尾の難民スクォッターで大火が発生した. これを受け，石硤尾では1954年初頭から大規模な難民定住団地が建設され始めた（何2016, 170）. 1954年1月6日，政府は，教会堂・学校建設予定地は，公営団地建設の施工事業者が使用しているため，教会への敷地提供が遅れると伝えた[58]. 1954年の半ばにようやく敷地が引き渡され，着工した[59]. 1955年10月，校舎が先に竣工し，使用が始まった. 1955年12月には教会堂の使用が始まった. 1962年に小学校新校舎が増築された. これにはドイツからの寄付があった[60].

③ 設計者，建築計画

　設計者はチエン・ナイジェン（Chien Nai Jen, 錢乃仁）である（資料2, 3）. 教区が指名した. 香港ではまだ建築教育が始まっていなかった時代に，チエンは大陸とアメリカで建築教育を受け，大陸と香港で設計の実務をおこなった.

52) "St. Francis of Assisi Fund: Church & School, " in "Financial report for the year of 1957," HKCDA III-23-1.

53) アッシジの聖フランシスコ英語小学校は2018年時点で政府助成のない完全な私立学校である.

54) Letter to Misses Gomes from Lawrence Bianchi, 12 September 1953, HKCDA IV-11-2.

55) Meeting Minutes of Diocesan Committee for Church and School Extension, 1st meeting, 27 January 1955, HKCDA III-20.

56) "*Comitato Pro Erigenda Chiesa In Sham Shui Po*," 1955, HKCDA IV-11-2.

57) Letter from W. L. T. Crunden, Crown Lands & Survey Office, Public Works Department to the Bishop. "Church & School at Shek Kip Mi, New Kowloon," 24 November 1953, HKCDA IV-11-2.

58) Letter from W. L. T. Crunden, Crown Lands & Survey Office, Public Works Department to the Bishop. "Church and School at Shek Kip Mi," 6 January 1954, HKCDA IV-11-2.

59) 李嘉聰.「堂區歷史見證人」『聖方濟各堂　金禧特刊』聖方濟各堂, 2005年.

60) 聖方濟各英文小學, 聖方濟各堂, 聖方濟愛德小學.『二十週年紀念特刊』1975年, p. 14.

図 4.6　アッシジの聖フランシスコ教会　1 階　教会堂

外部と内部の意匠に中国キリスト教折衷様式がとりいれられている（口絵 4, 図 4.5, 図面 15）[61].

中央棟には，地上階に屋内運動場兼講堂と教室，1 階に教会堂を配している（図 4.6, 図面 16-18）[62]. 教会ホールは約 1,000 席を有し，カテドラルに次ぐ規模の教会堂となった．2 階建ての北側の棟は学校棟であり，教室が配された（図面 16, 17, 19）．南側の棟は 2 階建てで，司祭居住スペースである（図面 16-18）.

(3) 善き導きの母教会，伍華小中学校

善き導きの母教会（Mother of Good Counsel Church, 善導之母堂）は，伍華小学校と中学校（Ng Wah School, 伍華小學・中學）を有する学校併設教会堂であり，1966 年に竣工（No. 219），九龍の新蒲崗（San Po Kong）に位置する．この地区は 1960 年代に工場地帯として開発された．それと同じタイミングで，教区はこの学校・教会堂を建設した.

土地賃貸は 1963 年 5 月 21 日に契約された．教区が政府に支払った土地取得手数料は，教会部分については市場価格の 3 分の 2, 司祭居住スペースについては市場価格と同額で合計 54 万 7,981 香港ドルであった．学校部分の土地取得手数料は無償であった[63].

---

61) 戦後この様式を採用したカトリック施設は，アッシジの聖フランシスコ教会の他には，カトリック大神学校（Holy Spirit Seminary, 聖神修院）のチャペル（1956 年竣工, No. 108）のみである．チャペル設計者は陸謙受（Luke Him Sau）である.

62) 2018 年時点では，1 階の一部の教室は転用されている.

63) エドワード・コンから筆者への資料提供, 2014 年 11 月 6 日.

図 4.7　善き導きの母教会（**Mother of Good Counsel Church, 善導之母堂, No. 219**）
教会ホール　1966 年竣工

　教会堂建設費には，ドイツのエッセン教区からの寄付が使われた[64]．校舎建設費は，政府からの借り入れはあったが，給付はなかった．設計者であり信徒でもあるピーター・ン・ピンキンの父親であるン・ワ（Ng Wah, 伍華）が 55 万香港ドルを校舎建設のために寄付した．このためこの学校は伍華小學・中學と名付けられた[65]．

　敷地には 3 棟が配された．中央棟には地上階に講堂，1 階に教会堂があり，北棟は小学校，南棟は中学校である（図 4.7, 図面 20）．教会堂平面は長方形である．

　設計者はピーター・ン・ピンキン（Peter Ng Ping Kin, 伍秉堅），カトリック信徒であった（資料 2, 3）．指名で選定された．1950 年代後半から，多数の教会関係建設事業を請け負った（本章第 3 節で詳述）．

7　学校チャペル

　1945 年から 1960 年代には，新たに 6 件の学校チャペルが公的礼拝に開放された（表 2.2 の類型 5, 資料 1）[66]．上述の学校併設教会堂は，主に教区が運営する学校に併設された小教区教会堂

64) Catholic Diocese of Hong Kong. "Mother of Good Counsel Church," http://www.catholicheritage.org.hk/en/catholic_building/mother_of_good_counsel_church/chronology/index.html, 2015 年 7 月 28 日閲覧.

65) Diocesan Procuration. Financial report for the year ending 15th January, 1968. HKCDA III-20-2.
Ng Wah Catholic Secondary School. "Ng Wah Catholic Secondary School *In Consilio Sapientia*," http://www.ngwahsec.edu.hk/eng/main.htm, 2015 年 7 月 28 日閲覧.

66) No. 108 は大神学校チャペルであり，教職員・神学生専用であるが，ミサは他の信者にも開放された．他の小教区教会堂のように公式にではなく，非公式に近隣の信者に開放された.

であるのに対し，学校チャペルは，主に修道会・宣教会が運営するカトリック小中学校に設置
されたもので，学校関係者である教職員と生徒および運営者である修道者専用のチャペルであ
る．学校併設教会堂と異なり，学校チャペルは建設時には，小教区教会堂とすることは前提と
されていなかった．地域の信者が増加した時期など必要性が生じた場合にのみ開放された．こ
のため，建物竣工年とチャペル開放開始年は異なることが多い．また，学校チャペルの多くは，
教区年刊ダイレクトリに掲載がなくとも，一般の信者に非公式に開放されていた場合が多い．
このようなケースは本調査では把握できていないものも少なくないと思われる．

　この時期に開放された学校チャペルは，人口が急激に増えた九龍地区に 4 件開設された．

　サレジオ会運営の鄧鏡波學校（Tang King Po School）チャペルは，公式に小教区教会堂となっ
たのは 1991 年であるが，それ以前よりミサは公的に開放されていた（No. 87）[67]．学校が所在す
る馬頭圍は九龍地区であるが，1950 年代はほとんど開発されておらず，交通も不便であったた
め，学生用の寄宿舎があった．

　イエズス会運営の九龍華仁書院（Wah Yan College Kowloon）は，1952 年に校舎が建て替えられ
た（No. 173）．九龍の都市部に所在する．独立棟のチャペルが建設されたのは 1958 年であった
（Xue 2016, 86）．竣工間もなく，ミサが一般に開放された．

　学校チャペルは数百人規模の会衆席があり，また司祭も常在しており，公的ミサ，小教区教
会堂としての使用には適していたといえる．

8　カトリック学校ミサ・センター

　1960 年代，新たな類型の教会堂「カトリック学校ミサ・センター」が現れた（表 2.2 の類型
8）．1962 年に最初の事例が現れ，1969 年までに計 8 件の開設が確認された（表 2.2, 資料 1）．こ
の時期に都市化が進んだ新九龍に 7 件，新界のニュータウンであった荃灣（チュンワン）に 1 件開設された．

（1）講堂を利用した教会堂

　カトリック学校ミサ・センターは，教区や修道会が設計し建設したカトリック学校の講堂
（school hall）を，教会堂として週末に利用するというものである．この用途の場合に「ミサ・セ
ンター」と呼ばれた．「チャペル（小堂）」と呼ばれることもあった．学校チャペルや学校併設
教会堂と異なり，恒久的礼拝専用空間は多くの場合，設計されていない．

　講堂は，屋内運動場（covered playground）と呼ばれることが多かった．香港の小中学校のほと
んどがオープンスペースの運動場を有していない．このため，校舎内の講堂が運動場でもある．

　カトリック学校ミサ・センターは，小教区教会堂もしくは小教区の巡回教会と位置づけら
れた．

---

67) 鄧鏡波學校卒業生パトリック・フォン（Patrick Fung）から筆者への情報提供，2018 年 12 月 29 日．フォン
　が在学中の 1960 年代半ばにはミサは公的開放されていた．

(2) 土地取得手数料，建設費

　ミサ・センターとは香港特有の礼拝空間の名称であり，以下のような背景で生まれた．1960年代まで香港の中国系信徒のほとんどは大陸から来た難民であり，経済的に困窮していた．この時期は教会堂建設最盛期でもあったが，彼ら中国系信徒が建設費と運営費を負担するのは経済的に不可能であった[68]．そのため教区は，アメリカやドイツなど外国の信者に資金援助を求めた．カトリック学校を建設してその講堂をミサに使用するという建設計画をパトロンに説明する際，学校のみの建設であり，教会堂は存在しないととらえられる可能性がある．しかし，教区は学校のみの用途で政府から土地を賃借しているため，講堂を公式に教会堂と呼ぶことはできない[69]．そのため，当時教区プロキュレーターであったリド・メンカリーニ神父（Lido Mencarini）は，「ミサ・センター」という言葉を造り，学校内に礼拝施設があるということをパトロンに理解してもらおうとしたのである．ミサ・センターという造語は，学校講堂以外にも福祉施設など，もともと礼拝専用ではない空間が教会堂として使われる場合に広く用いられるようになった．

　ミサ・センターでもあるカトリック学校の施主は，教区または修道会・宣教会である．施主である教会組織が，政府と交渉してカトリック学校のための土地を取得する．学校併設教会堂のように礼拝専用空間を設ける場合は，教会堂空間に対し市場価格の3分の2程度の土地取得手数料を支払う必要があるが，ミサ・センターの場合は，公式には学校の用途のみであるので，土地取得手数料は無償である．建設費の80-100%は政府の給付やローンで賄えた．礼拝専用空間が削減される分，工期の短縮，土地取得手数料や建設費の削減になる．

　後述するが，政教関係は相互依存的であり，良好であったため，教会組織は学校施設を宗教活動に利用できたのである．宣教師たちはこれを利用し，積極的に政府と協働し，多くのカトリック学校を建設し，ミサ・センターとして利用したと明言している（Catholic Foreign Mission Society of America 1978, 277）．信徒が急増を続けるなか，難民定住地域において絶対的に数が不足していた教会堂を供給する手段として，ミサ・センターはきわめて有効だったのである．このような理由で，カトリック学校ミサ・センターは増加した．

(3) 建築計画

　カトリック学校ミサ・センターでは，ミサの際は，講堂ステージ，あるいはステージの前の空間が内陣として使用される．講堂は平日日中は学校活動に使用されるので，可動式の典礼家具（聖櫃，祭壇，朗読台，司祭・侍者用椅子，会衆席）が使用される．あるいは可動式ではない典礼家具を設置し，学校活動中は緞帳やパーティションで覆い隠し，ミサの際に開ける．

　洗礼者聖ヨハネ小学校（St. John the Baptist School, 聖若翰學校, 後に改名）を利用した洗礼者聖ヨハネ・チャペル（St. John the Baptist Chapel, 聖若翰小堂, 現在は洗礼者聖ヨハネ・ミサ・センター）は，

---

68) 筆者によるエドワード・コンへのインタビュー，2010年9月27日．
69) エドワード・コンから筆者へのEメール，2015年3月23日．

図 **4.8** 洗礼者聖ヨハネ・カトリック小学校，洗礼者聖ヨハネ・ミサ・センター
（**St. John the Baptist Catholic Primary School, St. John the Baptist Mass Centre,**
聖若翰天主教小學, 聖若翰彌撒中心, **No. 202**） 講堂兼ミサ・センター
地上階 **1962** 年竣工

図 **4.9** 洗礼者聖ヨハネ・カトリック小学校，洗礼者聖ヨハネ・ミサ・センター
講堂での授業風景

図 **4.10** 洗礼者聖ヨハネ・カトリック小学校　**3** 階チャペル

カトリック学校ミサ・センターの最初の事例で，1962 年に竣工した（No. 202, 口絵 5, 図 4.8-4.10）．地上階にある講堂兼屋内運動場が主日ミサに使用されている．最上階には司祭居住スペースがあり，1960 年代には 6 名ものメリノール司祭が居住し，觀塘地区の拠点として機能した（Galvin 2009, 363）．

　ミサ・センターのあるカトリック学校では，週末には，教室がカテキズムの勉強や教会学校，教会会議，聴罪のために利用される．学校管理者（校長とは異なる）はほとんどの場合，小教区主任司祭が兼任していた．このため管理者室は事実上，小教区事務所としても利用された．校長室しか設置されず，学校管理者室は設置されない場合が多かったので，管理者は校長室や学校事務室の一部を利用した．職員もしくは学校管理者の居住スペースは 200m^2 以内とされ，通常，最上階に配置された．ここは事実上，司祭居住スペースであった[70]．

　教区がカトリック小学校もしくは中学校新設を政府に申請する際，その地区に居住する信徒のためのミサ・センターとして機能しうるかどうかが重要な判断基準となった．中学校のほうが教室数もその他の施設数も多いため，教区にとってはミサ・センターとして利用するには望ましかった[71]．1960 年代の香港社会の主な需要は小学校であった．中学校の義務教育化は 1978 年と遅かったこともあり，1960 年代の学校ミサ・センターの多くは小学校であった（資料 1）．中学校需要が高まった 1970 年代以降は，ミサ・センターの設置は中学校が中心になった．

---

70) エドワード・コンから筆者への E メール, 2015 年 3 月 23 日.
71) エドワード・コンから筆者への E メール, 2015 年 3 月 23 日.

(4) チャペル

ミサ・センターである講堂とは別途，礼拝専用空間であるチャペルを設置しているカトリック学校が少なくない．チャペルは数十席から 200 席ほどの小規模なものであり，平日ミサや個人的祈禱用である．平日ミサの出席者は少ないが，司祭が居住している学校では毎日必ずおこなうため，そして聖体安置のため，チャペルは必要な空間である．

チャペル形態には以下の 4 種類が見られる．

1) 設計時にチャペルとして計画されたもの（油麻地カトリック小学校, No. 245, 図面 21, ノートル・ダム・カレッジ, No. 227, 図面 22)

2) 教室をチャペルに転用したもの（洗礼者聖ヨハネ・カトリック小学校, No. 202, 図 4.10）

3) 講堂の一部をパーティションで仕切ったもの（聖パトリック小学校, No. 215, 彩虹邨カトリック中学校, No. 220)

4) 増築した棟にチャペルを設計したもの（メリノール中学, No. 225)

油麻地カトリック小学校とノートル・ダム・カレッジは，講堂が主日ミサの教会堂として利用されているが，設計時よりチャペルが存在した（図面 21, 22）．平面図には，チャペルのスペースに，非学校空間（non-school portion）と明記されている．この空間は市場価格の 3 分の 2 の土地取得手数料支払いが必要だったと思われる．学校併設教会堂に比べるとチャペル面積は小さいので，土地取得手数料は抑えられたはずである．

彩虹公営団地に所在する彩虹邨カトリック中学に設けられた聖家族ミサ・センター（Holy Family Mass Centre, 聖家彌撒中心）では，地上階の講堂の一端に 2 階席がある（No. 220）．2 階バルコニー腰壁にパーティションを設置し，平日ミサ用チャペルとしている．

(5) 設計者

1960 年代初頭までは，校舎の政府標準設計が存在しなかったので，教区もしくは修道会・宣教会が施主となり，設計者を指名した．コンペや入札があったことが確認されている学校ミサ・センターは現時点ではない．資料 2 で示す通り，数名の設計者が多数のカトリック教会の事業を請け負っており，教会とこれら設計者との間には信頼関係があったようである（資料 3).

(6) 政教協力関係

政府は，学校講堂が宗教活動目的に利用されていることを知っていたが，政教は協力，相互依存関係にあったので，それを禁止することはなかった[72].

1967 年，中国大陸で起きた文化大革命に触発され，香港でも共産主義者たちが暴動を起こした（Tsang 2004, 183）．香港の社会情勢はきわめて不安定となり，植民地政府は危機感を募らせた．1968 年のメリノール宣教会の記録によれば，宣教師たちは，カトリック学校の建設を，香港の子供たちの精神を共産主義から守る戦いにおけるメリノール宣教会の貢献だと表現してい

---

72) 教会によっては，教会用と学校用とで光熱費を分けている場合がある．

る（Catholic Foreign Mission Society of America 1978, 277）．政府の側も，共産主義拡散を阻止するため，中国系の慈善団体よりは，西洋の組織である教会との協働がより好都合だと考え，多くの補助を与えたのであった（Leung 2004, 101–102）．

（7）カトリック学校ミサ・センター事例
① 黄大仙カトリック小学校と聖ヴィンセント・チャペル

　黄大仙カトリック小学校（Wong Tai Sin Catholic Primary School, 黄大仙天主教小學）は，最初期のカトリック学校ミサ・センターのひとつである（No. 203）．ミサ・センターは聖ヴィンセント・チャペル（St. Vincent's Chapel, 聖雲先小堂）と呼ばれた．1962年竣工，九龍の黄大仙（Wong Tai Sin）に所在する．学校の地上階にある講堂兼屋内運動場が小教区教会堂として利用されている（図 4.11, 4.12, 図面 23–26）．

　黄大仙は難民・移民定住地区としては最大で，1958年に33棟の公営団地が竣工し，6万7,000人が居住した（Shelton et al. 2011, 74, 何 2016, 171）．その後も同地区では数十棟の団地建設が

図 4.11　黄大仙カトリック小学校，聖ヴィンセント・チャペル
（Wong Tai Sin Catholic Primary School, St. Vincent Chapel,
黄大仙天主教小學, 聖雲先小堂, No. 203）　1962 年竣工

図 4.12　黄大仙カトリック小学校，聖ヴィンセント・チャペル
地上階屋内運動場兼ミサ・センター

続いた．政府による都市開発と同時並行で，教区はこの学校を建設したのである．

　施主である教区が，設計者チエン・ナイジェンを指名した（資料 2, 3）．

　敷地全体の土地取得手数料は無償であった[73]．公式には建設されるのは学校のみであり，教会専用の空間がなかったためである．建設費に関しては，政府が 5 割を給付，3 割を無利子貸与した．返済には開学後の学費があてられた．残りの 2 割は教区が負担した．

　建築図面から推察すると，施主である教区と設計者は，地上階の屋内運動場を教会堂としても利用する前提で計画・設計したようである（図面 23）．1 階から 3 階には教室，運動場，事務室，教頭室，職員室が配置された（図面 23-26）．屋上階には職員居住スペースがあるが，これは司祭居住スペースであったと思われ，寝室，食事室，厨房，浴室，トイレなどが備わっている（図面 26）．現在は司祭不足もあり，巡回教会となっており，居住している司祭はいない．また，地上階の待合室（waiting room）であったスペースがチャペルに，保健室（Medical Inspection Room）だったスペースが小教区事務所に転用されている．チャペルは信者の祈禱に利用されており，平日ミサは日曜日同様，講堂で行われている．

② 聖パトリック・カトリック小学校と聖パトリック・ミサ・センター

　教区運営の小学校である聖パトリック・カトリック小学校（St. Patrick's Catholic Primary School, 聖博德天主教小學）の講堂兼屋内運動場が聖パトリック・ミサ・センター（St. Patrick's Mass Centre, 聖博德彌撒中心）として利用されている（No. 215, 図 4.13, 図面 27）．1965 年竣工である．ステー

73）エドワード・コンから筆者への資料提供，2014 年 11 月 6 日．

図 4.13　聖パトリック・カトリック小学校，聖パトリック・ミサ・センター
(**St. Patrick's Catholic Primary School, St. Patrick's Mass Centre,** 聖博德天主教小學,
聖博德彌撒中心**, No. 215**)　地上階　講堂兼ミサ・センター　**1965 年竣工**

ジとステージ近くの講堂の一部をシャッターで仕切り，平日ミサ用チャペルとしている．週末
のミサ時や，講堂を学校活動に使う際は，このシャッターを開ける．

9　福祉施設併設教会堂

　福祉施設併設の教会堂（表 2.2 の類型 11）は，第 3 章で述べたように，19 世紀から見られる
（表 2.2, 資料 1）．19 世紀から 20 世紀前半の福祉施設併設教会堂は，修道会が建設，運営し，修
道院チャペルでもあるものが多かった．

　1953 年，カトリック香港教区の社会福祉組織としてカリタス香港（Caritas Hong Kong）が創設
された[74]．当時急増した難民のための社会福祉，教育，医療活動を担うようになった．

　1960 年代，カリタスが開設した施設に礼拝空間を有するものが出現した．これは本章で説明
した難民エリアチャペル（表 2.2 の類型 12）のような臨時施設ではなく，恒久的な施設として計
画された．この時期の福祉施設併設教会堂の新設件数は 3 件と少ないものの，1960 年代の香港
社会情勢を顕著に反映する教会堂である．

---

74) カリタスはもともと，カトリック教会の社会奉仕組織として 1897 年にドイツで創設された．その後各国
　　に広まり，1951 年に Caritas Internationalis という国際的連合体となり，本部がローマに置かれるようになっ
　　た．各国にカリタスの国内組織が設立された．日本では 1969 年にカリタス・ジャパンが設置された．

(1) 聖ゴドフリー・セトルメント

1961 年，カリタス香港の施設である聖ゴドフリー・セトルメント（Caritas Social Centre St. Godfrey's Settlement, 天主教福利會聖葛菲服務中心）は，聖ゴドフリー職業訓練学校（St. Godfrey's Vocational School, 聖高弗烈職業訓練學校）を香港島南部のアバディーン（Aberdeen, 香港仔）に開設した（No. 216, 図 4.14, 4.15）.

アバディーンはもともと漁村であり，1960 年代には船上生活者も多くいた．当時，漁村から工場地帯へと転換しており，工場で働く低所得者層が多く居住するようになった．

職業訓練學校は 1961 年に 2 棟の既存の工場を購入し改修したものであったことが，過去の建築図面からわかった[75]．各棟 4 階建てで，1961 年まではタバコ工場と薬品製造工場であった．図面 28-31 は，1970-1972 年の改修時に作成されたと思われる．改修後は 2 棟を接続し，外観上は 1 棟の建物とし，成人職業訓練学校（読み書き，英語，機械修理），製麺・製乳工場，食堂，託児所，無料診療所などが設けられた（図 4.14）[76]．そして 3 階にはチャペル（聖ゴドフリー・チャペル, St. Godfrey's Chapel, 聖高弗烈小堂）も設置された（図面 31）．施設には女子修道院も入居し，このチャペルを修道院チャペルとしても使用していた．1965 年以降，ミサは一般にも開放

図 4.14　旧・聖ゴドフリー職業訓練学校，聖ゴドフリー・チャペル（St. Godfrey's Vocational School, St. Godfrey's Chapel, 聖高弗烈職業訓練學校, 聖高弗烈小堂, No. 216），現・アバディーン・カリタス・サービス・センター（Caritas Aberdeen Social Centre, 明愛社區教育中心香港仔）　1965 年開設

明愛莊月明中學 Elaine Cheung 提供.

---

75) Chau & Lee Architects & Engineers. "No. 22 TIN WAN STREET ON A. I. L. No. 173 ABERDEEN PROPOSED EXTENSION & ALTERATIONS," 1961, 香港政府 Building Information Centre.
76) 筆者によるカリタス・アバディーン職員へのインタビュー，2018 年 3 月 6 日.

図 **4.15** 左：カリタス・コミュニティ・センター・アバディーン
（**Caritas Community Centre Aberdeen,** 明愛香港仔社區中心）
右：カリタス・ソーシャルサービス・センター（**Caritas Social Services Centre,**
明愛賽馬會香港仔服務中心）およびカリタス経営ホテル　**2018** 年撮影

された[77]．

　施設は現存するが，もともと 2 棟であった建物の南側の 1 棟（田灣街 20 號）が建て替えられ，低層部はカリタス，上層部はカリタス経営のホテルとなっている（図 4.15）．遺存する北側の建物は「カリタス・コミュニティ・センター・アバディーン（Caritas Community Centre Aberdeen, 明愛香港仔社區中心)」という名称に変更されている．かつてのような職業訓練機能はなくなり，現在カリタスがアバディーンで提供するサービス内容は，薬物依存症者回復支援，家族カウンセリング，高齢者生活支援，心理セラピー，地域住民のための図書館，安価な各種習い事，放課後の児童学習支援に変わっている．女子修道会は退去し，チャペルは閉鎖，転用されている．ホテル内には常設のチャペルがあるが，定期的なミサはおこなわれていない．

（2）聖ピーター教会

　聖ピーター教会（St. Peter's Seamen Church, 聖伯多祿海員堂）は，船員のための総合福祉施設マリナーズ・クラブ（Mariners' Club）内に存在した（No. 238）．アングリカン教会（聖公会）が所有者である．

　船員福祉施設は 1863 年から存在した．香港は特に戦後から 1960 年代にかけて港湾都市として飛躍的に発展したため，世界各国出身の船員のための宿泊施設，レクリエーション，レスト

77）筆者によるエドワード・コンへのインタビュー，2017 年 8 月 30 日.

図 4.16　聖ピーター教会（St. Peter's Church, 聖伯多祿堂, No. 360）

ランなどの複合施設が必要とされ，マリナーズ・クラブが1967年に新たに建設された．多宗派兼用チャペルが設置され，宗教サービスも提供された．カトリック教会もクラブ内に常設オフィスを持ち，司祭が常駐し，遅くとも 1969 年から，チャペルで毎日ミサをおこなっていた．ミサは船員以外にも開放された．

　2018 年，マリナーズ・クラブは再開発のために解体された．カトリック教会は九龍のジョーダン（Jordan, 佐敦）にある商業ビル内に移転し，過渡的教会堂として聖ピーター教会を開設した（No. 360, 図 4.16）．マリナーズ・クラブの再建後には教会堂もクラブ内に戻る予定である．

　船員司牧は現在まで継続しておこなわれているが，聖ピーター教会は，船員だけではなく広く英語コミュニティの司牧に拡大し，香港に在住する様々な国籍，職業の外国人が通っている．

第 3 節　教会堂営繕

　この時期，建設専門家信徒による教会堂建設奉仕活動は戦前同様，非常に例外的で限定的なものであった．教区主導でいくつかの試みがなされたが，いずれも十分な成果を生まなかった．この時期の教会堂は，急増する難民に対応する緊急・臨時・仮設・過渡的なものが多かったことも，組織的な信徒の参画を必要としなかった要因と考えられる．仮設的な教会堂と同時に，大規模な恒久教会堂も学校併設教会堂として多く建設されたが，後述するように，それらは司祭が特定の建築家と計画・設計したものであった．他の信徒が関与することはほとんどなかった．他方で，1960 年代前半に開催された第二バチカン公会議が，信徒が後に本格的に参画するための重要な布石を敷いた．

1　教会堂設計を請け負った中国系建築家

　この時期は以前同様，建設事業に参画した建設専門家信徒は，基本的に設計者あるいは施工事業者であり，契約に基づいて教区の事業を請け負い，有償でサービスを提供した人たちである．資料2に示す通り，この時期多数の教会関係事業を請け負った中国系香港人建築家は，チエン・ナイジェン，ピーター・ン・ピンキン，プン・インケウン（Pun Yin Keung）であった．

　教会はカトリック信徒である建築家と契約することを好んだ．彼らは中国系香港人であった．本章第1節で述べたように，欧米あるいは中国大陸の教育機関，香港大學工学部，もしくは香港の工学系専門学校で専門教育を受けた人々であった．香港大學で建築専門教育が始まったのは1950年であり，ここで養成された建築家は成熟の途上にあった．彼ら中国系香港人の建築家信徒は，教会やカトリック学校で司祭と知り合い，信頼関係を構築し，司祭から直接仕事を依頼された．競争入札やコンペはなかった（資料3）．教会が競争なしで設計者を指名した理由には以下のことがあったと推察される．

　第一に，この時期は前の時期同様，司祭と修道士が建設事業管理を担っていたが，彼らは建設専門家ではなく，入札やコンペをおこなう知識・技術がなく，同時に多数の建設事業を抱えており，時間的，マンパワー的余裕もなかったと考えられる．

　第二に，この時期の信徒たちは，建設事業のプロセスをオープンにして入札やコンペをすべきという意識を持っていなかったようである．信徒たちは中国から移住してきたばかりの難民や移民であり，経済力も低く，教会運営や建設事業を財政的に支えていたわけではなかった．主な支援者は，アメリカやドイツ，バチカンが多く，また，教会堂の多くは学校の一部（カトリック学校ミサ・センター）であり，政府が実質的なパトロンであるものも多かった．このため香港の信徒たちは，自分たちが教会堂を建てるのだという意識がなく，建設のプロセスにも関心が薄かったようである．

　第三に，カトリック信徒の建築家は，通常よりも低い設計料で教会の仕事を請け負ったことも，司祭が設計者を指名によって選定した理由のひとつであった．

2　信徒参画という慣習の不在

　香港では1960年代まで，建設事業に限らず教会運営全般への信徒の参加はほとんどないか，散発的に見られるだけであり，一般的ではなかった（Li Ng 1978, 275）．とりわけ教区運営の意思決定といったことには信徒の参加はまったくなかった．公会議以前の教会では，聖職者と信徒の間のコミュニケーションは非常に限定的であり，教会運営は場当たり的な問題解決方法をとり，個人や素人の努力に依存したものであった（Li Ng 1978, 295）．

　戦前同様，この時期も，教会堂建設事業に関する信徒の参加は，寄付（土地，資金，建材，典礼家具）と資金調達活動に限られていた．信徒の多くは難民として何も持たずに逃げてきたばかりで，経済的に貧しく，日々の生活で精いっぱいの状態にあり，週7日労働し，日曜日でさ

えも仕事が休みではないことが当たり前であった．教会運営にボランティアとして奉仕・参加するという余裕はなかった．また，一般的な信徒像は，聖職者に従属するというものであったため，小教区教会堂のユーザーである信徒らは，自身の教会堂をどのように建設したり改修したりするかについて意見を述べることはなかったし，そのような権利があるとも考えていなかった．したがって，教会堂の設計は小教区司祭と設計者だけで協議し決定しており，一部の信徒は建設事業でのボランティアを申し出たものの，司祭がそれを積極的に活用することはなかった．司祭の主な関心は，建物ではなく，司牧や霊的な事柄だったからである[78]．

　人口や信徒数は急増する一方，司祭・修道者が減少したことで教会のマンパワー不足が深刻化した（図序.1）．どの司祭も，過剰な量の仕事をこなさなければならなかった（Li Ng 1978, 322）．結果として，建設事業の管理は司祭らのキャパシティを超え，新築や改修された教会堂が適切に計画・設計されず，施工不良などの瑕疵が頻発し，信徒らは次第に不満を持つようになった[79]．

3　第二バチカン公会議が促進した信徒参画

　戦後から 1970 年代前半の香港カトリック教会宣教計画を研究したマーガレット・リー・ン・スッケイ（Margaret Li Ng Suk-kay）によれば，第二バチカン公会議は，場当たり的問題解決方法をとってきた香港教区が組織改革へと舵を切るための推進力を与えた．公会議が示したCollegiality（司教協働性．司教たちが協力して教会運営などにあたること）と Co-responsibility（連帯的責任）という考え方，教会の奉仕的役割，神の民という教会の一体性が，教会組織のあり方に影響を与えるようになった（第 1 章）．こうした新たな概念から，信徒の新たな役割や重要性，教会運営での協働，分権，司教や司祭など特定の個人による独裁ではなく，委員会を通した統治といった考え方が生まれた．公会議の教えに応え，教区は非常に迅速に専門委員会を複数設立し，様々な必要性や課題を検討した（Li Ng 1978, 294）．

　資料 4 は，司教，総務処プロキュレーターの氏名と在任期間，営繕に関係する教区委員会が存在した期間を示している．この時期，教区は新設した委員会に建設専門家信徒を招き，教区運営における協力を求める試みをしていたことがアーカイブ調査から判明した．後述するが，「教会・学校建設促進基金委員会」，「教区財務計画委員会」，「教区発展委員会」などがこの時期に設置され，信徒が参画した．こうした試みから，教区は建設専門家信徒の有用性，彼らの参画の必要性を認識し始めていたことがわかる．前述したように，この時期，教区は建設事業において特定の建築家を指名するのが常であった．このため，教区は建設関係の委員会を設立す

---

78) 筆者によるサイモン・リー（Simon Li, 李百瀬，教区建築および発展委員会前委員長）へのインタビュー，2010 年 3 月 24 日．

79) 筆者によるサイモン・リーへのインタビュー，2010 年 3 月 24 日．
　筆者によるトーマス・ロウ（Thomas Law, 羅國輝，香港教区司祭，教区典礼委員会委員）へのインタビュー，2010 年 3 月 26 日．

る際，そうした馴染みの建築家であるチエン・ナイジェンなどを委員として招聘した．

　しかしながら，信徒を組織的に参画させる試みは，結果として定着せず，いずれも十分な成果を生まなかった．主な理由のひとつは権力の偏り，すなわち，聖職者と信徒の主従関係であった．聖職者が，なおもあらゆることにおいて決定権を持ち，信徒は相変わらず聖職者の従順な補佐役にとどまっていた．リー・ンが指摘しているように，信徒と聖職者は教会の使命を分かち合い，協働するという公会議後の理念は，理論的には受け入れられていたが，聖職者らの実際の認識はいまだそうではなかった．聖職者らは，信徒は自身の新たな責務を実際に担う準備は十分にはできておらず，このような目的を達成するための仕組みも十分には整っていないと考えていた（Li Ng 1978, 291–292）．大半の信徒たちも，小教区司祭の手伝いをするだけという認識であり，主体的に教会運営，宣教を担うという意識はほとんどなかったようである．このように，聖職者も信徒自身も，参画に否定的・消極的であった長い習慣のゆえに，公会議後も香港では信徒参画は進まなかった．公会議公文書そのものがいまだ聖職者主義を反映しており，世界他地域においてもこの時期はまだ信徒使徒職が進んでいたわけではなかったことからも，香港での停滞は理解できるものである（第1章）．

　この時期の実質的成果は乏しかったものの，以下のいくつかの参画の試みは営繕事業における信徒参画の萌芽として意義がある．

（1）教会・学校建設促進基金，1955年

　上述の通り，教区が礼拝専用空間を持つ教会堂を建設するには，この時期は学校を併設しなければならず，土地取得手数料に加え建設費も自ら調達しなくてはならなかった．特に教会堂と司祭宿舎である空間の土地取得手数料と建設費については，ほとんどすべての費用を教会組織が自己負担しなければならない．このために香港教区司教ビアンキ（Bianchi）は「教会・学校建設促進基金（Church and School Extension Fund, 聖堂與學校擴展基金）」を設立し，信者から広く資金を調達することとした．1955年1月，司教はまず，「教区教会・学校建設促進委員会（Diocesan Committee for Church and School Extension）」の設立を提案し，委員会委員候補者に以下の内容の依頼状を送った（資料4）[80]．

> 　過去数年間，香港におけるカトリック人口は増加し，新たな教会堂および学校を建設する必要があります．これまですでに，我々は多数の「センター（筆者注：難民エリアのチャペルや福祉施設）」を多くの地区に建設しましたが，大規模な教会堂は戦後，2棟しか建設していません．一方，カトリック人口は3万人（1948年統計）から6万2,000人（1954年統計）へと倍増しました．カトリック人口の増加は，単に中国からの移民流入だけによるものではありません．香港人の自然増もあります．このことを考えるならば，現在の教会堂および学校の数と規模では，大幅に不足することが予想されます．この緊急事態に対応するため，私は教会・学校建設促進委員会を設立したいと願っています．

---

80) Letter from Bishop of Hong Kong to Rev. O. Calsini, 20 January 1955, HKCDA III-20-2.

　1955 年 12 月，教会・学校建設促進基金を正式に創設した．司教はこの基金について，以下のように信者に説明し呼びかけた．

　　　戦前からある小教区教会堂・学校はいずれも，スペース不足となりました．新たに開発された都市部と移民定住地区では，急増するカトリック・コミュニティへの対応は始まったばかりです．…新教会堂は竣工目前にして，すでにスペース不足と予想されています．新校舎も竣工前にすでに増築やさらなる新築が必要となる状況です．このような状況に対応するため，私は教会・学校建設促進委員会を設立しました．また毎月第一日曜に特別献金をお願いすることとしました．これに全信者が善意の協力をして下さるよう求めます．…皆さんの献金は，サンデー・イグザミナー（筆者注：Sunday Examiner, 香港教区ニュースレター）で定期的に報告します．…このようにして集められた献金，バザーなどの収益，さらに教区の資金，これらすべてを合わせても，現在おこなわれている事業にはいまだ不足なのです．…香港の信者の多くは貧しいですが，1 ドルや 2 ドルを毎月献金することができないという人はあまりいないでしょう（Catholic Truth Society, 1956）．

　基金は設立直後から以下の事業に利用された．アッシジの聖フランシスコ教会および小学校（九龍石硤尾，1955 年，No. 102，本章第 2 節 6），聖ピウス 10 世教会および学校（St. Pius X's Chapel, Chuk Yuen Primary School, 聖庇護第十世小堂，竹園小學，九龍竹園，1955 年，No. 97，後に領島小學に改名，九龍何文田に移転，No. 286，竹園の建物は解体），聖ユダ教会および学校（St. Jude's Church, St. Jude's School, 聖猶達堂，聖猶達小學，香港島北角，1957 年，No. 110），聖アンナ教会および聖テレサ学校（St. Anne's Church, St. Teresa's School, 聖亞納堂，聖德蘭小學，香港島スタンレー，1959 年，No. 170）[81]．

　司教は同 1955 年，この基金を運営するため，上述の「教区教会・学校建設促進基金委員会（Diocesan Committee for Church and School Extension Fund）」を設立した．この委員会で，教会堂営繕事業への最初の明確な信徒参画あるいは参画の試みが見られた．しかしながら，この委員会はうまく機能せず，長く存続もしなかったようであり，信徒の委員は目立った成果を残すことができなかった．

　教区がこの委員会に委員としての参画を打診したのは，聖職者に加え，様々な職業の信徒や民間人であった[82]．少なくとも 2 名の建設専門家信徒を招聘したことが判明した．一人はチエン・ナイジェンで，上述の通り，1950 年代に教区の建設事業を多く請け負った建築家であった（資料 2, 3）．もう一人はゴードン・ブラウン（Gordon Brown）で，イギリス人建築家であり，香

81）Diocesan Committee for Church and School Extension. "Minutes of the First General Meeting, Thursday, January 27, 1955," HKCDA III-20-2.

82）招聘された個人は，カトリック香港教区アーカイブス所蔵の招聘状複写から判明した．招聘された人のうち，聖職者ではない人が全員カトリック信徒であるかは確認できなかった．この招聘状から，以下の組織に属する人々が招聘されたことがわかった．香港上海銀行，National City Bank of N. Y.，Belgian Bank，United States Lines Co.，Arnold Trading Co. Ltd.，Dalan Trading Co.，Orient Publishing Company．香港政庁 Labour Department の職員も招聘された．香港の著名な実業家であるロバート・ホートン（Robert Hotung）の息子であり銀行家でもあったエディ・ホートン（Eddie Hotung）も招聘された．招聘された個人のなかには，職業や所属組織の特定できない人物も多い（HKCDA III-20）．

港大學建築学部の初代学部長であった．ブラウンはカトリック信徒だったようである[83]．招聘された全員が第1回委員会に参加したわけではなかったが，チエンとブラウンは出席していた[84]．ブラウンは設計者に支払う設計料をどのように節約するかについて提言している．これ以外に，信徒や非信徒の民間人専門家が，この委員会で具体的にどのような役割を果たしたかの詳細は不明である．

　上述の通り，アッシジの聖フランシスコ教会および小学校建設事業のために建設委員会が1955年に組織された（本章第2節6 (2)）[85]．38人の委員のうち，じつに36人が教会・学校建設促進基金委員会の委員でもあった．アッシジの聖フランシスコ教会建設委員であり，教会・学校建設促進基金委員ではない2名のうち1名は書記と推測される．ゴードン・ブラウンとチエン・ナイジェンもアッシジの聖フランシスコ教会建設委員であった．チエンはこの教会堂と学校の設計者でもあった．

　教会・学校建設促進委員会の意思決定者は聖職者だったようであるが，信徒が委員として招聘され参画していることから，一部の聖職者たちは信徒を有用な協働者と見なしていたといえるだろう．参画を依頼された信徒は限られた人物であったことが，教会・学校建設促進基金委員，アッシジの聖フランシスコ教会建設委員，実際の建設事業の設計者からわかった．特定の信徒のみであったとはいえ，公会議前であっても，このような実務的な事柄において信徒参画の試みが存在したのは興味深い事実である．

　記録によると，委員会設立からわずか1年後の1956年，委員長ペリーは，委員会が想定通りには機能していないので解散するよう提案した[86]．提案通り，委員会は解散したようである．

　教会・学校建設促進基金は，教会がある程度の建設事業財源を確保していることを政府に対し証明し，信頼を得るために必要な基金だったようである．アーカイブ資料によれば，1960年代初頭までに建設された学校併設教会堂は，政府から建設費の無利子ローンは得たものの，建設費の給付，つまり無償の資金提供は得ていなかった[87]．アッシジの聖フランシスコ教会および小学校の建設計画のなかで，この理由が説明されている[88]．教会は，自己資金で事業を実施できる状態でないならば，政府は敷地供給を許可しないだろうと予測したのである．このため，政府への学校新設申請時点（1952年）で，6万香港ドルを用意し，教会が建設に全面的に責任を持つと政府に説明した．

　1960年代になると，カトリック学校（教会堂を併設しないものが多い）の大半は，政府からの

---

83) ゴードン・ブラウンの葬儀はイギリスのローマ・カトリック教会でおこなわれたことから，カトリック信徒であったと判断する（Caryl 2012, 31）．

84) Diocesan Committee for Church and School Extension. "Minutes of the First General Meeting held on Thursday, January 27, 1955," HKCDA III-20-2. 聖職者ではないペリー（A. E. Perry）が委員長に選出された．

85) "Comitato Pro Erigenda Chiesa In Sham Shui Po," 1955, HKCDA IV-11-2.

86) Letter from A. E. Perry to Bishop, 4 January 1956, HKCDA III-20-2.

87) Catholic Diocese of Hong Kong. List of building expenses, 年月日不詳, HKCDA III-23-1. 1961年までに竣工のうち，建設費ローンに加え，給付を得た学校併設教会堂は，現時点で確認できたのは，聖マリア教会および普愛学校（St. Mary's Church, Poo Ai School, No. 172）のみである．

88) "Application Form," 21 February 1952, HKCDA IV-11-2.

建設費給付を得るようになった．

　教会・学校建設促進基金は 1967 年に改称され，「教会建設促進基金（Bishop's Fund for Church Extension）」となった．「学校」という文字が削除された．この理由は，この時期には政府が教会に対しすでに学校建設費を給付していたので，教会は同じ目的の献金を広く募るべきではないという政府の考えがあったためである[89]．

　教会・学校建設促進基金委員会の解散後，基金の管理は，総務処が引き継ぎ，運用計画は，総務処と共に，後述する教区財務計画委員会がおこなうようになったようである．基金そのものは 1983 年まで存続した（第6章）．

(2) 教区典礼委員会，1964 年

　第二バチカン公会議は 1962 年に開幕し，最初に議論されたのが典礼改革であった．1963 年 12 月，公会議公文書「典礼憲章」が公布された．これを受け，香港教区は「教区典礼委員会（Diocesan Liturgy Commission, 教區礼儀委員會）」を公会議開催中の 1964 年 5 月に設立した．香港教区による典礼委員会設立の動きは，きわめて迅速な反応であったといえる．典礼憲章は改革内容をすべての教会建築や内装にとりいれるべきとした（第 1 章, Schloeder 1998, 16）．そのため典礼委員会の主要な任務は，香港の典礼を，公会議が示した新たな典礼のあり方に更新することであった（Li Ng 1978, 211）．

　典礼委員会の創設メンバーには信徒は一人もいなかったが，委員の司祭は，建築家信徒らとのネットワークをつくっていった．第 5 章で述べるが，この委員会が1970 年代後半に教会堂建設事業に信徒を参画させる起点であり，エンジンとなるのである．

(3) 教区財務計画委員会，1967 年

　「教区財務計画委員会（Diocesan Finance Planning Commission, 教區財経計画委員會）」の第 1 回委員会は 1967 年 7 月 14 日に開催された（資料 4）．議事録によれば，この委員会設立のきっかけは，やはり公会議においてなされた勧告であった[90]．委員会の役割は，教区総務処とカトリック教会の社会福祉団体カリタスへの助言とされた．

　教区財政支出のうち大きな割合を占めるのは常に建設事業であった．そのため，この委員会の議論の多くは建設事業資金についてであった．多数ある建設事業に対しどのように教区資金を配分するか，資金をどのようにどこで調達するか，建設事業にどのように優先順位をつけるか，土地取得手数料の額をどうやって政府と交渉するか，教区の資産をどのように運用するか，といったことが議論された[91]．

　設立時には委員が 6 名おり，うち 3 名は聖職者で，他の 3 名は信徒であった．信徒委員は皆，

---

89) 筆者によるエドワード・コンへのインタビュー，2010 年 9 月 27 日．

90) Diocesan Finance Planning Commission. "First Meeting of the Diocesan Finance Planning Commission," 14 July 1967, HKCDA III-20.

91) Diocesan Finance Planning Commission meeting minutes, HKCDA III-20.

香港では著名な金融やビジネスの専門家であった[92]. 委員長はプロキュレーターであった. 信徒委員が建設専門家ではなかった理由はおそらく, 建設事業の資金調達がこの委員会の主要な議論であったためであろう. しかしながら教区の, とりわけビアンキ司教の, 財務計画委員会を端緒として, 多くの教区委員会を設置し教会運営に専門家信徒を参画させるという決意は, 教区史において非常に画期的な変化であったといえる[93].

92) エドワード・コンから筆者への E メール, 2015 年 3 月 23 日.

93) 1976 年にウー司教は財務計画委員会を改組し, 教区財務委員会 (Diocesan Finance Commission) とした. 司教の病気療養期間中は委員会は開催されなかった (エドワード・コンから筆者への E メール, 2015 年 3 月 23 日). ウー司教が 2002 年 9 月 23 日に死去したため, 委員会は新司教が委員を任命し招集するまで休会することとなった. ジョセフ・ゼン司教が着座すると, 委員会を再開し, 2005 年に改組した. 準備委員会として始め, 2007 年に正式な常設委員会とした. 2016 年時点で委員会は 5 名の聖職者, 4 名の金融専門家信徒委員で構成されている. 信徒委員のうち 1 名は, 後述する教区建築および発展委員会の委員でもある (第 7 章) (Catholic Truth Society 2017).

第 5 章

1970 年代–1981 年　香港人建設専門家信徒の成熟

　1970 年代，香港政府は教育制度を充実させ，多くの政府標準設計学校を建設した．カトリック教会はそうした政府所有校舎のテナントかつ学校運営者となり，学校講堂を教会堂として使用した．また，政府は郊外にニュータウンを多数開発し，そこに公営団地を建設し，急増する人口の受け皿とした．こうした郊外開発の加速によって，ますます多くの香港人建設専門家が必要とされ，養成され，実務経験を積み，1970 年代には専門家として成熟した．そのなかのカトリック信徒が，教会堂営繕へ参画するようになったのである．

第 1 節　時代背景

1　大陸での宗教弾圧，管理

　文化大革命が終結する 1976 年まで，大陸では宗教迫害が続いた．1977 年に鄧小平が復権してから，共産党の宗教政策は，迫害からソフトな統制に移行した（櫻井 2017, 12-13）．政府は信教の自由を合法化し，宗教活動の制限を緩和させたものの，宗教組織と活動に対する手の込んだ管理をおこなうようになった（Bays 2012, 187-188）．本質的な信教の自由が実現されたわけではなかった．

　1980 年，国務院は占拠していた教会不動産の返還を発表し，一部を返還し始めた（Aikman 2003, 303-304, Lam and Maheu 2006, 69-88, Ticozzi 2018, 325）．しかしながら，特にかつてのミッション・スクールは，多くがすでに公立の学校となっていたため，返還されないままであった．

2　政府標準設計校舎の増加と政教契約関係強化

　香港政庁は 1970 年代に教育サービスを拡充した．まず，1971 年には 6 年間の初等教育を，1978 年には 3 年間の中等教育を義務化・無償化した．

　政府が初等教育義務化を決定した 1965 年から，義務教育のための学校校舎建設は政府の責務となった．このため，人口増加とも相まって，政府標準設計の校舎が多数建設されるようになった．校舎の設計は，政府教育司署の校舎に関する規定に従い，公共事業局の建築職員が標準設計によって計画した[1]．政府標準設計学校の運営者は，ほとんどの場合政府ではなく，前

の時期同様，教会などの慈善団体であった．校舎計画・建設段階では学校運営団体は決まっておらず，したがって運営者は計画・設計に関与しない．校舎竣工後，政府教育司署が学校の運営団体を公募し，審査の上，決定する[2]．

政府標準設計学校の建物所有者は政府である．したがって，学校運営団体はテナントに過ぎない．このため，運営団体である教会組織は土地取得手数料や土地年間賃貸料を支払う必要はない．通常年間1香港ドルの校舎賃借料を支払い，内装や什器の費用を負担する[3]．こうした学校は，政府から多額の運営費助成を受けながらも私立学校として運営された．

政府標準設計学校の増加要因には全日制授業の推進もあった[4]．1960年代までは急増する児童数に対し学校数が大幅に不足していたため，小学校のほぼすべてが半日制，つまり午前のグループと午後のグループに分けて授業をおこなっていた．全日制導入に従い，学校の数もさらに必要になった．

政府による学校建設促進政策のなかで，教会は，教育事業においてますます政府助成に依存するようになり，政府事業「請負人」としての教会の立場は強化されていった（Lam 2010, 182-183）．ブラウンも，教会は政府に財政的に隷属する単なる学校管理者（school administrators）になったと指摘する（Brown 1993, 155）．他方で，香港における共産主義の脅威が低減し，政府にとってのキリスト教教育の価値は低減していたとも指摘される（Leung 2004, 102-103）．

3 郊外開発と香港人建設専門家

1970年代，政府は公営住宅の供給を強化した．1973年開始の「住宅供給10年計画（Ten Years Housing Programme）」と「ニュータウン開発計画（New Town Development Programme）」のもと，新界のニュータウン開発がまず沙田，屯門，荃湾で始まった（図2.1）．香港島と九龍だけでは，急増する人口に住宅を供給できなくなったのである（何 2016, 179-180）．また，軽工業で財を成した財閥（長江，新鴻基，Henderson，信和，Swire［太古］）が不動産業に進出し，都心部での大規模再開発を始めた（Xue 2016, xii, Chapter 5）．土地取得手数料と不動産価格高騰のため，低層小規模開発という選択肢は一般的ではなく，高層大規模開発が中心となった．

こうした官民による開発はいずれも，交通インフラ整備と連動した「公共交通指向型開発（Transit Oriented Development, TOD）」であった．1972年には香港島と九龍を結ぶ海底トンネルが開通した（何 2016, 198）．1979年以降，地下鉄（Mass Transit Railway, MTR）も続々と開通した（Xue 2016, 140）．さらに高速道路も整備され，郊外ニュータウンと都心部の間の通勤・通学を容易に

---

1) 校舎の標準設計には以下があった．独立棟校舎：1970年代半ばから1990年代にかけて見られた．校舎はマッチ箱型，廊下の片側に6教室が並び，計24教室，講堂兼運動場を備えた．転用可能型校舎：小学校から中学校への転用が簡単かつ経済的にできる．平面はU字型もしくはL字型．このタイプの校舎は空間的に改善され，屋上に運動場，計30教室と特別教室を備えた（Chung and Ngan 2002, 5-6）．

2) エドワード・コンから筆者への資料提供，2014年11月6日．

3) 筆者によるエドワード・コンへのインタビュー，2014年9月12日．

4) エドワード・コンから筆者へのEメール，2015年6月17日．

したため，多くの住民が都心部からニュータウンへ転出した．総人口も 1970 年代に 100 万人の増加があった（表序.1, 図序.1）．

　香港大學で建築教育を受けた香港人が 1970 年代までには専門家として成熟し，西洋人に代わってこうした都市開発を担い始めるようになった（Xue 2016, 65-71）．

第 2 節　教会堂類型

　政府標準設計による校舎の講堂を教会堂として利用するケースが増加し，教会が自ら設計する教会堂である学校併設教会堂やカトリック学校ミサ・センターは減少した．

1　政府標準設計学校ミサ・センター

　1960 年代後半から出現した新たな教会堂類型が「政府標準設計学校ミサ・センター」（表 2.2 の類型 9）である．政府が施主・所有者で，カトリック教会がテナント・運営者となり，その講堂を教会堂として利用するものである．1970 年代に顕著であり，16 件開設された（表 2.2, 資料 1）．公営団地と一体的に設計・建設されたものとそうではないものがある．

　前述のように，政府は 1970 年代に義務教育制度を実施したことにより，政府が助成する私立小中学校の校舎建設も政府の責務となった．そのため，政府は標準設計を導入するようになったのである．したがって 1970 年代以降，教会が自ら校舎を設計し建設する必要は減少した．カトリック学校ミサ・センターは 1970 年代から漸減している（表 2.2, 資料 1）．

　まず 1960 年代初頭に，公営団地に付随する政府標準設計学校が出現する．公営団地の学校建設プロセスは，政府公営住宅署が施主となり，公共事業局（1983 年以降は建築署 Architectural Services Department に改組）が標準設計に基づいて設計をおこなう．恒久的な校舎である．政府は 1960 年代初頭，公営団地を従来の 7 階建てから 19 階建てとし，4 棟ごとに 1 棟の小学校舎を，標準設計に基づき建設した（Catholic Foreign Mission Society of America 1978, 233）．これらは「団地付属小学校（Annex School, 附建小學）」とも呼ばれた[5]．戦後に開発された新九龍と新界のニュータウンに集中した[6]．

　校舎のミサ・センターとしての使用は 1965 年から見られるが，1970 年代に多く開設されている．義務教育制度実施に伴う標準設計校舎の増加と並行していることがわかる．

　標準設計校舎竣工後，教育司署は学校運営団体を公募する．学校運営団体，校舎テナントとして，教区や修道会が決定すると，政府から校舎を引き渡される．教会組織は，校舎内の講

5）香港教育學院. "From Rooftop Schools to Post-Millennium Schools: The Post-war Evolution of School Buildings in Hong Kong," 香港教育學院, 香港教育博物館, 2011.

6）Finance Planning Committee. "Third Meeting of Finance Planning Committee," 19 October 1967, HKCDA III-20-2. エドワード・コンから筆者への E メール，2015 年 3 月 23 日, 2017 年 4 月 13 日.

堂兼屋内運動場を「教会堂」とし，週末のミサに利用した．これを「ミサ・センター」と呼んだ．什器を購入し講堂に設置し，ミサ・センターとしてしつらえた．1万5,000アメリカドルほどの内装・什器費用負担で済み，大幅な節約になったと宣教師は述べている（Catholic Foreign Mission Society of America 1978, 261）．典礼家具は可動式のものを設置した．学校時間外に，信者たちは，教室をカテキズムや聖書の勉強，子供たちの教会学校，聖歌隊練習，教会の会議などに使用した．これらの利用方法は，カトリック学校ミサ・センターと同じである．異なる点は，司祭居住スペースがこの標準設計校舎にはもともと計画されていないので，司祭は学外の民間建物など他の場所に居住場所を確保するか，修道院などから通わなければならないことである．

　公営団地と一体的に建設されない政府標準設計校舎もあった．ニュータウンや再開発地区にあり，公営団地と隣接している場合も多い．計画・設計・建設のプロセスは公営団地学校と同じで，所有者も政府である．講堂をミサ・センターとして利用する方法も同じである．公営団地に属さない政府標準設計学校ミサ・センターの一部は，開学当初から講堂をミサ・センターとする意図があったわけではないようである．開学から数年後に，地域の信者が増えたためにミサ・センターとして使うようになったか，恒久的な教会堂を近隣に建設している最中の過渡的教会として，講堂を一時的に利用したものである．例えば，聖ボナベンチュラ教会（聖ボナベンチュラ・カレッジ内のミサ・センター）建設までの期間，徳愛中学校に，聖ボナベンチュラ教会が過渡的教会として開設された（No. 242, 253）．

　1970年代には教会が学校校舎を自ら設計し建設する必要性はなくなったが，換言すれば，もし教会自らが自由に学校を設計し運営することを望むならば，政府助成をまったく受けない完全な私立学校となるしかなくなった．完全に独立採算の私立学校の建設・運営には莫大な資金を要し，学費も高額なものとなる．これは教区の方針に沿うものではなかったので，教区が運営する学校の大半は政府助成私立学校となった[7]．

(1) 仁徳カトリック小学校の使徒聖マタイ・ミサ・センター

　仁徳カトリック小学校（Yan Tak Catholic Primary School, 仁徳天主教小學）は，新界のニュータウンである屯門のバタフライ公営団地に，政府標準設計学校として建設された（No. 296, 図5.1）．開設は1983年であるが，計画は1970年代に始まった．

　1階の講堂が週末に使徒聖マタイ・ミサ・センター（St. Matthew the Apostle Mass Centre, 聖瑪竇宗徒彌撒中心）として利用されている（口絵6, 図5.2）．ミサ前に，可動式の典礼家具（祭壇，読

---

7) カトリック香港教区カトリック教育事務処職員ピーター・ラウ（Peter Lau）から筆者へのEメール，2015年11月4日．2016年時点で，教区が運営する政府助成をまったく受けていない私立カトリック学校は3校（Raimondi College 小學部, St. Francis of Assisi's English Primary School, St. Joseph's Anglo-Chinese Primary School），修道会・宣教会運営の政府助成を受けないカトリック私立学校は8校である：Good Hope Primary School and Kindergarten; Our Lady's Primary School; Rosaryhill School（Primary School）; Sacred Heart Canossian School（Private Section）; St. Clare's Primary School; St. Louis School（Primary School）; St. Paul's Convent School（Primary Section）; Tak Nga Primary School.

図 5.1　仁徳カトリック小学校, 使徒聖マタイ・ミサ・センター
（**Yan Tak Catholic Primary School, St. Matthew the Apostle Mass Centre,**
仁徳天主教小學, 聖瑪竇宗徒彌撒中心, **No. 296**）　**1983** 年開設

図 5.2　仁徳カトリック小学校の使徒聖マタイ・ミサ・センター（1 階講堂）

経台，洗礼盤，司祭・侍者用椅子），会衆用椅子が設置される．

　構内には小教区事務所はなく，隣接する平屋建物が小教区事務所として使用されている．司祭宿舎も校内にはないため，教区が近隣の民間集合住宅の一室を購入し，司祭宿舎としている．

2　福祉施設併設

　前章で述べたように，福祉施設併設教会堂（表2.2の類型11）は主にカリタスの設立に伴い，1960年代から出現した．1970年代にも，カリタス所有または運営の福祉施設で，公的礼拝がおこなわれた事例が5件見られる．この時期，地価・不動産価格が年々高騰し，教会堂に限らず，土地や空間の確保はますます困難になった．そのため，福祉施設でも，同一空間を複数用途に時間帯で使い分け，最大限効率的に利用する工夫がなされた．

　No. 272, 274, 287 は，カリタスが開発計画をした集落であり，船上生活者を定住させるための集合住宅である．集落の集会所で定期ミサがおこなわれていたようである．住民は必ずしもカトリック信者ではなかったと思われる．三つの集落は現存するが，現在は定期ミサはおこなわれていない．

(1) 牛頭角カリタス・センターと労働者キリスト・チャペル

　1970年，カトリック福利会牛頭角カリタス・センター（Ngau Tau Kok Caritas Centre, 天主教福利會牛頭角明愛中心, 後に名称変更）が竣工した（No. 244, 図5.3）．所在地の九龍 牛頭角（Ngau Tau Kok）には1969年に公営団地が建設され，低所得者人口が増加していた．そうした人々への総合福祉施設として開設された．建設は，メリノール宣教会，アメリカの信者，香港のNGOなどからの寄付金で実現した．

　7階建てであり，1970年の建築図面によれば，地上階に診療所，薬局，事務所，1階に集会場（assembly hall），2階に屋内運動場と保育施設，3階に図書室と事務所，4階に屋内運動場，クラブ・ルーム，事務所，5階に屋内遊技場，6階に寝室と会議室，厨房が配された（図面32-36）[8]．礼拝専用空間を持たず，1階の集会場が週末に小教区ミサ・センターとして使用されてきた（図面33）．

　牛頭角は，隣接する 觀 塘工業地帯で働く労働者の居住地域であった（Xue 2016, 33）．したがって，この教会堂の名前も「労働者キリスト・チャペル（Christ the Worker Chapel, 基督勞工小堂，後に名称変更）」とされた．

　1980年代以降は，大陸からの難民は減少し，定住支援の需要はなくなった．カリタスや教会の福祉サービスの対象は，高齢者や学童，中国本土・外国からの新移民に変わっていった．

　2018年時点では，地上階には総合診療所と歯科診療所，小教区事務所，1階に多目的ホール

---

8) Hsin Yieh Architects & Associates. "Proposed Polyclinic & Social Welfare Centre, N. K. I. L. 5181 J/O New RD., On Tak RD. Fook Wah Village," 1970, カトリック香港教区.

図 5.3　カリタス牛頭角コミュニティ・センター，労働者キリスト・ミサ・センター
(Caritas Commnity Centre Ngau Tau Kok, Christ the Worker Mass Centre,
明愛牛頭角社區中心, 基督勞工彌撒中心, No. 244)　1970 年竣工

（ミサ以外の時間は，ヨガやキック・ボクシング教室など地域住民の福祉活動に使用），2 階にコミュ
ニティ・センター（図書室，自習室），3 階にもコミュニティ・センター（小ホール，厨房，地域
活動のための多目的室），4 階にチャペル，小教区会議室，コミュニティ・センター（ダンス室，
コンピューター室），5 階に学生用宿舎，司祭居住スペースがある．4 階に平日ミサ用の小さな
チャペルが礼拝専用空間として設けられている．土曜日夕方および日曜日のミサは，1 階多目
的ホールの使用を続けている（口絵 7, 8）[9]．

　すべての空間が，異なる時間帯に，多様な目的に使用されている．用途の多様化と使用時間
の最大化がきわめて顕著な事例である．

3　民間建物の教会堂

　民間建物を利用した教会堂（表 2.2 の類型 4）は，1970-1981 年にかけては 6 件開設された（表
2.2, 資料 1）．

　デリア記念学校（Delia Memorial School, 地利亞修女紀念學校）は，カトリック教会組織ではない
民間営利団体が運営する私立学校である．その講堂を，教区が日曜日に借用してミサ・セン
ターとし，公的礼拝に開放している（No. 260）．1968 年からディベロッパーが開発したニュー

---

9) 筆者によるピーター・ロウ（Peter Lo, 労働者キリスト・ミサ・センター主任司祭）へのインタビュー，
2017 年 9 月 6 日．

タウン美孚（Mei Foo）に所在する（Xue 2016, 115-121）．民間によるニュータウン開発としては香港で最初のものであった．インターナショナル・スクールであるデリア記念学校は，ニュータウン内の複数の場所に幼稚園，小学校，中学校を有する．独立棟校舎もあるが，ミサ・センターとして使われているのは，集合住宅の地上階，1階に入居する小学部と幼稚園のホールである．

　この民間営利学校がカトリック・ミサ・センターになった経緯は以下である．学校経営者はカトリック信者であり，親族が修道女であった[10]．教会に貢献したいという思いがあった．そのため，講堂を1973年から無償でカトリック教会に貸すことを申し出た．

　2018年時点では，毎日曜日午前に2回のミサがあり，合計500人ほどが参加している．大半はこのニュータウンの住民である．講堂の一角に，主任司祭が設計した教会専用のキャビネットがあり，可動式祭壇や祭服などミサに必要なものを収納している．校舎は限られたスペースと時間のみしか使用できないので，教会学校や会議などミサ以外の活動はここではおこなっていない．カトリック信者であった経営者とその親族である修道女が最近死去したため，学校経営陣がこれまでのように無償で講堂を貸し続けるかは不透明だという．

　ニュータウンが開発されると，そこにはカトリック信者も一定程度存在することになる．しかし必ずしもすべてのニュータウンに，カトリック教会組織が直接所有する教会堂や，カトリック学校，福祉施設を確保できるわけではない．特に民間が開発したニュータウンでは，教会のような非営利組織が，非営利目的のための不動産を取得することは財政的にほとんど無理であったことは想像に難くない．そのため，カトリック教会組織ではない団体から，無償あるいは有償で空間を借用して礼拝空間を確保するという手段を教会はとるようになったのである．

第3節　教会堂営繕

　1970年代に新設された教会堂50件のうち16件が政府標準設計学校のミサ・センターであった．これは既述の通り，1970年代に小中学教育が義務教育化されたために，政府が校舎を多数建設したことが背景にある．この時期，カトリック教会は，自らによるカトリック学校の設計・建設も継続していたが，政府からの建設資金助成への依存を強めていた．すなわち，カトリック教会は，政府が建設した学校の運営を委託されることで，カトリック教会堂を確保し，増加させることができたのである．このような教会堂の営繕は，信徒の本質的参画を必要としなかった．

　他方，1970年代前半には，香港司教が公会議の精神を香港でも実践すべく，教会の改革を始めた．

10）筆者による信徒フレダ（Freda），ルイス・チュウ（Louis Chu）へのインタビュー，2018年9月30日．

1970 年代後半になると，複数の建設専門家信徒がボランティアとして教区に奉仕し始めた．特に 2 名のカトリック信徒建築家（エドウィン・リー, Edwin Li, 李國熹，ヴィンセント・ン, Vincent Ng, 呉永順）の奉仕活動は顕著であった．彼らの経歴と関係した事業は資料 3 に記載している．注目すべきは，エドウィン・リーとヴィンセント・ンはいずれも香港人であり，香港大學建築学部で学んだという事実である．彼ら香港人建設専門家は，後述する教区典礼芸術・建築委員会，教区総務処，その他委員会を通じて，教区の建設事業に組織的に参画，貢献し始めた．この背景には，建設事業そのものの増加，竣工後の瑕疵多発へ聖職者が対応しきれなくなったという実務的な要因もあるが，聖職者が，信徒と協働するという公会議の精神をとりいれ，教会自身の意識が変容しつつあったこともあるであろう．

1970 年代の信徒参画は，いまだ聖職者に従属的なものであり，信徒の影響力は限定的なものにとどまった．しかしながら，この時期の信徒の活動があったからこそ，次の時期である 1980 年代，教区が香港返還やその他の様々な困難に直面した際に，信徒と協働する方向へと転換してゆくことになるのである．

1970 年代初頭は特に，学校や福祉施設の新築，教区センター建て替えなど，複数の大規模建設事業が同時並行で進み，教区は事業管理や資金調達，政府との調整で多くの困難を抱えていた．1973 年の財政報告には以下の記述がある．

> 結論として，（建設事業が）きわめて難しい現状において，大規模事業，膨大な作業，資金的困難に押し潰されてはならない．不安は，人間の弱さ，欠点からくるものである．
> 　もし私たちが清貧と奉仕の生き方によってキリストののぞみにかなうよう努めるならば，全能の神が，他のすべてのことをはからって下さるであろう[11]．

1970 年代に教区が直面していた困難を物語っている．それと同時に，教区の建設事業実施を支え続けた要因は，政府や信者からの資金，専門家の技術支援に加え，人間の能力のみでは不可能のように思われることを神に委ねるという信仰心があったこともわかる．

1　シュウ司教の改革と教区会議，1970 年

第二バチカン公会議が求めた，世界各地の教会の「現地化（localization）」は香港でも徐々に実現した（Luk 1991）．1968 年，カトリック香港教区の管理運営は，ミラノ外国宣教会のイタリア人宣教師たちから香港人（大陸出身者含む）司祭へと正式に委譲された[12]．1969 年，ビアンキ司教は引退し，フランシス・シュウ（Francis Hsu, 徐誠斌）司教が着座した．香港教区初の中国系

11）Diocese of Hong Kong. "Financial Report for the Year Ending 15th January 1974," 15 January 1974, HKCDA III-23-3.

12）ミラノ外国宣教会は，1858 年にバチカンから香港カトリック教会の管理運営を正式に委託された．

司教であった（資料4）．シュウは上海出身，1950年に香港に避難してきた後，司祭叙階への道を歩み始め，1959年に叙階された．

シュウ司教は優れたリーダーシップを発揮し，教会内部改革に乗り出した（Li Ng 1978, 323）．公会議の精神を香港に導入するため，教区としては初の「教区会議（Diocesan Convention）」を1970年に招集した（Catholic Truth Society 1974, iii）．

教区会議のために，10の主要な議題が示され，作業部会が設置され文書作成にあたった．「信徒」が議題のひとつとなった．シュウ司教は1970年に第1回教区会議を招集する書簡のなかで次のように述べている．「かつて教区司教が一人で，もしくは数人の諮問者と共に計画をすべきとされていた時代があった．…今日私たちが直面している問題は，誰も一人で解決したふりをできるほど単純なものではないのである」（Catholic Truth Society 1974, i–iii）．

教区会議に招聘された420人の代表者のうち200人が信徒であった．公会議公文書の研究に基づいて作成された勧告のうち，信徒に関するものには以下があった．「教師，作家，法律家，エンジニア，会計士，政府の専門職員や事務職員などは専門組織をつくり，社会そしてそれぞれの専門分野においてキリスト者としての存在を示すべきである．そして必要に応じて，教会に対し，助言や専門的な奉仕を提供すべきである」（Catholic Truth Society 1974, 58–59）．

リー・ンは，公会議後の香港カトリック教会組織は，求心的かつ，より官僚的になったと指摘する．また，より幅広い人々の参加・諮問を得る運営体制となり，牧者かつ市民社会のリーダーとしての司教の新たな姿が示された．公式なコミュニケーションと協働の必要性が認識，実行され，長期的かつシステマティックな計画の試みがなされた．専門家の参画と専門的助言を得るようになった（Li Ng 1978, 295–296）．

公会議，それを受けた教区改革と教区会議が，香港における1970年代後半の信徒参画の布石となったことは疑いない．

2　教区発展委員会，1971年

1970-1971年の教区会議が「教区発展委員会（Diocesan Development Committee）」の設立を勧告した[13]．委員会の役割は，政府や他のキリスト教諸派と協働しつつ，教会の方向性を計画し，教区が提供しているサービス内容と諸施設を再検討し再評価することであった．第1回委員会は1971年4月23日に開催された（資料4）[14]．

設立時の委員は10名で，うち8名は聖職者と修道女であった．残り2名は信徒委員で，一人は建築家のデビッド・リー（David Lee）であり，1970年代に教区の建設事業を多く請け負った人物であった（資料2, 3）．他の一人は政府の統計専門家であった．建築家であるエドウィン・

---

13) エドワード・コンから筆者へのEメール，2015年3月23日．
14) "Report of the Diocesan Development Committee," HKCDA III-23-3. 理由は不明であるが，この委員会は教区ダイレクトリの委員会一覧に掲載されたことがない．

リーも後にこの委員会に参画した（資料 3）[15]．

　この委員会の議事録や資料は一部しか教区アーカイブスに保存されておらず，また1989年以降の教区の財務や不動産に関わる記録はこの委員会のものも含め現時点では公開されていない．このため，この教区発展委員会での信徒委員の具体的な貢献を詳細に把握することはできない．しかし，入手可能な記録から信徒委員の活動の一端がわかる．デビッド・リーは小教区司祭へのアンケートを作成した．その内容は，香港市民に対しどのようなサービスが必要と感じているかを小教区司祭に尋ねるものであった[16]．1972 年の第 11 回委員会では，教会の不動産を含むマスタープラン策定には，信徒の参画がより必要であり，このような分析には，専属の専門職員を雇用すべきとの提言がなされ，司教にも報告された[17]．しかし適切な人材が見つからず実現しなかった[18]．その後，委員会は修道会・宣教会に人材を求め，修道女と信徒の候補者を見つけた．いずれも都市計画の専門家であった．そして改めて，「教区発展事務局（Office of Diocesan Development）」を新設し，既存の教区発展委員会は解散することを司教に提言した．

　しかし，1973 年 5 月 23 日にシュウ司教が急逝したため，この提案は棚上げとなり，またこの委員会は活動を休止したようである（資料 4）．シュウ司教は在任中，教区秘書長から通達を出し，すべての委員会は司教の諮問機関であることを明確にしていたので，休止したのではないかと思われる[19]．委員会は 1985 年に正式に解散した．

　この委員会自体は 2 年程度しか機能せず，提言は保留となったが，都市計画的観点から教会施設の建設計画をすることの必要性，そのためには信徒である専門職員を雇用する必要性がはっきりと聖職者や信徒の間で認識，共有された．それは後述する「典礼芸術・建築委員会」設立と信徒の参画を準備し，推進するものであったと考えられる．

3　エンジニアによる瑕疵への対応，1974 年

　教会堂や学校の大量建設が続くなか，前章でも述べたように，竣工した教会堂や学校の施工瑕疵が目立つようになった．1973 年の教区財政報告では，同年に竣工したばかりの学校併設教会堂である聖なる贖い主教会と青山天主教小学校（Holy Redeemer Church, Castle Peak Catholic Primary School, 贖世主堂，青山天主教小學, No. 257）に，地盤沈下による壁面亀裂が発生したことが報告されている[20]．教区は，香港大學教員であるエンジニア 2 名，すなわち，ピーター・ラム（Peter Lumb）教授，デビッド・チャン・ホンチュアン（David Chan Hon Chuan）博士に原因究明と対応策の助言を求めた．両者は，敷地は埋め立て地であるため，地盤沈下は避けられず，地盤

15）筆者によるエドウィン・リーへのインタビュー，2013 年 3 月 26 日．

16）Diocesan Development Committee. "11th meeting," 24 March 1972, HKCDA III-23-3.

17）Diocesan Development Committee. "11th meeting," 24 March 1972, HKCDA III-23-3.

18）Letter from Fr. John Cioppa to Bishop Hsu, 12 December 1972, HKCDA III-23-3.

19）エドワード・コンから筆者への E メール，2015 年 3 月 23 日．

20）Diocese of Hong Kong. "Financial report for the year ending 15th January 1974," 15 January 1974, HKCDA III-23-3.

が安定するのを待つしかないと助言し，沈下の程度をモニターした．両名が信徒であったかを確認するデータはないが，ボランティアとして助言をしたようであるので，信徒であった可能性が高い．

　教区の聖職者たちは徐々に，聖職者だけではこうした瑕疵への対応が困難であり，より組織的なかたちで専門家信徒の協力を得る必要を認識し始めたことがわかる．

4　ウー司教による信徒使徒職の推進

　シュウ司教の逝去後，ピーター・リー司教（Peter Lei Wang-kei, 李宏基）が 1973 年 12 月に被選司教となり，1974 年 4 月に着座し，教会改革に着手した．しかしながら，わずか 3 か月後の 1974 年 7 月に急逝した．このため，香港の教会改革は再び停滞した（資料 4）．

　1975 年，ジョン・ウー（John Baptist Wu Cheng-Chung, 胡振中）が香港教区司教に着座し，2002 年までの 27 年間にわたって在位した．ウーが発表した司牧書簡や声明からは，着座当初から，公会議の教えを香港で実践するという強い意欲が感じられる．

　1976 年には司牧書簡「信徒の使命（The Mission of the Layman）」を発表し，公会議文書「信徒使徒職に関する教令」を引用しながら，信徒の教会における使命・役割の重要性を強調した（Hong Kong Catholic Diocesan Archives 2005, 10-12）．1976 年当時，信徒の活動会はまだ少なかった．1959 年に当時の司教が設立した「香港カトリック信徒総会（Central Council of Catholic Laity, 香港天主教教友總會）」の活動を支援するよう，全信者に呼び掛けた．

　同年，司牧書簡「アジア司教の香港における会合（Asian Bishops to Meet in Hong Kong）」を発表し，1977 年のアジア司教協議会連盟総会のテーマが「教会における使徒職」であり，特に信徒使徒職を重視していると述べた（Hong Kong Catholic Diocesan Archives 2005, 28-30）．古代の初代教会では信徒が様々な役務を担っていたこと，公会議はそうした信徒の使徒職を再び取り戻したこと，信徒と聖職者が教会のなかで協働してゆくべきこと，それは教皇の意向でもあることを強調した．

　1976（もしくは 1977）年，ウーはバチカンへの書簡で以下のように述べている．「香港の奇跡的成長は，ニュータウンの形成へとつながり，教会には大きなチャレンジをもたらしている．教区が香港の成長に遅れをとらないためには，長期的な建設計画が必要であり，人口集中地区での教会の存在感を示す方法を考えねばならない」[21]．これは，以下に述べるように，教会堂建設事業には専門家信徒の参画が必要であることをウーが強く認識していたことを示唆している．

---

21) Diocese of Hong Kong. "Financial Report for the Year Ending 15th January 1977," 15 January 1977, HKCDA III-23-3.

5　典礼芸術・建築委員会，1977年

第二バチカン公会議は典礼改革を推進したが，会議後，世界各地の教会では新しい典礼にどのように対応すべきかについて様々な混乱が生じていた．香港も例外ではなかった．こうした混乱を受け，1977年，香港教区は，典礼と教会建築に関する委員会を新たに設立した．この委員会は，香港教区が本格的に営繕体制を組織化し，信徒がその主体となっていく活動のいわば母体となったものとして大きな意義がある．

1977年，「典礼芸術・建築委員会（Liturgical Art and Architecture Commission, 礼儀芸術及建築委員会, LAAC）」が教区典礼委員会の下部組織として設立された（資料4）．LAAC の任務は以下とされた．「教区の典礼建築と芸術の原則を決める．教区総務処が計画した教会堂やミサ・センターの建設，修復，改修の設計案に対し評価，助言をおこなう．典礼建築と芸術の現地化を検討する」[22]．

LAAC は典礼空間に関わる事柄を一元的に扱う組織として計画された．典礼委員会は以下のように説明している．「典礼委員会は，この LAAC の設立によって，教区の建築に関し資金の無駄使いが削減されると確信しており，また，新築された教会堂が新たな典礼の条件を満たすよう支援するものとなると信じている」．先述の通り，この時期には教会堂建設事業で瑕疵が発生していた．このような問題を解決し，建設費の浪費を削減するという任務も LAAC にはあったことがわかる．

図5.4 に LAAC の委員構成を示す．1977年の設立時には10名の常任委員がいた．うち7名は聖職者，1名は修道女であった．他の2名は信徒であり，1名は建築家のエドウィン・リー，

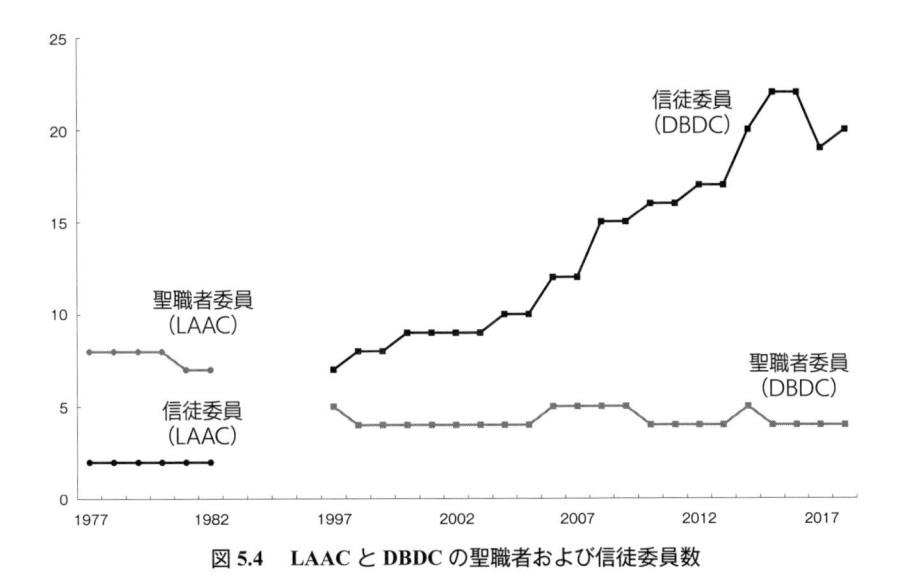

図5.4　LAAC と DBDC の聖職者および信徒委員数

---

22) Diocesan Liturgy Commission. "Report of Hong Kong Diocesan Liturgical Commission. *Jian*, for the life of the world: Newsletter of the Hong Kong Diocesan Liturgical Commission," 1988, p. 11, カトリック香港教区典礼委員会.

もう1名は香港芸術館の主任学芸員であった（Catholic Truth Society, 1978）[23]．常任委員に加えて数名の信徒が顧問として参画した．香港大學建築学部に所属していた建築家（氏名不詳），香港大學建築学部卒業生のカトリック建築家ヴィンセント・ンなどであった．

　LAAC の任務は典礼を重視したものであったことが，聖職者委員が委員の大部分を占めた理由のひとつでもあろう．また，この時期にまだ一般的であった聖職者中心主義も，聖職者委員と信徒委員の比率のアンバランスさの要因のひとつであろう．

　典礼委員会と LAAC は建設事業で協働し，典礼空間に対するアドバイスをおこなったようである．しかしながら，いずれの委員会も事業を計画，調整，管理，また意思決定をする立場にはなかった．こうした意思決定権はなお実質的に総務処プロキュレーターが持っていた．さらに LAAC は典礼委員会に属する非常設委員会であり，その任務と影響力はきわめて限定的なものであった．

　1983年の教区ダイレクトリでは LAAC は「改組予定」と記載され，公的には機能を停止したようである（Catholic Truth Society, 1983）．LAAC は 1986 年以降，教区組織の公式リストから消えた．しかしながら，筆者の資料調査やインタビューによって明らかになったことは，LAAC は 1983 年以降も非公式グループとして活動を続け，1995 年に「教区建築および発展委員会（DBDC）」が設立される原動力となったという事実である．LAAC の建設専門家信徒委員が聖職者を支援して DBDC 設立に至ったことも明らかになった．

　LAAC の影響力は限定的なものであったが，教区建設事業における信徒参画の歴史にとっては重要な一里塚であった．とりわけ，信徒委員のほとんどが建設専門家であったことには大きな意味がある．

23）ジョン・エイハン神父（John Ahearn, メリノール宣教会司祭, 典礼員会委員）から筆者への E メール, 2011 年 2 月 24 日.

第6章

1982-1989年　香港返還決定が促進した教会堂新築事業と信徒参画

　本章では天安門事件直前の1989年5月までを扱う.

　1978年に大陸で始まった改革開放政策を受け，香港の産業は1980年代，第三次産業へシフトした. これに従い，都市開発もさらに進んだ. 官民において，香港人の建設専門家が都市開発の中心を担うようになった. 1984年には香港返還が決定したことを受け，教会は返還後，共産党政権のもとで宗教的自由が制限されるという危機感を強め，対策をとり始めた. そのひとつが教会堂建設方法の転換であった. すなわち，従来のように教会堂空間の確保を政府に依存せず，自主財源で確保し新築する決意をしたのである. 返還後に教会堂が政府に接収されたり，新築が許可されなくなる可能性に備えたのであった. このため，教区が施主となる教会堂新築事業は急増したが，この時期の建設事業は高度化・複雑化し，聖職者のみではもはや対応不可能となった. そこで，建設専門家である信徒の協力，参画が求められたのである.

第1節　時代背景

1　大陸における宗教管理強化

　1982年，中国政府は宗教政策を明確にした. それは通達「中共中央1982年19号文件　わが国の社会主義時期の宗教問題に関する基本観点および基本政策（通称19号文件）」であり，川田によれば，これは党の宗教政策における脱文革宣言であった（川田 2015, 48-49）[1]. 政府はかつてのように，宗教は人民のアヘンであると公言するような敵対的な姿勢や言動は控えるようになった. しかし他方で，宗教組織を管理する政府組織を設立した. カトリック教会については，「カトリック愛国協会（Catholic Patriotic Association, 天主教愛国会）」，「教務委員会（Church Affairs Committee）」，「カトリック司教会議（Catholic Bishops' Conference, 天主教主教団）」を設立させた（Hon 2017, 73）. これら教会内部の政府組織を通して，党は，宗教組織の運営体制と宗教活動拠

---

1) 具体的には以下の内容を含む.「6章　政府の宗教事務機関は宗教活動拠点を整備し，宗教団体の健全な運営を促す」,「7章　愛国宗教組織8団体の役割を確認し，財務管理の透明化をはかる」,「10章　正常な宗教活動を維持し，違法な宗教活動を処罰する」,「11章　宗教活動における外国の影響を排除し，外国人や華僑による献金の管理方法を定める」,「12章　党の宗教に対する統率的指導の重要性を確認し，マルクス主義宗教研究を推進する」（川田 2015, 48-49）.

点を管理し，党に不都合な宗教活動を処罰し，外国の干渉を排除することを 19 号文件で明記した（川田 2015, 48-49）．

　政府はかつて接収した教会堂のほとんどを返還したが，1989 年以降は，学校や社会福祉施設などを返還していない．かつてのカトリック学校はすでに公立学校とされており，こうした学校の返還は現実的に難しかった[2]．補償をおこなうことも財政的に不可能であった（Aikman 2003, 303-304, Lam and Maheu 2006, 69-88, Yan 2014, 23-70）．

2　香港返還決定，返還への不安

　1982 年，香港の将来に関する英中交渉が始まった．新界の租借期限が 1997 年に迫っていたためであった．交渉は北京の中国政府とイギリス政府との間でおこなわれ，香港の人々やその代表が参加するものではなかった．

　1984 年，香港返還に関する英中共同声明が発表された．その内容は，1997 年にイギリスが中国に香港の領土主権を全面返還すること（新界に加え，割譲された香港島と九龍も含む），その後香港は「一国二制度」のもと，「香港特別行政区」として中国によって統治されることであった．また，香港特別行政区は高度の自治権を享有し，現行の社会・経済制度，生活様式は変わらず，人身，言論，出版，集会，結社，旅行，移転，通信，罷業，職業選択，学術研究，宗教信仰の諸権利と自由が保障され，個人や法人の財産権が保障され，この制度は返還後 50 年間は変わらないとされた（中華人民共和国政府，グレートブリテン・北アイルランド連合王国政府 1984）．

　返還決定後の 1984 年から 1997 年までの期間は「過渡期（transitional period）」と呼ばれるようになった．

　返還決定は，香港人の間に，返還後の政治・社会・経済に対する不安を引き起こした．そして，香港域外への移民急増，「頭脳流出」をもたらした．高学歴・専門職・高所得の中産階級の多くが，返還前にイギリス，カナダ，オーストラリア，アメリカ合衆国などへ移民し外国籍を得た（Ma 1997, 72-75, Sweeting 2004, 366, Chan 2004）．これとの関連が推測されるが，1980 年代には人口増加も緩やかになった（表序.1, 図序.1）．移民者のなかには，多くのカトリック信徒と建設専門家がいた．香港のカトリック信者は明らかに減少した（表序.1, 図序.1）．

　1984 年 5 月，教区は信者に対し 1997 年問題に関するアンケート調査を実施した[3]．この結果によれば，1997 年以降の香港の自治に関し，回答者が最も懸念したのは宗教的自由の剥奪であった．さらに，もし 1997 年以降，教皇との交わりを断絶される状況になった場合（すなわち，中国大陸で起きているように，香港カトリック教会が教皇および普遍教会との関係を断ち，共産党に忠実な信者となることを強要された場合），自身の信仰生活を継続することができるかという問いに

---

2) 筆者によるアンソニー・ラム（Anthony Lam, 林瑞琪, Holy Spirit Study Centre 研究員）へのインタビュー，2016 年 9 月 19 日．
3) 天主教香港教區.「九七」問巻結果, 公教報, 1984 年 12 月 14 日.

対しては 8 割以上ができる（信仰を棄てない）という回答をしている．また，信仰生活を維持するとすれば，2 割の信者が，家庭教会や小規模グループで祈禱集会（すなわち，地下教会として潜伏）をすることになるだろうと回答している．

　1985 年 1 月に教区がおこなった香港基本法制定と社会参加に関するアンケート調査では，キリスト者として，基本法の何について最も関心があるかという問いに対し，圧倒的多数が「宗教と信仰の自由」を挙げた[4]．

3　民主化への目覚め

　返還が決定したことによって，香港の人々は民主主義という概念に目覚めた．人々は，返還後避けられないであろう政治的・社会的変化に強い危機感を持つようになった．それはこれまでの香港社会，すなわち，完全な民主主義ではないが，法の支配があり，基本的人権が保護され，言論・信教・経済活動の自由が保障された社会を喪失するという危機感である．人々は民主化を要求し始め，香港政庁の側も，市民の政治参加を急速に拡大させた．この理由は，倉田によれば，政府が 1997 年までの有効な統治を維持するため，そして返還後の香港に対する中国による干渉を防ぎ，返還後に親英的な政権を香港に樹立させるため，脱植民地化の常套手段であるデモクラシーの移植をおこなったのだという（倉田 2009, 99）．

第 2 節　教会の懸念と対策

　過渡期ただなかの 1993 年，ブラウンは，香港のキリスト教諸教会が抱いた共産党に対する懸念は主に以下の 3 点であると指摘した（Brown 1993, 111-112）．

1. 共産党の無神論固守：共産党は，信教の自由を法的には保障しているものの，無神論を標榜し，すべての宗教は将来的には絶滅するべきであり，現在はその過程にあるという立場を公式にとっている．この立場は，香港のキリスト教会にとっては継続的な脅威となる．

2. キリスト教は植民地主義的・帝国主義的とする共産党の見解：香港のキリスト教諸教会が植民地政府と強く結びついていること，過去に諸教会が中国大陸でおこなった宣教活動が植民地主義と深く関わっていたことは事実である．このことを中国は常に批判しているし，将来的にも批判が予想される．

3. キリスト教会の国際的組織力に対する共産党の批判的見解：カトリック教会にしても，聖公会にしても，外国との強い結びつきを持った組織である．中国は，そのような組織はとりわけ人権，社会問題との関連で反政府勢力となり，政権転覆をもたらす危険があるとみなす．

---

4) 天主教香港教區.「天主教教友對香港基本法制定之意見及參與社會事務資料調查之報告書」，公教報，1985 年 3 月 22 日.

さらに，ブラウンの指摘によれば，キリスト教諸教会が返還後に起こりうる問題と考えたのは，具体的に以下である（Brown 1993, xxv-xxvi, 39, 89, 93, 127, 241, 326）．

・政府条例による教会への介入．課税，土地や建物の用途規制．

・政府による宗教組織管理．組織の登録義務化，許可制導入．

・宗教組織が外国の宗教組織と自由に連絡，交流する権利の制限．

・信者の権利の侵害．

・香港の教育・社会福祉システムへの宗教組織の関与の制限（助成金の削減や停止）あるいは禁止．宗教教育の禁止．

・過渡期の経済不安による信者の献金減少．返還後，信者であることにより政府から迫害されることを恐れ，教会へ献金しなくなり，献金額が減少する．このことから生じる教会運営財源縮小．

・宣教活動の制限，禁止[5]．

・返還前の香港人の域外移民急増．信徒や聖職者の域外流出による信者減少，教会の組織力低下．

・宗教組織が運営する学校の接収，閉鎖．

・教会堂の接収，閉鎖．

すでに述べた通り，上記のことはいずれも中国本土で宗教組織に対しなされてきたことであるから，諸教会の懸念は非現実的なものではなかった．また，ソビエトの共産党政権がロシア正教会に対して同様の抑圧をおこなったことも，香港の諸教会に強い危機感を抱かせた要因のひとつと推測される[6]．

1　司教の返還への反応

返還が決定した 1984 年以降，ジョン・ウー司教は，社会・政治に関する司牧書簡や声明を多く発表するようになった．

英中共同声明発表（1984 年 9 月 26 日）直前の 1984 年 8 月 15 日には，司教は「香港の将来に関する声明（Statement on the Future of Hong Kong）」を発表し，基本的人権としての宗教的自由（religious freedom）の権利とは具体的に以下であると主張した（Hong Kong Catholic Diocesan Archives 2005, 164-166）．

・信教，礼拝，儀式挙行，宗教活動の実践，宣教の自由．

---

5) カトリック教会は，英中交渉が始まった後，英中共同声明が発表される前の 1983 年 9 月に声明を出し，1997 年以降，司祭，とりわけ外国人司祭が信徒を司牧することが許されない可能性が非常に高いとの懸念を表明した（Tan 2000, 76）．

6) ソビエト共産党政権によるロシア正教会に対する最初の迫害は，不動産所有権の否定であった．宗教法人の地位を剥奪し，所有権を持てないようにした．さらに教会に対する課税，宗教教育禁止などをおこなった（Brown 1993, 286-287）．

・個人が私的また公的に，単独あるいは集団で礼拝する権利．

・自身の宗教を公言し，他者に言葉や文字で宣教する権利．

・親が子供に宗教教育の機会を与える権利．

・宗教共同体が会合を開き，教育，文化，慈善，社会活動をおこなう権利．

・信者を研修目的で域外に派遣，また必要に応じて域外から人物を招聘する権利．

・必要な場合に宗教活動のために建物を建設あるいは使用し，不動産を取得する権利．

・普遍教会とのつながりと交わりを維持する権利．

　これらの権利は1984年時点で香港市民が享受していたものである．政府が発表する英中共同声明や香港基本法においても，明確な権利の保障がなされるべきであると主張した．

　香港の聖公会とプロテスタント教会の 200 名あまりの代表者は，同様の声明に署名し，中国政府とイギリス政府に提出した（Catholic Truth Society 2017）．

　1984 年 9 月 8 日，ウー司教は司牧書簡「投票権を登録し，投票しよう（Register and Vote）」を発表し，1985 年に実施される都市部および新界の評議会議員選挙に関して，投票権を得るために登録し，投票に行くことは，香港のカトリック信者としての権利と義務であることを，第二バチカン公会議公文書「現代世界憲章」と「信徒使徒職に関する教令」を引用しながら信者に訴えかけた（Hong Kong Catholic Diocesan Archives 2005, 167-168）．誰に投票すべきかは個々人が決めるべきとしたが，高度に倫理的であり，バランス感覚に秀で，公正，有能，勇気ある人物を選ぶべきと訴えた．

　1984 年 10 月 18 日には司牧書簡「英中共同声明について」を発表した．直前に発表された英中共同声明を受けてカトリック信者に求めたのは，香港市民として団結して香港社会の共通善のために行動すべきこと，英中共同声明をよく検証すること，自身の意見を関係機関や「香港カトリック社会コミュニケーション・オフィス（Hong Kong Catholic Social Communication Office）」へ送ること，香港を自由，公正，平和，協調性のある社会にすべく努力することであった（Hong Kong Catholic Diocesan Archives 2005, 169-170）．

　1988 年，ウー司教は枢機卿に叙階された．これはウーがアジア地域のカトリック教会において特に高位の指導者となったことを意味する．中国政府はこれに敏感に反応し，バチカンはその意に適う人物であるウーを中国全土の教会の指導者として香港に君臨させようと意図しているのではないかと推測した．実際，返還後香港が中国の一部になったとき，ウー枢機卿は中国全土のカトリック教会で最も高位の聖職者となる．このため中国政府は，ウー枢機卿が中国全土のカトリック教会を統治することになると理解したのである（Leung and Chan 2003, 63）．

2　信徒使徒職と信仰小共同体の促進

　香港カトリック教会は，返還後に教会組織，信仰共同体を維持するための対策のひとつとして信徒の養成に力を入れ，信徒使徒職を積極的に推進した（Brown 1993, 243）．信徒使徒職（lay apostolate, lay ministry）とは，特に信徒がおこなうべき様々な形の宣教活動である．宗教抑圧社会での信仰の維持は，信徒の共同体をどう存続させることができるかにかかっている．第1章でも述べた1987年のシノドス「教会と世界における信徒の召命と使命」と，その後に発表された教皇の使徒的勧告が香港司教を触発し，信徒使徒職，信徒の養成を促進させたことが複数の司牧書簡からうかがえる（Hong Kong Catholic Diocesan Archives 2005, 224-226）．

　1985年，ウー司教は，香港教区が最も必要としているのは，信徒リーダーと信徒司牧の人材であり，信徒を外国に派遣し研修をさせている，と述べている[7]．

　教区は1987年，教会がその後10年間に向かうべき方向性を見極めるための大規模な研究・諮問プロジェクトを起ち上げた．司教は，聖職者だけではなくすべての信徒に対し諮問に参加するよう呼びかけた（Hong Kong Catholic Diocesan Archives 2005, 227-228, 231-232）．諮問において，聖職者と信徒の多くが教区組織における信徒の立場を向上させ，あらゆる教区活動に信徒が参加するために，考えうるすべての手段をとるべきと提案した（Hong Kong Catholic Diocesan Archives 2005, 260, 562）．信徒人材センターを設立し，信徒の能力を活用すべきとも提案された（Hong Kong Catholic Diocesan Archives 2005, 249, 281, 562）．

　諮問を経て，ウー司教は1989年5月14日，司牧的勧告（Pastoral Exhortation）「輝かしい10年間への歩み（March into the Bright Decade, 邁向光輝的十年）」を発表し，向こう10年間に香港の教会が歩むべき方向性を示した．これは事実上，香港返還へのカトリック教会の対応策であった．勧告の冒頭で，香港の将来が不透明な時代であるからこそ，第二バチカン公会議の精神を生きるべきと述べた．勧告は信徒使徒職に関して，教区組織を改革し，より多くの信徒が参加できるようにするとした．ウー司教が，返還後の宗教的自由に対し強い危惧を持っていたことは，この勧告からも明らかである．

　勧告で最も強調されたのは「信仰小共同体」であった[8]．信仰共同体（キリスト教基礎共同体, Basic Christian Communities, Basic Church Communities とも呼ばれる）はもともと，1950年代にブラジルで誕生しラテンアメリカで広まった．軍事政権下の抑圧的な状況で，この共同体をよりどころに隣近所の者同士で集まり，共に祈り，聖書を読みながら，信仰と日常生活を統合し，現実の問題解決のために団結して行動した（大貫ほか 2002,「ラテンアメリカのキリスト教」）．このように信仰小共同体の目的は，聖書を読み，様々な分かち合いをし，個人と共同体の信仰と，小規模で緊密な共同体意識（fellowship）を強めることである．共同体は定期的に会合を持つ．共

---

7) 天主教香港教區.「檢討梵二的精神　報告五年來教務」,公教報, 1985年11月15日.

8) 信仰小共同体について香港教区が注目し始めたのは1970年代後半だったようである．1978年，ウー司教の司牧書簡「復活祭メッセージ　キリスト教基礎共同体（Easter Message: Basic Christian Communities）」において言及が見られる（Hong Kong Catholic Diocesan Archives 2005, 54-56）．司教はこのなかで，1974年に教皇が「キリスト教基礎共同体（筆者注：信仰小共同体と同義）は将来の大きな希望」であると述べたこと，1977年のアジア司教協議会連盟総会でもその意義が再確認されたことに触れ，その性格と意義について詳しく説明した．そのうえで，経済が人生のあらゆる側面を支配するようになり，共同体や友情といったものが希薄になった香港においては，信仰小共同体をつくってゆくことは教会の大きな資産となり，また真のキリスト者として生きるには不可欠なものであると力説した（Hong Kong Catholic Diocesan Archives 2005, 54-56）．

同体を構成する動機は何であってもよく，近所同士，年齢の近い者同士，同じ職業，同一出身校などが考えられる．共同体は必ずしも司祭の指導下にはなく，信徒の自立性に依る．「新カトリック運動」の流れに位置づけられるものでもある（第 1 章）．

　返還後，信教の自由や宗教活動の自由が制限され，司祭たちの宣教や司牧活動が禁じられたり，普遍教会（バチカンおよび全世界のカトリック教会）との交わりを断たれたり，礼拝施設としての教会堂が閉鎖される状況になっても，この信徒共同体を通して信仰を維持すること，さらには地下教会として潜伏する可能性にも備えたと思われる（Hong Kong Catholic Diocesan Archives 2005, 260）．ブラウンは，カトリック教会は返還が突きつけた現実的な危機に対し，信徒の堅固な信仰と信仰共同体の強化という手段で立ち向かおうとしたと指摘する（Brown 1993, 243-244, 295, 337-340）．中国の地下教会が共産党政権下でも存続しているのは，事実上，信仰小共同体と同様の組織を維持し，その行動原理をとってきたため，信者は迫害のなかでも孤立せずに信仰を維持し，かつ霊的成長を続けたからである．このことも，この組織形態の効果を実証しているといえるだろう．例えば信徒信心会のひとつである「レジオ・マリエ（Legion of Mary, 聖母軍）」が迫害下の中国でも広まり，信仰存続の要のひとつとなったことが知られている（Kung 2012）[9]．

　司教は信仰小共同体の形成は遅滞なく実現されるべきと勧告で強調した（Hong Kong Catholic Diocesan Archives 2005, 244）．その後の司牧書簡や復活祭メッセージなどでも信徒使徒職の重要性を度々強調した（Hong Kong Catholic Diocesan Archives 2005, 316）．

3　カトリック宗教社会機構の設立

　教区は，1997 年の返還がもたらしうる信仰と社会の変化について研究し，その変化に対応した信徒養成をおこなう目的で，1985 年，「カトリック宗教社会機構（Catholic Institute for Religion and Society, 公教教研中心, CIRS）」を設立した．この組織の代表は，カトリック香港教区司祭のルーク・ツイ（Luke Tsui, 徐錦堯）であった．ツイは中国伝統文化に対する関心が強く，中国文化に根差しながらキリスト信者として生きることを追求する人物であった．したがって，大陸と香港を同じ文化圏ととらえ，大陸に対し融和的である．

　CIRS は，九龍塘（カオルーントン）に戦前から存在するメリノール修道会学校（Maryknoll Convent School, 瑪利諾修院學校）の小学校舎の一部を無償で借用し，事務所を開設，ツイ神父も居住し，学校チャペルで公的に開放した定期ミサをおこなった（No. 298）[10]．

---

9)「レジオ・マリエ」はイエス・キリストに忠誠を誓う，霊的な，教会公認の信徒使徒職団体である．1921 年にアイルランド人ダフによって創設された．現在世界で 160 か国以上，約 300 万人の活動会員がいる（上智学院新カトリック大事典編纂委員会 1996,「レジオ・マリエ」）．レジオの目的は，1) 会員の成聖，2) 会員の使徒職への養成，3) 社会の福音化，4) 助けを必要としている人たちへの奉仕，5) 教会と共におこなう使徒職である．レジオの霊性は神への信頼と従順である．

10) 筆者によるルーク・ツイ神父へのインタビュー，2018 年 12 月 16 日．1996 年頃に CIRS は移転し，1999 年以降はカトリック女子修道会運営の德貞女子中学校（Tak Ching Girls' School, 德貞女子中學）の講堂を借用してミサをおこなっている（No. 338）．

4　教会の政治的配慮

　中国政府は，香港の教育・福祉分野で定着している政教の協力関係が返還後も同じように続くことに対し，否定的な見解を示した．香港の信者に，大陸のキリスト信者支援を停止するか縮小すること，さらに香港の社会・政治問題へ関与しないことを求めた（Leung and Chan 2003, 148）．そのような信者の活動は共産党にとって脅威になりうるとみなし，宗教組織が中国社会に与える影響を抑えようとしたのである（梁 2010, 103）．こうしたことを受け，香港カトリック教会は，上述のような，信者，組織，信仰を堅持する姿勢と同時に，中国政府に対し一定の配慮，譲歩をし，彼らの疑念を払拭しようとする姿勢も見せた．

　香港の教会は設立以来，バチカンから教会運営のための資金援助を受け続けていたが，1985年9月に援助を受けることをやめた．その理由のひとつは，香港教区はそもそも1970年代までに財政的自立をほぼ達成し，その結果，バチカンに頼る必要は低減したためである[11]．それ以外の理由としては，政治的緊張感のある過渡期においては，香港教区が完全にバチカンのコントロール下にあるという疑念を中国政府が持つことを避けようとしたためである[12]．中国は香港の政教協力関係，大陸の教会への外国勢力の介入に対し不快感をすでに表明していたことからも，教区は疑念の払拭に努めた．

　1989年のウー司教の司牧的勧告は，返還に対する教会の積極的対応策を打ち出す一方で，中国政府への歩み寄りの姿勢も見せている．例えば，中国政府がキリスト教会の原則と定めた「三自（三つの自立，すなわち，教会の組織・財政・宣教の自立）」を目指すことを随所で言及している（Hong Kong Catholic Diocesan Archives 2005, 247）．さらに中国文化への理解，中国語による学校教育も促進するとしている（Hong Kong Catholic Diocesan Archives 2005, 251）．前述のCIRS設立も，大陸に対する融和的な姿勢の表れでもあった．

第3節　香港社会の転換

1　香港人アイデンティティ

　返還決定によって「香港人アイデンティティ」への関心が高まった．「香港人（Hong Kongers）」という言葉がしばしば使われるようになり，社会に定着した（Pun and Yu 2003, Chan 2004, 林 2005, 福島 2009）．「香港人」とは，戦後香港で生まれたか，あるいは幼少時に大陸から移民し，香港で教育を受け成人し，香港を精神的故郷とし，香港人であると自己認識するようになった人々

---

11) 教区アーカイブスに所蔵されている1988年までの教区財政報告（Financial Reports）がこのことを裏付けている（HKCDA III-23-36）.
12) 筆者によるエドワード・コンへのインタビュー，2012年9月20日.

である（Tsang 2004, 182-183）．彼らの少なからずが高等専門教育を受け，ホワイトカラーの中産階級を形成した．こうした高学歴の専門職の人々が 1980 年代に社会へ豊富に供給されたことが，第三次産業，金融業，建設業，都市開発などを下支えし，経済をさらに活性化させた．

　香港史家のスティーブ・ツァンは，1980 年代における香港人アイデンティティの形成を以下のように説明する．

　　　1980 年代初頭の香港の人は，香港と同時に中国にもアイデンティティを持っていた．イギリスのパスポートを持ち，イギリス国籍を持つ者もそうであった．しかしながら，その人はイギリス人ではなく，西洋人でもなく，単に西洋化された人に過ぎず，また同時に，中華人民共和国の人民のような中国人でもなかった．香港に属し，それを非常に誇りに思っていた．

　　　英中共同声明後，香港の人々は，返還後に中国人になるのであるから，中国人としてのアイデンティティを強要されることになった．他方で，香港市民は彼ら独自のライフスタイルを「一国二制度」下で維持したいと望んだ．彼らは香港と中国の双方に属するという二重のアイデンティティを持ったのである．

　　　「タッチベース方針」の終了と，香港住民と新移民の差は，我々は香港人で，彼らは大陸の田舎者，という意識を形成した[13]．このような差異の認識は，香港アイデンティティの形成にとって重要なものであり，1980 年代初頭までにははっきりとしたものになった（Tsang 2004, 194-195, 247）．

2　第三次産業への転換，香港人建設専門家の増加

　1980 年代，香港の産業は第三次産業へシフトした．1978 年に始まった大陸の改革開放政策を受け，1980 年代には多くの工場が香港から大陸へ移転した（Jim et al. 2011, 51, 121-123）．香港の産業の中心は，従来の製造業から，事業管理，研究開発，営業，マーケティング，財務管理などに移った．香港の人件費の高騰，労働力不足，土地取得手数料の高騰も工場移転を促進した．1986 年には香港株式取引所がオープンし，国際金融センターとしての香港の地位は堅固なものになった．移転した工場の跡地にはオフィスビルが建設された（Xue 2016, xiii）．都心部では，国際的に著名な建築家の設計による超高層建築が次々と竣工し，銀行などがオフィスを構えた．都心部再開発も進んだ（Xue 2016, 195）．

　第三次産業への転換，都市開発の加速により，様々な分野の専門家がますます必要とされるようになった（何 2016, 217）．

　1980 年代からは新界でのニュータウン開発が加速した．公営団地も引き続き建設される一方，民間ディベロッパーによる開発も加速した．経済成長によって多くの市民の所得・貯蓄が

13）タッチベース方針（Touch Base Policy）とは，不法移民が九龍の界限街以南に捕まらずに辿り着き，定住し，家族と居住した場合，もしくは就業した場合，7 年後に香港永久居住権を取得できるというものである．1974 年に始まり，1980 年に廃止された．

増え，中産階級となり，それまで居住していた公営団地を出て，民間ディベロッパーが開発した住宅を購入し，住み替え始めたためである（Xue 2016, Chapter 5）．官民による大規模建設事業に対応するため，政府公共事業局は大幅に組織改編され，民間建築，公共建築，土木，都市計画，土地管理，高速道路，上下水道などに細分化されていった（この時期に改編された政府部門を図 3.1 に太枠で示す）．こうした政府機関で多くの香港人建設専門家が活躍した．

　1980 年代後半以降，政府高官に香港人が任命されるようになった（University of Hong Kong 2002, 213）．これは 1984 年の英中共同声明が定めたことでもあった．返還後は，政府高官は，香港永住権を持つ中国人が任命されなければならないと規定したのである．公共事業局の管理職職員と専門職員も 1980 年代以降，イギリス人から香港人へと続々と交代していった（Ho 2004, 120-291）．

　建設産業の拡大，建設専門家の需要増を受け，建設専門教育も拡充された．香港大學では以下の建設専門教育プログラムが次々と開設された（Caryl 2012）．建設学士（建築積算, 1979 年），都市計画プログラム（都市学・都市計画学センターにおける非学位プログラム, 1980 年），建築積算学士（建設学士廃止, 1982 年），都市デザイン修士（1988 年）[14]．1988 年には高等専門学校の香港城市理工學院（City Polytechnic of Hong Kong）で建設技術者養成のための建築コース（higher diploma）が開設された（Xue 2016, 92）[15]．

第 4 節　教会堂に関する返還への対応策，教会堂類型

　この時期には 21 件の教会堂が新設された（表 2.2, 資料 1）．うち最多の類型は前時期に急増した政府標準設計学校ミサ・センターで，6 件開設された．カトリック学校ミサ・センターも 4 件新設されている．1970 年代と同様の傾向が見られる．

　以下で述べるが，1984 年に香港返還が決定したことが教区の教会堂建設方針を急変させる．方針転換を反映した教会堂は，次の時期，すなわち 1990 年代以降に続々と竣工してゆく（第 7 章第 2 節）．

1　学校併設教会堂，学校ミサ・センターの減少

　本章で述べたように，香港返還後には，香港でも中国大陸でのような，政治による宗教支配，抑圧，迫害が起こりうるとキリスト教諸教会は考えた．大陸では 1949 年以降，教会堂や神学校などに加え，教会が運営する学校，病院，社会福祉施設が政府に接収されたこと，学校での宗教教育が禁じられていることを，香港の教会関係者たちは熟知していた．香港のカトリック教

14）1989 年以降に香港大學で開設された建設教育プログラムは以下である：建築学修士（1992 年），ランドスケープ修士（1993 年），建築保存学修士（2000 年），ランドスケープ学士（2009 年），建築保存学士（2012 年）.
15）1994 年に香港城市大學（City University of Hong Kong）となった.

会が最も危惧したのは，政府が建設・所有し，教会がテナントとなり運営する政府標準設計の
カトリック学校，そして教会が所有しているが事実上は政府助成金に依存して建設し運営して
いるカトリック学校の処遇であったと思われる．

　政府標準設計学校，すなわち政府所有のカトリック学校は，5年ごとにテナント契約を更新
するため，政府がテナント契約更新を拒否する可能性があると教区は感じたはずである．教会
が学校運営を続けることができたとしても，これまでおこなってきたような構内での宗教活動
を禁止される可能性もある．ミサ・センター，小教区教会堂や巡回教会として使用することは
できなくなる可能性もある．

　教会が所有者であるカトリック学校であっても，政府助成を受けて建設・運営しているもの
であるから，返還後に，政府が宗教目的の利用を禁止する可能性は大いにある．学校運営助成
金交付停止や削減も考えられる．

　これらの懸念は建設事業に直接反映された．学校併設教会堂は1986年竣工の聖ヨゼフ教会を
最後に建設されなくなった（No. 301）．カトリック学校ミサ・センター新設も減少した（表2.2）．
政府標準設計学校ミサ・センター新設は見られるものの，前の時期と比較すると明らかに減少
している．このなかには，当初より，恒久的教会堂ではなく，過渡的教会として短期間にのみ
開設されたものがある（No. 305, 308）．このように，政府に強く依存する教会堂類型は減少した
のである．

2　教会堂建設増加

　教区は返還後，政府が教会堂新築を許可しなくなる可能性に備えた．そのため教区は返還ま
でに可能な限り多くの教会堂建設事業を自主財源によって実施することを決意した．筆者がイ
ンタビューした複数の司祭を含む教会関係者が，返還に伴い変化する政教関係がもたらす危機
への対策として，教区は1980年代後半以降，教会堂建設事業を増加させたと証言した[16]．中国
政府は本土において教会堂建設を厳しく統制しており，教会組織自身には教会堂建設の自由や
決定権はなかった[17]．こうした状況を勘案し，香港教区は，1997年以降に香港で新たに教会堂
を建設することができないという最悪の事態に備えることを決断したのである．

　中国のカトリック教会を研究するアンソニー・ラム（Anthony Lam, 林瑞琪）は，香港教区が返
還決定後に香港で土地を賃借し，教会堂を建設し続けたいまひとつの理由は，香港から教会が
なくなることはないという教会の決意を，香港の信者に対してはっきりと示す意図があったと
指摘する[18]．このことは1989年司牧的勧告のための諮問報告書でも提言されている（Hong Kong

---

16) 2010年8月23日, 2012年9月20日, 2012年12月19日に筆者が香港で司祭らにおこなったインタビュー
　　による．

17) K. K. Yeo. "Church and state in China," http://www.christiancentury.org/article/2006-01/home-grown, 2006, 2015
　　年10月21日閲覧．

18) 筆者によるアンソニー・ラムへのインタビュー, 2016年9月19日．

Catholic Diocesan Archives 2005, 278）.

　教会堂建設事業の増加には，より現実的な理由もあった．返還決定後，香港の金融市場，不動産市場は混乱した．低金利となり，現金は不動産と株式につぎ込まれ，インフレが加速した（Brown 1993, 43）．土地・建材の価格，建設作業員人件費は急上昇した．一方，政府による土地供給は豊富ではなかった．教区は1980年代に開発が進んだ複数のニュータウンに教会堂を建設することを計画したが，地価高騰が将来的にも予測されるため，なるべく早期に教会堂建設用地を取得する必要性があった[19]．

　このような状況に対応するため，ウー司教は，建設業界で専門家として活動する信徒に対し，教区施設の充足状況，将来的に建設もしくは改修が必要な教会堂を検討するように依頼した．この検討結果を受け，教区は10件の教会堂建設事業を，1985年から計画し始めた[20]．これらの事業規模，予算規模は，従来の教区建設事業とはまったく異なるものであった．なぜならば，これらのいずれも，従来のように政府との契約関係に基づいて政府助成金に依存するのではなく，教区は完全に自立した施主として，自主財源を確保し事業を実施したからである．教区総務処によれば，1980年から1990年の教区財政支出において建設事業が占める割合は平均59%であった（新築，改修を含む）[21]．

　返還後に教会堂が政府に接収される可能性を排除するため，新しい教会堂は従来のように政府助成を受けた小中学校との一体的な建造物として計画することはしなかった[22]．かわって計画したのが，幼稚園を併設する教会堂である．この時期も政府は，教会堂のみの新築のためには土地取得手数料を減額せず，教会堂には何らかの公益施設を併設することを教会に求めた．政府助成なしに運営できる公益施設が幼稚園だったのである．幼稚園併設教会堂は，この時期に計画が始まり，1990年から続々と竣工する（資料1, 次章詳述）[23]．

　このように多数かつ大規模な建設事業を，これまでのように司祭や修道士だけで計画し，事業管理するのは不可能なことは明らかであった．建設方針をめぐる状況の劇的な変化が，建設

19）エドワード・コンから筆者へのEメール，2014年9月12日.
20）過渡期に建設事業計画が始まった教会堂は以下である．聖ジェームス教会（St. James' Church, 新築, 1990年, No. 317），キリストの母教会（Mother of Christ Church, 建て替え, 1990年, No. 318），聖ベネディクト教会（St. Benedict's Church, 新築, 1993年, No. 326），受胎告知教会（Annunciation Church, 新築, 1993年, No. 328），海星教会（Star of the Sea Church, 建て替え, 1995年, No. 329），聖フランシスコ教会（St. Francis Church, 移転建て替え, 1996年, No. 332），使徒聖トマス教会（St. Thomas the Apostle Church, 新築, 1999年, No. 337），聖母聖衣教会（Our Lady of Mount Carmel Church, 建て替え, 2001年, No. 340），聖ジェローム教会（St. Jerome's Church, 新築, 2002年, No. 343），聖アンドリュー教会（St. Andrew's Church, 新築, 2006年, No. 348）．詳細は次章以降参照.
21）エドワード・コンから筆者へのEメール，2010年9月27日.
22）2010年8月23日，2012年9月20日，2012年12月19日に筆者が香港で司祭におこなったインタビューによる.
23）資料1のNo. 292のプラハの幼子イエス・ミサ・センター（Infant Jesus of Prague Mass Centre, 耶穌聖嬰彌撒中心）は，離島非都市域の集落内に，幼稚園を兼ねる小規模教会堂として計画・設計・施工された．しかし施工中，教区司祭は集落と周辺の人口構成を観察した結果，この幼稚園は十分な園児を集めることができないと考え，竣工後には幼稚園を開設しなかった（筆者によるエドワード・コンへのインタビュー，2018年12月25日）．設計時の意図と類型に従い，幼稚園併設教会堂と分類した．この教会堂はきわめて小規模で非都市域に存在するものであり，返還に備えて教区が計画した幼稚園併設教会堂とは性質がまったく異なる.

専門家である信徒の協力，参画を必要としたのである（第 7, 8 章で詳述）．

3　教会建設促進基金の廃止

　第 4 章で述べた通り，教会・学校建設促進基金は 1955 年に司教によって設けられ，基金は急増する建設事業のために使われた．基金は名称変更を経て続いたが，1984 年に廃止されたようである[24]．その理由は，1980 年代には，月に 1 回の定期的な献金呼びかけに信徒たちがあまり関心を示さなくなったことがあるという[25]．教区は，建設事業への献金が必要な際は，その都度信徒に呼びかけることにし，基金を廃止した．

　基金への献金額は 1983 年まで毎年増え続けていた．信者増加，インフレ率や香港人の収入増を考えると，献金額の増加は自然ではある．

　筆者は，基金廃止の背後には，1982 年の香港返還決定が香港の信者にもたらした動揺があったのではと推測する．1982 年以降，香港カトリック教会の週刊ニュースレター「公教報」には毎週，香港域外への移民斡旋や外国の学校を紹介する広告が掲載された．実際，相当数のカトリック信者が移民した．また先述の通り，教会は，英中共同声明に対する意見，アンケート結果などを次々と発表した．公教報には，政教関係に関する記事が多く掲載されるようになった．政教関係が緊張し，返還後の情勢が不透明ななか，教会堂を新たに建設するための献金を一般の信者に広く求めるような状況ではなくなったのではと想像される．

4　伝統的な建設事業管理方式の行き詰まり，1980 年代

　1981 年の財政報告には以下の記述がある．

　　10.急速な都市の拡大が続くただなかにおいて，教会が実態的存在を示しつつ，司牧サービスを提供するため，教区は 1982 年から 1985 年にかけて，少なくとも 6 件の大規模建設事業を計画する．
　　(i)　荃灣の福來邨付近
　　(ii)　沙田タウンの城門河南側
　　(iii)　現存の聖ヨゼフ英文小学校

24）教区ダイレクトリには 1973 年版まで教会建設促進基金の情報が掲載されている（Catholic Truth Society, 1955-1973）．1974 年版以降には掲載がない．その理由は不詳であるが，建設事業資金は政府給付や香港域外からの寄付が増え，基金の使用は減少したためと考えられる．
　　香港教區.「收支賬目　由一九八二年一月十六日至一九八三年一月十五日」1983, HKCDA III-23-3. 教区の 1982 年収支報告には基金収入の記載がある．
　　カトリック香港教区の週刊ニュースレター「公教報」は 1980 年代，半年に一度，教会・学校建設促進基金の寄付金合計を掲載していた．公教報を調査したところ，1983 年 12 月分までの報告があり，1984 年以降はない．したがって，1983 年末か 1984 年に基金は廃止されたものと思われる．エドワード・コン前プロキュレーターへのインタビューでも 1980 年代半ばに廃止されたことを確認した（筆者によるエドワード・コンへのインタビュー，2018 年 12 月 25 日）．
25）筆者によるエドワード・コンへのインタビュー，2018 年 12 月 25 日.

（iv）現存の上水の小教区教会堂

（v）現存の馬鞍山の教区所有物件

（vi）聖ジョアン・オブ・アーク中学校の移転新築

11. 上記のすでに計画が実施されている事業に加え，教区は，新界の屯門，新界北西部，ジャンク・ベイ，ランタオ島でも建設事業を構想している[26]．

　郊外でのニュータウン開発が進むなか，教区は建設に対し，より計画的で専門的な姿勢で臨もうとしていることがわかる．提示された6件のうち（i）以外の5件が，実際に竣工に至った．（ii）は聖ベネディクト教会として1993年に新築された（No. 326）．（iii）は九龍の平山に所在し，1986年に建て替えられ，聖ヨゼフ教会堂と小学校となった（No. 301）．（iv）は1990年に建て替えられた（元の建物はNo. 265, 新築はNo. 318）．（v）は1996年に移転，教会堂として新築された（No. 332）．（vi）は1986年に移転新築され，教会堂を備えた（No. 312）．これらはいずれも大規模な事業で，ニュータウンでの事業でもあり，都市計画の知識がなければ実施が困難なものであったと思われる．

　1984年の香港返還決定を受けて，教区は上記以外にさらに多くの教会堂建設事業を計画した．また，多くの既存教会堂で大規模改修が必要となった．この時期は建設事業そのものが高度化，複雑化していた．教区は従来のように政府に依存し，小中学校と教会堂を一体的に建設することをやめたため，教区は，事業可能性調査，政府との土地取得交渉，建設計画をすべて自力でおこなわなければならなくなった．これらはいうまでもなく，きわめて高い専門技術と経験を要するものであった．教区の建設事業は，教区総務処プロキュレーターと修道士では対処しきれない件数と内容となった．しかしながら，教区の建設事業を管理する人員不足は明らかであった．総務処は1980年代まで事業管理を修道士に任せていた．修道士1名が1984年まで総務処で「建設事業監督（Building Superintendent, 工程監督）」として活動していた（資料4）．1984年にこの修道士が死去した後，後任はいなかった．

　筆者のインタビュー調査のなかで回答者たちが一様に指摘したのは，1980年代までの教区の事業管理方式がすでに時代に対応したものではなかったことが，教区が抱えていた大きな問題だったということである．教区は，コンペによる設計者選定や競争入札による施工事業者選定をいまだおこなっていなかった（第4, 5章）．設計者や施工事業者の技術や見積もり額を適正に評価することはできていなかった．ユーザーである小教区信徒を計画設計に参加させ，合意形成をはかることもしていなかった．ガバナンス型の事業方式へ転換できていなかったのである．しかしながら，このような苦境こそが，次の時期に信徒の組織的な参画へと教区が舵を切る要因でもあったのである．

---

26) Catholic Diocese of Hong Kong. "Notes and Comments on the Summarized Financial Report of the Diocese for the Year Ending 15th January, 1982," 1982, HKCDA III-23-3.

第 7 章

1989–1996 年　教会営繕の組織化,「教区建築および発展委員会」設立

　1989 年の天安門事件により,香港人は返還後の香港社会に対する不安を増幅させた.特に宗教組織は宗教抑圧の懸念を強めた.カトリック香港教区は返還決定を受けて教会堂建設方針を転換し始めていたが,それを反映した新たな教会堂がこの時期に竣工し始めた.それは幼稚園を併設したものであった.こうした大規模事業に対応すべく,1995 年,「教区建築および発展委員会」が設立されるに至り,信徒が組織的に参画する教会堂営繕体制が実現したのである.

第 1 節　時代背景

1　天安門事件と宗教組織管理強化

　1989 年 4 月から北京の天安門広場を中心とし,学生らが平和的な民主化運動を展開した.6 月 4 日,共産党政権がこれを武力制圧し,多数の死傷者を出した.この天安門事件以降,中国における宗教政策は変化を見せた(Brown 1993, 110).中国の回族研究をおこなった奈良によれば,共産党の新たな政策では,政府が宗教組織を宗教管理制度に取り込み,それらに活動の自由をある程度認めて懐柔し,共産党支配安定のために利用した(奈良 2016, 29).例えば,宗教活動の集会場所,すなわち教会堂,個人住宅,事務所,大学などを政府に登録し,さらに 40 人以上の信者集会も登録することが必要になった[1].政府はこのような集会を監視しコントロールするようになったのである.

2　香港人の危機感の高まり

　天安門事件は香港の人々の危機感を決定的なものとし,大陸で起きていることが香港でも返還後に起きると誰もが感じた(Tsang 2004, 245–247).事件以前は,香港の人々のなかには,将来も民主的社会が保障されるという楽観的展望を持っている人も少なくなかったが,事件後にそれは完全に破壊された(Tsang 2004, 194–195, 247).香港人の域外への移民はさらに増加した(Ma

---

1) K. K. Yeo. "Church and state in China," http://www.christiancentury.org/article/2006-01/home-grown, 2015 年 10 月 21 日閲覧.

1997, 74-75, Chan 2004, 119). プロテスタント教会では牧師の移民が顕著となった.

　香港人の懸念は, 1990 年に制定された「香港基本法」によっても強められた. 香港基本法とは返還後の香港特別行政区のミニ憲法となるものである. まず 1985 年, 英中共同声明の規定に基づき, 基本法起草委員会が結成された. 委員会には, 中国と香港の代表者が参加し, イギリスは入らなかった. 委員の構成は, 大陸の代表が 36 人, 香港代表が 23 人であり, 基本法は必然的に大陸に有利なもの, 事実上の主権は中国政府にあるものとなった (遠藤ほか 2015, 41-46). 基本法の解釈権と改正権は全国人民代表大会 (全人代) 常務委員会が持つとされたことで, 中国によるコントロールは決定的なものとなった. 基本法は 1990 年に全人代にて可決された.

　中国による実質的な香港支配は, 選挙でも明らかであった. 返還前年の 1996 年 12 月, 中国政府は, 返還後の香港特別行政区トップとなる行政長官に, 親中派の董建華を任命した. 行政長官は親中派の人間に限られる仕組みとなっていた.

　香港特別行政区の設立式典において, 国家主席の江沢民は行政区の「内政に中央政府や地方政府が干渉することは許されない」と述べたが, 植民地期最後の総督クリス・パッテン (Chris Patten) が香港でおこなった民主化改革を, 1997 年の返還直後に取り消した.

3　都市開発の促進

　天安門事件を受け, 中産階級, 資産家, 専門家である香港人の域外移民は, 以前にも増して加速した (Chan 2004).

　事件直後の 1989 年 10 月, 香港政府は, 従来より計画していた新空港建設地をランタオ島に決定し事業実施に入った. 新空港建設は, 高速道路, 鉄道, 橋梁といった交通インフラと沿線の複数ニュータウン建設を伴う, 香港史上最大規模の開発事業となった. 香港政府には, この事業実施によって, 天安門事件で損なわれた香港社会と経済の将来に対する不安を回復させ, また, 建設やその他の専門家の就業機会を多数創出することにより, 彼らの域外流出を食い止める意図があったといわれる (何 2016, 240, 436, Xue 2016, 190-191). このため, ますます多くの香港人建設専門家が事件後も養成された. 1991 年には香港中文大學 (Chinese University of Hong Kong) に建築学部が開設された (Xue 2016, 92).

4　カトリック信者の不安増大と教区の対応

　エドモンド・ツェによれば, 香港カトリック信者の中国に対する見方は天安門事件後に劇的に悪化した (Tse 2005, 93-128). 多くの信者は, 中国への不信感を増幅させ, 返還後の香港における信教の自由に不安を持つようになった. 1989 年以前は, 中国と返還後の香港に対する楽観的, 好意的な見方も存在したが, このような意見は事件後に消え, 悲観的, 否定的な見方に取って代わられた. また事件は, 中国政府が経済的繁栄よりも政権の安定を明らかに重視していることを証明した (Brown 1993, 115-141). このことは, チベットや新疆など大陸の少数民族自治

区で過去に起きた宗教弾圧においても明白である（川田 2015）．返還後の香港において「一国二制度」や「香港人による高度な自治」が字義通りに実施され，宗教組織や信者の権利が守られるとは信じられなくなった．

　事件を契機に，ますます多くの中産階級の信徒が香港を離れ，アメリカ合衆国，カナダ，オーストラリアといった西洋民主主義国家へ移民した（Chan 2004, 梁 2010, 64）．表序.1 と図序.1 が示す 1980 年代終盤からの信者減少は，まさにこの信者の移民，流出を反映していると考えられる．中産階級，専門家層は移民が比較的容易であり，その階層にカトリック信者が多かったのである．

　ブラウンが指摘したキリスト諸教会が返還に対して抱いた懸念は，香港基本法には明らかな抜け穴があるという事実によって決定的なものになった（Brown 1993, 112-141）．基本法の解釈権は全人代常務委員会にのみあり，その改正権も全人代にのみある．宗教組織や信者は，基本法の解釈次第でどのような犯罪者にも扱われうる仕組みとなっている．基本法が保障する信教や宗教活動の自由などはすべて，中央政府の政策に反しない限りという条件付きのものでしかないのである（Brown 1993, 333）．

　カトリックとプロテスタント教会の民主派の聖職者・司牧者たちは，植民地政府に対し，1997 年以前に政治改革と民主化を進めるよう求めた（Luk 1991, Leung and Chan 2003, 146）．彼らは信徒たちと共に，香港の社会・政治問題に積極的に発言するようになった．香港のカトリック信徒の中核は中産階級であり，政治に強い関心を持つ民主化推進者であった．彼らは返還後，民主主義が信教の自由を保護することを期待した（梁 2010, 61-62）．

　1990 年 10 月，ウー司教は司牧書簡「立法院選挙について（Legislative Council Election）」のなかで，1991 年に実施される香港初の立法院議員直接選挙において投票する権利と義務が，市民として，キリスト者としてあることを，第二バチカン公会議文書「現代世界憲章」を引用しながら訴えた（Hong Kong Catholic Diocesan Archives 2005, 293-294）．

　選挙直前の 1991 年 9 月 1 日には再度，司牧書簡「私たちの投票する権利と義務（Our Right and Duty to Vote）」を発表し，1991 年発表の教皇回勅（Encyclical Letter）「新しい課題　教会と社会の百年をふりかえって（*Centesimus Annus*）」を引用し，「教会は，市民の政治的選択への参加と同等に民主的なシステムを尊重し，被統治者が統治者を選ぶ権利と，統治者に対して責任を持つことを保障する」と述べた（Hong Kong Catholic Diocesan Archives 2005, 307-308）．

　また，8 月には教区はフォーラムを開催し，信者が立法院議員候補者の主張を聞く機会を設けた．最後に，香港の自由と民主主義を祈った．

　1994 年 9 月には司教は，区理事会（District Board）への投票，民主主義の実現に向けた行動を呼びかけた（Hong Kong Catholic Diocesan Archives 2005, 351-352）．

　クリスマスや復活祭などのメッセージにおいても司教は頻繁に，香港の将来は不安定で不透明であるが，恐れずに向き合い，社会的・政治的関心を持ち続け，奉仕の精神を忘れず，香港を自由で平和な社会にする努力を続けること，そして普遍教会との交わりが不可欠であることを訴えかけた（Hong Kong Catholic Diocesan Archives 2005, 176, 193-194, 205-206, 216-217）．

　また教会は，返還後，カトリック学校における教育に政府が介入することを危惧した．1994年，教区組織である「香港カトリック教育委員会」は，返還前にカトリック学校が独自の「道徳教育（civic education）」カリキュラムを策定し，実施することで，返還後の政府の介入を拒絶できると考えた（Chan 2004, 214-230）．

　さらに以下の対応をとった．

（1）信徒の神学教育

　教会は，神学教育によっても信徒のエンパワーメントをはかった．1989年，カトリック香港教区の大神学校である聖神修院神学哲学院（Holy Spirit Seminary College, 聖神修院神哲學院）に，信徒のための夜間神学学位課程が開設された（Catholic Truth Society 2017, 597）．これ以前は，神学校は原則的には聖職者を目指す男性の神学生しか受け入れず，それ以外の男女の信徒が入学することはできなかった[2]．香港で初めて，信徒がカトリック神学の高等教育を受ける場所が用意されたのである．

　信徒受け入れの理由は，1989年の司牧的勧告のための諮問報告書から見て取れる．神学や聖書研究といった聖職者養成に近い方法によって信徒の養成を促進し，信仰小共同体の育成，信徒使徒職推進，教会全体の強化へとつなげることを教区は計画していたのであった（Hong Kong Catholic Diocesan Archives 2005, 260-261, 269）．この後，信徒が入学できるコースや学位の種類が増え，多くの信徒が神学校で学んだ（第9章で詳述）．

（2）終身助祭職導入

　1988年，香港教区は，終身助祭職（Permanent Deacon, 終身執事）導入を検討し始めた．導入の背景は以下であった．

　もともと助祭は，古代の初代教会時代に存在した教会の奉仕職であったが，中世になると，助祭は司祭になる過程で通る一段階としか考えられなくなった[3]．しかし，1960年代の第二バチカン公会議が助祭職の再興，特に終身助祭職を推進した．この一因となったのは司祭不足である．終身助祭は，独身を保持しなければならない司祭職とは異なり，すでに結婚をし家庭を持っている妻帯者男性でも叙階されることが可能である[4]．字義通り，終生助祭であり，司祭になることはないためである．公会議は，助祭を聖なる位階制度の役務者としたが，司祭職からは排除し，助祭が位階制度の下位の段階に属するとした．同時に，助祭は叙階によって「秘跡の恵みに強められる」と明言し，助祭を一般信徒とは区別された，秘跡的位階制度の構成員としている．すなわち，助祭は，ミサ司式などの秘跡を完全に執行することはできないが，準

2）エドワード・コンから筆者へのEメール，2015年3月23日．1989年以前，神学哲学院は1-2名の信徒を例外的に神学・哲学科に受け入れたことがあった．

3）助祭とは，教会の位階制のなかで，司教，司祭に次ぐ第三の聖職である（上智学院新カトリック大事典編纂委員会 1996「助祭」）．

4）終身助祭に叙階時点で未婚である者は，終生独身の誓願を立てなければならない．

秘跡は執行可能であり, 典礼奉仕, 洗礼, 祝福, 聖体授与, 聴罪などをおこなうことができる. また助祭は通常, 病院や刑務所などでの司牧に従事する.

こうした普遍教会による終身助祭導入の動きを受け, 香港教区は 1988 年, 終身助祭職導入の検討を始めた. 1992 年にウー司教が導入を決定し, 終身助祭職に関する調査研究を実施し, 1996 年, 終身助祭職を目指す信徒からの申請を受け付け始めた[5].

終身助祭叙階の条件として, 宗教教育 (聖書, 教義, 倫理, 典礼など) を受けることがあるが, 香港教区は上述の通り, 1989 年に信徒の神学校入学を受け入れ始めていた. 終身助祭職導入と神学校での信徒教育は, 一体的に制度設計され実施されたと理解できる. 香港教区が終身助祭職を導入した理由は, 香港でも司祭召命が減少していたことに加え, 返還後に司祭が宣教活動を禁止されたり, 制限される可能性に備え, 信徒を養成する意図もあったと推察される.

1997 年, 香港返還の 5 日後, 香港教区初の終身助祭が叙階された. 2018 年 12 月時点で, 31 名が叙階され, さらに 12 名が終身助祭候補者として養成中であり, 近い将来叙階される予定である[6]. 香港教区では, 終身助祭は教会運営の実務, 教会内外, 病院や刑務所での信徒の司牧, 霊的養成, 信徒ではない市民に対する司牧といった様々な面で, 不可欠の存在として定着している.

(3) 法人名変更

教会は組織として民主化運動に積極的に参加することを控える側面もあったとレオンは指摘する. 指導的な立場にある聖職者たちは, 政府と良好な関係を保つために一定の譲歩をし, 政治的中立性を示すための行動もとった (Leung and Chan 2003, 149).

1992 年まで, 香港のカトリック教会の法人名は「香港のローマ・カトリック教会司教 (The Bishop of the Roman Catholic Church in Hong Kong)」であった. 1993 年, 教区は「カトリック香港教区 (Catholic Diocese of Hong Kong)」に法人名を変更した. 教区による変更の意図は,「ローマ」という文字があることによって, 香港のカトリック教会がローマに本部を持つ外国の組織であるという印象を避けることであった[7].

しかしながら, カトリック教会の譲歩は限定的であった. その理由は, 教区が中国大陸のカトリック教会の状況をよく把握していたことに加え, 先述のように, ソビエトの共産党政権下におけるロシア正教会の歴史が念頭にあったのかもしれない. ロシア正教会は迫害の激化を避けるため, 政府への完全服従を選択した結果, 教会の信頼は失墜し, 信者は教会と信仰から離れ, 教会は分断され破壊されるという最悪の事態に陥ったからである (Brown 1993, 286-298).

---

5) 香港中文大學天主教研究中心.「香港天主教終身執事職研究報告 2017」2017 年, p. 1.
　香港教區終身執事團.「終身執事是什麼」, https://deacon.catholic.org.hk/page2.html, 2019 年 1 月 3 日閲覧.
6) 31 名には助祭職の現役を退いた者, 死去した者も含む. 香港教區終身執事團.「教區終身執事團成員」https://deacon.catholic.org.hk/page3.html, 2019 年 1 月 3 日閲覧.
7) エドワード・コンから筆者への E メール, 2015 年 7 月 16 日, 2019 年 1 月 4 日.

第 2 節　教会堂類型

1　幼稚園併設教会堂

　天安門事件が不安を増幅させたこの時期，返還を視野に入れた新たな形態の教会建築が続々と着工，竣工した．前章で述べた通り，それは幼稚園を併設した教会堂であった．教会堂建設事業は非常に活発になった．

(1) 幼稚園併設の理由

　幼稚園併設教会堂は，1988 年以前にも複数開設されている（表 2.2, 資料 1）．しかし，非都市域の小規模教会堂に幼稚園が併設されたものと（No. 221, 292），1990 年以降に建設された幼稚園併設教会堂とは，以下に説明するように本質的に異なる．

　前章で述べた通り，香港返還が 1984 年に決定した後，香港教区は自主財源で教会堂を複数建設する決断をした．教会堂新築のための土地取得に際し，政府はこの時期も引き続き，公益施設を併設することを求め，そうでなければ，土地取得手数料の減額はしなかった．しかし，従来，教区が積極的に開設してきた小中学校は，政府助成に依存した施設であり，将来的な接収の危険性がある．このため教区は，1980 年代後半以降，教会堂への小中学校併設を回避した．教会堂への公益施設併設という条件と，返還後の接収の可能性排除を同時に解決するのは，幼稚園の併設であった．幼稚園は義務教育ではないので，建設・運営は政府の直接的管理下にはなく，政府助成もない．したがって接収される危険性もない．また，幼稚園に必要な諸室は小中学校に比べて少なく，順守すべき条例も少なく，計画はさほど複雑ではなかった[8]．

　前章で既述の通り，1984 年以降，教区は合計 10 件の教会堂新築事業を計画した．教区自主財源の教会堂建設は，政府との土地取得交渉だけで 10 年以上を要した場合もあり，1990 年から 2000 年代にかけて竣工した．ほとんどの幼稚園併設教会堂は，新界の 1980 年代に開発されたニュータウンに建設された．

　ブラウンによれば，聖公会も同様に自主財源で新教会堂を建設するようになった．しかし資金調達がうまくいかず，結果的に建設事業数が減少した（Brown 1993, 324）．この点はカトリック教会と聖公会では異なる．第 8 章でも述べるように，カトリック教会は建設事業資金調達，土地取得のためにきわめて能動的に行動し，建設上の創意工夫もおこない，多くの事業を実現させることができた．

(2) 平面計画

　この時期に竣工した幼稚園併設の教会堂は，会衆席 200-400 規模の小教区教会堂である．こ

8）筆者によるエドワード・コンへのインタビュー，2011 年 5 月 20 日．

の時期には 4 件竣工している．聖ジェームス教会（1990 年, No. 317, 300 席），聖ベネディクト教会（1993 年, No. 326, 380 席，口絵 9, 図面 37），受胎告知教会（1993 年, No. 328, 350 席，図 7.1, 図面 38），海星教会（1995 年, No. 329, 約 250 席，図面 39, 40）である[9]．

聖ジェームス教会，聖ベネディクト教会，海星教会は，一棟に教会ホール，集会場，会議室，小教区事務所，小教区司祭執務室，司祭宿舎，駐車場，幼稚園が計画された（図面 37-40）．受胎告知教会は，教会ホールとその他諸室が接続されつつも分離した棟に配されている（図面 38）．

教会ホール平面は受胎告知教会が円形，聖ベネディクト教会および海星教会堂が横長の長方形平面での扇形の集中式配置である（図面 37-40）．この設計を主導したのは，教区典礼委員会の聖職者委員であるジョバンニ・ジャンピエトロとトーマス・ロウである．1960 年代の第二バチカン公会議の典礼改革をとりいれ，従来の伝統的な縦長の長方形プランは採用しなくなった[10]．

図 7.1　受胎告知教会（Annunciation Church, 聖母領報堂, No. 328）　洗礼槽

---

9) 聖ベネディクト教会は幼稚園併設が計画設計されていたが，竣工後に幼稚園を開園することはなかった．
10) 1980 年に竣工した新界の聖スティーブン教会と聖スティーブン幼稚園（St. Stephen's Church, St. Stephen's Catholic Kindergarten, 聖斯德望堂，聖斯德望天主教幼稚園，レオン・パクヤン設計, No. 282）は，教会堂平面は伝統的な長方形で，典礼改革の反映はない．1980 年代前半には香港ではまだ典礼改革が設計に反映されていなかったことがわかる．

彼らはまた，洗礼槽の配置や意味について研究を重ね，全身を水中に沈める洗礼形式である「浸礼（full emersion）」が可能な洗礼槽をとりいれ始めた．受胎告知教会には，当初より，独立した空間に洗礼槽を設計した（図7.1）．既存の教会堂は改修時に，洗礼槽が導入された（聖スティーブン教会，No. 282 など）．

(3) 設計者

設計者に関しては，教区総務処プロキュレーターが指名し，そのほとんどはカトリック信徒であった（資料2, 3）．この時期いまだコンペはなかった．後述する教区営繕専門組織「教区建築および発展委員会」は1995年末まで存在しなかったため，この時期のコンペの実施は不可能であったと推測される（本章第3節7）．

2　民間建物の教会堂

民間のディベロッパーなどが建設した建物を賃借し教会堂とする事例は第4章で述べたように1950年代から見られ，それらは信者急増に対する応急的，過渡的な施設であった．

民間の建物を購入し教会堂とする事例は，香港のカトリック教会では多くはないが，プロテスタント教会には数多くある．香港のプロテスタント諸教会は，カトリックに比して小規模コミュニティであり，財源も豊富ではないため，ほとんどが民間建物の一部を賃借あるいは購入したもので，「上層階教会（upper-floor churches, 楼上教会）」，「二階教会（first-floor churches, 二楼教会）」などと呼ばれている．いずれも，商業ビルや集合住宅内にある教会堂という意味である．集合住宅に入居するプロテスタントの教会堂に関しては，グスタボ・イェウン（Gustav K. K. Yeung）による宗教社会学研究がある（Yeung 2013）．イェウンはこのような教会堂が形成される理由を，香港の極度の土地供給不足と地価高騰だとしている[11]．

カトリック教会の場合，民間の建物を購入し教会堂とする理由には土地不足への応急的対処という側面もあるが，特にこの時期に開設されたものには，政教関係も関係していると思われる．この種の教会堂開設には，当然，政府が関与することは一切ない．政府に接収される危険性もほとんどない．したがって，政府と一定の距離を置こうとする教区の過渡期特有の意識が反映されているとも考えられる．実際，この時期には，民間建物における新設が5件に増加している（表2.2）．

(1) 主の公現教会

ランタオ島の梅窩（Mui Wo）には，ミッション・ステイションを経て，1982年にプラハの幼

---

11) もともとは住居やオフィスなどとして設計された世俗的空間が，外装，子供の遊戯施設，音響設備，映像，バンドを駆使した現代的な讃美歌などをとりいれ，宗教社会学的には「倒置（inversion）」や「混成（hybridization）」と呼ばれる手法によって教会堂という聖なる空間に生成され，信者や求道者の需要に応えているプロセスも論じている．

子イエス・ミサ・センター（Infant Jesus of Prague Mass Centre, 耶穌聖嬰彌撒中心）が, 恒久的教会堂として建設された（No. 292, 口絵10, 図2.1）. 設計者はレオン・パクヤン（Leung Pak Yan, 梁伯仁）であった（資料2, 3）. フェリー・ターミナルから徒歩15分ほどの集落内にあった.

　しかし, ターミナルからやや遠く不便であるため, 1989年, ターミナルから徒歩1分程度の場所にある民間ディベロッパー開発の住商混合建物地上階2ユニットを教区が購入し, 教会堂をここに移転させた（No. 310, 図7.2, 7.3）. 新たな教会堂は, 主の公現教会（Epiphany Church, 主顕堂）とされた. 教区は教会堂の上階である1階も購入し, 司祭宿舎とした. 次節で述べる建築家信徒エドウィン・リーが教会堂内装設計をおこなった. 会衆席は約30-100である.

　教区がこの地区で民間建物を教会堂とした理由は, 以下であった. 第一に, 離島の小規模地区であるため, 人口, 信者がそれほど多くはなく, 数百席規模の教会堂を新築する必要はなかった. 第二に, 梅窩および周辺に在住している学童はほとんどが, フェリーで香港島に毎日通学していたため, 梅窩にカトリック教会が学校を開設したとしても, 十分な数の生徒を集める見込みはなかった[12]. 第三に, 政府助成学校は将来的な接収や宗教活動の制限の可能性があるため, 教区は積極的には新設をしなかった. よって, 学校や幼稚園を併設せず, 民間の建物を利用した.

図 7.2　主の公現教会（**Epiphany Church, 主顕堂, No. 310**）　左棟地上階　**1989年開設**

図 7.3　主の公現教会

(2) ディスカバリー・ベイの教会堂

　ディスカバリー・ベイ（Discovery Bay, 愉景灣）はランタオ島のニュータウンで，1977–2013 年にかけてディベロッパー HKR International（香港興業国際）が開発した（Xue 2016, 124）．居住者のほとんどは西洋人家族で，一種のゲイテッド・コミュニティを形成している．カトリック信者もいる．また，西洋人家庭で家政婦として働くフィリピン人女性も多く，彼女たちはカトリック信者である．

　教区はディスカバリー・ベイにカトリック学校を開設したい旨，政府に申請した．しかし，人口動態が不安定であり，常時，学校に十分な生徒数を確保できるか不透明であることを理由に，政府は長年，決定を保留し続けている[13]．そこで 1989 年以来，教区は，毎週日曜日にディスカバリー・ベイ・インターナショナル・スクール（Discovery Bay International School, 愉景灣國際學校）の講堂を賃借し，ミサ・センターとしている（No. 311）．インターナショナル・スクールは民間団体が開校した営利学校である．

　1995 年，教区はディスカバリー・ベイに民間事業者が開発した集合住宅（Glamour Court）1 階の 1 ユニット（1LDK）を購入し，トリニティ・チャペル（The Holy Trinity Chapel, 聖三小堂，後に名称変更）とした（No. 330, 図 7.4）．チャペルでは平日ミサがおこなわれ，日曜日には聖歌隊の練習などにも利用されている．もともと住宅として設計されているので，キッチン，バスルー

12）実際，主の公現教会に隣接する中学校は，生徒減少のため，2007 年に閉校となった（「梅窩南約中學明年殺校」頻果新聞，2006 年 2 月 17 日，https://hk.news.appledaily.com/local/daily/article/20060217/5664689, 2019 年 4 月 1 日閲覧）．

13）筆者によるエドワード・コンへのインタビュー，2017 年 8 月 30 日．
　エドワード・コンから筆者への E メール，2018 年 3 月 19 日．

図 7.4　トリニティ・チャペル（Trinity Chapel, 天主聖三小堂, No. 330）　1995 年開設

ムもあり，日曜日早朝にインターナショナル・スクールでミサを司式する司祭は，土曜日夜に
ここに宿泊できる．ディスカバリー・ベイのフランス語コミュニティも月に 1 回，ミサに使用
している．このチャペルの会衆キャパシティは 20-30 人ほどと小さいものであるが，教区は，
恒久的に使用できる教会堂空間の確保，所有を重視したと考えられる．

　遅くとも 2016 年以降，土曜日夕方のミサのために，ディスカバリー・ベイ・フェリー・ター
ミナルの商業施設管理会社が所有するディスカバリー・ベイ管理ホール（Discovery Bay
Management Hall, DB 管理服務公司禮堂）を，信者たちが有償で賃借するようになった（No. 355）．
日曜ミサは，先に述べたインターナショナル・スクール講堂の賃借を続けている．

第 3 節　教会堂営繕

1　教区総務処建築顧問と監理技術者

　教区総務処は 1989 年以降，徐々に建設事業管理方式を更新し始めた．まず，建設事業マネジ
メントの専門家である信徒を招聘した．1989 年，総務処プロキュレーターが，香港政府建築署
建築専門職員であったカトリック信徒エドウィン・リーに，「建築顧問（Architectural Consultant）」
として建設事業管理補助を依頼した．リーは快諾し，1989 年から 1993 年まで無償奉仕した（資
料 3, 4）．この時期，定年退職前後であり，専門家として豊かな経験を持っていた．またこれ以
前にすでに，多くの修道会の施設営繕のために奉仕していた．ボランティアでありながらも，

特に退職後はほぼフルタイムで奉仕をした．建設事業のプロジェクト・マネージャーの役割を担った（資料 3）[14]．

エドウィン・リーはそれ以外に，実質的な設計者の役割も果たした．例えば，1989 年開設の主の公現教会（No. 310）は，本章第 2 節で説明した通り，民間建物を教会堂としたものであるが，内装設計はリーがおこなった．また，1990 年竣工のキリストの母教会（Mother of Christ Church, 基督之母堂, No. 318）は，リーが設計に多くの提案をするなど，深く関与した．香港では設計者は「認可者」資格が必要であり，リーは認可者ではなかったため，知り合いである建築家が公式な設計者となった．1993 年竣工の聖ベネディクト教会（St. Benedict's Church, 聖本篤堂, No. 326）においても同様に，リーは設計に深く関与した．

次に，総務処は，建設事業監理技術者を雇用した．総務処プロキュレーターがエドウィン・リーに候補者の推薦を依頼した．1991 年から数名の「監理技術者（Clerks of Works）」が総務処常勤有給職員として雇用された．監理技術者の役割は建設事業管理を技術的に支援することであり，施主である教区のエージェントとして，現場での施工監理や事業管理をおこなった．第 3 章から第 6 章でも述べたように，従来は，専門的訓練を受けていない修道士や司祭，神学生がこの役割を担っていた．これに対し，監理技術者は，香港の職業訓練学校で建設事業管理などを学んだ人々である．総務処は監理技術者を雇用する際，信徒であることは要件とせず，資格と経験を重視した．

このように，ボランティアの建築顧問，有償職員の監理技術者がそれぞれの能力に応じて建設事業実施を支援した．しかしながら，教区の建設事業を現代的な方式で一元的に管理する教区内部組織や常勤専門職員がいないという根本的な問題はいまだ解決されてはいなかった．そのため，人員不足，管理方式の問題，事業そのものの増加が重なり，新築したばかりの教会堂に瑕疵が頻発するなどの問題が起きた[15]．信徒と聖職者の双方が，教区の建設事業管理方式をさらに改善し，現代的な方式に更新すべきと痛感するようになった．

2　教区典礼委員会による改革，1980 年代後半–1990 年代前半

1980 年代後半，教区典礼委員会の委員であり司祭のジョン・エイハン（John Ahearn）は，信徒の関与について以下のように言及している．「教会や修道会，その他団体は，建築様式や内装設計，宗教芸術などをほとんど発展させてこなかった．…香港には，こうした芸術分野の専門家がたくさんいる．こうした人々の活用を考えるべきではないだろうか」[16]．1980 年代後半に

---

14) Edward Khong. "An Evaluation of 'Establishment of a Client Body for All Construction, Alteration & Maintenance Works of the Hong Kong Diocese' as proposed by The Liturgical Art & Architecture Group of H. K. Diocesan Liturgical Commission on 30th May, 1988," (an internal report), 21 September 1992, p. 6, カトリック香港教区典礼委員会．

15) 筆者によるエドウィン・リーへのインタビュー，2010 年 3 月 24 日．
　　筆者によるトーマス・ロウへのインタビュー，2010 年 3 月 26 日．

16) John Ahearn. "A House for the Church. *Jian*: Newsletter of the Hong Kong Diocesan Liturgical Commission," Vol. 2, 1987, pp. 1–11, Diocesan Liturgy Commission.

おいてもいまだ専門家信徒の本格的な参画はなかったが, 積極的な意識を持つ司祭がいたことがわかる.

1985 年, 香港教区司祭トーマス・ロウ (Thomas Law, 羅國輝) がイタリア留学を終え, 香港に帰国した. ローマの教皇庁立典礼研究所で典礼の修士号を取得した. 帰国後すぐに典礼委員会委員長 (主席) 兼コーディネーターに就任した[17].

ロウと典礼委員会の聖職者委員たちは, 教区建設事業管理方式の改革に乗り出した. 建設業界で一般的な事業管理方式へと切り替え, 管理を担う組織を教会内に設置することを目指した. 1980 年代後半から 1990 年代前半にかけて, 典礼委員会は司教に提案書を何度も送り, 建設事業に特化した教区委員会の新設を進言し続けた. 第 5 章でとりあげた典礼委員会下部組織の典礼芸術・建築委員会 (LAAC) は, 休会後も一部のメンバーが地道な活動を続け, 1988 年に「香港教区のすべての建設・改修・維持管理事業のための管理組織設置提案」をとりまとめ, 総務処プロキュレーターと他の教区関係者に対し提案した. この提案は「建設委員会 (Building & Construction Committee)」あるいは「プロジェクト・チーム」を教区の一元的代表組織として設置し, 司教, プロキュレーター, 小教区司祭, 典礼委員会委員, 建築家, プロジェクト・マネージャー, コンサルタントが参画し, 建設事業に対応するというものであった. プロジェクト・チームを代表するプロジェクト・マネージャーには専門家として, 設計者や施工事業者と交渉する役割を担わせることも提案した[18].

結果的に, この 1988 年の提案は採用には至らなかった. しかしながら, プロジェクト・チームに相当するグループが非公式ながら徐々に形成され, 1992 年までには, プロキュレーター, 典礼委員会と LAAC, 小教区が建設事業に参画するようになった. 次第にプロキュレーターは財務管理のみを担うようになり, 設計と監理は他の二者 (小教区と典礼委員会 /LAAC) に託されるようになった[19]. しかしながらその一方で, 建設事業のための常勤専門職員あるいは常設委員会を求める声はますます大きくなっていった.

3　香港人信徒建築家

この時期増加した大規模教会堂建設事業を支えたのは, 上述のボランティア建築家以外に, 香港人信徒建築家であった. 1980 年代から複数計画された幼稚園併設教会堂は, いずれも大規模なものであり, 設計者へ支払う設計料も高額なものになる. 教区は, 以前より知遇を得ていた信徒である建築家を指名し, こうした事業を依頼した. その理由のひとつは, 信徒である彼

---

17) 天主教香港教區.「羅國輝神父戴譽辺港任禮委會辦事處主任」, 公教報, 1985 年 8 月 30 日.

18) プロジェクト・マネジメントはイギリスでは 1980 年代半ばに始まった. 香港やその他のイギリス植民地, 旧植民地では, 現地政府がプロジェクト・マネジメントを導入した. 香港では 1980 年代後半までには一般化したと思われる (Walker 1995, 58).

19) Edward Khong. "An Evaluation of 'Establishment of a Client Body for All Construction, Alteration & Maintenance Works of the Hong Kong Diocese' as proposed by The Liturgical Art & Architecture Group of H. K. Diocesan Liturgical Commission on 30th May, 1988," (an internal report), 21 September 1992, カトリック香港教区典礼委員会.

らは，通常よりも安価な設計料で教会の仕事を請け負ったことであった．この時期，以下の信徒建築家の活躍が顕著であった．

ピーター・ン・ピンキンは，香港人信徒建築家であり，確認できた範囲では，1950年代から教区の仕事を請け負った．ンの主要な教会堂新築事業は1960年代に集中している（資料2）．1980–1990年代には，1968年にピーター・ン自身が設計し新築した聖ヨゼフ教会の改修を複数請け負っている．

レオン・パクヤンは，1960年代より教会の営繕事業を請け負った．もともと信徒ではなかったが，1970年代に受洗し，信徒となった（資料3）．特に1980年代には多くの新築，改修，増築事業を請け負った（資料2）．

本節で言及した香港人信徒建築家エドウィン・リーは，教区総務処でボランティアの建築顧問として事業管理を行うと同時に，教会堂の設計も実質的におこなっていた（第5, 6章, 本章第3節1, 資料3）．主の公現教会（1989年内装竣工, No. 310），キリストの母教会（1990年竣工, No. 318），聖ベネディクト教会（1993年竣工, No. 326, 口絵9, 図面37）はリーが設計に深く関与したものである．

ヴィンセント・ンは香港人信徒建築家であり，当時，アンソニー・ン（Anthony Ng）設計事務所に所属していた．複数の教会堂の設計担当者であった（第5章, 資料2, 3）．

このように，この時期の大規模教会堂建設を支えたのは，香港人信徒建築家であった．そのなかには，ボランティアとして奉仕したエドウィン・リーや，有償での設計業務と同時に無償奉仕も多くおこなったピーター・ン・ピンキンやレオン・パクヤン，ヴィンセント・ンなどがいた．信徒であり建築家である彼らの奉仕があってこそ，これら多数の大規模建設事業が実現したといえる．

4　建設専門家信徒の神学的養成，1989年

本章ですでに述べたように1989年から，香港教区の大神学校である聖神修院神学哲学院は神学生以外の一般信徒の入学を正式に受け入れ始めた．建設専門家である信徒も，神学校で神学や宗教学，宗教科学の学位を取得するようになった．彼らは仕事を続けながら，あるいは定年退職後に神学校に通った．男性信徒の一部は学位取得後，終身助祭として叙階される道を選んだ[20]．神学専門教育を受けたことにより，信徒たちは古典的な信徒の姿，すなわち従属的・受動的で神学的素養のない存在を脱し，教会運営に主体的に参加することを，教義的にも，個人

---

20) 2018年時点では，「教区建築および発展委員会（DBDC）」の信徒委員のうちラム・サーリン（Lam Sair-ling 林社鈴）とジュリアン・イップが終身助祭である（DBDCについては本章後述, 資料5）．彼らはいずれも建設専門家として政府や民間企業で働きながら神学校に通い学位を取得し，終身助祭叙階のために養成され，叙階された．他にも，DBDC委員ではないが，終身助祭となった建設専門家信徒が複数いる．例えば，建築積算士の信徒ジョン・ラム（John Lam）は神学校を修了した後，2016年に終身助祭に叙階された．2018年時点では，受胎告知教会で奉仕をしている．ラムは聖アンドリュー教会（St. Andrew's Church, No. 348）建設計画に参画，奉仕した．

の信仰においても意味づけ, 確固たる動機と意欲を持つようになったのである.

5　建設事業における信徒使徒職推進, 1990 年代前半

ウー司教は 1992 年, 返還に備え「教区改革計画」を発表した. 改革の原理のひとつは教会生活に信徒がより幅広く積極的に参加すること, 信徒の諮問的役割を強化することであった.

この計画では「教区建設事業および計画委員会 (Diocesan Commission for Building Projects and Planning, DCBPP)」の再開も提案された. この委員会は 1980 年から 1982 年にかけて存在した (資料 4). その目的は第一に, 各種教区施設の状況を評価すること, すなわち, 教区内で教会堂, 学校などを適切に提供できているかを評価すること, 第二に, 施設の将来計画策定であった.

委員会構成員は以下のように提案された. 司教総代理, 総務処プロキュレーター, 香港・九龍・新界から各 1 名の司祭, 2–3 名の専門家信徒 (Ticozzi 1997, 201–218, 232). この委員構成は, 信徒委員よりも聖職者委員が若干多い. しかしその差は LAAC で見られたほど大きくはない (図 5.4).

委員会の任務は建設事業管理とは明言されなかったが, 教区の建設事業計画を策定する, それに信徒委員を参画させるとしたことは重要である.

1992 年の改革計画発表後, この委員会の行動計画を典礼委員会が策定し, 司教に提出した (行動計画では「教区計画・土地・建設発展委員会 (Diocesan Planning and Land/Building Development Commission)」と改名された)[21]. 新委員会の行動計画は, 1988 年の提案よりも, さらに具体的で実践的な内容であった.

しかしながらまたも委員会は設立されなかった. 筆者による典礼委員会内部資料の調査によれば, 典礼委員会はそれでもなお LAAC と共に新委員会設立の準備を継続した. メンバーたちは建設業界ではどのような事業管理がおこなわれているのか, 香港建築家学会 (Hong Kong Institute of Architects, 香港建築師學會) はどのような規則を策定しているのかなどについて調査をおこなった. トーマス・ロウは, 知り合いである建築家, エンジニア, 測量士など「専門家」信徒のリストを作成し, 新委員会の委員となる候補者を検討していた.

6　司教への提案, 1990 年代半ば

ウー司教は 1995 年に会合を開き, 複数の信徒を招いた. 一人の信徒が教会堂設計に関して発言した. 小教区司祭たちは信徒とあまり意見交換しないため, 信徒たちの間では不満が高まっていると意見した. この会合にはサイモン・リーも参加していた. 彼は不動産管理の専門家と

---

21) Diocesan Liturgy Commission. "Diocesan Planning and Land/Building Development Commission" (internal report), Folder "Client Body," 10 November 1992, p. 8, カトリック香港教区典礼委員会.

して政府の公営住宅署に勤務していた[22]．同じ意見を持っており，建設専門家信徒が事業計画段階から参画すればこのような問題は改善されるはずだと考えていた．

会合後，ウー司教はサイモン・リーに対し，司教総代理であるドミニク・チャン（Dominic Chan, 陳志明）と協働し，改善策を作成し提案するよう依頼した．この時までに司教自身も建設事業に関する問題が多発していることを認識していた[23]．ドミニク・チャンとサイモン・リーは，教区が委員会を設立し，建設事業に建設専門家信徒をより実質的に参画させることを司教に提案した．

7 教区建築および発展委員会の設立，1995 年

1995 年の後半までに，ウー司教は建設事業管理に特化した常設委員会を設立し建設専門家信徒を参画させる決断をし，実行を指示した．新委員会は「教区建築および発展委員会（Diocesan Building and Development Commission, DBDC）」と命名され，1995 年 12 月 1 日に正式に設立された（資料 4）．第 1 回委員会は 1995 年 12 月に開催された．

DBDC の役割は以下のように規定された．

・教区による司牧，地域サービスのニーズを調査研究し，それに見合う建設計画を策定する．
・司教が認可した事業計画を実施する．

上記の目的を達するために，以下の任務が規定された．
・2 年ごとに司教に対し建設事業と予算に関する報告をおこなう．
・土地に関する事柄で教区を支援する．
・建築物の改修や維持管理のガイドラインを策定する．
・建設事業の設計と実施において，小教区，教区組織，設計者間の調整をおこなう．
・建設事業に従事する施工事業者，測量士，エンジニア，その他の専門家の業務実施を監理し評価する[24]．

DBDC の信徒委員は建設専門家として，専門的助言，設計者や施工事業者の選定，コスト管理をし，また，施主である教会を代表し事業全体の管理・監理をおこなう．彼らは，教会と契約して業務を請け負う設計者や施工事業者とは本質的に役割や立場が異なる．新たな仕組みでは，事業が契約通りに実施されているかを教会内部にあって監督する役割が期待された．

22）サイモン・リーは香港政府公営住宅署副署長を務めた後，1998 年に退職した．
23）筆者によるサイモン・リーへのインタビュー，2010 年 3 月 24 日．
　　筆者によるトーマス・ロウへのインタビュー，2010 年 3 月 26 日．
24）Diocesan Building and Development Commission. "About us," http://dbdc.catholic.org.hk/, 2016 年 11 月 9 日閲覧．

(1) DBDC 委員

資料 5 は，1995 年から 2018 年の DBDC 委員と職員一覧である[25]．信徒委員のなかには委員長，副委員長，委員がいる[26]．DBDC 事務局には常勤有給の専門職員と技術職員がいる．委員の専門も示している．建築家，構造設計家，建築積算士，建築設備設計士，プランナー，土木エンジニア，金融や IT の専門家がいる．聖職者委員には，職権委員（Ex-officio members）と，職権と関係なく任命された委員がいる．グレイの横線は各委員の在任期間を示している．

DBDC 委員は全員が無償のボランティアであり，これは他の教区委員会でも同様である．委員は，委員長が推薦し，司教が正式に任命する．公募はしない．

1995 年の DBDC 創設時には，設立準備をおこなってきたサイモン・リーが委員長となり，同じく設立に奔走してきたドミニク・チャンとトーマス・ロウが聖職者委員となった．

図 5.4 に示すように，設立以来，DBDC 信徒委員の数は増加し続けている．他方，聖職者委員は若干減少した．彼らの多くは典礼委員会委員でもある．

資料 5 で示す通り，2018 年時点で信徒委員である 20 名のうち，建築家が 20%（4 名），構造設計家が 15%（3 名，副委員長を含む），建築設備設計士が 15%（3 名），プランナーが 25%（5 名，委員長を含む），土木エンジニアが 10%（2 名），建築積算士が 5%（1 名），金融と IT が 10%（2 名）である．金融と IT も建設に深く関わりのある分野である．信徒参画は，LAAC での体制よりも組織化され，建設分野の専門家がバランスよく揃っていることがわかる．

2018 年までに，合計 26 名の信徒が DBDC 委員を務めた．そのうち 13 名（50%）が 10 年以上委員を務めた．

これらの事実と筆者の DBDC 委員へのインタビュー調査から明らかなことは，信徒は DBDC 委員を務めることを一時的・短期的なボランティア活動とは考えておらず，長期的かつ専門的貢献，そして信仰の実践の一部と認識しているということである．

(2) DBDC 事務局

DBDC は従前の委員会と異なり，事務局（DBDC Office）を常設し常勤職員を雇用している（図7.5）．資料 5 で示す通り，常勤の建設専門家である事務局長（Administrator, 総監）が 1 名いる[27]．事務局の実質的な責任者であり，プロジェクト・マネージャーの役割を担う．さらに 1995 年以降，監理技術者（Clerk of Works, COW），監理技術者補佐（Assistant Clerk of Works, ACOW），2001年以降，建築アシスタント（Architectural Assistant, AA），2014 年以降，事務局長補佐（Assistant

---

25) 資料 5 は，教区ダイレクトリ，DBDC 議事録，筆者による DBDC 委員・職員へのインタビューに基づき作成した．
26) DBDC 委員のうち，カトリック信徒ではない者は 1 名である．その人物は，DBDC 委員・信徒である同僚からの依頼で委員を引き受けた．別の委員であるケン・ラム（Ken Lam）は委員就任時は信徒ではなかったが，2014 年に受洗し信徒となった（第 9 章参照）．DBDC 委員 26 名のうち 25 名が信徒であり，彼らは信徒であるために委員となったので，「信徒委員」と呼ぶ．
27) 初代，二代目，四代目の事務局長は建築家であり，香港政府に認定された「認可者（Authorized Person, 認可人士, AP）」である．三代目の事務局長は不動産管理の専門家であった．いずれも信徒である．

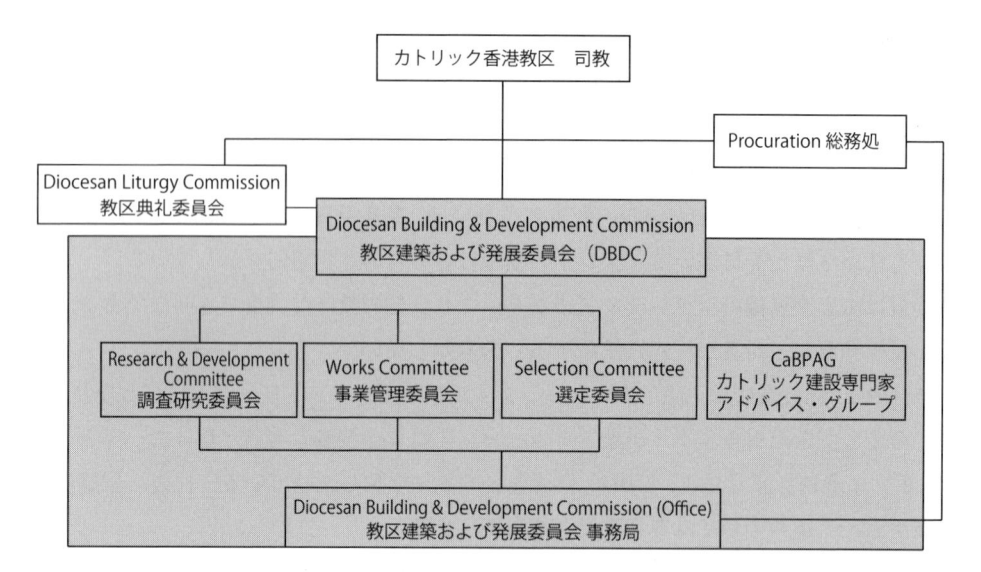

図 7.5　DBDC 組織図

Administrator）を常時雇用している（資料5）[28]．建築アシスタントは建築学修士の学位を持っているが，政府登録建築家（Registered Architect）や認可者（建設事業実施における責任者）の資格はまだ取得していない若手の専門職員である．事務局長補佐は，エンジニアや測量士などの中堅の建設専門家である．その他，事務職員が常時 2 名雇用されている．

　常勤有給の建設専門・技術職員を雇用する事務局の設立は，教区の歴史においてきわめて画期的な変化であった．

（3）DBDC 下部組織

　図 7.5 に示す通り，DBDC は三つの常設小委員会，ひとつのグループを有する．各 DBDC 委員はひとつ以上の常設小委員会・グループに属している．

　2017 年時点では，6 名が選定委員会（総務処プロキュレーターのデビッド・チャンを含む），7 名が事業管理委員会（プロキュレーターのデビッド・チャンを含む），14 名が調査研究委員会に属していた（聖職者委員 3 名，すなわちプロキュレーターのデビッド・チャン，トン・ホン司教，ドミニク・チャン司教総代理を含む）[29]．

　各小委員会の活動は以下の通りである．

---

28) 1995 年の DBDC 開設時に，教区総務処で雇用されていた監理技術者 1 名が DBDC 事務局に移籍した（エドワード・コンから筆者への E メール，2010 年 9 月 27 日）．

29) Meeting minutes of Selection Committee, 11 September 2017, Meeting minutes of Works Committee, 11 September 2017, Meeting minutes of Research and Development Committee, 11 March 2017, カトリック香港教区 DBDC 事務局.

① 選定委員会

選定委員会（Selection Committee）とは，事業の設計者，施工事業者を選定する．

具体的に，信徒委員は以下の役割を担うとされた．

・教区が建設事業を実施する際，教区の事業を請け負う資格と実績のある設計者および施工事業者のリストを作成し更新する．事業には，維持管理，屋根工事，防水，電気工事，補修工事なども含む[30]．

・設計者や施工事業者から提示あるいは入札された価格や計画内容を評価する．

設計者・施工事業者評価方法は，香港政府のものとほぼ同じである．

例えば小教区教会堂である聖母聖衣教会建設事業では，選定委員会は事業の内容を考慮したうえで，設計者と施工事業者のショートリスト（当該事業に対しプロポーザル提案可能な設計者のリストと入札可能な施工事業者のリスト）を作成した（第 8 章）[31]．

② 事業管理委員会

事業管理委員会（Works Committee）は，建設事業の計画，実施を管理する．

具体的に以下の任務を担う．

・司教が承認した建設事業の設計と施工に際し，小教区と教区の間の調整をおこなう．

・司教が承認した事業の質，工程，コストを監理する．

・雇用した設計者と施工事業者の作業内容を監理し評価する．

・建設事業管理について助言し，ガイドラインを作成する．

・教会所有施設の緊急事態に対応する[32]．

図 7.6 は，事業管理委員会が策定した維持管理事業の流れである．総務処プロキュレーター，典礼委員会，DBDC，小教区などの関係者が分業する仕組みが確立されている．

具体例としては，聖母聖衣教会建設事業では「作業部会」が設置され，そこに事業管理委員会委員が数名 DBDC 代表として参加した．プロキュレーター，典礼委員会委員，小教区司祭，小教区信徒代表，設計者も参加した（第 8 章）．事業管理委員会委員は作業部会において，小教区，DBDC，教区の間の意見調整をし，設計者との会合に参加し，設計者選定コンペに参加して専門的・技術的助言をおこない，実施設計にコメントをし，コスト管理を監督した．彼らは，教会堂が竣工して小教区に引き渡されるまで小教区信者を支援した[33]．

30）Diocesan Building and Development Commission. "Selection Committee," http://dbdc.catholic.org.hk/SC/Objectives.html, 2016 年 11 月 9 日閲覧.

31）ラム・サーリンから筆者への E メール, 2011 年 2 月 28 日.

32）Diocesan Building and Development Commission. "Works Committee," http://dbdc.catholic.org.hk/WC/Objectives.html, 2016 年 11 月 9 日閲覧.

33）ラム・サーリンから筆者への E メール, 2011 年 2 月 28 日.

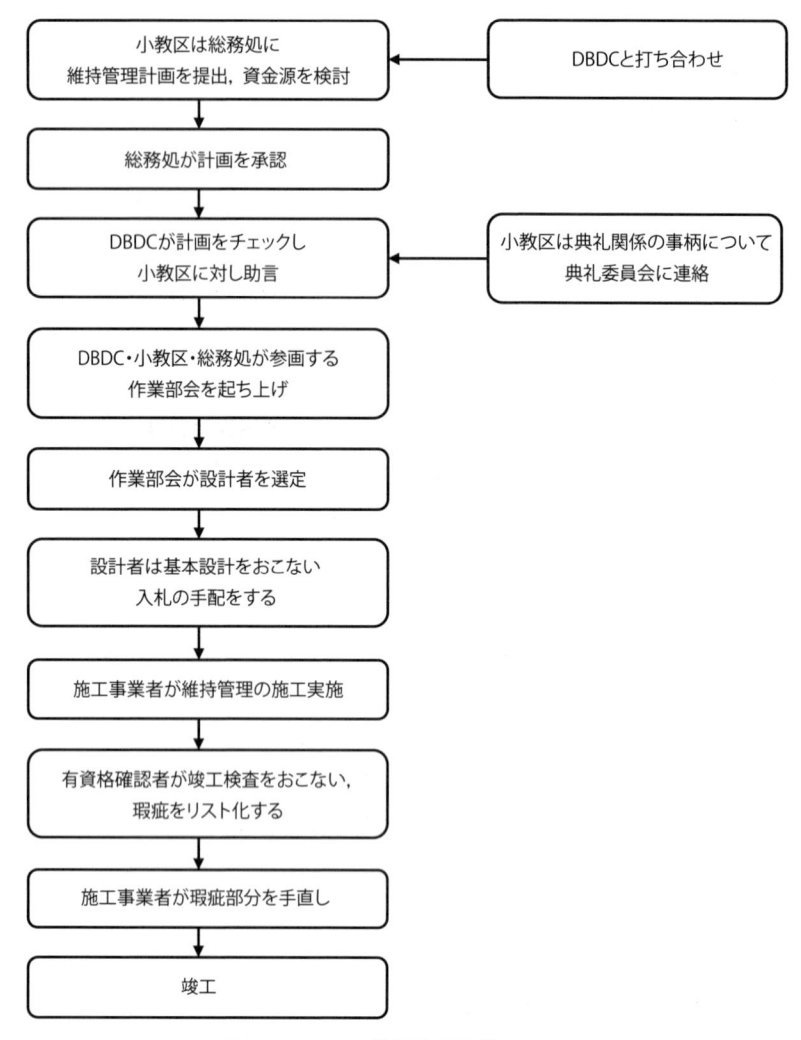

図 7.6　DBDC 維持管理事業のフロー

③ 調査研究委員会

調査研究委員会（Research and Development Committee）は，教区が必要とする建設事業に関する調査研究，計画，提言をおこなう[34]．具体的には以下を担う．

　・香港の人口動態を勘案しながら，各地区や小教区における教区の司牧，地域への奉仕状況や必要性を調査し，必要な施設を検討する．

　・DBDC に対し施設整備計画案を提示する．

　・DBDC が指示した特定の事柄について研究・評価をおこない，報告書を作成する．

---

34) Diocesan Building and Development Commission. "Research and Development Committee," http://dbdc.catholic. org.hk/RDC/Objectives.html, 2016 年 11 月 9 日閲覧.

　調査研究委員会の貢献の具体例としては,委員会がおこなった分析と助言に基づき,教区は,小教区の統廃合,人口増加が予想されるニュータウンでの新教会堂建設を決断し実施した.政府が教区所有施設の文化財指定・登録を提案した際には,調査研究委員会が具体的検討をした[35].

---

[35] 筆者によるラム・サーリンへのインタビュー,2009年9月19日.

第 8 章

1997–2005 年　都市再開発型教会堂の建設

　1980 年代後半以降，香港教区は，教会堂建設にあたり，財政と運営面において政府に依存しない方針に転換した．その結果として教会堂は，小中学校ではなく，幼稚園を併設するようになったことを第 7 章で述べた．返還を受けて新たに登場したいまひとつの教会堂類型は，都市再開発型教会堂である．1990 年代に計画が始まり，2001 年に竣工した聖母聖衣教会の事例において，教区が都市再開発を手段とし，高層高密都市に教会堂空間を確保し，自立的資金調達を実現したプロセスを見てゆく．また，この事業のなかで，信徒が「教区建築および発展委員会」を通し，専門家として参画した過程を詳細に見てゆく．彼らの参画があったがゆえに，高度な専門性を必要とする教会堂建設事業の実施が可能となったこと，信徒の建設事業への本質的参画が，香港教区において確立されたものとなっていったことを明らかにしてゆく．

第 1 節　時代背景

1　民主化抑圧とそれへの反発

　1997 年，香港が中国へ返還されると，香港の民主化要求は抑圧された．植民地香港の最後の総督クリス・パッテン（在任 1992-1997 年）による大胆な民主化改革は，中国政府の猛烈な反発を招き，返還直後に覆されてしまった（倉田 2009, 107-109）．大陸では，宗教抑圧はさらに強まった．1999 年以降，中国政府は大規模デモをおこなった気功集団「法輪功」の実践者を多数逮捕した（遠藤ほか 2015, 60-63）．政権転覆の次なる火種となりかねないからである．

　こうした抑圧的状況を受け，香港の人々の民主化要求は強まった．2003 年には，言論や集会の自由，宗教活動を侵害しうる香港基本法 23 条（通称，国家安全法）の立法に反対し，50 万人という大規模デモが起きた．これを受け，香港政府は強行採決を断念し，国家安全法案は棚上げとなった（遠藤ほか 2015, 64-67）．

　直接選挙による香港政府議会議員選出も当初の計画を妨げられた．香港基本法では，直接投票による普通選挙を段階的に進め，最終的には香港トップである行政長官の直接選挙を実現することが明記されている．しかしながら遠藤によれば，ここで保障されているのは，西側諸国の価値観でいうところの民主主義的な普通選挙ではない．基本法はあくまで中国という「一国」の制度で規定されるものだからである．大陸型の普通選挙とは，政府があらかじめ選んだ候補

者に，一人一票で投票するというものである（遠藤ほか 2015, 5-6）．中国政府は香港における普通選挙実施に関して基本法解釈権を行使して介入し，実施時期の延期，制度の骨抜きをおこない続けた．

2　政教関係の悪化

　ブラウンは1993年時点で返還後の政教関係を予測し，教会は機能はするものの次第に弱体化し，中国政府の抑圧が徐々に現れるというシナリオが最も可能性が高いと述べた（Brown 1993, 323）．それは現実のものとなり，返還後，教会が「脅威」と感じる問題が数多く発生した（Leung and Chan 2003, 149）．学校教育で使用する言語の英語から中国語への移行，政府助成学校での「道徳および国民教育（德育及国民教育）」の導入，すべての政府助成学校での「合同学校管理委員会（法團校董會）」条例化などはとりわけ，宗教教育と宗教活動の自由の侵害だと教会はとらえた[1]．これら政策が意味するのは，共産党政権の安定性の侵害など，中国政府の政治的利益にそぐわない場合，教会やその他の宗教組織の利益は犠牲にならざるをえないということでもあった（Tan 2000, 323）．

　ジョセフ・ゼン（Joseph Zen, 陳日君）は 2002 年に香港教区司教に叙階された後，それまでの香港司教たちとは異なる態度を示した．ゼンは民主化支持を公言し，民主化運動の最前線で一人の個人として常に行動した[2]．ゼンが社会正義や民主化を声高に要求するようになると，政教関係は悪化した（Leung and Chan 2003, 149）．

3　中国への経済依存，再植民地化

　返還後も金融都市としての香港の性格は変わらなかったが，急成長する中国の他都市との激しい競争にさらされると，香港は中国への経済的依存を強めた．2003 年，中国政府は香港への経済支援策として「内地と香港の経済連携緊密化に関する取り決め」という一種の自由貿易協定を結び，香港の様々なサービス業が大陸へ参入することを認めた（遠藤ほか 2015, 69）．同 2003年，中国で発生した致死率の高い「重症急性呼吸器症候群（SARS, サーズ）」が香港でも流行し，

---

1)「合同学校管理委員会（法團校董會）」に関する政府の条例案は，「合同学校管理委員会」に生徒保護者も委員として加え，学校運営を合議で決定する，というものであった．こうした保護者は必ずしもカトリック信徒ではなく，また，カトリック教会と教育理念を同じくするとは限らないため，学校運営団体としての教会は，教育理念や運営方針の決定権を侵害される危機感を強く抱いた．教区はこの条例案に対する訴訟を起こしたが，2011 年，終審院（最高裁判所）で教区の敗訴が確定した（Catholic Truth Society 2017）．
2) 2009 年に司教を引退した後もゼンの言動は一貫して変わっていない．2014 年と 2019 年の大規模反政府・民主化要求デモにおいてもゼン枢機卿は民主化支持者の重鎮として活動した（Jeffie Lam and Tony Cheung. "Cardinal Joseph Zen wants lawmakers to veto 'meaningless' election reform package," South China Morning Post, 13 September 2014. http://www.scmp.com/news/hong-kong/article/1591231/vote-meaningless-under-beijings-framework?page=all, 2019 年 6 月 18 日閲覧）．

観光・訪問客が激減，経済は大打撃を受けた．これを受け中国は，観光・旅行に関する規制緩和を 2003 年におこない，それまで制限されていた中国本土から香港への個人旅行を解禁した（遠藤ほか 2015, 71–74）．遠藤は，この二つの規制緩和が香港にもたらした経済的恩恵は絶大であり，これ以来，香港経済は完全に中国本土に依存するようになり，「チャイナ・マネー」に香港は買われたと指摘する．この中国依存，中国による間接支配の状況は「再植民地化（re-colonization）」とも呼ばれる（Wong 2005, 倉田, 張 2015, 113–114）．

第 2 節　教会堂類型

大陸に返還され一国二制度となったこの時期，教区は幼稚園併設の教会堂を引き続き建設した．この時期はさらに，この方法にとどまらず，教会が自ら建設事業資金を調達し，政府からのさらなる自立を達成するため，都市再開発型の教会堂を建設するという大きな決断をした．

1　幼稚園併設教会堂

この時期，幼稚園併設の教会堂は 2 件竣工した（No. 337, 343）．いずれも香港返還へ備え，教区が自己資金で建設したものである．次節に述べる都市再開発事業が資金源ともなった．

(1) 使徒聖トマス教会と聖トマス・カトリック幼稚園，1999 年

使徒聖トマス教会および聖トマス・カトリック幼稚園（St. Thomas the Apostle Church, St. Thomas' Catholic Kindergarten, 聖多默宗徒堂, 天主教聖多默幼稚園）は 1999 年竣工，青衣（Tsing Yi）に所在する（No. 337, 図 2.1）．青衣は新空港建設に伴って 1990 年代から発展した TOD のニュータウンである（第 7 章）．

教会堂設計者は黄華生（Wong Wah Sang）であり，教区総務処が指名した[3]．第 3 章から第 7 章で既述のように，教区は従来，カトリック建築家を好んで指名したが，黄華生はカトリック信者ではない．信者ではない黄華生が指名された背景は以下であった．1980 年代後半，教区はカテドラル隣接地をディベロッパー長江（Cheung Kong）に売却した[4]．長江は 1989 年，3 棟の集合住宅（ロビンソン・ハイツ，Robinson Heights, 樂信台）を竣工させた．この事業の建築家はリウ・ホク・ヤン設計事務所（Liu Hok Yan Associates, 廖學人則師樓有限公司）であった．教区はこの直後，これに隣接する教区所有地についても再開発を計画した．この土地は売却せず，教区が

---

3) 黄華生は香港大學建築学部卒業．Wong Wah Sang Architect All Arts Limited 代表．香港大學建築学部准教授（当時）でもあった．建築設計に加え，仏教建築に精通している．自身は仏教徒である．

4) 長江は 1950 年にリー・カーシン（Li Ka-shing, 李嘉誠）がプラスチック製品製造会社として創設し，後に香港最大の不動産開発投資会社になった．1972 年に香港株式市場に上場した（CK Hutchison Holdings Limited. "Chairman's Profile," http://www.ckh.com.hk/en/about/chairman.php, 2015 年 9 月 24 日閲覧）．

所有しながら，カトリック学校であった既存の低層建築を解体し，ホテルを建設することを考え，再び長江と協働することとした．長江は，この事業の建築家として，黄華生を教区に紹介し，教区はこれを受け黄華生を指名した．1995 年，24 階建てのホテル（ビショップ・レイ・インターナショナル・ハウス，Bishop Lei International House, 宏基國際賓館）を竣工させた．ちょうどこの時期，教区は青衣に新教会堂建設を計画し始めた．政府に土地供給の申請をしたところ，返還直前の 1996 年 7 月，土地を取得できた[5]．このためすぐに設計者を決定する必要が生じ，この時期に協働していた黄華生を新教会堂設計者に指名したのである．

青衣の使徒聖トマス教会は，地上階下層（lower ground floor）に平日ミサ用チャペルおよび駐車場，地上階上層（upper ground floor）に教会ホール（2 階まで吹き抜け）および小教区事務所，1 階に幼稚園教室，職員室，2 階に幼稚園教室，屋内運動場，3 階に集会場（assembly hall, 4 階まで吹き抜け）および会議室，4 階に会議室，5 階に司祭居住スペースを有する（図面 41-48）．教会ホールは扇形平面，会衆席は 429 である（図面 43）．前の時期に引き続き，教区典礼委員会聖職者委員が，祭壇を囲む扇形平面，浸礼が可能な洗礼槽をとりいれた．

黄華生は仏教徒で，また，仏教建築の専門家であり，カトリック教会建築に対する予備知識はほとんどなかった．しかし，仏教建築以外の宗教建築を設計することに強い興味と意欲があった．教区総務処プロキュレーターのエドワード・コンから，教会建築についての説明を受け，自らヨーロッパへ教会建築の視察に行くなど，意欲的に設計に取り組んだ．教区は黄華生による教会堂設計に満足した．この時期以降，教区は設計者の選定に際し，信徒であるかどうかよりも，専門家としての能力，意欲を重視するようになった．

設計者の決定は，従来と同様に教区総務処プロキュレーターがおこなっており，DBDC の深い関与は認められない．この時期はまだ DBDC が誕生したばかりであったためと思われる．

(2) 聖ジェローム教会と聖ジェローム・カトリック幼稚園，2002 年

聖ジェローム教会と聖ジェローム・カトリック幼稚園（St. Jerome's Church, St. Jerome's Catholic Kindergarten, 聖葉理諾堂, 天主教聖葉理諾幼稚園）は 2002 年に竣工した（No. 343, 口絵 11, 図 8.1, 図面 49）．新界の天水圍（Tin Shui Wai）に所在する（図 2.1）．天水圍はニュータウンのなかでも新しく，1990 年代に開発が始まり，近年まで続いた．公営団地が集中している．

教区総務処は，使徒聖トマス教会設計者であった黄華生を再び指名した．使徒聖トマス教会の設計がおこなわれている最中の 1997 年 10 月，教区は聖ジェローム教会の土地を取得した．こちらも土地供給申請から 1 年ほどでのスムーズな交渉であった[6]．そのため，教区はすぐに建築家を決定する必要があり，この時期に使徒聖トマス教会で協働していた黄華生を再び指名

---

5) 筆者によるエドワード・コンへのインタビュー，2019 年 1 月 11 日．エドワード・コンから筆者への E メール，2019 年 1 月 14 日．他のプロジェクトに比してスムーズな交渉であった．植民地期最後の総督クリス・パッテンは自身がカトリック信者でもあったため，教会に対して協力的だったともいわれる．

6) 筆者によるエドワード・コンへのインタビュー，2019 年 1 月 11 日．
エドワード・コンから筆者への E メール，2019 年 1 月 14 日．

図 8.1　聖ジェローム教会（**St. Jerome's Church**, 聖葉理諾堂, **No. 343**）　洗礼槽　2002 年竣工

した[7]．この時にもまだ設計者指名に DBDC の関与は見られない．

　教会ホール平面はやはり扇形，会衆席は 491 である（口絵 11, 図面 49）[8]．教区典礼委員会委員は，この教会堂にも浸礼が可能な洗礼槽を設計した（図 8.1）．

2　都市再開発型教会堂

　1990 年代後半，香港の諸教会は都市部において自ら再開発事業をおこない，高層建築を建設し，そこに商業施設や集合住宅と教会堂を同居させるという方法をとるようになった．これを類型 4 の民間建物に属する教会堂として分類する．

　政府助成金を得ずに建設されたという点では，幼稚園併設の教会堂と同じである．しかしながら，幼稚園併設の教会堂は，教区が土地を新たに政府から賃借するに際し，公益施設を設けるという条件を政府から課され，それに応えたものであったのに対し，都市再開発型教会堂は，教会組織がすでに所有している土地を再開発したものである．政府と新たな土地賃借契約を交わす必要がなく，公益施設併設などの条件を課されることがなかったために実現した建築である．教会自身がいわばディベロッパーとなり，民間のディベロッパーと類似の開発事業をおこ

---

7) この事業が竣工した後，黄華生は，2005 年にアッシジの聖フランシスコ教会のエレベーター増築工事を請け負ったが，それ以降は教会の事業は請け負っていない．これは黄華生自身が設計事業をおこなわなくなり，大学での研究と教育に集中するようになったためであった．

8) Wong Wah Sang Architect All Arts Limited. "St. Jerome's Church, T. S. W. T. L. No. 19, TIN MEI STREET, TIN SHUI WAI, N. T., GENERAL NOTES, SCHEDULES, & BLOCK PLAN," 2001, カトリック香港教区．

なったため，民間建物と分類する．

　教会が再開発に乗り出した背景は以下であった．香港返還後，地価は以前にも増して高騰し，非営利団体である教会組織が教会堂新築のために土地を新たに取得するのはますます困難になった．こうした状況のなか，香港の諸教会は，すでに保有している土地を活用することを考え始めた．主要な教会組織は，都心部に，戦前や戦後まもなく建設した低層の独立棟教会堂あるいは学校併設教会堂を所有していた．これらを解体し，民間ディベロッパーや建築家と協働して高層複合建築として再開発するというものであった．教会が自らの土地を宗教活動以外の用途に使用することは条例的にも可能である場合もあったので，諸教会は土地再開発に乗り出し，狭小な敷地に，ペンシル・タワーやポディウム・タワーを建設した（Shelton et al. 2011, 147–148)[9]．高層建築のいずれかの階に専有空間としての教会堂を設けた．建物内のその他の空間をオフィスや住宅などとして賃貸もしくは分譲することで，教会は再開発経費を精算することができた．このような教会建築は，郊外の新界よりも地価の高い都心部である香港島や九龍に多く見られる[10]．

第 3 節　聖母聖衣教会の建設プロセスと信徒参画

　都市再開発型カトリック教会堂の事例には 2001 年竣工の聖母聖衣教会がある（Our Lady of Mount Carmel Church, 聖母聖衣堂, No. 340, 図 8.2, 8.3)．第 6, 7 章で指摘したように 1980 年代の香港返還決定を受け，香港カトリック教会は教会堂建設方針と事業体制を大きく転換させた．すなわち，政府所有不動産を教会堂として利用するのではなく，教会自身が所有する教会堂を建設するようになり，その結果生まれた教会堂類型のひとつが都市再開発型教会堂だったのである．この事業は，建設専門家信徒の参画があって可能となったものであった．教会堂建設事業の増加と事業高度化に対応すべく 1995 年に教区が設立した「教区建築および発展委員会」を母体として，建設専門家信徒が教会堂建設事業の計画・設計・監理に重要な役割を果たしたのである．以下に聖母聖衣教会の計画・設計プロセスを再構築しながら，香港返還という激動の時代に，都市再開発型教会堂建設事業に信徒がどのように参画していったかを考察してゆく．

9）ペンシル・タワーとは，狭小な敷地に建つ，鉛筆のように細長い高層建築である．都心部には小規模区画の所有者が多数いるが，区画を統合して大規模な再開発をしようとする場合，合意形成に時間がかかり，開発事業としては経済的なリスクが大きい．一方，狭小な敷地は所有者や利害関係者も少ないため，再開発が迅速にできる．返還前の過渡期には，返還後の経済的な見通しは不安定であったため，投資家たちはリスクを避けつつ，短期的にリターンを得ようとして，こうしたペンシル・タワーを多数建設した（Christ and Gantenbein 2012, 16)．

10）プロテスタント教会の事例には例えば，香港島湾仔のメソジスト教会（Chinese Methodist Church, 循道衞理聯合教會香港堂）がある．1936 年に低層の教会堂が建設され，1998 年に 23 階建て複合建築 Methodist House として再開発された（Xue 2016, 107)．教会堂の他に，ホテル，レストラン，商店，オフィスなどが入居する．

1　再開発計画の背景

　香港島の灣仔^{ワンチャイ}は 1860 年代までに植民地で最初の中国人居住区として発展し，カトリック宣教師たちは，墓地，チャペル，孤児院，病院などを次々と開設した（Ha 1998, 73–75, 第 4 章第 2 節 6 (1)）．1864 年に建設された聖フランシスコ・ザヴィエル教会（St. Francis Xavier's Church, 聖方濟堂, No. 7）は，1922 年か 1923 年にその土地が売却され，解体された（Ha 2007, 22）．カトリック教会は近隣に新たな土地を購入し，新教会堂を建設する計画を立てた．1939 年 12 月 13 日，教会はようやく 1,347m² ほど（1 万 4,500 平方フィート）の土地を取得し，計画を開始した．しかし 1941 年，戦争のために事業は中断を余儀なくされた．

　戦後の 1950 年になってようやく，教区は，小教区教会堂である聖霊教会（Holy Souls' Church, 煉霊堂）と，教区小学校である基立学校（Ki Lap School, 基立學校）を建設することができた．学校併設教会堂である（No. 73, 図 4.4 のA, 図面 3–12）．1957 年，教会は聖母聖衣教会（Our Lady of Mount Carmel Church, 聖母聖衣堂）と改名された．

図 **8.2**　集合住宅 **No. 1 Star Street**
聖母聖衣教会（**Our Lady of Mount Carmel Church,**
聖母聖衣堂, **No. 340**）が所在　**2001 年竣工**

図 8.3　聖母聖衣教会　エントランス

　1980 年代以降，都心部に居住していた住民は，新たに開発された郊外ニュータウンへ続々と転出した．地区の児童数が減少したため，基立学校は 1994 年に閉校となった[11]．閉校後，学校であったスペースは，教会活動に時折使用されるほかは，他の用途に活用されることはほとんどなかった．

　教区は都心部のこの貴重な空間を無駄にせず利用すべきと考えた[12]．先述のように，1980 年代後半以降，数件の幼稚園併設教会堂を自主財源で新築する計画を立てていたため，灣仔のこの土地を再開発することによって，これら教会堂新築資金も調達しようとした．また灣仔の信者は高齢化し，既存建物の 100 段以上もの階段を上って 4 階の教会堂に行くのは難しい状況になっていたこともあり，施設更新は必須の状況であった．

　第 7 章で述べたように，1995 年，教区は建築および発展委員会（DBDC）を設立し，建設専門家信徒たちがプロジェクト・マネジメントを担当するようになった．都心部再開発という難

11) 聖母聖衣堂.『聖母聖衣堂 40』1990 年, p. 25.
12) 筆者によるサイモン・リーへのインタビュー, 2010 年 9 月 13 日.

しい建設事業を管理することのできる組織と人材をこの時までに教区は得ていたため，事業実施に踏み切ることができたのである．

2　基本構想期

表 8.1 に示す通り，教区の財務管理者である総務処プロキュレーターが，事業可能性調査と小教区への事業内容説明をおこなった．DBDC の信徒委員は，小教区信者への事業内容説明，小教区の要望のとりまとめ，作業部会の設立，設計者選定において重要な役割を担った．小教区信徒は一定程度の要望を出した．この過程の詳細を以下に説明する．

(1) 可能性調査

1996 年，総務処プロキュレーターのエドワード・コンとディベロッパーの長江は，ジョイント再開発について協議し始めた．1997 年，教区と長江は，既存の教会と学校を解体し，42 階建ての集合住宅を建設し，その地上階と 1 階に教会が入居することに合意した[13]．教区は地上階と 1 階の約半分のスペースの所有者となり，その空間を教会とし，内装設計と内装施工をおこなうこととなった．長江は，既存の教会堂の解体，建物全体の計画・設計と施工，建設する集合住宅の販売を担った．住宅分譲の収益は，教区と長江が合意した割合でそれぞれ得た[14]．教区はこの利益を，他の数件の既存教会堂の改修と数件の幼稚園併設教会堂新築にあてることができた．

1997 年 5 月，長江は，1,299.703m^2（後退用地を除いた敷地面積は 1,227.326m^2）の土地所有者として登録された[15]．同 1997 年，既存の学校と教会堂は解体された．

(2) 教区と長江との合意，1997 年

先述した 1997 年の合意によって新教会堂に関しては以下のことが取り決められた．

1) 教会は，建物のポディウムである地上階と 1 階の一部をそのスペースとする．ポディウムの高さは条例によって決まる[16]．

2) 教会ホールは，会衆席を約 300 とし，天井を高くし，天窓を設ける．構造柱を教会ホールとロビーの間に配し，教会ホール内には配さない．

---

13) 新築された集合住宅は住所にちなんで「匯星壹號（No. 1 Star Street）」と命名された．

14) 筆者によるエドワード・コンへのインタビュー，2010 年 5 月 20 日．
エドワード・コンから筆者への E メール，2012 年 12 月 19 日．
Hong Kong SAR Government. "Land Register (for Property Particulars [Property reference number: A2475434])," https://www1.iris.gov.hk/eservices/byaddress/search.jsp, 2012 年 4 月 19 日閲覧. 2001 年 3 月，土地と不動産は 1 万 1,100 区分に分割され，教区が教会部分の 1,459 区分を所有した．教会堂は 2001 年 10 月に竣工し，11 月に献堂された．

15) Hong Kong SAR Government. "Land Register (for Property Particulars [Property reference number: A2475434])," https://www1.iris.gov.hk/eservices/byaddress/search.jsp, 2012 年 4 月 19 日閲覧.
A+T Design. "Calculation, Proposed composite building at No. 1 Star Street Wanchai H. K," July 1998, カトリック香港教区.

表 8.1　聖母聖衣教会作業部会／委員会のメンバーと参画内容

凡例列グループ：基本構想＝可能性調査〜設計者選定／設計＝典礼空間〔教会テーマ〜ロビー〕・実用空間〔小教区事務所〜会議室〕

組織	役職／立場	氏名（専門）信徒はゴシック	可能性調査	小教区への説明	小教区要望とりまとめ	作業部会設置	作業部会メンバー	委員会選定	設計者選定	教会テーマ	教会ホール	内陣	壁画	洗礼漕	ロビー	小教区事務所	厨房	求道者勉強部屋	聖歌隊練習室	小聖堂	倉庫	会議室
総務処	プロキュレーター	エドワード・コン／デビッド・チャン	■				✔	_✔_	◆													▥
教区建築および発展委員会 DBDC	事務局長	**アンナ・クウォン**（建築家）					✔	✔		▥						◆	◆					
	委員長	サイモン・リー（不動産管理）			■	◆	*			▥	▥	▥	▥	▥	▥	▥	▥	▥	▥	▥	▥	▥
	副委員長／事業管理委員会委員長	フィリップ・クウォク（構造設計家）			■	*	*			▥	▥	▥	▥	▥	▥	▥	▥	▥	▥	▥	▥	▥
	事業管理委員会委員	ビクター・クウォク（建築家）				*	*			▥	▥	▥	▥	▥	▥	▥	▥	▥	▥	▥	▥	▥
	選定委員会	**信徒委員**																				
典礼委員会	委員長	トーマス・ロウ							◇	■	■	■	■	■	■							
	アドバイザー	ジョバンニ・ジャンピエトロ					✔	✔		■	■	■	■	■	■				◆			
小教区信者	小教区司祭	**カルロス・ヒメネス**				◇	✔	✔	◇	◇	◇	◇	◆	◆	◆	■	■	■	■	■	■	■
	小教区信徒代表	**ステファン・フォク**（医療技術者）					✔	✔	◇	◇	◇	◇	◆	◆	◆	■	■	■	■	■	■	■
	小教区信徒代表	**チャン・チミン**（公共交通）					✔	✔	◇	◇	◇	◇	◆	◆	◆	■	■	■	■	■	■	■
	作業部会長	**フィリップ・クウォン**（土木・構造エンジニア）					_✔_		◇	▥	▥	▥	▥	▥	▥	▥	▥	▥	▥	▥	▥	▥
設計者 A+T	建築家	ダニエル・リン					*	✔		▥	▥	▥	▥	▥	▥	▥	▥	◆	▥	▥	▥	▥
	内装設計者	エンジェル・クウォク					*	✔		▥	▥	▥	▥	▥	▥	◆	▥	▥	▥	▥	▥	▥

✔：メンバー，下線ありは部会長／委員長　＊：正式な委員ではないが参加　■：意思決定，主導的役割　▥：技術的・専門的支援
◆：意見表明，主導的ではない　◇：オブザーバーとして参加，同意表明　□：参画なし

・総務処司祭は可能性調査，小教区への説明で主導的
・DBDC信徒委員は小教区への説明，小教区要望とりまとめ，作業部会設立，設計者選定で主導的
・DLC聖職者委員は典礼空間設計で主導的
・聖母聖衣教会小教区司祭と信徒は実用空間の設計を決定
・設計者は典礼空間・実用空間の設計を技術的・専門的に支援

3）長江は，長江が契約した設計者であるA+Tと共に，集合住宅と教会堂を含む建物の構造と外装全体を設計，施工する．教区は教会スペースの内装のみ設計する．

4）敷地が傾斜地であることと，隣接地に建物があるため，外壁の開口部は正面を除き，きわめて少なくなる．

政府条例による建築上の制限もあった．

1）条例により，建蔽率は住居スペースが33.689%，教会スペースは60％とされた[17]．

16）筆者によるダニエル・リン（Daniel Lin, A+T代表，集合住宅および聖母聖衣教会設計者）へのインタビュー，2011年6月3日．筆者によるエドワード・コンへのインタビュー，2011年11月24日．この合意はコンが求めたものであった．コンは教会堂が地上階にあることの重要性と必要性を強調した．地域住民が街路から教会にアクセスしやすく，通行人も気が付きやすいからである．この要望はディベロッパーの長江にとっては好都合であった．なぜなら，集合住宅は通常，低層階が敬遠され分譲価格も安くなるからである．さらに，条例によって建蔽率が住居部分と教会部分で異なっており，教会のほうが広い建蔽率を許されていたので，教会は必然的にポディウム部分に入居することとなった．

2）容積率は住居スペースが 800%，非住居スペース（教会スペース）が 1,500% とされた [18].

（3）小教区への説明と要望のとりまとめ

総務処プロキュレーターは長江との合意に基づき教会スペースの基本設計を進め，延べ床面積を規定した.

1997 年後半から 1998 年初頭に，教区は聖母聖衣教会小教区信者への事業説明をおこなった. 司教は，新教会堂のスペースは 1950 年建築の既存の教会堂よりも減少するため，効率的に使用されなければならないことを説明した. DBDC 委員長サイモン・リーと副委員長フィリップ・クウォク（Philip Kwok）が同行し，建築計画，建築上の制限，関連する条例について専門的，技術的側面から説明した（表 8.1）[19].

小教区信徒たちはその説明に対し，教会学校などのための実用空間が足りないと意見した. 説明会後，司教は小教区信徒に対し，必要な諸室とその面積について要望をとりまとめるよう求めた. 信徒たちはそれに応じて要望を提出した.

教区は小教区の要望の一部を受け入れたようであり，長江に対し設計を変更し，基本設計にはなかった中 2 階を追加するよう求めた. これによって実用空間の増床ができると考えたためである.

（4）作業部会と委員会の設立，1998 年

一般的に，教区が建設事業を実施する際，DBDC が作業部会を設立する [20]. 作業部会は通常，総務処プロキュレーター，DBDC 委員代表，典礼委員会聖職者委員，小教区主任司祭，小教区信徒代表数名で構成される [21]. 作業部会は小教区が主導的になるように，なるべく小教区から部会長を選出するように制度設計されている. DBDC の小委員会である事業管理委員会の委員数名が作業部会に助言しガイドラインを提供する [22].

聖母聖衣教会信者への説明会後，DBDC 委員のフィリップ・クウォクとビクター・クウォク（Victor Kwok）が教区によってコーディネーターに任命され，小教区に助言をすることとなった（表 8.1）. 彼らは「作業部会（Task Force）」の設立を提案した. 作業部会は小教区が計画・設計

17）A+T Design. "Calculation（2），Proposed composite building at No. 1 Star Street Wanchai H. K," September 2000, カトリック香港教区. 実施設計の建蔽率は住居スペースが 29.928%，教会スペースが 40.873% であった.

18）A+T Design. "Calculation（2），Proposed composite building at No. 1 Star Street Wanchai H. K," September 2000, カトリック香港教区. 実施設計の容積率は，住居スペースが 760%，教会スペースが 119% であった.

19）筆者によるサイモン・リーへのインタビュー，2010 年 3 月 26 日.

20）作業部会の名称は様々であり，他の事例では，プロジェクト委員会，プロジェクト・チーム，プロジェクト計画委員会などとも名付けられた.

21）DBDC. Meeting minutes of DBDC, 7 September 1996, カトリック香港教区 DBDC 事務局.

22）Works Sub-Committee. "Minutes of First Meeting," 12 July 1996, カトリック香港教区 DBDC 事務局. "The terms of reference of the sub-committee were agreed to be: ... c）to provide guidelines and check lists for the project committees and professionals involved in church projects.", "III. Short term and long term objectives. 3. The committee should play an advisory or assisting role for the project teams in church projects."

172

を主導するために計画された．しかしながら計画通りにはいかなかったので，作業部会は「委員会（Committee）」として再編された．作業部会メンバーは委員会メンバーに移行し，教区が小教区に代わって計画設計を主導した．

① 作業部会

　教区が開催した準備会合において，コーディネーターであるフィリップ・クウォクは，作業部会の設立を提案した[23]．小教区から作業部会に参加するのは，小教区主任司祭と小教区信徒代表がのぞましく，小教区信徒代表は3名を上限とすべきと助言した．その理由は，4名以上となると議論のとりまとめが難しくなるためと説明した．小教区信徒代表は建設専門家である必要はないが，もし専門家であるならば有益でもあると述べている[24]．また，小教区信徒代表以外の作業部会メンバーとして以下を推薦した．デビッド・チャン（David Chan, 教区総務処プロキュレーター），アンナ・クウォン（Anna Kwong, DBDC事務局長），トーマス・ロウ（Thomas Law, 典礼委員会聖職者委員・委員長），ジョバンニ・ジャンピエトロ（Giovanni Giampietro, 典礼委員会聖職者委員），カルロス・ヒメネス（Carlos Jimenez, 聖母聖衣教会主任司祭）（表8.1）[25]．

　小教区からはまずステファン・フォク（Stephen Fok）が信徒代表となった．フォクは当時，小教区の教会委員会（Parish Council）委員長，すなわち小教区全信徒の代表だったためである．小教区信徒チャン・チミン（Chan Chi Ming）にも作業部会への参加を依頼した．彼らは建設専門家ではなかったものの，エンド・ユーザーである小教区信徒の代表として，小教区の要望を作業部会に伝えた．

　小教区信者は，小教区の立場を代表する建設専門家信徒が作業部会に参加することを望んだ．そこで小教区信徒ではなかったが，湾仔の小教区のことをよく知っている信徒フィリップ・クウォン（Philip Kwong）に，作業部会長となることを要請した．フィリップ・クウォンは土木・構造エンジニアであり，建設プロジェクト・マネージャーとして民間での豊富な実務経験があった[26]．

　「作業部会の役割」という文書で，各参加者の役割が以下のように規定された．

　・小教区の役割
　　1) 作業部会を主導
　　2) 建築計画について要望をとりまとめ，A+Tと協働して作業部会に伝える

23) DBDC.「湾仔聖母聖衣堂重建事宜　第一次会議」, 1998年7月9日, 聖母聖衣教会.
24) 筆者によるフィリップ・クウォクへのインタビュー, 2011年11月26日.
25) DBDC. "Proposed Church Redevelopment at No. 1 Star Street Meeting Minutes（聖母聖衣教会事業議事録）." 設計者A+Tは，長江側設計者として，1998年9月29日から1999年2月まで作業部会に参加し，教会堂内装設計競技に必要なデータを教区に提供した．1999年3月，A+Tは指名プロポーザル方式の教会堂内装設計競技に参加し，選定された．それ以降，A+Tは委員会（作業部会が再編）に教区が委託した設計者として参加した.
26) DBDC. 聖母聖衣教会事業議事録, No. 17, 21 December 1999, カトリック香港教区DBDC事務局. フィリップ・クウォンは1999年12月に作業部会長を辞任した.

　　3) 内装設計者を選定し監理する

　　4) 内装施工事業者と建築設備施工事業者を選定し監理する

・総務処の役割

　　1) 合意事項に関してディベロッパーとの調整をおこなう

　　2) ディベロッパーとの公式な連絡担当

・典礼委員会の役割は，典礼関係の事柄に関して作業部会にアドバイスをおこなう

・DBDC の役割

　　1) 内装設計者と施工者の選定に関して作業部会にアドバイスする

　　2) 建築の条件についてアドバイスする[27]

　DBDC 委員のサイモン・リー，フィリップ・クウォク，ビクター・クウォクは必要に応じて会合に参加した．作業部会は 1998 年 9 月 29 日から 2000 年 1 月にかけて「星街 1 番地における教会堂再開発事業計画（Proposed Church Redevelopment at No. 1 Star Street）」の会合を週 1 回のペースで開いた[28]．

　しかしながら，作業部会は計画通りには機能しなかった．作業部会長であったフィリップ・クウォンは，彼自身が所属していない小教区を代表し調整することの難しさを感じたという[29]．また小教区信徒たちは，可能性調査の段階で教区と長江が建築構造，延べ床面積やその他の条件を決定してしまい，十分に諮問されなかったと感じていた[30]．

　DBDC 事務局長アンナ・クウォンはこの段階から参加した[31]．竣工までプロジェクト・マネージャーとしての役割を担った[32]．

② 委員会

　2000 年 2 月以降，作業部会の代わりに「委員会」という名称が使われるようになった（表 8.1）[33]．名称変更の理由は不明である[34]．委員会になってからは，教区総務処プロキュレー

---

27) Task Force. "Role of the Task Force," 29 September 1998, 聖母聖衣教会.

28) DBDC. "Proposed Church Redevelopment at No. 1 Star Street Meeting Minutes," 1998–2000, カトリック香港教区 DBDC 事務局.

29) 筆者によるフィリップ・クウォンへのインタビュー，2010 年 10 月 6 日，2011 年 11 月 25 日.

30) 筆者による聖母聖衣教会小教区信徒へのインタビュー，2010 年 9 月 15 日. 回答者の要望により氏名は記載しない.

31) アンナ・クウォンは香港大學建築学部を卒業後，香港政府の私有建築署（Buildings Department, 屋宇署）に建築専門職員として勤務した．資料 5 に示す通り，クウォンは 1995 年の DBDC 設立時以来の委員である. 1996 年，政府機関を辞し，DBDC の初代事務局長となり，2007 年まで務めた．DBDC 退職後は，自身が代表となり設計事務所を設立した．2009 年から 2010 年にかけて香港建築師學會（HKIA）の会長を務めた.

32) 筆者によるアンナ・クウォンへのインタビュー，2010 年 9 月 1 日，2011 年 11 月 25 日.
　　1980 年代に，民間セクターが組織内部に，大規模事業と建設工程を管理するためのマネージャーを有するようになった（Greenhalgh and Squires 2011, 42, 97）．教区では，DBDC 事務局長が組織内部のプロジェクト・マネージャーとして機能した.

33) DBDC. "Proposed Church Redevelopment at No. 1 Star Street Meeting Minutes," February 2000, カトリック香港教区 DBDC 事務局.

34) 作業部会長フィリップ・クウォンが 1999 年 12 月に辞任したことが変更の理由のひとつかもしれない.

ターであるデビッド・チャンが委員長の役割を担うようになった[35].

(5) 設計者の選定

　設計者を選定するため，作業部会は，DBDC の小委員会である選定委員会に支援を求めた（第7章第3節7(3)①）．その内容は，選定委員会が作成している，教区建設事業に参加資格を有する設計者（建築家および内装設計者）リストから，聖母聖衣教会事業のために，専門的かつ具体的な観点から候補者を絞り込み，ショートリストを用意することであった[36]．教区による教会堂新築事業ではこの時初めて，指名プロポーザル方式の設計競技が導入された．DBDC が設立されて約3年が経ち，選定委員会や DBDC 全体の体制が整ったためと考えられる．

　ディベロッパー長江は，聖母聖衣教会の敷地に新築する集合住宅の設計者として，A+T のダニエル・リンと契約を結んだ．作業部会はリンに協力を依頼し，また DBDC 委員フィリップ・クウォクとビクター・クウォクの助言を得ながら設計競技用資料を準備した．

　設計競技が始まると，作業部会は「選定部会」を起ち上げ，ここで設計競技参加者を審査することとした．これは DBDC の選定委員会とは異なるものである．選定部会のメンバーは，デビッド・チャン，トーマス・ロウ，サイモン・リー，フィリップ・クウォク，アンナ・クウォン，カルロス・ヒメネス，フィリップ・クウォン，チャン・チミンであった[37]．アンナ・クウォンは1998年10月，ショートリストされた設計者たちに設計競技への招待状を送付した．

　選定部会はいくつかの段階を経て最終的に A+T を教会内装設計者として選定した．まず，アンナ・クウォンが説明会を開催し，カルロス・ヒメネス，ステファン・フォク，チャン・チミン，トーマス・ロウ，フィリップ・クウォクが参加し，設計競技参加者に対して事業背景，クライアントである教区と小教区の要望，工程案を説明，提示した[38]．選定部会は競技参加者に以下の提出を求めた．1) 企業概要資料，2) 事業体制案ダイアグラム，3) 工程案，4) 事業担当者案，5) 電気・機械設備設計および構造設計の候補者[39]．

　選定部会は1999年1月に提出された4社の案を審査し，次の段階である第1段階パート A の面接に4社すべてが参加することを推薦した．

　第1段階パート B では，選定部会は競技参加者に，設計条件，聖母聖衣教会の歴史，教会のテーマを提示した．また，今回の事業計画の理解に役立つと考え，1980年代から1990年代に

35) 筆者によるステファン・フォクへのインタビュー，2011年11月23日．
36) Anna Kwong. "Memorandum from Anna Kwong to Selection Committee Members," 9 October 1998, folder OLMC Tender-Interior I, カトリック香港教区 DBDC 事務局．
　　DBDC. "Proposed Church Redevelopment at No. 1 Star Street Meeting Minutes," No. 2, 10 October 1998, 聖母聖衣教会．
37) DBDC. "Proposed Church Redevelopment at No. 1 Star Street Meeting Minutes," No. 2, 10 October 1998, 聖母聖衣教会．
38) Anna Kwong. "Interior Design for Our Lady of Mount Carmel Church, Wanchai," 16 December 1998, folder OLMC Tender-Interior I, カトリック香港教区 DBDC 事務局．
39) Anna Kwong. "Interior Design for Our Lady of Mount Carmel Church, Wanchai," 17 October 1998, folder OLMC Tender-Interior I, カトリック香港教区 DBDC 事務局．9社が招待され，8社が参加した．

かけて建設された香港の 3 件のカトリック教会堂を視察するよう勧めた．面接では競技参加者に以下の提出を求めた．1) 教会ホール平面・断面・立面スケッチおよび教会スペース全体での諸室の配置，2) 仕上げ材のサンプル，3) 電気・設備チームメンバーの氏名と資格[40]．

　最終段階の第 2 段階として，選定部会は 1999 年 2 月に面接をおこない，競技参加者のプロポーザルを審査し，A+T を聖母聖衣教会内装設計者として選定した．

　選定において，DBDC 委員は設計案の審査をおこなった．サイモン・リーとフィリップ・クウォクは，それぞれ不動産管理と構造設計の専門家として，設計案を審査し，選定部会の他のメンバーに助言をおこなった．

3　設計期：典礼空間

　トーマス・ロウとジャンピエトロは典礼委員会の聖職者委員として，作業部会での教会テーマ，教会ホール，内陣，壁画，洗礼槽，ロビーに関する議論において主導的であった（表 8.1）．

　DBDC 信徒委員は設計者選定後，参画の程度を意識的に控えた．設計の議論は小教区信徒と典礼委員会司祭が主導すべきと考えたためである[41]．DBDC 委員は事業の進捗を竣工までモニターした．アンナ・クウォンは定期的な報告を DBDC 委員会にておこない，プロジェクト・マネージャーとして全期間にわたって作業部会 / 委員会を支援した．

　小教区信徒は設計の意思決定者ではなかったが，意見の表明は歓迎された．ジャンピエトロが述べるように「第二バチカン公会議後は，典礼デザインには変更可能な部分が多くある．信徒を含む多くの人は，設計を傍観するのではなく，こうした変更可能な部分の設計に参加することが大事なのである」[42]．

（1）教会テーマ

　作業部会は，設計者選定用資料を用意する過程で新教会堂全体のテーマについて議論し，小教区守護聖人である聖母マリアの「カナの婚礼」における言葉，「何でもこの人の言うとおりにしてください（do whatever He tells you）」をテーマとすることに合意した[43]．この言葉は，イエスにならうことによって他者へ奉仕できるようになることを示唆している．議事録によれば，トーマス・ロウがこのテーマを提案したようである[44]．実際，竣工後にロウは以下のように説明している．「このテーマは灣仔における教会の歴史を象徴するものである．この地区で教会は

40) Anna Kwong. "Interior Design for Our Lady of Mount Carmel Church, Wanchai," 22 January 1999, folder OLMC Tender-Interior I, カトリック香港教区 DBDC 事務局．
41) 筆者によるフィリップ・クウォクへのインタビュー，2011 年 11 月 26 日．
42) 筆者によるジョバンニ・ジャンピエトロへのインタビュー，2011 年 11 月 21 日．
43) ヨハネによる福音書 2: 5.
44) DBDC. "Proposed Church Redevelopment at No. 1 Star Street Meeting Minutes," No. 9, 10 June 1999, 聖母聖衣教会．

常に，孤児，病人，貧者，地域コミュニティに奉仕し続けてきた歴史がある」．「他者が求めているものに常に気を配ったマリアにならうことを，このテーマは小教区信徒に思い起こさせるものである」（羅 2001, 2）．小教区信徒代表は，このテーマは小教区信徒のアイデンティティを象徴するものであると感じ賛同した（表 8.1）[45]．

　以上のように，トーマス・ロウが教会テーマ決定において主導的であった．

（2）教会ホール

　前教会堂は第二バチカン公会議以前の 1950 年に建設されたこともあり，その平面は長方形であった（図面 8）．内陣とホール（外陣，会衆席）はアーチと段差で空間的に分離され，祭壇と会衆席は遠く隔てられていた．

　典礼委員会や DBDC など教区のメンバーたちは，教区が 1996 年に建設した聖フランシスコ教会（St. Francis Church, 聖方濟堂）の扇形平面を採用するよう設計者に繰り返し指示した（No. 332, 図面 50）．このことからも，前教会堂の長方形平面を採用する意図は設計初期段階からなかったことが明らかである．1998 年 7 月の準備会合では，サイモン・リー，フィリップ・クウォク，アンナ・クウォンが，小教区信徒代表たちに，聖ベネディクト教会（1993 年竣工, No. 326, 口絵 9, 図面 37），聖フランシスコ教会，使徒聖トマス教会（1999 年竣工, No. 337, 図面 41-48）を見学するよう勧めた．これら教会堂はいずれも 1990 年代に建設された教会堂である（第 7 章第 2 節 2, 本章第 2 節）．内陣と外陣を隔てる柵はない．内陣と会衆席が一体となる楕円形あるいは扇形をなす平面計画が共通する特徴となっている．第 7 章および本章でも既述のように，扇形平面は香港教区では 1990 年代に一般化した[46]．

　聖フランシスコ教会は，カトリック建築家であるヴィンセント・ンが設計した（第 5 章, 図面 50, 資料 2, 3）．彼は香港大學建築学部在学中に，教会建築，典礼に興味を持ち，その後，建築デザイナーとして香港で多くの教会堂を設計した[47]．聖フランシスコ教会は会衆席が 322 であり，聖母聖衣教会と同規模である[48]．香港教区で扇形平面を採用した教会堂としては早期の事例である．作業部会は見学会を 1998 年 10 月に開催し，デビッド・チャン，アンナ・クウォン，フィリップ・クウォン，長江の社員，ダニエル・リンが参加した[49]．見学会後まもなく，教区と長江が調整会議を開き，建物構造について議論し，リンが「聖フランシスコ教会と類似した教会ホール平面」を提案した[50]．1998 年 11 月，作業部会は，教会ホールの規模は「聖フラン

45）筆者によるステファン・フォクへのインタビュー, 2011 年 11 月 23 日．

46）マクナマラによれば，扇形の会衆席の配置は第二バチカン公会議後に一般的なものとなった．扇形の平面計画は，祭壇から会衆席までの距離を広げることなく座席数を増やすことが可能であることもあり，多く採用された（McNamara 2011, 89）．

47）筆者によるヴィンセント・ンへのインタビュー, 2010 年 9 月 21 日．

48）A+T Design. "1ST FLOOR PLAN, Proposed composite building at No. 1 Star Street Wanchai H. K," September 2000, カトリック香港教区．

49）DBDC. "Proposed Church Redevelopment at No. 1 Star Street Meeting Minutes," No. 2, 10 October 1998, 聖母聖衣教会．

シスコ教会と類似した平面」とすることを設計競技用資料で設計条件とした[51]．選定部会は設
計競技参加者に，3 件の教会堂，すなわち聖フランシスコ教会（図面 50），聖ベネディクト教会
（口絵 9，図面 37），聖コスマス・ダミアン教会（SS. Cosmas and Damian Church, 葛達二聖堂, No. 233）
を見学するよう強く勧めた[52]．これら資料からわかることは，聖フランシスコ教会が聖母聖衣
教会の主要なモデルとなったということである．

　教会ホールの基本設計および実施設計案が，聖母聖衣教会および DBDC 事務局に所蔵されて
いる．これらを検証することによって，トーマス・ロウ，ダニエル・リンその他のメンバーが，
どのように内陣，会衆席配置，教会ホール平面の設計を発展させていったかを辿り，理解する
ことができる（図面 51–56）．

　設計は 3 段階で発展したようである．

　1）図面 51, 52：設計者選定以前の基本設計．この段階では，内陣と会衆席が明らかに区分さ
れており，司祭が会衆に対面する形式である．平面は長方形もしくは台形であり，会衆席は
平行に配置されている．これらの案は A+T が作成したものであり，典礼委員会の意見をとり
いれたものではなかった．A+T は教会堂の設計者にまだ選定されていなかったが，長江側の
設計者として建物全体を設計していたことから，教会の基本構想を支援した．エドワード・
コンとトーマス・ロウによれば，この段階ではダニエル・リンには，教会とは通常長方形平
面を持つものだという先入観があった[53]．

　2）図面 53, 54：設計発展段階．A+T が正式に設計者に選定された後，扇形に配置された会衆
席に内陣の祭壇が内包される平面になり，会衆が司祭と祭壇を囲む形式になった．多角形な
どが検討された．議事録によれば，多くの場合，トーマス・ロウとジャンピエトロがダニエ
ル・リンに指示しており，彼ら両名が主導的であったことがわかる（表 8.1）．1999 年 3 月 11
日の議事録には「祭壇を広くする」，「祭壇を囲むように会衆席の配置を再検討」などの提案
がある．第二バチカン公会議の精神に沿った設計である．内陣と会衆席の配置は明らかに聖
フランシスコ教会のそれに倣っている（図面 50）．

　3）図面 55：内陣の祭壇は扇形の会衆席に内包された配置である点は，図面 53, 54 と同じで
ある．内陣，祭壇，会衆席がひとつの楕円として設計された．竣工後のトーマス・ロウの説
明によれば，円形の祭壇を囲む楕円形の会衆席配置は，神の言葉によって集められた人々を
象徴している（羅 2001, 3）．

　50) DBDC. "Coordination Meeting Notes," No. 2, 15 October 1998, カトリック香港教区 DBDC 事務局．調整会議に
　　は，長江側からは担当社員，ダニエル・リン，構造設計者，建築設備設計者，教区側からはデビッド・チャ
　　ン，アンナ・クウォン，フィリップ・クウォンが参加した．
　51) DBDC. "Proposed Church Redevelopment at No. 1 Star Street, Design Requirements," 11 November 1998, カトリッ
　　ク香港教区 DBDC 事務局．
　52) Anna Kwong. "Interior Design for Our Lady of Mount Carmel," 22 January 1999, 聖母聖衣教会．
　53) 筆者によるトーマス・ロウへのインタビュー，2011 年 11 月 22 日．
　　筆者によるエドワード・コンへのインタビュー，2011 年 11 月 24 日．

(3) 内陣

　教会ホール平面の設計が確定した後，内陣の設計が始まり，典礼家具や壁画が議論された．

　トーマス・ロウとジャンピエトロは作業部会のメンバーに対し，教会は「神の家（house of God）」ではなく，「神の民の家（house of people of God）」であることを説明した [54]．彼らは A+T の内装設計者であるエンジェル・クウォク（Angel Kwok）に，祭壇，朗読台，十字架，天蓋，祭壇上部の天窓，洗礼槽を設計し，内陣の司祭および祭壇奉仕者用椅子を既製品から選ぶよう依頼した（表 8.1）．さらに以下の指示もした．「祭壇の背部壁面は左右対照とする」，「祭壇のサイズを少し小さくする」，「祭壇は床面から 450mm（3 段）上げる」，「祭壇の高さは会衆が起立したときの目線の高さとの関係で設計」，「トーマス・ロウ神父が典礼家具の写真や実物を提供する」 [55]．竣工後，トーマス・ロウは内陣の設計を以下のように説明している．「（内陣の設計は）天上と地上，過去・現在・未来を象徴している．天窓は天を，天蓋に滝のように装飾されたガラス・ビーズは救済を，十字架は天から私たちを救いに来たキリストを象徴している」 [56]（口絵 12）．

　以上のように，内陣の設計はトーマス・ロウとジャンピエトロが主導的であった．

(4) 壁画

　作業部会は設計者に教会テーマを，聖書にある「カナの婚礼」の物語で表現するよう求め，それは，洗礼槽，壁画，水流，壺などで表現できると提案した [57]．図面 53 は，設計者選定直後に出された平面案であり，内陣に湾曲した広い壁面が設けられている点が，それ以前の案と異なる．作業部会はこの壁面を祭壇の「背景（backdrop）」と呼んだ．1999 年 8 月，作業部会はこの壁面に壁画を設けることを決定した [58]．作業部会のメンバーには壁画製作者の推薦が依頼された．

　作業部会は 1999 年 8 月，A+T に祭壇背後の湾曲壁面をさらに検討し，カナの場面と調和するデザインとするよう依頼した [59]．A+T の案は受け入れられたようである．

---

54) DBDC. "Proposed Church Redevelopment at No. 1 Star Street Meeting Minutes," No. 11, 29 July 1999, 聖母聖衣教会．

55) DBDC. "Proposed Church Redevelopment at No. 1 Star Street Meeting Minutes," No. 8, 23 April 1999, No. 10, 8 July 1999, No. 11, 29 July 1999, No. 13, 23 September 1999, No. 29, 5 June 2001, 聖母聖衣教会．
　筆者によるトーマス・ロウへのインタビュー，2011 年 11 月 22 日．

56) 羅（2001）. Our Lady of Mount Carmel Church. Church History, http://www.olmcchurch.org.hk/en/church-history/, 2015 年 9 月 13 日閲覧．

57) ガリラヤのカナで開かれた婚礼の披露宴の際，イエスは母マリアの仲介によって壺の中の水をぶどう酒に変えた．この場面の重要性は，イエスがおこなった最初の奇跡であることと，母マリアが「教会の母」であることを示唆していることとされる（上智学院新カトリック大事典編纂委員会 1996,「カナの婚礼」）．
　DBDC. "Proposed Church Redevelopment at No. 1 Star Street Meeting Minutes," No. 9, 10 June 1999, 聖母聖衣教会．

58) DBDC. "Proposed Church Redevelopment at No. 1 Star Street Meeting Minutes," No. 9, 10 June 1999, No. 12, 31 August 1999, 聖母聖衣教会．

59) DBDC. "Proposed Church Redevelopment at No. 1 Star Street Meeting Minutes," No. 9, 10 June 1999, No. 13, 23 September 1999, 聖母聖衣教会．

　壁画製作には，メキシコ人芸術家のフランシスコ・ボルボア（Francisco Borboa）が選定された．ボルボアはカトリック芸術家であり，台湾に在住し，台湾と香港の複数の教会堂や修道院のために典礼芸術作品を製作していた[60]．トーマス・ロウ，ジャンピエトロ，ヒメネスはボルボアの作品をよく知っていたため，彼を推薦した．ヒメネスは特にボルボアを強く推薦した（表8.1）．1999 年 11 月 19 日の作業部会において正式に，ボルボアの案が典礼的な観点からも優れていると評価され選ばれた[61]．ボルボアは，教会ホール内の「十字架の道行き」も設計・製作した．特にトーマス・ロウとジャンピエトロが，製作中も細部にわたってボルボアに指示を出した．1999 年 10 月までに，作業部会はモザイク壁画とすることを決定した[62]．部会はさらに，祭壇，朗読台，聖櫃，洗礼槽のデザインがモザイク壁画と調和するよう検討した[63]．ボルボアが複数の案を提出し，トーマス・ロウとジャンピエトロがその中から 1–2 案を選んで発展させた[64]．彼らの指示内容は，人物は祭壇の方向に体を向ける，祭壇と婚礼の場面を調和させる，使徒を壁画に登場させてよいがその数は 12 人を超えないこと，などであった[65]．祭壇と壁画の間に，天蓋として薄布が天井から吊り下げられた．トーマス・ロウとジャンピエトロによれば，婚礼の幕屋を表しているという（口絵12, 13）[66]．トーマス・ロウの解説によれば，正面から見て薄布に隠されている部分は，奇跡を象徴している．布で遮られていない部分は，イエスとマリアが今も人々と共にあり，水をワインに変え続け，人々に足りないものを与え続けていることを表している．この壁画の場面が意味すること，すなわちワインがキリストの血へ聖変化することは，ミサにおいて祭壇上で再現され続けており，時空の連続性をも表している

60）Artrue Gallery. "Francisco Borboa," http://www.artrue.asia/category/francisco-borboa/, 13 November 2018, 2019 年 4 月 2 日閲覧．ボルボアは 1923 年アメリカ生まれのメキシコ人である．建築と土木を学んだ．中国宣教を志し，1943 年にイエズス会に入会した．1948 年に北京に派遣され，中国語と書道を学んだ．しかし共産党が政権をとったことで，中国からの出国を余儀なくされた．香港，日本を経て，台湾に派遣され，カトリックの大学である輔仁大學で哲学・神学を修めた．1957 年，司祭に叙階され，台中へ派遣された．間もなく，台中のカトリック教会堂の壁画製作を依頼され，1959 年に完成させた．この頃，台湾人女性と出会い，結婚を望み，司祭職を辞することを願い出た．この後，香港に派遣され，香港で芸術作品製作活動をおこなった．1966 年，司祭職を去ることが正式に許され，一人の信徒である芸術家となった．結婚し，妻と共に台湾，香港，マカオ，その他複数の国で，製作活動をおこなった．2019 年時点では台北に在住し，芸術活動を続けている．

61）筆者によるアンナ・クウォンへのインタビュー，2011 年 11 月 19 日．
　　DBDC. "Proposed Church Redevelopment at No. 1 Star Street Meeting Minutes," No. 15, 19 November 1999, 聖母聖衣教会．

62）DBDC. "Proposed Church Redevelopment at No. 1 Star Street Meeting Minutes," No. 14, 29 October 1999, 聖母聖衣教会．

63）DBDC. "Proposed Church Redevelopment at No. 1 Star Street Meeting Minutes," No. 14, 29 October 1999, No. 15, 19 November 1999, 聖母聖衣教会．

64）筆者によるジョバンニ・ジャンピエトロへのインタビュー，2011 年 6 月 7 日．
　　DBDC. "Proposed Church Redevelopment at No. 1 Star Street Meeting Minutes," No. 19, 24 February 2000, No. 24, 16 August 2000, 聖母聖衣教会．この時点では，教会の地上階から 1 階への階段側面も壁画で装飾する計画であり，そのデザインも進めていたが，後に，予算不足のため中止となった．

65）DBDC. "Proposed Church Redevelopment at No. 1 Star Street Meeting Minutes," No. 13, 23 September 1999, 聖母聖衣教会．

66）筆者によるジョバンニ・ジャンピエトロへのインタビュー，2011 年 11 月 21 日．
　　筆者によるトーマス・ロウへのインタビュー，2011 年 11 月 22 日．

（羅 2001）[67].

壁画設計を主導したのもまたトーマス・ロウとジャンピエトロであった.

(5) 洗礼槽

本章でもすでに述べたが，洗礼槽は 1990 年代以降，香港で新たに導入された典礼デザインのひとつである. 1980 年代まで，香港の教会堂では小さな皿状の洗礼盤を使っていた. 洗礼盤はもともと，幼児洗礼のためのものであり，成人洗礼のものではない. 近代におけるカトリックの海外宣教のなかで，宣教師たちが洗礼盤を成人洗礼にも使用した. 正式な教会堂のない宣教地では，洗礼は簡易的な方法でおこなわなければならなかったからである. 香港でも洗礼には小さな盤や皿が使われるのが習慣化し，正式な教会堂が建設されてからもこの習慣は引き継がれ，聖母聖衣教会の前身建物でも洗礼盤が使用されていた. ジャンピエトロは，洗礼盤ではなく洗礼槽を設置する意義を強調する. 洗礼槽は，受洗者が全身を水中に沈める「浸礼」の行為，すなわちイエスと共に一度死に，キリスト者として生まれ変わる，復活する，という象徴的行為を可能とするものであり，また成人洗礼は本来このようなものであるべきだからである [68]. 洗礼槽は近年，世界各地で復活傾向にある. 浸礼のための洗礼槽は「復活した洗礼槽（revived font）」と呼ばれている（McNamara 2011, 169）. トーマス・ロウとジャンピエトロもこれをよく知っていた. 小教区信徒代表も，洗礼盤ではなく洗礼槽の案に賛同し，また，洗礼式のための特別な照明設計を要望した（表 8.1）[69].

洗礼槽の設置場所について，トーマス・ロウとジャンピエトロは，祭壇の軸線上のロビー中央を提案した（図面 53 の B）. その理由のひとつは，会衆が教会ホールに入る前に必ず通過するロビーに洗礼槽を配置することで，キリスト者としての旅は洗礼から始まったこと，そのために「教会」として集まっていることを思い出させる効果があるためである. 他の理由は，洗礼式には多数の人が参加するので，ロビーのほうが教会ホール内よりも広い空間があり適しているためである [70]. しかしながら，主任司祭ヒメネスと小教区信徒代表はこの案に反対した. ロビーは信徒の会合や活動に使うので，中央に洗礼槽を常設すれば，活動が不便になると主張した. 作業部会は小教区の意見を尊重し，洗礼槽をロビーではなく，教会ホール内入り口付近に設置することにした（図 8.4, 図面 53-55 の A）. ジャンピエトロは，この位置に設置するとミサ中の人の流れを妨げるため，必ずしも理想的ではないと考えたが，小教区の意思を尊重した [71].

---

67) Our Lady of Mount Carmel Church. "Church History," http://www.olmcchurch.org.hk/en/church-history/, 2015 年 9 月 13 日閲覧.

68) DBDC. "Proposed Church Redevelopment at No. 1 Star Street Meeting Minutes," No. 14, 29 October 1999, 聖母聖衣教会.

69) 筆者によるステファン・フォクへのインタビュー, 2011 年 11 月 23 日.

70) 筆者によるジョバンニ・ジャンピエトロへのインタビュー, 2011 年 11 月 21 日.

71) 筆者によるジョバンニ・ジャンピエトロへのインタビュー, 2011 年 6 月 7 日.

図 **8.4**　聖母聖衣教会　祭壇と水路で接続された洗礼槽

アンナ・クウォンは洗礼槽と祭壇を接続する水路の設置を提案した（図8.4, 図面53-55）[72]. 祭壇から洗礼槽に向かって水が流れ，回流する．これは聖書の「生ける水」を象徴していると思われる [73]. トーマス・ロウの説明によれば，洗礼槽，祭壇，水，会衆席，会衆の関係は，水を得た木に実った果実，聖書が伝える「永遠の命」を象徴している [74].

トーマス・ロウとジャンピエトロは，教会ホール正面扉に，聖書にある「命の木」を抽象的に表現することを提案した．この扉は，祭壇方向から見たときに洗礼槽の背景となる（羅2001, 9）[75].

(6) ロビー

アンナ・クウォンは，1 階のロビー天井にボイド（空隙）を設け，中 2 階と空間的に接続することを提案した（図8.5, 8.6, 図面53-55）[76]. これにより，1 階と中 2 階での活動を接続，統合する効果があると主張した [77]. 中 2 階は設計の最終段階になって急遽追加された空間であったため，1 階ロビーの天井高は必然的に低くなった．ボイドは，低い天井からくる閉塞性を緩和し，

72) 筆者によるアンナ・クウォンへのインタビュー, 2011 年 11 月 19 日.

73) ヨハネによる福音書 7: 37-39.

74) Our Lady of Mount Carmel Church. Church History, http://www.olmcchurch.org.hk/en/church-history/, 2015 年 9 月 13 日閲覧.

75) DBDC. "Proposed Church Redevelopment at No. 1 Star Street Meeting Minutes," No. 29, 5 June 2001, 聖母聖衣教会.

76) 筆者によるアンナ・クウォンへのインタビュー, 2011 年 11 月 19 日.

77) Daniel Lin. "GBP Submission 1 Star Street, Wanchai, Hong Kong," 19 April 1999, folder OLMC, カトリック香港教区 DBDC 事務局.

図 8.5　聖母聖衣教会　1 階ロビー

図 8.6　聖母聖衣教会　ロビーと中 2 階を接続するボイド

開放性を持たせる目的もあった．

　アンナ・クウォンはまたロビーの一角を可動式パーティションで仕切り，多目的スペースとすることも提案した（図面 55 の C）．このスペースの教会ホールに接した壁面はガラス張りとなっておりカーテンも設置された．多目的スペースは，泣き部屋（乳幼児と保護者がミサに参列する際に使う遮断されたスペース），クリスマスなど参加者の多い祝日の会衆席，結婚式の際の新婦の更衣室などの用途で使われることを想定した [78]．

　以上のように，アンナ・クウォンはロビーの設計において主導的であった．プロジェクト・マネージャーであると同時に建築家としての専門性を活用し，典礼空間と実用空間の双方の設計提案もおこなった．

4　設計期：実用空間

　実用空間である諸室は，小教区事務所，会議室，トイレ，厨房，倉庫，求道者勉強部屋，聖歌隊練習室である（表 8.1）．会議室，求道者勉強部屋，聖歌隊練習室は，小教区信徒の要望によって，教会学校にも使われることになった（図面 56 の D-F）．

　典礼委員会司祭は実用空間のデザイン決定者ではなく，小教区主任司祭ヒメネスと小教区信徒が主導的であり意思決定者であった．DBDC の信徒委員とフィリップ・クウォン（作業部会長）は，小教区信徒が要望をとりまとめることを支援した．小教区信徒代表は小教区司祭と共に小教区全体の要望を代表して伝え，意思決定をした．以下に，誰がどのように設計に参画したかを具体的に分析する．

　ヒメネスと小教区信徒代表であるステファン・フォク，チャン・チミン，フィリップ・クウォンは作業部会において，実用空間に関する要望を述べた．作業部会以外に小教区ミーティングを開催し，小教区信徒からの要望を広く募り，調整役となった．設計者選定後，ヒメネスと小教区信徒代表は A+T と直接交渉し，小教区事務所と会議室の配置案を出した [79]．

　フィリップ・クウォンが，小教区ミーティングでの協議を踏まえ，小教区の要望をとりまとめ，作業部会で諸室の配置案を説明した．DBDC のフィリップ・クウォクとビクター・クウォクも，必要に応じて小教区ミーティングに参加し，設計条件，必要な建築設備，エレベーターと階段の設置個所などの技術的側面を説明した．小教区ミーティングでの協議を踏まえ，教区が委託した建築積算士と共に，工費積算，経費削減方法，技術的可能性，維持管理経費の検討をおこなった [80]．彼らは小教区と教区の双方が歩み寄れるように，専門的，技術的な助言をおこなうことに徹した．

---

78) 2017 年までは，このスペースは図書閲覧，会議，談話，生け花などの作業スペースとして利用されていた．2018 年に 1 階の改修がなされ，こうした機能は 1 階の他の場所に移動された．

79) DBDC. "Proposed Church Redevelopment at No. 1 Star Street Meeting Minutes," No. 6, 5 March 1999, No. 7, 11 March 1999, No. 8, 23 April 1999, No. 16, 2 December 1999, 聖母聖衣教会．

80) 筆者によるフィリップ・クウォクへのインタビュー，2011 年 11 月 26 日．

ジャンピエトロは求道者がカテキズムを勉強するための部屋が必要であると主張した[81].

アンナ・クウォンは小教区信徒が使用するための厨房を設置することを提案した．ヒメネスは小教区事務所を中2階に設置するよう求めた．しかしアンナ・クウォンは，信徒や訪問者にとっての利便性のためには1階に設置したほうがよいと提案した[82].

5　聖母聖衣教会に見られる信徒参画

聖母聖衣教会の計画・設計プロセス分析から以下の発見が得られた．

基本構想段階からの建設専門家信徒の参画が顕著である．彼らは事業計画と管理，小教区と教区の間の調整を担った．このような信徒使徒職が実践された背景は以下である．第1章で述べたように，第二バチカン公会議において，信徒は聖職者・修道者と同様に使徒職をおこなう義務と権利を有することが再認識され，教会運営，教会堂建設を含む信徒使徒職が実践されるようになった．1980年代以降に公会議の精神の識別と実践の潮流が世界で高まり，香港においても1980年代から頻繁に語られ，信徒に広く自覚されるようになった．この流れのなかで，教区建築および発展委員会（DBDC）も設立されたのであった．聖母聖衣教会建設事業の事例は，信徒と聖職者がそれぞれに固有の役割で教会堂建設という使徒職に参与し，さらに建設専門家信徒は自身の専門性をもって使徒職に参画するという信仰の生き方を体現したものといえる．信徒は，聖職者の単なる補助者としてではなく，協働者として建設事業に参画した．DBDCを通して参画した建設専門家信徒は，プロジェクト・マネジメントと，関係者間の調整の役割を担った．また，この事業は都市再開発型の，きわめて複雑かつ高度なものであり，建設専門家ではない聖職者のみで管理し実施することはほとんど不可能であった．建設専門家信徒の存在こそが，聖母聖衣教会再開発を実施可能とならしめたことに疑いはない．これは香港社会が高度に社会分化したことの証であり，また，その社会で香港人建設専門家たちが求められ，養成され，成熟したことの証左でもある．

信徒使徒職推進のいまひとつの背景として，香港返還が1984年に決定したこと，すなわち，返還という危機への対策として教区が信徒使徒職を称揚したことに注目すべきである．教区は，聖母聖衣教会建設事業にあたって政府助成金には依存せず，ディベロッパーとパートナーシップを組んで実施した．加えて，他の教会堂新築資金をこの事業によって調達することも計画しており，きわめて現代的な都市再開発型の事業であった．これはまさに，教区が，返還に伴う政治体制の変化によって予想される危機に対し，強い決意で対応したことの表れである．教区がこのような新たな建設事業形態へシフトすることができたのは，上述の通り，成熟した建設専門家信徒の参画を得ることができたためであった．

---

81) DBDC. "Proposed Church Redevelopment at No. 1 Star Street Meeting Minutes," No. 8, 23 April 1999, 聖母聖衣教会.
82) 筆者によるアンナ・クウォンへのインタビュー，2011年11月19日.

聖母聖衣教会の設計者はカトリック信徒ではなかったことも注目に値する．既述のように，1990 年代前半までの教会堂設計者はほとんどがカトリック信徒であり，司祭との個人的な信頼関係によって指名されていた．聖母聖衣教会，また，この時期に建設された使徒聖トマス教会，聖ジェローム教会の設計者，さらに次の時期の教会堂（聖アンドリュー教会，聖ヨゼフ教会増築）設計者たちも信徒ではない．これは設計における信徒であることの意義が低減したということではなく，特に聖母聖衣教会ではコンペによって設計者が選定されていることからも，選定過程そのものが現代化され，設計者としての力量，事業への適性がより重視されるようになったことを示している．また，このことも，建設専門家信徒が事業計画に組織的に参画するようになったことで，教区の建設事業の仕組みそのものが成熟したことを示唆しているといえる．

事業では聖職者と信徒の役割分担があり，それは以下のように，事業の段階，空間の用途によって異なることがわかった．

基本構想：事業の可能性調査においてディベロッパーと交渉したのは総務処プロキュレーターのみであった．教区とディベロッパーとの合意がなされると，建設の専門性を有するDBDC 信徒委員・職員にプロジェクト・マネジメント，教区と小教区との間の調整が託された．小教区信徒はユーザーとしての意見表明を求められた．

典礼空間の設計：聖職者は典礼空間の重要なデザインを決定し，DBDC 建設専門家信徒は，意匠設計そのものに深く関与することは意識的に控えつつ，側面支援に徹した．直接のユーザーである小教区信徒を尊重したためであった．DBDC 事務局長は全期間を通じてプロジェクト・マネージャーとして支援した．

実用空間の設計：典礼空間とは対照的に，小教区信徒が実用空間の主なユーザーであり，設計の意思決定者であった．DBDC 信徒委員と事務局長は，専門的，技術的に小教区信徒を支援した．

この時期における建設専門家信徒たちの信徒使徒職のありようは，技術的，実務的，専門的な奉仕であった．それは，この時期特有の，教会堂建設事業の増加と高度化から生じる現実的な必要性と共に，信徒と聖職者たち双方の信徒使徒職理解を反映したものであり，彼らの信仰の生き方を体現したものといえる．次章では，信徒たちの信仰，信徒使徒職に対する理解の深まり，すなわち霊性への志向が，建設専門家信徒の奉仕のあり方を質的に変化させてゆく過程を論じる．

第9章

2006-2018 年　信徒霊性運動としての教会堂営繕

　香港のカトリック信徒による教会堂営繕活動は，2006 年がひとつの大きな画期であった．信徒らは，従来のように営繕の実務を専門家として支援するだけではなく，自身の霊的成長をより重視するようになった．彼らは営繕奉仕をひとつの手段として，霊的により成熟したキリスト者となることを目指すようになった．この新たな動きの背景にあるのは，中国による香港の実質支配強化，香港社会の変質であることを本章で指摘する．さらに，20 世紀終盤に世界的に展開された霊性運動，新カトリック運動との連動についても指摘し，香港の事象は世界史的な視点で理解されるべきものであることを論じる．

第 1 節　時代背景

1　大陸における宗教の中国化政策

　近年，中国大陸では宗教への関心が高まり，キリスト教，仏教，道教，イスラム教は信者を増やし，宗教復興の様相を見せている（Ashiwa and Wank 2009, 川田 2015, 3, 奈良 2016）[1]．このような熱気を受け，特にキリスト教会の多い浙江省の地方政府は，教会が政治的な脅威をもたらすことを恐れた．2013 年末以降，キリスト教会堂の十字架を 1,500 件以上も撤去し，何十ものカトリック，プロテスタントの教会堂を「違法建築」という理由で破壊した．

　愛国教会と地下教会の分断は続いており，中国とバチカンの外交関係の回復を非常に難しいものとしている[2]．中国では，司祭および司教の任命と叙階は，中国の愛国教会が独自におこない（「自選自聖」と呼ばれる），バチカンからの承認を得ていない（Hon 2017, 74）．愛国教会の聖職者や信者たちも，必ずしも政府による管理に甘んじているわけではなく，抑圧的なコント

---

1) 一方で，2010 年代に入ってから中国のカトリック信者数は減少し始めたともいわれる（Lam 2016）．聖職者・修道者召命は 2000 年代からすでに減少が始まった．2016 年時点でのカトリック信者数は，愛国教会と地下教会を合わせて 900 万人から 1,200 万人の間であると推測されている．
　　ucanews. com reporters, Beijing and Hong Kong. "New rules harden Communist Party's control over religions," ucanews, 25 September 2015.
2) 中国政府とバチカンは外交関係回復に関する交渉を 2015 年に再開し，2018 年時点でも交渉は続いている．司教叙階権や，中国政府組織である愛国教会をどう扱うか，中国との外交関係回復後にはバチカンと台湾との関係はどうなるかという問題で交渉は難航しているようである．

ロールに苦しんでいる（Lam 2013）．地下教会の司祭が突然政府に連行されることもある[3]．

　特に 2013 年に習近平政権となって以来，中国の宗教政策は明らかな強硬路線に転換した．2016 年 12 月末，5 年ごとに政府が主催する中国天主教全国代表会の第九回大会が北京で開催された．ここでの議決を受け，愛国教会の組織である中国天主教司教団と中国天主教愛国会はそれぞれの憲章（constitution, 篇章）を改訂し，中国のカトリック信仰とカトリック神学の「現地化（中国語で本地化）」，「中国化（Sinicization）」の方向を堅持するとした．ここでいう「中国化」の実態は，教義を共産党の政策に合わせることである．こうした方向性は，習近平国家主席が 2016 年に打ち出した，従来よりも強力な宗教管理政策を反映したものであり，すべての宗教に強要された．

　2017 年には，国の「宗教事務条例」が改訂され，2018 年 2 月に発効した．改訂版条例では，宗教活動場所，すなわち教会堂やモスクなどが，政府の許可を受けず未登録で宗教活動をおこなった場合，高額な罰金を科されること，また財産を接収されることが規定されている．アンソニー・ラムによれば，改訂版条例は，地下教会はもとより，政府に登録された愛国教会であっても，あらゆることを報告する義務を課しており，政府によるより厳しい管理を可能とするものである（Lam 2017）．また，2014 年から 2016 年にかけて特に浙江省で頻発した教会堂十字架の強制撤去や教会堂の破壊を，正当化・合法化するかのような項目も追加されていると指摘される．

2　香港における民主化運動の高まり

　2006 年から，香港の主に若い世代が，政府の独断的都市再開発，市民参加のない社会政策に抗議をし始めた（福島 2009）．それはとりもなおさず，民主化運動であった．

　2014 年，民主化運動がさらに大きな高まりを見せた．8 月 31 日に北京が発表した，香港における普通選挙によるはずであった 2017 年行政長官選出方法（831 決定と呼ばれる）は，事実上，民主派が候補者となることを不可能とするものであった．北京が示した姿勢は，1997 年から 2047 年までの 50 年間不変とされた一国二制度，香港の自治がもはや機能していないこと，香港は中国の完全なコントロール下にあることを明らかに示した．831 決定を受け，香港市民の不満は頂点に達し，9 月末，大規模な民主化要求デモが起きた．警察が使用した催涙弾に市民が雨傘で非暴力的に対応したことから，雨傘運動（Umbrella Movement）と呼ばれた．2 か月半にわたって，市民が香港島と九龍都心部 3 か所の幹線道路を占拠した（口絵14, 15）．香港独立を訴える人々も出始め，香港人の域外移民も再度増え始めた．

　民主化要求の高まりは，直接選挙でおこなわれた立法会選挙の結果にも表れた．2016 年 9 月 4 日，立法会（国会に相当）議員選挙がおこなわれた．選挙戦では地元主義（localists, 中国語で本土主義）と呼ばれる若者たちが複数の政党を結成し，真の普通選挙実現などを訴え候補者を立

---

3) Joseph Chan. "Detained Chinese priests subjected to 'brainwashing'," ucanews, 21 November 2018.

てた．結果，直接選挙による改選議席 35 のうち，民主派は 19 議席を獲得，そのうち，地元主義の若手候補者が 6 名当選するという目覚ましい結果を残した [4]．間接選挙による議席を含めた全 70 議席のうち，民主派は合計 29 議席を確保，改選前より 2 議席増やした．

　香港政府トップである行政長官の選挙はいまだ間接選挙であり，その結果は民意を反映したものではなく，中国の完全なコントロール下にある．2017 年 3 月 26 日，香港行政長官選挙がおこなわれた [5]．新行政長官に選ばれたのは，キャリー・ラム（Carrie Lam, 林鄭月娥）であった．出馬以前，ラムは香港政府ナンバー 2 の政務司司長であり，当然，親中派であった．世論調査では市民の支持率はきわめて低かったが，北京からの強力な支援を受け，親中派が多数を占める選挙委員会による間接選挙で 1,194 票のうち 777 票を得て圧勝した．熱心なカトリック信者でもあるが，民主派とカトリックからの支持はまったく得られなかった [6]．

3　政教関係に対する香港カトリック教会の苦悩

　上述のように，香港では大陸化が進行している．2015 年には，共産党に批判的な書物を販売する香港の書店経営者が香港の領域内で中国当局によって拉致，大陸に連行される事件も起きた．2016 年，香港の主要英字新聞サウス・チャイナ・モーニング・ポストは中国のアリババ・グループに買収され，その論調は明らかに変化した．言論の自由は確実に抑圧され，また，自主規制の風潮が広がっている．

　2009 年に香港教区司教に叙階されたジョン・トン（John Tong Hon, 湯漢）は，中国教会の研究者としても知られる．トンは，香港政府・中国政府を強く批判しない姿勢をとり続けた．2014 年の民主化運動の際，いくつかの声明を発表したものの，その内容はデモ参加者へ暴力をはたらかないよう警察に訴えるものなどであり，政府や政治を批判する内容ではなかった．

　行政長官選挙前の 2017 年 2 月 27 日に候補者のキャリー・ラムが発表したマニフェストのなかで，政府内に「宗教事務部門（Religious Affairs Unit, 宗教事務小組）」を設立する可能性を示唆した．カトリック香港教区はただちに反対声明を出した [7]．カトリック信徒やプロテスタント

---

4) "2016 legislative council election counting room," South China Morning Post, 4 September 2016.
　当選後，4 人の民主派議員の宣誓の方法が問題となり，2017 年，彼らは議員資格を剥奪され失職した．
5) 行政長官選挙の方法は，従来通りの間接選挙でなされた．まず立候補者は選挙委員会委員合計 1,200 人のなかから 150 人以上の推薦を集めることで正式な行政長官候補となることができる．その後，同選挙委員会が，候補者のなかから 1 名を投票で選出し，その最終候補者を北京が任命する．選挙委員会は，職業界（金融，教育，不動産・建設，法律，医療など）や議員，宗教界の代表者で構成されており，選挙委員の 4 分の 3 が親中派である．宗教界は 60 人の枠を持ち，香港の主要な 6 宗教団体（仏教，カトリック，儒教，イスラム教，プロテスタント，道教）が 10 人ずつ委員を出す．
6) 行政長官候補者推薦の段階では，計 1,200 票のうち，ラムは合計 580 票の推薦を獲得したが，カトリックからは 0 票，プロテスタントからは 1 票であった（"Carrie Lam's religious policies for Hong Kong like mainland," ucanews, 1 March 2017）．
7) Catholic Diocese of Hong Kong. "Response of the Catholic Diocese of Hong Kong To Mrs. Carrie Lam's Proposal of Setting up a 'Religious Affairs Unit' in her Manifesto of Chief Executive Election," http:/Mrs./catholic.org.hk/v2/en/pressrelease/y2017_0303.html, 3 March 2017, 2019 年 4 月 12 日閲覧．

教会からも反発が出た．ラムが示唆した政府機関は，大陸の国家宗教事務局がおこなってきた宗教管理・抑圧を香港でもおこなうことを容易に想起させるものだったからである．この批判に対しラムはそのような意図はないと釈明し，マニフェストを修正し，宗教事務部門に関する項目を削除した．しかしながら信者たちは，ラムが就任後，再度このような政策を復活させる可能性を危惧した．

4　土地・住宅問題の深刻化

そもそも，香港の不動産価格高騰の要因は，香港政府が土地供給を意図的に制限し高騰させたためと一般的には理解されているが，経済学者のリチャード・ウォンはそうではなく，発端は 1978 年の中国の改革開放であると指摘する．これ以降，香港経済は飛躍的に成長した結果，香港内での不動産需要は高まったが，香港政庁は適切な政策をとらなかった（例えば工業用地を住宅用地に用途変更するなど）．このため，不動産供給が追いつかず，地価が高騰した．さらに，ウォンによれば，不動産の異常な高騰が 1990 年代以降も続いた直接的な要因は，政府が 2004年以降に都市計画条例を改訂し，市民参加を拡大させたため，ディベロッパーが土地の取得に要する手間，時間，費用が大幅に増大したことである（Wong 2015, 153-156, 215-219）．都市計画への市民参加の拡大，合意形成の必要性，そうしたことによる事業の長期化，事業実現性不透明化といった経済的リスクも含まれるという．この結果，ディベロッパーが供給する民間の住宅は，香港の平均的収入世帯が購入できる価格では到底なくなった．

先述した 2003 年の政府デフレ対策のひとつとして，香港市民ではなくとも，一定額以上の投資を香港におこなう中国人に香港居留権を与えるという制度がつくられた（倉田, 張 2015, 83-84）．この制度も不動産価格を暴騰させ，分譲だけではなく家賃の高騰もこれ以降現在に至るまで続いている．その結果，公営住宅の需要は高まる一方であり，現在の香港社会で最も深刻な問題となっている．民間の住宅を購入も賃貸もできない市民が多いため，2017 年時点で市民の 45% が公営住宅に居住している[8]．後述するが，この地価高騰，土地の需要と供給のアンバランス，公営住宅優先の土地供給政策のために，宗教団体が新たに土地を取得して教会堂を建設することはこれまで以上に難しくなったのである．

第 2 節　教会堂類型

教会組織は土地問題の影響を大きく受けている．土地取得手数料は高騰し，政府が競売する

---

8) Hong Kong Housing Authority. "Housing in Figures," https://www.thb.gov.hk/eng/psp/publications/housing/HIF2018.pdf, 31 August 2018, 2019 年 4 月 12 日閲覧.

土地を，宗教組織などの慈善団体が取得できる可能性はほとんどない [9]．教会に民間ディベロッパーと競合する財力はない．公開競売ではなく政府との個別交渉で土地を取得する場合も，政府は公営住宅供給を最優先に土地を供給していること，宗教組織間での土地取得競争が激化していることもあり，土地取得手数料は決して低額なものとはならない．このため，幼稚園を併設したカトリック教会堂の新築は 2006 年が最後となった．この類型は教会堂専有空間を擁するため，土地取得手数料はかなりの額になるからである．そこでカトリック教会は，幼稚園以外の公益施設を兼用する教会堂や，さらには 1960 年代に主流であった学校ミサ・センターへの回帰を見せ始めている．

1　幼稚園併設教会堂

聖アンドリュー教会と聖アンドリュー・カトリック幼稚園（St. Andrew's Church, St. Andrew's Catholic Kindergarten, 聖安德肋堂, 天主教聖安德肋幼稚園）は 2006 年竣工，将 軍 澳（チェウンクワンオウ）（Tseung Kwan O）に所在する（No. 348, 図 2.1, 9.1, 図面 57, 58）[10]．将軍澳は 1981 年以降政府が TOD で重点的に開発した地区のひとつである（何 2016, 219, 268-269）．

第 8 章で述べたように，DBDC が設立され数年が経った 1999 年以降は，DBDC の建設専門家信徒が主体となり，設計競技によって設計者を選定するようになり，設計者が信徒であるか否かは，指名や選定の条件にはならなくなった．この聖アンドリュー教会の設計者も，指名プロポーザル方式の設計競技によって選定された．ケニス・チャウ（Kenneth Chau, 周德瀬）である [11]．カトリック信徒ではない．

設計には，教区典礼委員会聖職者委員のトーマス・ロウとジョバンニ・ジャンピエトロが深く関与した．典礼デザインは，イタリア在住の典礼芸術作家である修道女に依頼された．

1 階正方形平面の空間内に会衆席が扇形に配置されている（図面 58）．1990 年代から 2000 年代初頭に建設された独立棟教会堂，幼稚園併設教会堂のほとんどは 200-500 程度の会衆席であった [12]．聖アンドリュー教会は 692 の会衆席を持ち，1960 年代以降建設の教会堂としては最大規模である．この理由をジャンピエトロは以下のように説明する [13]．1990 年代には司祭がすでに不足しており，将来にわたって減少することは明らかであった．他方，ニュータウンはいまだ開発中で人口，信者はさらに増加することが予想された．少数の司祭で，増加する信者に

---

9) Research & Development Committee. "Church Development Plan Review 2015 Gist of Discussion at R&DC Meeting on 14 March 2015," DBDC meeting minutes, カトリック香港教区 DBDC 事務局.

10) 竣工は 2006 年であるが，計画は遅くとも 1997 年から始まった．

11) 香港大學建築学部卒業，ハーバード大学都市デザイン修士課程修了．CYS アソシエイツ（CYS Associates）共同代表．

12) 第 6-8 章参照．聖ジェームス教会, 1990 年, No. 317, 300 席；キリストの母教会, 1990 年, No. 318, 645 席；聖ベネディクト教会, 1993 年, No. 326, 380 席；受胎告知教会, 1993 年, No. 328, 350 席；海星教会, 1995 年, No. 329, 約 250 席；聖フランシスコ教会, 1996 年, No. 332, 322 席；使徒聖トマス教会, 1999 年, No. 337, 429 席；聖ジェローム教会, 2002 年, No. 343, 491 席；聖母聖衣教会, 2001 年, No. 340, 300 席．

13) 筆者によるジョバンニ・ジャンピエトロへのインタビュー, 2019 年 1 月 17 日．

図 9.1　聖アンドリュー教会，聖アンドリュー・カトリック幼稚園
（St. Andrew's Church, St. Andrew's Catholic Kindergarten, 聖安徳肋堂，
天主教聖安徳肋幼稚園, No. 348）2006 年竣工
CYS アソシエイツ提供.

対応するには，ミサの回数を少なくし，一度に収容できる人数を増やすしかない．そこでジャンピエトロは，新教会堂は会衆席を 1,000 席にすべきと主張した．しかし，他の関係者は同意しなかった．その理由は，ジャンピエトロによれば，1980 年代に香港教区で広められた「信仰小共同体」の概念が影響しているという（第 6 章）．すなわち，信仰小共同体は小規模で信者の関係が緊密であるのが特徴であり，それは教会堂形態にも影響したという．また，教会堂が広すぎて，空席が多くなることはよくないと考えられた．さらに，大規模な教会堂は，建設費の増加も意味する[14]．こうした議論を経て最終的に約 700 席となった．

　幼稚園併設教会堂は，この聖アンドリュー教会を最後に，2018 年まで新築されていない．政府との土地取得交渉の難航，土地取得手数料の高騰，香港の少子化が原因と考えられる．このため，新築の教会堂は，幼稚園併設ではなく，以下に述べるように他用途の併設への転換を余儀なくされた．

2　コミュニティ・ホール兼用の教会堂

　香港では人口・信者が増加しているものの，2000 年代は少子化傾向が顕著になり，少なからぬ小学校が閉鎖を余儀なくされた（羅 2015, 198-200）．少子化に加え，土地取得手数料高騰のため，2000 年代以降，小中学校や幼稚園の需要が減少した状況で計画されたのが，地域福祉施設

---

14) ジャンピエトロは聖ジェローム教会堂（No. 343）設計時も 600-700 席を求めたが，関係者は同じような意見を持っており，賛成せず，491 席にとどまった．建設費不足も大きく影響したという．

と兼用の教会堂であった．既存の聖ヨゼフ教会（St. Joseph's Church, 聖若瑟堂）の増築として計画された（No. 92, 361）．これは土地取得がますます困難になる状況のなかで，幼稚園以外の新たな公益性を持たせると同時に，ニュータウンの信者急増に対応した計画である．香港社会と教会の現状を如実に反映する事例であると共に，建設専門家信徒らが教会の窮状に対応し，彼らが専門家としての経験を最大限活かした計画である．

　聖ヨゼフ教会が位置する新界の 粉嶺（Fan Ling）は中国国境に近い（図2.1）．戦前までは農村地帯であった．戦後の人口増，住宅地としての開発の始まりを受け，1953年，教区は粉嶺に小教区教会堂として聖ヨゼフ教会を建設した[15]．石造，平屋の独立棟教会堂であった（No. 92, 図9.2）．会衆席は150である．粉嶺では1970年代に開発が進み，1980年代以降はニュータウンとなり，公営団地や民間の集合住宅，商業・工業施設が建設された．人口が増えたことで，信者も増加し，既存の教会堂では，会衆席や会合のスペースが著しく不足するようになった．2008年，政府は新たな住宅開発を計画し始めた（何 2016, 381）．2009年，教区はこれを受け，地区の信徒のさらなる増加を予測し，既存教会堂の増築を構想し始めた．既存教会堂は政府によって文化財登録されたため，解体して再開発することはできない．そこで，所有地に隣接し，かつ

図 9.2　聖ヨゼフ教会（St. Joseph's Church, 聖若瑟堂, No. 92）　粉嶺　1953年竣工

---

15) 敷地は中国系信徒が教区に寄付，設計者は小教区司祭のアンブロジオ・ポレッティ（Ambrogio Poletti, ミラノ外国宣教会）であり，小教区信徒が施工に参加したとされる（McDougal & Vines. "ST JOSEPH'S CHURCH AND MISSION, FANLING, HERITAGE IMPACT ASSESSMENT," February 2015, カトリック香港教区 DBDC 事務局）．

て教区が所有しており，駐車場となっていた土地の再取得を政府に求め交渉を開始した．しか
しプロテスタント教会もこの土地の取得を求めたため，厳しい競争となった．

　教区はこの隣接地に「多目的ホール（Multi-Purpose Hall）」と「集会場（Assembly Hall）」を新築
する提案を政府に出した．地域のための施設としての機能を教会堂そのものに持たせると同時
に，収容人数を最大化することを計画した[16]．前節でも述べた通り，2000 年代，教区は信者増
加を受け，新築・改築する教会堂は，収容人数を最大化する方針をとるようになった（表序.1，
図序.1）．多目的ホールは，548 人を収容する計画である[17]．

　教区の提案では，この多目的ホール（教区はミサ・ホールとも呼んでいる）と集会場は，主用
途はあくまでもミサや信者たちの集会など宗教活動であり，教会が優先的に使用するとした．
このため，教区が政府に申請した土地取得手数料減額は，宗教用途だけを根拠とした．多目的
ホールと集会場は，教会活動に使用しない時間は，教会の理念に合致する団体（competent
authority）が，教会の利益に反しない地域公益活動をおこなう場合に限って使用を認めるとして
いる[18]．具体的には，学校の入学・卒業式などが想定されている．

　政府は教区の提案を受け入れた．しかしながら，政府と教会との間での土地取得手数料がな
かなか合意に至らなかった．政府が提示した額は教会にとっては高額すぎ，また政府は教会か
らの要請にすぐに回答せず，何年もの時間が進展なく過ぎていった．2018 年 10 月 19 日，よう
やく土地取得手数料が合意に至り，教会は正式に土地を取得した[19]．2018 年 11 月 25 日に起工
した．2020 年竣工予定である．

　教区は建築および発展委員会を通して，設計者（Leigh & Orange）を選定した[20]．別途，典礼
芸術の設計者も選定した[21]．

　登録文化財である既存の教会堂を景観的に保全する観点から，新築建物は既存教会堂の高さ
を超えてはならないという制限が政府によって課された．このため，地下階を設けることに
よって，収容人数を最大化することとした．地域活動に使用されることを考え，多目的ホール
の典礼家具はすべて可動式で設計される．

---

16) Research & Development Committee. "Church Development Plan Review 2015 Gist of Discussion at R&DC Meeting on 14 March 2015," DBDC meeting minutes, カトリック香港教区 DBDC 事務局．

17) Leigh & Orange. "ST. JOSEPH'S CHURCH EXTENSION, Liturgy Design Workshop," March 2016, DBDC から筆者に資料提供．
　　筆者による DBDC 職員へのインタビュー，2019 年 1 月 29 日．

18) DBDC. St. Joseph's Church folder, Fanling, Redevelopment of Parcel of Land Adjacent, Government, DBDC(13)/EC/SJ(FL)/LandAdj/Govt 3, カトリック香港教区 DBDC 事務局．

19) DBDC. "Minutes of 130ᵗʰ(4/2018)Meeting," 27 October 2018, カトリック香港教区 DBDC 事務局．

20) Leigh & Orange は戦前に西洋人が香港で設立し，戦後にさらに規模を拡大した組織設計事務所である（第 4 章）．

21) 典礼デザイン設計者は，イタリア在住のイタリア人典礼芸術作家であり，修道女でもある．香港では聖アンドリュー教会（St. Andrew's Church, 2006 年竣工, No. 348）の典礼デザインも担当した（本章第 2 節 1 参照）．

3　学校ミサ・センターへの回帰

2013 年頃から教区は，1960–1970 年代に主流であったカトリック学校講堂を教会堂として使用する方針への回帰傾向を見せ始めている（類型 9）．

先述のように，近年，教会が政府から土地を新たに取得することがますます難しくなっているため，教会堂新設の数少ない選択肢は，政府が新築する政府標準設計学校をカトリック教会が運営し，そこを教会堂としても使うことだと教区は考え始めた．ただしこの選択肢は，第 6 章で述べたように，将来の政府政策の変化によっては，教会堂としての使用を禁止されたり，接収されるリスクを伴う．

かつて空港があった啓德（カイタック）（Kai Tak, 1955 年開港, 1998 年閉鎖）では，2012 年以来大規模再開発がおこなわれている．フェリー・ターミナル，オフィスビル，公営団地，民間集合住宅，スポーツ施設，公園，病院などが建設されている（何 2016, 376–379）．教区はこの地区に政府が新築する公営団地付属の政府標準設計学校をカトリック学校として運営して，その講堂をミサ・センターに使うことを計画し，学校運営団体に応募した[22]．しかしながら，2018 年時点で教区は啓德で学校を確保できていない．

(1) カリタス高等専門学院ミサ・センター

信徒が急増したニュータウン将軍澳では，カトリック教会運営の専門学校がミサ・センターとして使われるようになった．

将軍澳には本節 1 で既述の通り，小教区教会堂である聖アンドリュー教会が 2006 年に竣工した（No. 348）．しかしその後，ニュータウンの拡大に伴って信徒が急増し，収容しきれなくなっていた．そこで，教会組織カリタスが運営する高等専門学院新校舎にミサ・センターを開設したのである．これには以下のような背景があった．

第 6, 7 章で述べたように，カトリック教会による小中学校新設は 1980 年代以降激減した．香港社会の人口動態と政教関係の変化を反映したものであった．その後，教会堂は幼稚園を併設するようになった．しかし，少子化と地価高騰で，幼稚園新設も困難となった．2000 年代以降は，香港で少なからぬ私立大学，専門学校が新設された[23]．高等教育機関は，香港内だけではなく，大陸や香港外から学生を集めることができるためである．カトリック教会は以前より，カトリック大学を香港に設立することを望んでいた．2009 年，カリタスは高等専門学院（Caritas Institute of Higher Education, 明愛専上學院, CIHE）を将軍澳に開校した．提供する教育内容は，看護，ビジネス，デジタル・エンターテインメントなど，社会的需要の高い分野であり，十分な

---

22) DBDC. DBDC meeting minutes, 2013–2017, カトリック香港教区 DBDC 事務局.
23) 以下の機関が 2006 年以降，高等教育機関として政府に認可された．香港樹仁大學（2006 年大学に昇格），香港恒生大學（2010 年. 2018 年大学に昇格），カリタス高等専門学院（2011 年），東華學院（2011 年），香港高等科技教育學院（2012 年），港專學院（2014 年），香港能仁専上學院（2014 年），宏恩基督教學院（2015 年），香港教育大學（2016 年）.

学生数確保を見込んだものである．将来的に大学への昇格を目指し，2017年2月には新校舎を建設した[24]．

　将軍澳の小教区教会堂聖アンドリュー教会は，主日ミサに参加する信徒が増加し，スペース不足が深刻化していた．そこで小教区は，カリタス新校舎竣工から7か月後の2017年9月，CIHE新校舎地上階のレクチャールームをミサ・センターとして借用するようになった（No. 358）．

　CIHEはカトリック学校であるため，校舎設計段階から，学校チャペルが計画され，専有空間として地上階に設けられた[25]．しかしチャペルの会衆席数はわずか115席であるため，地上階の大レクチャールーム（300席）をミサに使用することとなった．第一週目より，満席の状態で主日ミサがおこなわれた．教会学校もここで開かれている．

　建物所有者は教区ではなくカリタスであるので，DBDCはこの校舎建設事業には関与していない．この事業の管理を担当したのは，カリタスの不動産部門であり，そこには常勤の建設専門職員がいる．この職員はカトリック信徒で，DBDC設立以来の委員でもあった．長年，DBDCを通して教会堂建設に携わってきた経験が学校チャペル計画設計にも活かされた．

　CIHEは専門学校であり，義務教育ではないため，建設資金には政府ローンを得たが，給付はない．すなわち，返済をしなければならない．しかし，建物所有者は教会組織であるため，政府標準設計学校などとは異なり，将来も安定的に確保し使用できる教会堂といえる．

第3節　教会堂建設阻害要因

　この時期，教会堂新設が全般的に困難になった理由は地価高騰だけではなく，大陸の宗教政策，香港の大陸化がある．

　第2節でとりあげた聖ヨゼフ教会は，土地取得手数料の合意までに10年近い時間を要した．ランタオ島のニュータウン東涌（Tung Chung）でも，教区は1994年から教会堂建設のための土地供給を政府に対し申請し，交渉をしている[26]．教区は幼稚園併設教会堂を提案したが，地元関係者が幼稚園は供給過多であるとして反対したため，教区は他の何らかの公益用途を提案する必要に迫られた．そのため，教会ホール以外に，「集会場（Assembly Hall）」を設け，教会活動以外の地域公益活動に開放することを検討している[27]．聖ヨゼフ教会堂増築と類似した計画である．2018年，ようやく政府は，特定の土地を教区のために留保し，用途や土地取得手数料の

---

24) 筆者によるフィリップ・クウォクへのインタビュー，2017年9月17日．
25) チャペルでは，平日ランチタイムの12時からミサがおこなわれている．
26) Catholic Diocese of Hong Kong, Procuration. "Application for a site in Area 27 Tung Chung Area, Lantao Island for the construction of a church and kindergarten," folder "Tung Chung New Site TCNS 1," カトリック香港教区 DBDC 事務局．
　　DBDC. "Tung Chung New Site Chronology of Events as at 13 February 2015," folder "TCNS, Tung Chung New Site 4," 2015–2018, カトリック香港教区 DBDC 事務局．
27) DBDC. Folder "TCNS, Tung Chung New Site 4," 2015–2018, カトリック香港教区 DBDC 事務局．

交渉を進めることとなった[28]. 教会ホールは会衆席 1,000 を計画している[29]. 信者増加, 司祭不足に対応した大規模教会堂である. 事業計画当初より, 建築設計事務所 CYS アソシエイツのケニス・チャウが基本構想を支援している. チャウは, 上述の聖アンドリュー教会（2006 年竣工）の設計者でもある（本章第 2 節 1）.

　本章でも述べた通り, 2013 年に習近平政権となってからは, 中国政府の宗教政策は強硬路線へと急激に転換した（Madsen 2018）. 香港政府行政長官をはじめとする高官は, いうまでもなく親中派である. 彼らは香港において, 大陸と同じような宗教弾圧はしないものの, 大陸の空気を読み, 香港の宗教組織による宗教活動施設新設に際しては, 政府が快く協力しているような印象を与えないよう行動してきたように見受けられる. 特に 2012 年から 2017 年まで香港行政長官であった梁振英（Leung Chun-ying）は, 2014 年に, 宗教は経済的貢献をしないと発言するなど, 宗教組織に理解のない態度を見せた[30].

第 4 節　カトリック建設専門家アドバイス・グループとその霊性

　2000 年代, 香港の建設専門家信徒による教会堂営繕は, 信徒たちによる霊性追求へとそのあり方が質的に変化していった. このことは, 2006 年の「カトリック建設専門家アドバイス・グループ（Catholic Building Professional Advisory Group, 天主教建築専業諮詢小組, CaBPAG）」設立に如実に表れている. CaBPAG は二つの目的を持って設立された. 信徒による教会施設営繕への実務的奉仕と, 信徒自身の霊的成長である. 一部の建設専門家信徒たちが, 建設専門家信徒共同体としての霊性を育みたいという意識を持つようになった背景には, 同時期に興隆した信徒霊性運動が関係していること, さらに香港返還も関わっていることを論じ, 営繕と霊性がどのように統合されていったのかを明らかにしてゆく.

1　営繕組織としての CaBPAG

（1）小教区営繕案件

　香港のカトリック教会では伝統的に, 小教区教会堂の営繕は, 小教区信者自身が責任を持っておこなってきた. 1995 年に教区の一元的営繕組織である教区建築および発展委員会（DBDC）が設立された後も, この習慣は基本的には続いていた. しかしながら 2000 年代になると, DBDC には多くの小教区営繕案件があがってくるようになった. 戦後大量に建設された教会堂が築 40 年以上となり, 大規模補修, 改修, 設備更新が必要な時期に入ったことも案件の増加に

28）DBDC. "Minutes of 130th (4/2018) Meeting," 27 October 2018, カトリック香港教区 DBDC 事務局.

29）筆者による DBDC 職員へのインタビュー, 2019 年 1 月 29 日.

30）Lai Ying-kit. "CY Leung says he 'regrets' controversial remarks about low-income voters," South China Morning Post, 29 October 2014.

関係している．DBDC の委員たちも，ほとんどの小教区では自立的営繕は持続不可能な状態になっていると 2004 年までには認識するようになった[31]．しかし，2004 年時点では香港教区には 115 件の公式礼拝施設があったのに対し，DBDC 事務局には 2 名の建築専門職員と 2 名の技術監理職員しかいなかった（表 2.1，資料 5）．これ以外に，教区所有の学校やその他施設の営繕もおこなわなければならない．DBDC 委員たちはボランティアのアドバイザーやコンサルタントであるので，実務をおこなうわけではない．DBDC の職員だけでは，小教区からあがってくる案件に対応するまでに非常に長い時間がかかってしまう状態であった[32]．

（2）2005 年司祭研修

2005 年 1 月，教区司祭継続教育委員会（Commission for Ongoing Formation of the Clergy, 聖職人員延續培育委員會）は DBDC と協働し，教区内で奉仕している司祭を対象に「小教区の効率的管理運営モデル（Effective Management Operation Model for Parishes）」と題する研修を開催した．テーマのなかには「建物維持管理と改修」，「教会堂および敷地に対する所有者・テナントの法的責任」，「建物維持管理と改修における典礼に関する課題」などが含まれた[33]．この研修のなかで多くの小教区司祭たちが，高額な光熱費に悩み，築年数の古い教会堂の音響照明設備の改善必要性を強く感じているが，改修手続きがわからない，といった営繕課題を抱えていると発言した[34]．こうしたことを受けて DBDC は，小教区の自立性を維持しながらも，小教区営繕を支援する建設専門家信徒組織を新たにつくる必要性を強く認識するようになった[35]．

（3）CaBPAG 前身としてのカトリック・エンジニアの会

他方で，1990 年代から，エンジニアの信徒たちが「カトリック・エンジニアの会」をつくることを計画し始めた．その目的は，司祭たちに教会施設営繕に関する助言をすることであった．彼らは，カテドラル小教区に所属するカトリック信徒のポール・タム（Paul Tam, 譚永明），MT チョウ（MT Chow, 周文達），さらに 2 名の信徒，そして聖ユダ教会（St. Jude's Church）に属する信徒レイモンド・シウ（Raymond Shiu）であった．彼らはとりわけ，2004 年に設立された「司祭・修道者の健康管理委員会（Diocesan Commission for the Health Care of the Clergy and Religious, 教区

---

31) 筆者によるサイモン・リーへのインタビュー，2012 年 9 月 17 日．
32) 筆者による DBDC 技術監理職員トニー・ウォン（Tony Wong）へのインタビュー，2012 年 9 月 28 日．
33) DBDC. "Effective Management Operation Model for Parishes," 4–6 January 2005, カトリック香港教区 DBDC 事務局．
34) Research and Development Committee. Meeting minutes, No. 51, 5 February 2005, Appendix, Day 1, 4th Jan 2005, Session 1B Building Maintenance and Management, Session 2 Building maintenance and renovation, カトリック香港教区 DBDC 事務局．
35) Simon Li. Catholic Building Advisory Group, Research and Development Committee in the folder of meeting minutes, No. 54 Appendix, October 2005, カトリック香港教区 DBDC 事務局．
　　Simon Li and Dominic Chan. Catholic Building Professional Advisory Group, in the folder of DBDC meeting minutes, EMOM-DBDC（05），November 2005, カトリック香港教区 DBDC 事務局．
　　筆者によるドミニク・チャンへのインタビュー，2012 年 9 月 18 日．

神職人員及會士保健委員會)」に刺激を受けた[36].

　カトリック・エンジニアの会はしばらくの間，アイデアにとどまっていた．詳細は後述する．

(4) 調査研究委員会における具体化

　レイモンド・シウは2005年1月頃，DBDCの小委員会のひとつである調査研究委員会のメンバーであった（第7章第3節7）．委員会の席上，2005年の司祭研修と関連した話題として，彼が仲間たちとカトリック・エンジニアの会をつくることを検討していることに言及した[37].

　司教総代理のドミニク・チャン（Dominic Chan, 陳志明）は，信徒たちが新しい組織を起ち上げること，その組織の使命と目的を具体化させることを強く勧めた．彼は2004年当時，DBDC委員，調査研究委員会メンバーであり，さらに上述の司祭・修道者の健康管理委員会の委員長であった．1992年に司教総代理に任命されて以来，小教区に関する事柄を担当していた．これらの奉仕を通じて感じていたことは，DBDC設立（1995年）以来10年間，信徒委員は献身的に奉仕しており，それは素晴らしいことであるがしかし，霊的な側面が欠けているということであった．したがって，小教区営繕支援の必要性，司祭研修で明らかになった司祭たちの要望，エンジニアの会のアイデアを統合し，レイモンド・シウの提案を受け，新しい組織を設立することを提案した．そして，その新組織は，建設専門家信徒をメンバーとし，小教区や教区を支援しつつ，メンバーの霊的成長をも目的とすることを提案したのである[38]．彼の提案は二つの事柄を統合するものであり，委員会のメンバーは賛同した．

　2005年2月から委員会は，新組織の体制，正式名称，具体的な活動について議論を続けた[39]．新組織の役割はコンサルテーションとし，その活動には霊的な要素を含めることとした[40]．

---

36)「司祭・修道者の健康管理委員会」は，教区で奉仕中または引退した司祭と修道者たちへの医療サポート活動を実施している．これはカトリック信徒の医療専門家によるボランティア活動である．カトリック信徒である医師1名と看護師1名がチームを組み，割り当てられた小教区の司祭・修道者に健康管理の助言や情報提供をおこなう．他の信徒らは司祭・修道者たちを病院へ送迎し，診察の付き添いもおこなっている．このような奉仕活動が計画された理由は，司祭や修道者たちは自身の健康管理にあまり注意せず，医療措置を受けないまま健康を悪化させてしまうことが多いためであった．この委員会委員長は司教総代理のドミニク・チャンである（Diocesan Commission for the Health Care of The Clergy and Religious. "About us," http://healthnews.catholic.org.hk/eng/index.html, 2013年7月1日閲覧）．
　　筆者によるサイモン・リーへのインタビュー，2012年9月17日．この委員会は，専門家信徒が中心的委員となりアドバイザーとなる委員会としては教区で初のものであった．

37) 筆者によるドミニク・チャンへのインタビュー，2013年6月7日．

38) Research and Development Committee. Meeting minutes, No. 51, 5 February 2005, カトリック香港教区DBDC事務局．ドミニク・チャンは，DBDC委員会と調査研究委員会において，DBDCは建築，土木，建築設備などのカトリック信徒のボランティアを募って，教区と地区（Deaneries, 地区は複数の小教区から構成される）を支援することを提案した．例えば施設バリアフリー化などの事業で彼らがDBDCを側面支援することを提案した．
　　筆者によるドミニク・チャンへの電話インタビュー，2014年9月10日．

39) Research and Development Committee. Meeting minutes, No. 51-55, 5 February 2005-15 October 2005, カトリック香港教区DBDC事務局．議事録には新組織の様々な仮称が記載されている（Catholic Engineers' Association, Engineering Advisory Team, Catholic Support Group of Building and Related Professionals）.

40) DBDC. Meeting minutes, No. 56, 5 March 2005, カトリック香港教区DBDC事務局.

（5）準備委員会

2005 年 6 月 9 日，新組織のための準備委員会（Preparatory Committee）が設立された．委員となったのは以下の面々である．

DBDC 委員長サイモン・リー，DBDC 委員でもある，モーリス・リー（Maurice Lee），フィリップ・クウォク，レオン・キンワイ（Leung King-wai），ラム・サーリン（Lam Sair-ling），テレサ・チュウ（Teresa Chu），ボスコ・フォン（Bosco Fung），バーナード・ライ（Bernard Lai），ジョン・ウォン（John Wong），ケン・ラム（Ken Lam）．さらに，DBDC 委員ではないが，DBDC の小委員会である調査研究委員会のメンバーであるブレンダン・イェウン（Brendan Yeung）とレイモンド・シウ．そして，DBDC 委員でも小委員会委員でもなかったが，エンジニアのジョセフ・チャン（Joseph Chan, 陳祖澤）とガブリエル・ラム（Gabriel Lam）が招待され加わった[41]．

2005 年 9 月 5 日の委員会で，会の正式名称は「カトリック建設専門家アドバイス・グループ（Catholic Building Professional Advisory Group, CaBPAG）」と決まった．ガブリエル・ラムが起草した，会の霊性を議論し承認した[42]．

2006 年 5 月，CaBPAG は DBDC の下部組織として正式に設立された[43]．準備委員会は，CaBPAG の「運営委員会（Steering Group）」として改組された[44]．これは CaBPAG 全体をとりまとめ，DBDC に報告する役割を担うこととなった．

（6）ガイドライン

CaBPAG が設立された 2006 年，運営委員会は「メンバー用ガイドライン（Working Guidelines for Members, ガイドライン）」作成チームを起ち上げた．チームのメンバーは草案づくりと内容更新を続け，2011 年に暫定版を CaBPAG メンバーに公開した．

ガイドラインの目次は以下である．組織設立背景，使命と目的，役割と機能，組織構成，メンバー資格，利益相反，霊的活動，コミュニケーション．

さらに付録として以下がある．典礼デザインのガイダンス（作成中），不動産管理，事業および契約手続き，小規模工事（作成中）[45]．

「使命と目的」，「役割と機能」，「組織構成」，「メンバー資格」の文章は 2006 年の CaBPAG 設立時にすでに作成されており，パンフレットやウェブサイト，他の公式文書で公表されて

---

41) Research and Development Committee. Meeting minutes. No. 53, 4 June 2005, カトリック香港教区 DBDC 事務局.

　ジョセフ・チャンから筆者への E メール，2013 年 6 月 10 日．ガブリエル・ラムは準備委員会で，霊性に基づいた目的の草案作成を依頼された．

42) DBDC. "Confirmed notes of 2nd Preparatory Committee Meeting of the Catholic Building Professional Advisory Group," folder of DBDC meeting minutes, 5 September 2005, カトリック香港教区 DBDC 事務局.

43) Research and Development Committee. Meeting minutes, No. 58, Appendix II, 8 April 2006, カトリック香港教区 DBDC 事務局.

44) 筆者によるガブリエル・ラムへのインタビュー，2013 年 7 月 1 日．CaBPAG. "Working Guidelines for Members," 2011, カトリック香港教区 DBDC 事務局.

45) CaBPAG. "Working Guidelines for Members," 2011, カトリック香港教区 DBDC 事務局.

いる.

(7) メンバー

CaBPAG はメンバーの資格を以下のように規定した.「カトリック信徒もしくは信徒ではない建設専門家であり, 専門家学会や協会の会員が入会資格を持つ. 建設専門家に含まれるのは, 建築家, エンジニア（施工, 土木, 電気, 電子工学, 機械, 構造, 地盤工学, 建築設備などが主であるが, これらに限るものではない）, 都市計画家, 測量士, その他の建設関係の専門家（照明, 音響, 文化遺産保存, 環境, デザイン, 景観など）」[46].

CaBPAG に入会を希望する建設専門家は自薦することができる. CaBPAG 主催者（Convenor）は入会申請があれば, CaBPAG 運営委員会, 総務処プロキュレーター, DBDC 委員長に報告し, 主催者が最終的に入会を承認する[47].

DBDC 委員長サイモン・リーと CaBPAG 主催者ジョセフ・チャンによれば, CaBPAG は将来の DBDC 委員候補者をプールする意図があるのだという. CaBPAG への参加を通してメンバーは DBDC のシステムを知るようになる. 将来, 時間的余裕ができたときに DBDC に委員として貢献してくれるようになることを期待している.

(8) 組織構成

ガイドラインによれば「CaBPAG の主要な役割は, 教会の敷地, 建築, 土木, 開発などに関する事柄, 例えば不動産管理, 維持, 改修, 政府条例遵守, 施工業者との契約, 事業者の責務などについて, 教区に対し専門的助言をすることである. この奉仕はあくまで助言であり, 必要に応じて提供し, 既存の DBDC や小教区の役割に取って代わるものではない」[48].

CaBPAG の設立と同時に以下のチームが CaBPAG 内に設立された. 香港チーム, 新界・九龍チーム, 特別作業チーム（Special Duties Team）, IT・ネットワーク・コミュニケーション・チーム, トレーニング・オリエンテーション・チーム, ガイドライン／ハンドブック・チーム. 後者 4 チームは後に改組された.

CaBPAG メンバーはどのチームにも自由に参加することができる. チームにはリーダーがいる. 2018 年時点で機能しているチームを以下に説明する（図 9.3）.

① 香港チーム

小教区は営繕関係の問題があれば, 通常はまず DBDC に連絡, 相談をする. その案件が緊急性のないものであれば, DBDC は CaBPAG 主催者に対応を託する. 主催者は, 当該小教区を担当するチーム（香港チームもしくは新界・九龍チーム）のリーダーに案件を託す.

---

46) CaBPAG. "Working Guidelines for Members," 2011, カトリック香港教区 DBDC 事務局.
47) 筆者によるジョセフ・チャン（CaBPAG 主催者）へのインタビュー, 2012 年 9 月 19 日.
48) CaBPAG. "Working Guidelines for Members," 2011, カトリック香港教区 DBDC 事務局.

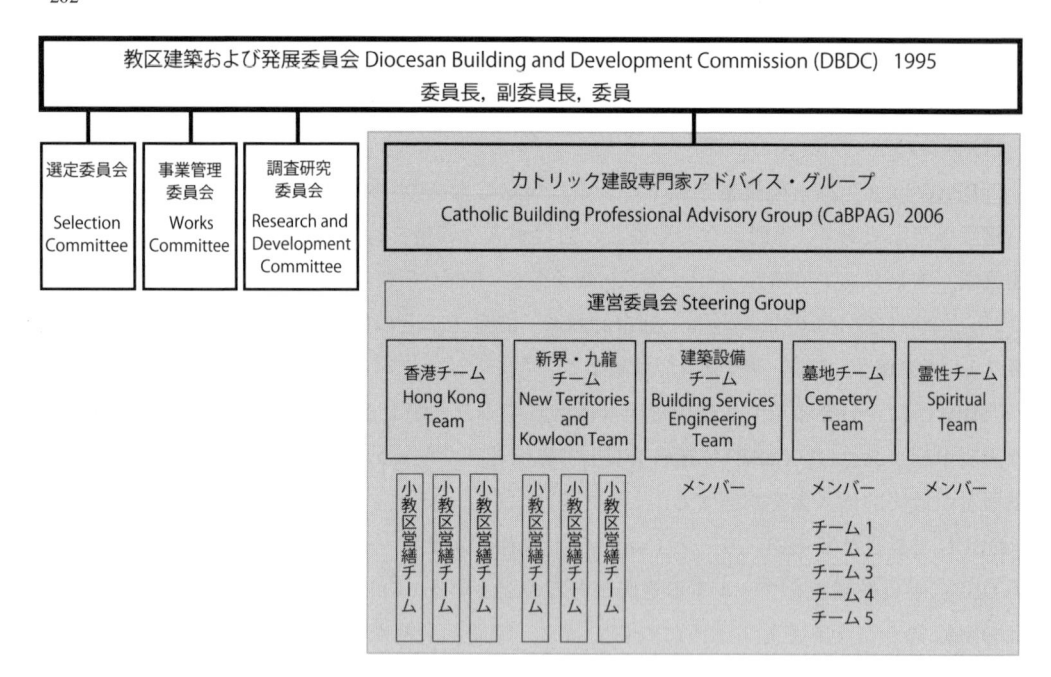

図 9.3　DBDC および CaBPAG 組織図

　チームリーダーは，当該小教区のために「小教区営繕チーム」を設立し，CaBPAG に登録されているメンバーのなかから，3 名のチームメンバーを選ぶ．多くの場合，建築家，建築設備エンジニア，構造設計家の 3 名で 1 チームを構成する．そしてこの小教区営繕チームを，支援が必要な小教区に派遣する．案件の内容によって，土木エンジニアなど，他の専門家を選ぶ場合もある [49]．

　香港チームのリーダーは 2006 年から 2018 年まで，ジョセフ・チャンである．彼は通常，建築家を小教区営繕チームリーダーに任命する．利益相反を避けるため，少なくとも 1 名の公務員をメンバーに入れる．公務員は残業が比較的少なく，時間的な余裕もあるという理由もある [50]．小教区営繕チームメンバーを選ぶ際はさらに，案件の内容とメンバーの専門との整合性，自宅や職場と当該小教区との距離を考慮する．可能な限り当該小教区に所属する信徒である CaBPAG メンバーを，チームメンバーとすることを心掛けている．小教区信徒は自身の小教区のニーズをよく知っているし，より熱心に奉仕することが期待できるからである．候補者には直接電話し，小教区営繕チームのメンバーとなる意思があるか，時間的余裕があるかを尋ねる．新規案件があがってきたとき，過去に小教区営繕チームに参加したことのないメンバーに優先的に声をかけるようにしている．より多くのメンバーが奉仕を経験することが大切だと考えているためである．

　49) 筆者によるジョセフ・チャンへのインタビュー，2012 年 9 月 19 日．

　50) 筆者によるジョセフ・チャンへのインタビュー，2012 年 9 月 19 日．

　小教区営繕チームの任務は，様々な営繕事業の可能性調査，施主である小教区の要望のとり
まとめ（具体的には，エレベーターや空調機の新設，音響映像設備導入，照明の新設・改良など）が
主なものである．依頼があれば，教会堂改修，増築，建設関係の政府条例の説明，経費見積も
り，設計者や施工者の選定，設計・工事契約手続きなども支援する．

　小教区営繕チームは，施主である小教区の要望をとりまとめた後，解散となる．CaBPAG が
関与するのは，設計者を選定する以前の可能性調査までである [51]．チームメンバーが設計，施
工，監理をおこなうことはない．CaBPAG が施主の要望をとりまとめた後，DBDC と小教区が
設計者を選定し，設計と施工監理を発注する．小教区は，場合によっては営繕事業のための作
業部会を設置し DBDC や設計者と協働する．要請があれば，CaBPAG 小教区営繕チームメン
バーの 1-2 名が小教区の作業部会に入り，計画と設計を支援する．

② 新界・九龍チーム

　新界と九龍に位置する小教区の営繕を支援するチームであり，機能は香港チームと同じであ
る（図 9.3）．リーダーはレオン・キンワイ（Leung King-wai）である．レオンはしばしば自身が
小教区営繕チームリーダーとなる [52]．

③ 墓地チーム

　香港教区は 5 か所の教区墓地を所有している [53]．「教区カトリック墓地委員会（Diocesan Board
of Catholic Cemetery, 教区天主教墳場委員会）」所属の墓地営繕担当職員は 1 名のみで，教区墓地営
繕をすべて担うことは難しい．そのため，墓地委員会の要請に応じて，墓地チームが 2007 年に
設立された．

　チームの任務は，墓地の有効利用を計画することである．具体的には，土地利用，施設，導
線，景観，墓碑デザインの改善計画をおこなう．5 か所の墓地ごとに，2 名で構成されるサブ・
チームが設置された（図 9.3）．

④ 建築設備チーム

　2008 年，エネルギー効率グループ（Energy Efficiency Group）が設立され，建築エネルギー関連
条例や教会堂のエネルギー効率化に関する案件を担当するようになった．2012 年，グループの
名称が変更され，建築設備チーム（Building Services Engineering Team）となり，エネルギー効率の
みならず，建築設備に関する多様な事柄を担当するようになった（図 9.3）[54]．

　2018 年時点では約 20 名のメンバーがおり，うち 8 名が活動的である [55]．建築設備エンジニ

51）筆者によるトニー・ウォン（DBDC 技術監理職員）へのインタビュー，2012 年 9 月 28 日．
52）筆者によるレオン・キンワイへのインタビュー，2012 年 10 月 5 日．
53）香港の教会は都市域に存在するものが多く，小教区墓地を有している小教区はない．信者は教区墓地に埋
　葬される権利がある．
54）筆者によるジョセフ・チャンへのインタビュー，2013 年 6 月 7 日．
55）筆者によるケン・ラムへのインタビュー，2016 年 9 月 23 日．

ア，他にエレベーターのエンジニア，空調設備エンジニア，エネルギー / 環境コンサルタントがいる．

2018 年時点での建築設備チームリーダーはケン・ラム（Ken Lam）である[56]．

これまでに建築設備チームがおこなった活動には以下がある．エネルギー効率化のため教会堂や他施設の照明を LED に交換，エネルギー効率化の政府助成金申請，墓地チームとの協働による墓地の監視カメラ設置と照明の電源を太陽光で供給する可能性調査と政府助成金の可能性調査[57]．

2011 年，香港政府は建築のエネルギー効率に関する新たな条例を策定し，建物用途が「政府，公益機関，コミュニティ（Government, Institution and Community, GI/C）」となっている築 20 年以上の全建築物（5,000 平方フィート以上）について，電気設備，空調機，照明，エレベーターのエネルギー効率化を求め，さらに 1 年以内に効率化状況調査を求めた．ほとんどのカトリック教会堂が対象に含まれることになる．このため，新条例を各小教区が理解し遵守できるよう，建築設備チームメンバーとジョセフ・チャンは小教区司祭たちを対象に説明会を開いた[58]．

⑤ 霊性チーム

CaBPAG の特徴は先述したように，霊性を活動の主目的に位置づけていることである．2006 年から 2008 年まで「特別作業チーム」が霊的活動をおこなってきた．2008 年以降は「霊性チーム」に改組され，霊的活動をおこなうようになった（図 9.3）．チームの詳細は後述する．

2 霊性と CaBPAG

CaBPAG 霊性チームがなぜつくられたのかを理解するには，そもそもキリスト教霊性とは何か，それはどのように信徒に関係し，どのように変遷してきたのか，さらに香港においてはどのように展開したのかを理解する必要がある．

---

56) 筆者によるケン・ラムへのインタビュー，2016 年 9 月 23 日．ラムはもともと 2002 年に DBDC 委員となった（資料 5）．DBDC 小委員会である選定委員会，事業管理委員会のメンバーでもある．カトリック信徒ではなかったが，すでに DBDC 委員であったヴィンセント・トンの依頼を受け，一般的な意味でのボランティア活動と社会貢献に興味を持ち，DBDC 委員となることを快諾した．トンとは香港政府機関で同僚であった．CaBPAG にも設立当初より参加し，運営委員会メンバーである．2008 年に CaBPAG に新設された「エネルギー効率グループ」の初代リーダーとなった（表 9.1）．その後，KK ラムが 2 代目のリーダーとなった．2014 年，KK ラムが死去した後，再びケン・ラムがリーダーとなった．DBDC や CaBPAG での活動のなかで，信徒委員・メンバーたちの，専門性を神と他者に捧げる信心と生き方を長年間近で見続けて大きな影響を受けた．信徒委員，メンバー，司祭がラムに入信を求めることは一度もなかった．また信徒や司祭が，ラムが信徒ではなくても，専門家かつ仲間として心から信頼していること，ラムが DBDC に対しておこなった貢献に感謝していることをずっと感じてきた．仲間として活動してきた建設専門家信徒たちと司祭たちを心から尊敬していると語った．2014 年，ラムは受洗し，カトリック信徒となった．

57) DBDC. Meeting minutes, No. 89, 4 September 2010, カトリック香港教区 DBDC 事務局．

58) Catholic Building Professional Advisory Group. "Confirmed Notes of Steering Group/Committee Meeting," 18 April 2012, カトリック香港教区 DBDC 事務局．
　筆者によるジョセフ・チャンへのインタビュー，2013 年 3 月 28 日．

(1) 霊性の発展

キリスト教における霊性（スピリチュアリティ）は中世から1960年代に至るまで，主に聖職者と修道者が追求するものであり，それ以外の一般の信徒には深く関連しないものと考えられてきた（第1章）[59]．特に中世の西欧において多くの人々が同一の宗教を共有していると考えられていたときには，スピリチュアリティについて語る必要性はさほど感じられておらず，少数の秀でた資質を持つ聖職者や修道者のみが語るものであったと島薗は指摘している（島薗2010）．

近代以降，世俗化，脱宗教化が進んだ．1950-1960年代，宗教社会学研究者たちの間では，伝統宗教は将来にわたって衰退していくという世俗化論が支配的であった（Berger 1967, 島薗2010）．しかしながら実際には，1970年代後半以降，世俗化とは異なる，あるいは逆行するような現象が世界で現れ始めた．島薗によれば，1978年のイラン革命はイスラム主義への傾斜を強め，伝統宗教の復興を象徴する出来事であった（島薗2010）．伝統宗教ではないが，宗教的なもの，聖なるものへの回帰，再聖化，再宗教化と呼ばれる現象が起きた．このような流れを受けて宗教社会学者らは，既存のキリスト教やイスラム教，仏教などのように宗教諸制度や明文化された教義や儀礼を持ち，形式上はっきりと組織だっているものを「宗教」と呼び，個的な超越感や超感覚性，あるいは人生の意味といった個人的な現象を対象とするものを「スピリチュアリティ」と呼ぶようになった（伊藤2003, 154）．

スピリチュアリティは，アメリカではニューエイジ（New Age），日本では精神世界などとも呼ばれる．島薗はこれらへの関心の高まりを「新霊性運動（新霊性文化）」と総称した（島薗2007, 27-28, 48-60, 2010, 2011）．新霊性運動とは通常，自己自身の心身の変容，霊的な次元（spiritual dimension）での変容を目的とし，自我の消滅（トランスパーソナル，超個的）状態へ至ることを目指すものである（伊藤2003, 16-17）．また，伝統宗教のように，自分の死後，地獄に行かずに天国に行くためにはどうすればよいか，来世はどうなるか，ということはあまり意識されなくなり，過去や未来のことよりも，今現在のみを深く意識して生きることが強調された．実践方法はきわめて多様であり，座禅，瞑想，マインドフルネス，ヨガ，太極，気功，占い，12ステップ・プログラムなどがある．アジアの宗教や伝統に対する親和性が高く，その諸要素をとりいれていることも特徴的である（島薗2010）．多くの場合，実践者は既存の伝統宗教組織に属さず，実践方法はきわめて個人的であり，個人の聖性が重視される．

---

59) マクグラスによれば，「霊性」という言葉は通常「霊」（スピリット）と訳されるヘブル語の「ルアッハ」から来ている．6世紀には「神秘的」という言葉が神学において使われるようになった．近代では，「霊性」と「神秘主義」という言葉は，17世紀のフランス，特にサロンに集まったエリートたちに使われた．これらの言葉は神聖または超自然的な現象の内面的知識を意味した．神秘主義という言葉はしだいに霊性に置き換わってきている（マクグラス1999, 17, 22-23）．カランによれば，伝統的な霊性神学は，霊性の第一の場として，しばしば修道生活と司祭職を強調した．霊性は，家族や隣人そして世界との関係を遠ざけ，他の人々から退いて神だけに傾注した生活へと人々を招くことと考えられていた．第二バチカン公会議は，聖性に向けられた福音の招きが，普遍的なものであることを認知した．すなわち，それは，イエスの弟子である信者すべてに向けられるものであり，洗礼の約束において根拠づけられる（カラン1999, 153-154）．

　スピリチュアリティは個人の実践にとどまらず，社会の様々な領域に普及した．例えば医療においては，スピリチュアル・ケア，臨床パストラル・ケアなどが宗教の垣根を超えて広まっている（Weaver et al. 2003）．これらのことを刺激したのは，WHO（世界保健機構）が 1998 年から 1999 年にかけて提案した，WHO 憲章の前文における「健康の定義」の更新である．すなわち，それまで「健康」を定義していた肉体的，精神的，社会的側面に加え，霊的な健康を追加しようという動きである（Nagase 2012）[60]．

　伝統宗教の内部でもスピリチュアリティについて語られる機会が増えた（島薗 2010）．カトリック教会においては，1960 年代の第二バチカン公会議以降徐々に，霊性は全信者に関わるもの，聖職者や修道者のみならず信徒の日常生活にも深く関わるものと考えられるようになった．1980 年代以降，様々な霊性，カリスマを持つ信徒運動，新カトリック運動が興隆した（第 1 章）．1987 年の信徒に関するシノドス（世界代表司教会議）も，信徒を含め，洗礼を受けたすべての信者の霊性は普遍的なものであるとし，さらに霊性と日常生活を統合する必要があることを強調した[61]．また教会は，霊性の個人志向が強まっていることを危機ととらえ，霊性に基づいた共同体の育成を重視した[62]．

　1990 年代には霊性神学の研究が盛んになった．霊性を日常生活で実践することの重要性が強調されている（金子 2012, 553, 555）．2000 年代，霊性はさらに学術界と社会に浸透した．ミルチャ・エリアーデ編集による『宗教百科事典（"Encyclopedia of Religion"）』の第 1 版（1987 年）には "Christian Spirituality（キリスト教霊性）" という用語のみ掲載されている．しかしながら，第 2 版（2005 年）では「霊性」が独立した語として掲載されていることも，霊性の一般化の証左といえよう（Jones et al. 2005, "spirituality"）．

（2）第二バチカン公会議以前の香港における霊性

　公会議以前，香港の信徒の信仰生活は，ミサ参加，告解，ロザリオなどの祈りといった信心業が中心であった．聖書を読むことは一般的ではなく，むしろ推奨されていなかった[63]．ミサ

60）健康の定義に「霊的」側面を追記するという提案は，WHO 執行理事会で総会提案とすることが賛成多数で採択された．その後の WHO 総会では，WHO 憲章は過去半世紀の間，柔軟に機能してきた実績を重視し，健康定義改正は必要ないとする意見が大半を占め，改正には至らなかった（臼田ほか 2004）．しかしこの提案そのものと，提案への支持が，スピリチュアリティの浸透を示している．

61）信徒使徒職に関する教令, 2, 4, 5（Bacik 2002, 40-41, 第二バチカン公会議文書公式訳改訂特別委員会 2013）.

62）信徒使徒職に関する教令, 1「この信徒使徒職がより急務であるのは，人間生活の多くの分野が当然ながらますます自律的になったし，時には倫理的・宗教的秩序からのある種の絶縁やキリスト教的生活の重大な危機を伴っているからである」（第二バチカン公会議文書公式訳改訂特別委員会 2013）. 現代世界憲章, 43 項. 教会憲章, 21 項. 信徒使徒職に関する教令, 21 項. 教皇ヨハネ・パウロ二世 1988, 第一章 17, 59 項.

　　バシックによれば，西洋社会では 1980 年代に，カトリック信者の間での個人主義が見られ始め，危機ととらえられるようになった．カトリック信者と神との個人的な関係を重視した個人主義的霊性が主流となる一方，平和的で社会正義に基づいた社会の実現と，個人的かつ共同体的価値観を統合した共同体的霊性は支持者を失っていった（Bacik 2002, 45）.

63）そもそも中国語聖書の完訳が出版されたのは 1968 年であった．フランシスコ会イタリア人司祭ガブリエル・マリア・アレグラ（Gabriele Maria Allegra）らが中国語への翻訳をおこなった（Stuudium Biblicum OFM. "Centenary of the birth of Venerable Gabriele Allegra," http://www.sbofmhk.org/eng/Allegra/allegra_news.html, 2007, 2017 年 3 月 14 日閲覧）.

などの典礼には参列が奨励されていたとはいえ，説教以外の部分はラテン語でおこなわれていたため，一般の信徒が理解できるものではなかった（小高 2015, 123-128）[64]．

(3) 香港の信徒霊性運動

香港では 1980 年代以降，信徒の霊性への関心が高まり，2000 年代になると，信徒の自立性がより強い霊性運動へと発展した．

第5章で述べたように，戦後ベビーブーマーの香港人エリートは，多くがキリスト教系小中学校の出身である．彼らの少なからずが在学中に信者になった．親もしくは自身が難民・移民であり，貧しい環境で育った彼らにとっては，キリスト教系エリート校でバイリンガル教育を受け，ホワイトカラーとして就業し，高い社会的地位と経済的成功，物質的豊かさを手に入れることがまずは重要であった．したがって，若いうちにはキリスト教的価値観や霊性に目を向けることは少なかった（Brown 1993, 51, 66, 106）．こうした信徒たちが中年以上の年齢に達したとき，霊性に関心を持ち始めた．その理由には，経済至上主義的，物質主義的，拝金主義的社会，そうした社会の価値観に従ってきた生き方の自省があり，子供の頃に受けた信仰教育の再認識，教会の呼びかけからの刺激が一定程度はあったと考えられる．

第1章で言及した公会議の新たな教えである神の民としての信徒のあり方，その後の世界的な新カトリック運動や信徒運動に刺激され，香港人信徒たちは，信徒に固有，そして各人に固有の新たな霊性を探求するようになった．信徒の多様な活動は「信徒霊性運動（Lay spiritual movement）」とも総称される．こうした大きな流れには具体的には以下のようなものがあった．

信徒使徒職を実践する会が信徒自身によって多数設立された．第1章で述べた新カトリック運動に包摂される潮流である．バチカンが公式に認可している信徒団体「オプス・デイ（Opus Dei）」は 1981 年に香港で設立された（Catholic Truth Society 2017）[65]．バチカンに認可されている在世会のうち香港で設立されたものは，女子在世会の「Istituto Secolare Ancelle Della Misericordia（仁慈婢女俗世會）」（1995 年までに香港で設立．正確な設立年は不詳），フランシスコ会第三会（在世会）の「王たるキリストの在俗布教会（The Secular Institute of Missionaries of the Kingship of Christ, 基督王権伝教士在世会）」（2015 年設立）がある．新カトリック運動の代表である「新しい求道期間の道（ネオカテクメナート, Neocatecumenal Way）」，「フォコラーレ」，「カリスマ刷新運動」，「カトリック・スカウト」，「聖エジディオ共同体（Community of Sant'Egidio）」も香港で設立されている．香港教区ダイレクトリに記載されている信徒会は，1990 年は 48 団体，2016 年は 66 団体にのぼる（Catholic Truth Society 2017）[66]．そのうちの「レジオ・マリエ（Legion of Mary, 聖母軍）」や「信徒監獄宣教会（Catholic Diocese of Hong Kong Lay Prison Evangelical Organization）」は多数のサブ・

---

64) 筆者によるジョバンニ・ジャンピエトロへのインタビュー，2014 年 8 月 27 日，9 月 3 日，9 月 9 日．

65) オプス・デイは 1928 年にスペインで司祭が創設した団体で，信徒が仕事に励んでそれを聖化することで聖性に到達できるという在俗精神を持つ（大貫ほか 2002,「オプス・デイ」）．現在世界中に構成員がいる．普遍教会のなかで「属人区（Personal Prelature）」を持つ唯一の組織である．属人区とは，地理的に限定された教区とは異なり，組織に属する人（司祭・助祭，信徒）を中心に構成する一つの教区である．

グループ，会員を持つ大規模な組織である [67].

　霊性に関する著作が数多く出版されるようになった．代表的なものとしては，1964 年にカルロ・カレット（Carlo Carretto）がイタリアで出版した『砂漠からの手紙（*Lettere dal deserto*, Letters from the Desert）』が，1977 年に中国語に翻訳され（中国語書名『星語』），香港のカトリック信徒の間でよく読まれた [68]．香港人によっても，多数の霊性関係図書が執筆，出版された．特に東洋的霊性が注目され，禅や太極，エコロジーをとりいれた霊性が信徒，聖職者，修道者の間で盛んに実践され，書籍が出版された [69]．

　第 7 章で述べたように，カトリック大神学校である聖神修院神学哲学院が 1989 年に一般の信徒に門戸を開いて以来，建設専門家を含む多くの信徒が入学し，霊性を含む神学を学び，学位やディプロマを取得した [70]．DBDC 委員のうち少なくとも 3 名，CaBPAG 霊性チームの 2 名が神学校で学んだ [71]．

　香港の信徒霊性運動はとりわけ 2000 年代に入り，新たな次元での展開，興隆を見せる．その代表例を以下に紹介する．この時期からの信徒霊性運動の特徴は，信徒の自立性，専門性と霊性の統合である．

① 霊火運動

　1965 年，サレジオ修道会が運営する聖ルイス中学（St. Louis School, 聖類斯中學）にて，サレジオ会司祭李海龍神父が，「扶助者聖マリアの会（Mary Help of Christians, 聖母進教者之佑會）」を設立した [72]．在校中に受洗した学生は多かったが，卒業後は教会や信仰から遠のき，信仰を失ってしまう人々が多かった（Chan 2004, 63）．こうした状況に対応するため，李神父が設立したも

---

66) 教区ダイレクトリに記載がないが，信徒会霊性を重視する信徒会には例えば以下のようなものがある．2001 年設立の "Living Faith Society" は，信徒がキリスト者として霊的成長をすることを目指した（Living Faith Society Ltd. http://www.livingfaith.org.hk/index.php?option=com_wrapper&Itemid=37, 2015 年 12 月 15 日閲覧）．彼ら信徒は司祭と共に霊性や神学に関する勉強会・講演会を開催している．「タレントゥム（*Talentum*）」というカトリック書店を九龍で経営し，霊性に関する書籍を多く取り扱い，ここで勉強会や講演会を定期的におこなっている．

67) レジオ・マリエは，香港では 1949 年に活動が始まった．2016 年時点では 16 のキュリア（Curia, 支部）があり，1,000 名以上の会員がいる（聖母軍　香港督察區團．「常見問題」http://www.legion-of-mary.org.hk/, 2016 年 12 月 5 日閲覧）．小教区ごとにプレシディウム（Praesidium, 小支部会）を持ち，会員は病人訪問，カテキズム教育など多様な奉仕活動を通し，自己と他者の聖化，霊的成長を目指している．

68) カルロ・カレット（1910-1988 年）はイタリア人修道士で信仰小説家．砂漠で隠修生活を送った．その後に本書を執筆した．『砂漠からの手紙』原著は 1971 年に出版された．
　　筆者によるジョバンニ・ジャンピエトロへのインタビュー，2014 年 8 月 27 日，9 月 3 日，9 月 9 日．

69) 中国的霊性に関しては，マデリーン・クウォン（鄺麗娟）や李國雄の研究，著作がある（鄺 1989, 李 1989, 2000）．

70) 2019 年時点では，香港教区の大神学校には，学士・修士プログラムとして神学学士，神学修士（哲学課程，神学課程），宗教学学士，ディプロマとしては，神学，臨床パストラル・スピリチュアルケア，青年司牧，グリーフケア，刑務所司牧，小教区リーダー養成，それ以外に新宣教者養成コースがある（Holy Spirit Seminary College of Theology and Philosophy. "Course List," http://www.hsscol.org.hk/eng/courses.html, 2019 年 4 月 3 日）．

71) フィリップ・クウォンから筆者への E メール，2015 年 8 月 3 日．

72) 聖母進教者之佑會金慶特刊編委會．「聖母進教者之佑會金慶特刊」聖母進教者之佑會，2015 年．

のである．会員は毎日聖書を読み黙想し霊的に成長することを目指した．卒業生以外にも会員は増加し，多くの分会が設立された．

　1970 年代後半から会員らは「霊火（Bonfire）」という言葉を使い始め，霊火キャンプを実施し，ニュースレター「霊火」を発行した．サレジオ会創始者であるフランシスコ・サレジオの著書『信心生活の入門』には以下の文言がある．「愛は霊魂の火であって，その燃え立つ焔を信心といい，愛徳を火とすれば，信心は天主の戒律を守り，さらになお，天よりの勧告と霊示とを実践するに際して，これを喜び勇んで熱心にさせる，その焔にすぎないのである」（小高 2015, 51）．「霊火」は創始者のこの教えに由来すると思われる．

　1960 年代から 2000 年代初頭までは，会員の活動は聖書講読以外には，キリスト信者に対する奉仕，教会内部での奉仕に限定されていた[73]．

　扶助者聖マリアの会の初期会員たちは 2000 年頃までには壮年に近づき，信者として精神的に成熟し，専門家としても成熟し，多くが社会的・経済的に成功していた．彼らは自分たちの信仰や奉仕のあり方は，教区など既存の教会組織に従属するのみではなく，むしろ教会組織から自立したやり方で能動的に信仰，聖化を実践したいと考えた．

　2004 年，会員信徒らが「霊火運動（Bonfire Movement）」と呼ぶ新たな動きが始まった．ある会員によれば霊火運動の特徴は，信徒が多様性，専門性，企業化をもって，広く社会に対し宣教活動をおこなうことである[74]．多様性とは，カリスマの働きに従い，活動内容を柔軟に保ち，固定化しないということである．柔軟性を維持するため，個々の活動は小規模におこなわれている．専門性は，神が信徒各人に与えたタレント，能力を用いてこそ最も適切に社会に貢献できるという考え方に基づいている．信徒個々人の世俗の専門性や特技を活用する．企業化とは，教区や小教区の資金に依存せず，会員信徒の自己資金を利用し，非営利ではあるが企業として経済的に自立して活動することである．

　まず，ある会員が扶助者聖マリアの会を精神的な母体とし，「霊火文化（Bonfire Culture）」を企業として設立し，信徒個人の資産で不動産を購入し活動拠点とした．さらに「霊火カフェ（Bonfire Café, 霊火珈琲園）」などの非営利の子会社を宣教を目的として設立，香港島コーズウェイ・ベイに開店した．信徒たちの個人資産を，教会への献金という形ではなく，信徒の自立的な活動の形で宣教，信仰の実践のために使うことにしたのである．李神父がこれらの会の霊的同伴司祭となった．会は教区と対立関係にあるのではなく，教区の宣教を補完する役割を持っていると会員たちは自負している[75]．何よりも，教会，聖書の教えに沿う活動をすることを会員たちは忘れないようにしている．

　2011 年には別の会員が「霊火天地（Bonfire World）」を設立した．都心部である灣仔（ワンチャイ）の住商混合建物の一室を購入し，そこを活動拠点として，聖書講読，ロザリオ，テゼ，太極を用いた霊

73）筆者によるフランシス・チャン（Francis Chan, 扶助者聖マリアの会員，霊火天地共同創設者）へのインタビュー，2016 年 9 月 29 日．
74）筆者によるラム・サーリン（霊火天地メンバー，DBDC 委員）へのインタビュー，2016 年 9 月 8 日．
75）筆者によるラム・サーリンへのインタビュー，2016 年 9 月 8 日．

性，霊操，巡礼，無償心理カウンセリング，イコン画製作，中国舞踊など，会員の専門性や特技を活用し，多様な霊的活動を開催している．2018 年 12 月には灣仔に 2 か所目の活動拠点を開設した．

このように，香港の霊火運動は，専門家，信徒，市民として成熟した人々による自立的な信徒霊性運動である．普遍教会的な視点から見れば，新カトリック運動のなかに位置づけることができる．CaBPAG の誕生も，こうした世界と香港における大きな信徒霊性運動の流れのなかで理解すべき現象である．後述するが，信徒霊性運動興隆には，香港返還という政治的な要因が一定程度関係しており，信徒の信仰のありよう，霊性志向に影響を与えたと考えられる．

（4）教区シノドス，2000–2001 年

2000 年代，香港の聖職者たちも霊性を強調し始めた．

香港教区は 2000 年から 2001 年にかけて，教区シノドス（Diocesan Synod, 教区会議）を開催した．司教総代理ドミニク・チャンは教区シノドスの副委員長でありモデレーターであった．教区シノドスが重視したのは，香港のカトリック信徒が信仰と日常生活を統合すること，そして個人，小教区，教区レベルでの信仰共同体を育成することであった．先述のように第二バチカン公会議と 1987 年の世界シノドスも同様のことを指摘していた．例えば，教区シノドス文書は「聖化の基礎は信仰と日常生活の統合である」としている[76]．しかしながら，シノドスは現状を分析し以下のように指摘した．「多くの（信徒）養成コースは信仰の知識を重視しており，信仰とキリスト者としての生き方あるいはキリスト者共同体の建設という使命の統合はあまり重視されておらず，一方で多くの信徒は自身の霊的生活に関心を持っていない」，「（信徒の一部は）教会の共同体活動に参加せず，彼らの信仰を日常生活とは無関係なものにしている」，「心と魂の空虚感が，香港の多くの個人的，社会的問題の根源である」[77]．文書はまた「教会における信者の使徒職は実務的なものであり，信仰を深めるという意欲に欠けている」と指摘する．

教区は教区シノドスで推奨された信徒養成を実施するため，2011 年と 2012 年を「信徒年（Year of the Laity, 教友年）」に制定した[78]．2010 年代に至っても信徒の霊的生活の質が低いことや個人主義的傾向を危惧していたためである[79]．

---

76) The Secretariat of the Diocesan Synod, Catholic Diocese of Hong Kong. "Catholic Diocese of Hong Kong Diocesan Synod Documents: Group One Faith Formation of the Laity and Lay Ministry," 2001, Catholic Diocese of Hong Kong.

77) The Secretariat of the Diocesan Synod, Catholic Diocese of Hong Kong. "Catholic Diocese of Hong Kong Diocesan Synod Documents: Group One Faith Formation of the Laity and Lay Ministry," 2001, Catholic Diocese of Hong Kong. pp. 4–5, 8, 16.

78) Vicar General's Office. "Theme of the Year of Laity," http://vgoffice.catholic.org.hk/eng_main.html, 2013 年 9 月 4 日閲覧．「信徒年」のサブタイトルは「神の呼びかけに応え，信徒使徒職を果たす」であり，その目的は「信徒生活の喜びを生き，共同体精神を育み，神の計画の一部となる」であった．

79) Vicar General's Office.「天主教香港教区 2010 教友信仰生活現況調査」，http://vgoffice.catholic.org.hk/chi_main.html, 2013 年 7 月 12 日閲覧．教区信徒年準備委員会が実施した調査によれば，多忙な現代生活が香港カトリック信者の信仰のありように影響を与えている．例えば，半数以上の 55.8% の回答者が信徒の活動会にはまったく参加していないと答えた．多忙を理由とし，聖書を読み，祈り，定期的にゆるしの秘跡を受ける信者は非常に少なかった．

（5）初動メンバー

　本章ですでに述べたカトリック・エンジニアの会は，ポール・タム，ジョセフ・チャン，レイモンド・シウ，MTチョウが主導し，CaBPAGの前身組織となった．エンジニアの会はもともと実務的な目的で構想されたが，メンバーは霊的な関心を持っていた．

　ポール・タムは幼児洗礼のカトリック信徒であった．土木エンジニアであり，1995年から2000年までは香港大學で建設マネジメントを教えていた[80]．教区から時折，教区墓地や教会堂の維持管理に関するアドバイスを求められた．彼は1990年代後半，カトリック・エンジニアの会を設立することを構想した．その理由は，香港で専門家として働いている信徒たちは常に多忙で信仰について語り合う機会がない状況であるが，そうした機会や霊的活動の時間を持つべきだと考えたためである[81]．4名のエンジニアに声をかけた．カテドラルに所属していたMTチョウとさらに2名，聖ユダ教会のレイモンド・シウである．彼らはどのような会をつくるべきか議論した．しばらく後に，カテドラル所属信徒のジョセフ・チャンを仲間に招いた．2000年，タムは司祭になる決意をし，大神学校に入学した．このため，会の設立を主導する役割を担うことができなくなった．2008年，香港教区司祭として叙階された．

　ジョセフ・チャンは成人洗礼の信徒である．2000年前後は，香港政府私有建築署（Buildings Department, 屋宇署）の主任構造エンジニアであった．カテドラルに属し，カテドラル修理委員会（Cathedral Repair Committee）の委員であり，またカテドラルの教会委員会（Parish Council）委員も務め，他の信徒活動会にも参加しており，きわめて活動的な信徒であった[82]．

　レイモンド・シウは，香港政府水道署（Drainage Services Department, 渠務署）の土木エンジニアであった．九龍のロザリー教会の小教区修理委員会（Parish Renovation Committee）委員長を務め，大規模改修事業を管理した経験があった[83]．DBDC委員ではなかったが，2004年1月からDBDC小委員会である調査研究委員会の委員であり，エンジニアの会の6名の提案者のうちで唯一DBDCと直接のつながりがあった[84]．

　MTチョウは香港政府水道署のエンジニアで，シウの同僚であった[85]．カテドラルに所属していた．

（6）CaBPAGミッションとしての3S

　先述のように，DBDC調査研究委員会においてエンジニアの会に関する議論を始めた際，司

80）筆者によるポール・タムへのインタビュー，2012年9月19日．

81）筆者によるジョセフ・チャンへのインタビュー，2012年9月18日．
　　筆者によるポール・タムへのインタビュー，2012年9月19日．

82）筆者によるジョセフ・チャンへのインタビュー，2012年9月18日．

83）筆者によるジョセフ・チャンへのインタビュー，2013年6月30日．
　　Rosary Church. "Ten Decades of Blossom and Growth," 2003, p. 63.

84）Research and Development Committee. Meeting minutes, No. 45, 31 January 2004, カトリック香港教区DBDC事務局．

85）筆者によるジョセフ・チャンへのインタビュー，2013年9月14日．
　　MTチョウから筆者へのEメール，2018年4月20日．

教総代理ドミニク・チャンが霊性を会の目的のひとつとすることを提案した．信徒メンバーら
はこの案に賛同し，議論を通して徐々に具体化させていった．

　まず調査研究委員会はエンジニアの会について検討を始めた．レイモンド・シウが目的の草
案を作成し，2005 年 6 月 3 日の調査研究委員会にて「カトリック・エンジニアの会設立の提案」
として提示した．この提案のなかでシウは，会の活動の主目的は「メンバーの霊的生活と共同
体」をより良いものにすること，とした[86]．

　その後ガブリエル・ラムが「目的（Statement of the Objectives）」の草案で「3S（奉仕 services, 分
かち合い sharing, 聖化 sanctification）」という目標設定をし，2005 年 8 月初旬の準備委員会に提案
した[87]．ラムによれば，その内容は DBDC 委員長であるサイモン・リーからインスピレーショ
ンを受けたという．2005 年 9 月 5 日の議事録によれば，ラムによる以下の草案が承認された．

> 目的
> 会の目的を 3S として説明する．
> （a）奉仕 services —神が私たちに与えた経験とタレントをもって，私たちは，小教区，地区
> （deaneries），教区に対し，ボランティアのエンジニア専門家としてアドバイスをおこなう．アドバ
> イスの内容は例えば教会堂維持管理や改修事業，政府条例遵守，社会的問題などが考えられる．
> たとえ **1** タラントンしか与えられていなくても，もう **1** タラントンを生み出す努力をする（マタ
> イによる福音書 25: 14-30, ルカによる福音書 19: 11-27）
> （b）分かち合い sharing —私たちは世俗的社会に生きており，常に信仰に対する困難 / 挑戦に直面
> している．人間的に成長し，また，仕事のプレッシャーから解放されるため，共同体での分かち
> 合いとレクリエーション活動を通した相互扶助，啓発，機会を提供する．
> 蛇のように賢く，鳩のように素直であるよう努力する（マタイによる福音書 10: 16）
> （c）聖化 sanctification —他の教会グループや共同体への私たちの奉仕と，彼らとの経験の分かち
> 合いを通して，私たちは最終的に自己と他者を聖化し聖書の福音を伝える．
> 私たちは教会をより目に見えるものとし，地の塩，世の光となるよう努力する（マタイによる福
> 音書 5: 13, ルカによる福音書 14: 34）[88]

　3S である，奉仕 services, 分かち合い sharing, 聖化 sanctification という言葉は，公会議公文
書「教会憲章」，「信徒使徒職に関する教令」，「現代世界における教会に関する司牧憲章」，1987

---

86) Research and Development Committee. "Initial Proposal to form an Association of Catholic Engineers," 3 June 2005,
in the folder of RDC meeting minutes, カトリック香港教区 DBDC 事務局.

87) Diocesan Building and Development Commission. Meeting minutes. No. 59, 3 September 2005, カトリック香港教
区 DBDC 事務局.
　"Diocesan Building and Development Commission（DBDC）Confirmed notes of 2nd Preparatory Committee Meeting
of the Catholic Building Professional Advisory Group," 5 September 2005, in the folder of DBDC meeting minutes, カ
トリック香港教区 DBDC 事務局.
　ガブリエル・ラムから筆者への E メール, 2013 年 7 月 1 日.
　ジョセフ・チャンから筆者への E メール, 2013 年 6 月 7 日.

88) "Diocesan Building and Development Commission（DBDC）Confirmed notes of 2nd Preparatory Committee Meeting
of the Catholic Building Professional Advisory Group," 5 September 2005, in the foler of DBDC meeting minutes, カト
リック香港教区 DBDC 事務局.

年「教会と世界における信徒の召命と使命に関するシノドス」後の使徒的勧告「信徒の召命と使命」の重要なキーワードであり，頻出する（教皇ヨハネ・パウロ二世 1988, 第二バチカン公会議文書公式訳改訂特別委員会 2013）[89]．聖化と分かち合いという言葉は香港教区シノドス文書にも頻出する．さらに香港教区の信徒年において推奨された具体的行動には，聖化，分かち合い，霊的成長というキーワードが含まれている[90]．

ガブリエル・ラムの草案をドミニク・チャンが数回改訂し，その文章は CaBPAG の「メンバー用ガイドライン」第 1 版（2006 年）に記載された（本節 1 (1)）[91]．2011 年に公表されたガイドラインでは，「目的」は数か所を除いて変更されていない[92]．

2006 年ガイドライン案は以下である．

ミッションと目的

CaBPAG は，建設関係の専門的アドバイスを教会に提供するためのボランティア組織として設立された．目的は，内的聖化のための奉仕，ワークショップ，黙想会，分かち合い，巡礼を通して，私たちの霊的生活と共同体を豊かなものにすることである．このようにして，鍵となるミッションである 3S（奉仕，分かち合い，聖化）を達成する．

目的

(a) 奉仕 services ―私たちに与えられたタレントと可能性を活用して奉仕することによって，私たちのカトリック精神を大切にし，教会をより目に見えるものにする．

「私たちは教会をより目に見えるものとし，地の塩，世の光となるよう努力する」（マタイによる福音書 5: 13-16）

(b) 分かち合い sharing ―共同体での分かち合いとレクリエーション活動を通してのみ，私たちはカトリック信仰を持つことの困難（challenges）に向き合い，個人の成長と啓発において相互に助け合い，日々のプレッシャーからの解放を見出し，自己の内的聖化を発見することができる．

「そうして，感謝の人となりなさい．キリストの言葉をあなた方のうちに豊かに宿らせなさい．そして，あらゆる知恵を用い，互いに教え，忠告し合いなさい」（コロサイの人々への手紙 3: 12-18）

---

89) 奉仕 services, 分かち合い sharing, 聖化 sanctification はそれぞれ，以下の回数記載されている．「教会憲章」にはそれぞれ 34, 20, 24 回，「信徒使徒職に関する教令」には 10, 10, 12 回，「現代世界における教会に関する司牧憲章」には 66, 17, 4 回，「信徒の召命と使命」には 91, 44, 13 回（各文書の英語版で動詞形，名詞形の両方を数えた）．

90) Dominic Chan, V. G. "Concrete actions suggested in the Year of the Laity in 2012," 1 November 2011, http://vgoffice. catholic.org.hk/eng_main.html, 2013 年 9 月 5 日閲覧.
　Catholic Building Professional Advisory Group. "Confirmed Notes of Steering Group/Committee Meeting. Appendix," No. 1, 17 August 2006. カトリック香港教区 DBDC 事務局.

91) Catholic Building Professional Advisory Group. "Confirmed Notes of Steering Group/Committee Meeting. Appendix," No. 1, 17 August 2006, カトリック香港教区 DBDC 事務局.

92) "An Introduction on the Catholic Building Professional Advisory Group, Appendix of DBDC Draft Notes of 3rd Preparatory Committee Meeting of the Catholic Building Professional Advisory Group (CAP)," 24 October 2005, カトリック香港教区 DBDC 事務局. この原稿では，目的（statement）には全体的な説明である「私たちのミッション 3S（"Here is Our Mission -3S"）」という項目を含める変更がなされた.
　CaBPAG. "Recruitment of Members of Catholic Building Professional Advisory Group," http://dbdc.catholic.org. hk/CaBPAG/index.htm, 2013 年 9 月 5 日閲覧. 2005 年末か 2006 年初めまでに，聖書福音の参照・引用が 2 か所差し替えられた.

(c) 聖化 sanctification —教会への奉仕と経験の分かち合いによって，私たちは自己を聖化し，召命に応え，福音を伝えるように自己を変容させることができる.

「彼らのために，わたし自身をおささげいたします. 彼らも真理によって，ささげられた者となるためです.」(ヨハネによる福音書 17: 19)

「ミッションと目的」の項目は，レイモンド・シウの「霊的生活と共同体」の文章をもとにしている.

ガブリエル・ラムの草案では「エンジニア専門家としてアドバイス」，「教会堂維持管理や改修事業，政府条例遵守，社会的問題など」という具体的な表現をしている. これらは 2006 年のガイドライン案ではより一般的な表現に置き換えられた.

分かち合いに関しては，ガブリエル・ラムの文言が 2006 年のガイドライン草案でほぼそのまま継承されている.

聖化については，ラムの案は奉仕と分かち合いによって聖化を達成するというもので，これは 2006 年案に継承され，さらに「召命に応え」るという表現が加えられた.

ラムは当初案では，3S のそれぞれをマタイによる福音書の内容で補足した[93].

2006 年案では，シウの霊性案とラムの 3S ミッション案が統合され表現が改訂された. ラムが提案した「地の塩，世の光」の引用は保持されたが，他の二つは別の福音書とパウロ書簡からの引用に差し替えられた. ラムの案は否定されたのではなく，むしろ強調されることとなった. 換言すれば，教区は信徒の霊性を新組織のミッションとすることに賛同したのである.

(7) 守護聖人

数名の信徒メンバーが CaBPAG を守護聖人に捧げることを提案した. 具体的には，大工でありイエスの養父であった聖ヨゼフなどが提案された[94]. 最終的にドミニク・チャンが提案したアッシジの聖フランシスコが選ばれた. フランシスコは教会の建設と繁栄に生涯を捧げ，教会堂建設においても才能を発揮したためである[95]. CaBPAG メンバーは，これはまさに彼らを呼び集めた召命そのものであると感じ，賛同した[96].

DBDC も 2010 年にアッシジのフランシスコを守護聖人とした[97].

---

93) ラムによれば，マタイ福音書は彼が昔から特別に愛着を持っていたものであったため，すべてマタイ福音書から引用したという.

94) ガブリエル・ラムから筆者への E メール，2013 年 7 月 1 日.

95) Research and Development Committee. Meeting minutes, No. 56, 3 December 2005, カトリック香港教区 DBDC 事務局.

96) ジョセフ・チャンから筆者への E メール，2013 年 6 月 7 日.

97) DBDC. Meeting minutes, No. 86, 27 March 2010, カトリック香港教区 DBDC 事務局. これ以前は DBDC は守護聖人を持たなかったが，CaBPAG にならって，DBDC も守護聖人に捧げることとしたようである.

(8) 霊性チームにおける専門性と霊性の統合

　霊性チームは 2008 年に設立された．その目的は 3S を実践し，メンバーの霊的生活と共同体を，ワークショップ，黙想，分かち合い，巡礼を通して豊かなものにすることである[98]．そして，専門性と霊性を統合することである．霊性チームの存在は以下のことを示唆している．

　CaBPAG チームメンバーは専門性の向上のみでは満足しなかった．ジョセフ・チャンによれば，専門性向上のためのセミナーはすでに香港の各種学会，専門家協会が数多く開催しており，CaBPAG が同様のセミナーを開催してもあまり意味がない．CaBPAG はむしろ霊性や信仰に焦点を絞るべきと考えた．また 3S が強調されるなら，参加者は教会にとどまる意味を見出すだろうと考えた[99]．

　メンバーらはまた，霊性だけでも満足しなかった．彼らは霊性チームの設置に際し 2008 年 4-5 月にかけて CaBPAG メンバーに対しアンケート調査をおこない，長期的な霊性プログラムに関する意見を収集した．アンケート結果から，多くの CaBPAG メンバーは小教区など他の場所で霊的活動をすでにおこなっていることがわかった．このためチームは霊的活動と専門的活動の統合を目的とすることを決断し，専門家が自身の専門的経験と霊的探求を統合した体験を分かち合うセミナーなどを開催しようと考えた[100]．

(9) CaBPAG における霊性チームの役割

　表 9.1 の列には，霊性チームの全メンバー，そして霊性チームメンバーではないが霊性チームのイベントにコーディネーターや講演者として参加した CaBPAG メンバーを列挙している．行は，彼らが実施した活動と，彼らの CaBPAG 他チームへの参加状況を示している．

　霊性チームメンバー全員がひとつ以上の他チームに所属している．霊性チームは CaBPAG の他チームと無関係なものとしてではなく，他チームの活動と関連して計画されたことがわかる．2018 年時点のメンバーの半数以上が，小教区営繕チーム（香港チームもしくは新界・九龍チーム）に参加した経験があり，また墓地チームにも所属している．建築設備チームは「時のしるし：環境保護」，「エネルギー効率：神の創造物を大切にする」というテーマのセミナーを霊性チームと共催している．

　表 9.1 に示す通り，ポール・タムは霊性チームのメンバー兼アドバイザーであり，司祭に叙階された後，5 回の講演をおこなった．タムはまた墓地チームにも属している．

　ジョセフ・チャンの活動も広範かつ相互関連性が高い．霊性チームの設立時（2008 年）以来のメンバーである．2009 年には CaBPAG 主催者に就任し，全活動の調整役を担っている．2010 年に政府を定年退職してからは，民間企業で専門家として勤務しながら，CaBPAG でさらに多くの責務を担っている．表 9.1 に示す通り，香港チームのリーダーとして香港地区の小教区営

98）DBDC. Meeting minutes, No. 74, 15 March 2008, カトリック香港教区 DBDC 事務局．
99）筆者によるジョセフ・チャンへのインタビュー，2013 年 4 月 1 日．
100）CaBPAG. "CaBPAG Newsletter to Members," No. 5, June 2008. カトリック香港教区 DBDC 事務局．
　　DBDC meeting minutes, No. 77, 4 October 2008, カトリック香港教区 DBDC 事務局．

表 9.1　CaBPAG 霊性チームのメンバーと活動

			聖職者			CaBPAG 信徒メンバー											
			ジョバンニ・ピエトロ（典礼）	ポール・タム（建設管理）	スティーファン・リー（建築）	ジョセフ・チャン（土木・構造エンジニア）	ガブリエル・ラム（エネルギー・環境エンジニア）	フィリップ・クウォン（土木・構造エンジニア）	A・M（建築家/文化財保存）	L・H（建築設計家）	デニス（構造設計家）	ビート（ランドスケープ・アーキテクト）	CM（構造設計者）	フィリップ・クウォク（土木・構造エンジニア）	ケン・ラム（建築設備設計者）	KK ラム（電気エンジニア）	バーナード・ライ（土木エンジニア）
霊性チームイベント	2006 年 5 月	講演　宣教のための創造的芸術	✓														
	2006 年 9 月	講演　建築デザインと美	✓														
	2006 年 9 月	聖母聖衣教会に関する情報共有															
	2007 年 1 月	香港の教会堂典礼デザイン見学会	✓														
	2007 年 10 月	宣教早期の遺産見学会															
	2008 年 6, 8, 10 月	聖パウロに関する聖書分かち合い		✓													
	2009 年 2 月	中国大陸教会巡礼															
	2009 年 5 月	セミナー「時のしるし：環境保護」					✓										
	2009 年 11 月	見学会「大地に神を探す」		✓													
	2010 年 3 月	建物管理とエネルギー効率に関するセミナー												✓	✓		
	2010 年 5 月	セミナーと分かち合い「復活し、再び生きる」															
	2010 年 10 月	セミナーと分かち合い「専門性をより豊かにするための企業の社会的責任」		✓													
	2011 年 2 月	セミナー「エネルギー効率：神の創造物を大切にする」					✓										
	2011 年 12 月	マカオ教会堂・墓地巡礼						✓	✓	✓							
	2012 年 5 月	黙想会「私たちの仕事において神を讃える」		✓													
	2012 年 10 月	カドリー農場・植物園での環境と霊性のワークショップ															
	2012 年 11 月	分かち合い					✓										
	2013 年 11 月	聖ラファエルカトリック墓地訪問と霊的分かち合い															✓
	2014 年 5 月	アジアのキリスト教芸術とインカルチュレーションの黙想会	✓														
	2014 年 12 月	家族の使命に関する講演															
	2015 年 3 月	講演　召命に応える		✓													
	2015 年 8 月	聖マイケル墓地訪問と四終に関する黙想															
	2016 年 12 月	10 周年記念　専門家としての仕事に関する分かち合い															
	2017 年 5 月	St. Joseph's Church（鹽田梓）巡礼						✓									
	2017 年 9 月	講演　遠藤周作と『沈黙』				✓	✓	✓						✓	✓		✓
小教区営繕チーム		聖母聖衣教会				✓											
		Our Lady of Rosary Church				✓											
		St. Jude's Church					✓										
		St. Peter's Church				✓											
		St. Mary's Church				✓							✓				
		St. Francis of Assisi's English Primary School						✓		✓							
		善導之母堂 Mother of Good Counsel Church						✓		✓							
		永助學校 Wing Chor Primary School				✓											
		SS. Peter and Paul Church										✓					
		St. Joseph's Church（鹽田梓）						✓									
		St. Joseph's Church（九龍湾）									✓						
		Raimondi College（小學部）						✓									
		教区センター　司祭居住区						✓									
		主顕堂（Epiphany Church）											✓				
墓地チーム				✓		✓	✓	✓	✓								✓
建築設備チーム（前エネルギー効率グループ）							✓								✓	✓	

注記（縦方向の矢印ラベル）：
- ジョセフ・チャン：特別作業チームリーダー、霊性チームリーダー、CaBPAG 主催者
- ガブリエル・ラム：霊性チームリーダー
- フィリップ・クウォク／ケン・ラム：エネルギー効率グループリーダー、建築設備チームリーダー
- バーナード・ライ：墓地チームリーダー

　：CaBPAG 霊性チームメンバー

・フィリップ・クウォク，ケン・ラム，KK ラムは霊性チームメンバーではないが，霊性チームが開催したセミナーで講演をおこなった

繕事業を調整し，小教区営繕チームを起ち上げ，事業の進捗をモニタリングしている．

　ガブリエル・ラムは，エネルギーと環境保護コンサルタントであり，かつて香港政府電気機械署（Electrical and Mechanical Services Department, 機電工程署）の再生可能エネルギー適用可能性調査研究事業マネージャーを務めた[101]．CaBPAG の設立準備段階において 3S ミッションを定義しており，キーパーソンの一人であった（本項（7））．さらに 2006 年から霊性チームの前身でもある「特別作業チーム（Special Duties Team）」のリーダーとして霊的活動を計画・実施した．2008 年，霊性チーム創設時にはリーダーとなり 2012 年まで務めた．リーダーの任を辞した理由は，CaBPAG 建築設備チームの事業により多く参加するようになったこと，そして要職には長くとどまるべきではないという彼自身の考えがあったためである[102]．リーダー辞任後も霊性チームのメンバーであり，建築設備チームに加え墓地チームにも所属している．建築設備チームメンバーとして，聖ラファエル墓地にエネルギー再生機器を設置する事業に参加した．自身の専門はとくに建築設備チームに合っていると述べている．また，チームがおこなうエネルギーと排出炭素調査事業，照明エネルギー効率化事業も支援している．2011 年 2 月には建築設備チームと霊性チームの共催セミナー「エネルギー効率：神の創造物を大切にする」を担当した．自身が所属する聖ユダ小教区のために CaBPAG が設置した小教区営繕チームにも参加した．このチーム解散後は，小教区が設置する小教区維持管理委員会のメンバーとして活動し続けている[103]．

　フィリップ・クウォンは霊性チームの 2 代目リーダーである．土木・構造エンジニアとして民間の建設事業管理をおこなってきた（表 9.1）[104]．友人の誘いを受け，2009 年に CaBPAG メンバーになった．2010 年に早期退職した．霊性と神学に強い関心を持っていたため，退職後は大神学校の神学課程に入学した．また，善き導きの母教会，アッシジの聖フランシスコ教会，聖ヨゼフ教会，ライモンディ・カレッジ（Raimondi College, 高主教書院），教区センター（Diocesan Centre, 教區中心）の営繕チームに参加した．2012 年に霊性チームリーダーに就任した．

　霊性チームのメンバーは 2012 年に 8 名に増加した（表 9.1）[105]．うちフィリップ・クウォンを含む 2 名が神学校で学んだ[106]．

（10）霊性チームの活動

　2012 年以降，霊性チームは 2 種類の活動をおこなっている．

　ひとつはチームメンバーの月例会である．月例会では 1 名が話題を準備する．例えば，教皇

---

101) CaBPAG. "CaBPAG Seminar on Energy efficiency-a stewardship of God's Creations," 26 February 2011, in the folder of CaBPAG meeting minutes, カトリック香港教区 DBDC 事務局.
102) ガブリエル・ラムから筆者への E メール，2013 年 7 月 1 日.
103) ガブリエル・ラムから筆者への E メール，2013 年 7 月 1 日.
104) フィリップ・クウォンから筆者への E メール，2013 年 6 月 21 日.
　　フィリップ・クウォンは聖母聖衣教会再開発事業の作業部会長を務めた（第 8 章第 3 節 6，表 8.1）.
105) 筆者によるフィリップ・クウォンへのインタビュー，2013 年 3 月 29 日. 霊性チームメンバーの約半数は退職者である（再就職者含む）.
106) フィリップ・クウォンから筆者への E メール，2015 年 8 月 3 日.

の使徒的書簡，専門家としての倫理などであり，その話題について議論，分かち合いをする．

いまひとつは，すべての CaBPAG メンバーと DBDC 委員を対象として年に数回開催するイベントである．表9.1 に示す通り，イベントのテーマは，教会建築デザイン，建築に関する政府条例，企業の社会的責任，環境保護と信仰，ときわめて幅広い．各回の参加者は 15 名から 50 名である．こうした公開イベントに参加したことをきっかけに CaBPAG メンバーとなった人もいる[107]．

図9.4, 9.5 は，2011 年 12 月におこなわれたマカオの教会堂と墓地巡礼と，参加者による分かち合いの様子である．フィリップ・クウォンが巡礼を企画し，26 名が聖ミゲル墓地，聖ローレンス教会，聖ヨゼフ神学校・教会を訪問した[108]．巡礼報告書によれば，墓碑に刻まれた以下の文言について参加者たちは分かち合った：「私たち自身の墓碑に刻まれたいと望むのはおそらく，私たちが今現在をどう生きるか，私たちの私審判をどう通過するのか，ということである」[109]．L. H. は，分かち合いにおいて「日々の一般究明」を短くおこなった[110]．A. M. は聖ヨゼフ教会でアヴェ・マリアを詠唱した．両者はこの巡礼参加後に霊性チームメンバーとなった．

2014 年 5 月 6 日には「アジアのキリスト教芸術とインカルチュレーションの黙想会」が開催された（表9.1）．指導役は，霊性チームの聖職者メンバーであり典礼委員会委員，DBDC 委員でもあるジョバンニ・ジャンピエトロであった[111]．黙想会の目的は，アジアの様々な文化から生まれたキリスト教芸術を学ぶことによって，参加者が分かち合い，また「人々の心を神へ捧げる」ために，そうしたアジアの芸術作品がどのように典礼芸術にインカルチュレーション (Inculturation, 受容) されているかを学ぶことであった．ジャンピエトロは事前に黙想会のための資料を配布した．資料には，第二バチカン公会議公文書「教会憲章」，「現代世界憲章」，「典礼憲章」が含まれた．黙想会では，インド，中国，日本の芸術家たちによる絵画を中心とする現代キリスト教芸術作品を紹介した．芸術作品の紹介後，公会議公文書について学んだ．41 名の参加者は五つのグループに分かれ，香港のキリスト教芸術について議論し，将来のための提言をグループごとにとりまとめた．提言のなかには以下のようなものがあった．香港はイギリス植民地であったため，地域文化が弱い．このため，インカルチュレーションを議論するにはま

---

107) 筆者によるジョセフ・チャンへのインタビュー，2012 年 9 月 18 日．

108) DBDC. "Catholic Building Professional Advisory Group Newsletter to Members," No. 14, May 2012, http://dbdc. catholic.org.hk/CaB/Newsletter.html, 2015 年 12 月 3 日閲覧．

109) 私審判（Particular Judgement）とは，個人の死における神の審判であり，公審判は最後の審判である（上智学院新カトリック大事典編纂委員会 1996,「私審判」）．

110)「日々の一般究明」とは，イエズス会創設者イグナチオ・ロヨラの霊操の一部でもあり，その日の恵みを神に感謝し，良心の究明をし，罪を知り，赦しを願い，改善を決意するという一連のプロセスからなる祈りである（ロヨラ 1615=1995）．

111) DBDC. "Day Retreat on Asian Christian Art and Inculturation," 6 May 2014, カトリック香港教区 DBDC 事務局．DBDC. "One Day Retreat on Asian Christian Arts & Inculturation (6 May 2014) 小組結論," カトリック香港教区 DBDC 事務局．

ジャンピエトロは典礼委員会委員として，聖母聖衣教会の典礼空間設計に参加した（第 8 章）．香港の他の多くの教会堂の典礼デザイン設計にも参加した．

図 9.4 CaBPAG マカオの教会と墓地への巡礼，2011 年 12 月
フィリップ・クウォン提供.

図 9.5 CaBPAG マカオ巡礼における分かち合い，2011 年 12 月
フィリップ・クウォン提供.

ず地域文化が確立されなければならない.

　黙想会では 3 回の祈りもおこなわれた.

　上記の事例は，建設専門性と霊性の統合は，メンバーの月例会とイベントでも積極的に実践されていることを示している.

　霊性チームの比較的新しいメンバーも他の複数のチームに参加している. L. H. は善き導きの母教会，アッシジの聖フランシスコ教会，聖ユダ教会の小教区営繕チームに参加した（表 9.1）.

A. M. は墓地チームと CaBPAG 運営委員会に属している. ピートは墓地チームに所属している. CM は CaBPAG の小教区営繕チームではないが, 自身が所属する聖マリア教会（St. Mary's Church, 聖母堂）の小教区施設委員会の委員である.

3　CaBPAG と返還ファクター

CaBPAG とその霊性は, 香港返還という政治的な影響も受けていると考える.

香港カトリック教会の聖職者や信徒の多くは, 中国や香港政府への批判を公けに発言したり, 記録に残したりすることが非常に少ない. 特に 2009 年にトン司教が着座してからはその傾向が顕著であった. トン司教の引退後, 2017 年に着座したマイケル・イェウン司教も同様のスタンスをとった. またカトリック信徒のなかに, 自身の信仰と政治的要因や動機が直結していると語る人はほとんどいない. 香港人が香港で政府の批判をすることは現実のトラブルにつながりかねないので, 政治的発言を避ける人も多い. 近年の香港では, 中国政府が民主化運動抑圧を以前に比してあからさまにおこなっている. 2015 年には, 大陸共産党政権に批判的な書物を取り扱う香港の書店経営者が中国政府組織によって拉致され, 大陸に連行, 拘留される事件が起こった. 大陸では習近平政権が宗教抑圧を強めていることも信者たちはよく知っている.

このような要因によって, 教会の公式な発言には政治に関わるものが少なく, 信徒本人が政治と宗教の関係に意識的に言及を避ける場合が多いことから, 霊的活動における信徒の政治的動機を直接的に立証するデータを提示することは難しい. しかしながら筆者がこれまでに示した考察から, 間接的な論証は可能であると考える.

第 6, 7 章で述べたように, 香港返還によって予想される宗教活動の危機が, 教会堂建設事業増加をもたらし, 建設事業への信徒参画を促進した. このことは CaBPAG 設立, 霊性チーム設立にもあてはまるだろう. 本節 2（3）で述べたように, 特に 2000 年代に入って香港で興隆した信徒霊性運動は, 返還後の香港の政治的・社会的変化, 大陸化, 再植民地化の影響を受けたものと考えられる. CaBPAG の「目的」に示されているように, 信徒は自分たちが「信仰を持つことの困難（challenges）」を感じた.「困難」とはおそらく, 一般的な意味での近代化, 世俗化, 個人主義, 経済至上主義だけではなく, 返還後の中国統治下において, 信仰を生きることの難しさをますます実感せざるをえなくなり, また, その困難が将来にわたって増大することをも意味すると考えられる. この脅威への霊的対応策として, 教区は 1980 年代以来, 公会議の精神を生きることを訴え, 信徒使徒職を推進し, 信仰小共同体を推奨し, 生活と信仰を統合して生きることを信徒に訴えてきた（第 6 章）. 信徒たちは多数の信徒信心会を自立的に設立して活動し, 信徒霊性運動を展開した. 2000 年代における CaBPAG の構想・設立も, こうした文脈のなかで理解すべきものである. 返還, 再植民地化, 宗教抑圧社会への変化という政治的・社会的危機の高まりが, 生活や職業のあらゆる場面で霊的に生きること, どのような劣悪な環境でも信仰によって人生を意味あるものにすることの重要性と必要性を, 信徒に強く意識させたのではないだろうか. 建設専門家信徒たちは, 自身の職業を単なる生活手段ではなく, 神から

与えられた使命，キリスト者としての召命ととらえ，教会堂営繕の奉仕を通して自身の霊性を深めることを追求したと思われる．

4　教会堂営繕と信徒霊性運動の統合の文脈

2006 年以降，香港カトリック教会の営繕活動は，以下のような展開を遂げたことを本章で明らかにした．

CaBPAG は DBDC の下部組織として 2006 年に設立された．直接的な設立の要因は，2000 年代の小教区営繕案件増加と DBDC の人員不足であった．CaBPAG メンバーは教区と小教区の間で，高い柔軟性をもって活動した．教区に対しては，建築設備計画や墓地整備を支援した．小教区に対しては建築設備更新，増築計画などを支援した．

CaBPAG の主目的は営繕奉仕を通した霊的成長であり，信徒が主体的にそれを決定したことが明らかになった．彼らは，建設専門家としての奉仕は，霊性を伴ってこそ意味があると考え，3S（奉仕，分かち合い，聖化）を CaBPAG の使命として定義した．霊性チームを設立し，小教区営繕，墓地営繕，建築設備のチームと協働しつつ，霊的成長と専門的アドバイスという 2 種類の活動を統合した．

CaBPAG に固有の霊性は，以下の文脈から生まれたと考えられる．

一つ目は，1980 年代以降，カトリック教会全体において信徒の霊性への関心が高まったことである．この潮流は 1960 年代の第二バチカン公会議が示した新たな教会論に端を発するものである．しかしながら，第 1 章で述べたように，公会議は信徒であることの本質とは何かに関する深い神学的検証を避けた．したがって，実際の信徒使徒職は保守的なものにしばらくとどまった．2005 年までの DBDC における信徒参画は，信徒の主体性が認められるものの，聖職者中心の教会運営の補佐，聖職者に従順な信徒という保守的なあり方を反映するものでもある．対照的に CaBPAG における信徒の活動は，聖職者と対等であり，かつ自立した存在としての信徒のリベラルなあり方を体現するものである．この背景には信徒自身の神学的理解の深まりがあり，それは神学校での勉学や各種信徒信心会での活動によって育まれた．CaBPAG メンバーを含む多くの信徒が 1990 年代以降，神学校で神学や霊性を学んだ．さらに，カトリック教会外で起きた新霊性運動が香港の信徒霊性運動を刺激したことは明らかである．2000 年代には信徒使徒職における霊的要素を信徒自身が重視するようになった．公会議後に，世界的にも香港においても公会議の精神を識別しようとする潮流が起き，それによって高まった信徒の霊性に対する関心が CaBPAG の誕生へつながったことは疑いない．

二つ目は，香港返還によってもたらされた宗教的自由の危機，さらに，香港人，香港人信徒，香港人建設専門家の成熟という香港固有の文脈である．1990 年代には，信徒たちは，建設専門家としてのみならず，信者としてさらに成熟していた．社会的・経済的に安定した彼らは，返還後に大陸化が進み，宗教や自由に対する危機が年々増大する香港社会で，自身と社会に欠けているものを信仰のまなざしで内省するようになった．それが霊性であった．建設専門家信徒

たちは自ら 3S ミッションを定義し，霊性を豊かなものとする活動を計画し実践したのである．信仰を生きる実践のひとつが CaBPAG の活動として具現化したといえる．

　CaBPAG という事例は，信徒の使徒職，信徒が自らの信仰をどう生きるかという自覚が質的に変化したことを示している．2005 年までは，信徒使徒職は，専門性活用という技術的レベルにとどまるものであったし，信徒も聖職者も，それが使徒職であると考えていた．しかし信徒たちは，市民として，信者として内省を深め，あるいは苦悩した結果，奉仕や使徒職には霊性が伴うべきであること，そうでなければ，自己と社会の変容あるいは聖化を達成できないこと，本質的な使徒職はそうした無形の領域にあることを自覚するに至ったのである．

　本章で検討した事例はまた新たな課題を示唆する．信徒の霊性追求はカトリック・アイデンティティの追求として理解されるのではないかということである．香港の建設専門家であるカトリック信徒は，霊性に基づいた活動を通して，このカトリック・アイデンティティを確立しようとしているといえるのではないか [112]．さらに，そのようなカトリック・アイデンティティの追求は，多くの香港人が，香港人アイデンティティを追求しているのと同じ動機に基づいているのかもしれない．このことを傍証すると思われるのは近年の受洗者数の増加である．2010年以降 2017 年まで，カトリック受洗者は毎年 6,000 人を超えており，うち半数は成人洗礼である [113]．少なからぬ香港人が，不安定な香港社会で生きていくための精神的よりどころ，アイデンティティをカトリック信仰に求めていることを示唆しているのではないだろうか．

---

112) 信徒のカトリック・アイデンティティについてはムルドゥンなどによる既往研究がある（Muldoon 2009）．
　　香港人のカトリック・アイデンティティについてはフランシス・チャンの研究がある（Chan 2004）．
113) Catholic Diocese of Hong Kong. "Catholic population grows faster than Mass attendance," Sunday Examiner, 4 March 2017.

終　章

香港の信徒による教会堂営繕の意味

　カトリック信徒が教会堂を建設，営繕することの意味とは何かを，香港カトリック教会を事例として考察してきた．それには，香港以外の他地域の教会にも共通する普遍的な文脈と，香港固有の背景があることが明らかになった．

　カトリック教会は 1960 年代に教会改革をおこなった．1960 年代の第二バチカン公会議が，信徒を聖職者と等しく宣教を担う存在として再定義し，信徒使徒職を奨励した．信徒は教会運営の実務に参画するようになった．1980 年代になって，信徒は司祭の単なる実務的補助者にとどまるのではなく，公会議の精神を本質的に生きることを目指す動きが世界的に高まった．香港でも信徒が主体的に使徒職を実践するようになった．この流れのなかで，信徒が建設事業にも参画するようになったのである．

　香港固有の背景としては，第一に，1970 年代以降，香港人の建設専門家である信徒が成熟したことがある．戦後の香港社会は，人口急増，都市開発加速によって多くの香港人建設専門家が求められ，香港内で養成された．1970 年代後半までに彼らは成熟した．そのなかには少なからぬカトリック信徒がいた．彼らは戦後香港で育った香港人であり，そのほとんどはカトリック小中学校で教育を受け，信者となった人々であった．そしてまさにその 1970-1980 年代，香港の建設事業は大規模化・高度化し，教会にとっては，建設専門家信徒の専門性と無償の技術的支援なしには教会堂建設事業実施が難しい状況となった．そのため，教区は彼らの奉仕を得る一方，建設専門職員を雇用し，ガバナンス型の事業方式に転換することによって建設事業を次々と実施することができたのである．

　香港固有のいまひとつの背景は，香港返還であった．すなわち，香港返還後に予想される，共産党実質支配下における宗教活動の自由の抑圧，教会堂建設の制限や，教会堂の接収であった．教区はこうした可能性に備え，返還前に可能な限り多くの教会堂建設事業を実施することを決断し，1980 年代後半から着手した．また，政府に教会堂を接収される可能性を排除するため，政府助成を得ずに，資金的にも技術的にも自立して事業を計画し実施しなければならなかった．多数かつ複雑な建設事業を自立的に計画，実施するには，建設専門家信徒の事業全般への参画が不可欠であった．

　建設専門家信徒の教会堂営繕への参画は，当初は聖職者の実務的補佐として始まったが，徐々に信徒が主体化し，さらに信徒が奉仕する目的が霊的なものへと展開していったことがわかった．これは四つの段階で展開したこともわかった．図終.1 に信徒参画の文脈の相互関連性

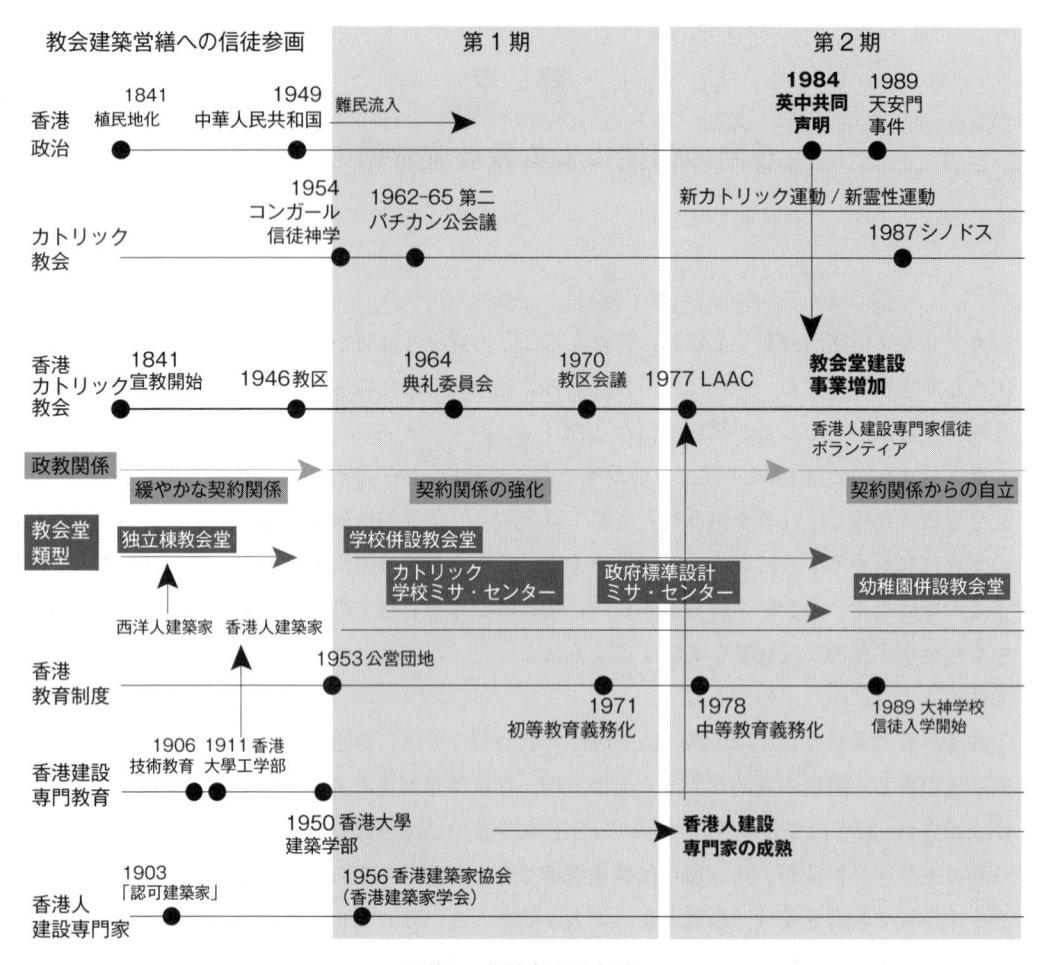

図終.1　信徒参画の文脈

と4時期を示す.

　信徒参画の第1期は1950年代から1970年代半ばである.聖職者の主導で建設専門家信徒の参画が見られ始めたが,いずれの試みも不成功に終わった.参画を阻んだ要因のひとつは,聖職者主義がいまだに支配的だったことであった.聖職者のみが建設事業を管理し,計画設計の意思決定をしていた.信徒自身も,主体的に建設計画をおこなうという意識はほとんど持っていなかった.

　1960年代前半の第二バチカン公会議が,信徒が教会運営に参画する神学的基礎を敷いた.これに刺激され,1970年代後半から信徒の参画が聖職者主導ではあるが始まった.第2期である.教区が新設した「典礼芸術・建築委員会(LAAC)」に建設専門家信徒が参画した.

　こうした努力がついに,1995年に「教区建築および発展委員会(DBDC)」の設立として結実した.これが第3期である.DBDCを通して信徒主体の営繕体制は急速に組織化され,確立されたものとなった.この時期は,信徒の役割は建設事業の実務的・専門的支援であり,信徒の目的もそれ以上のものではなかった.

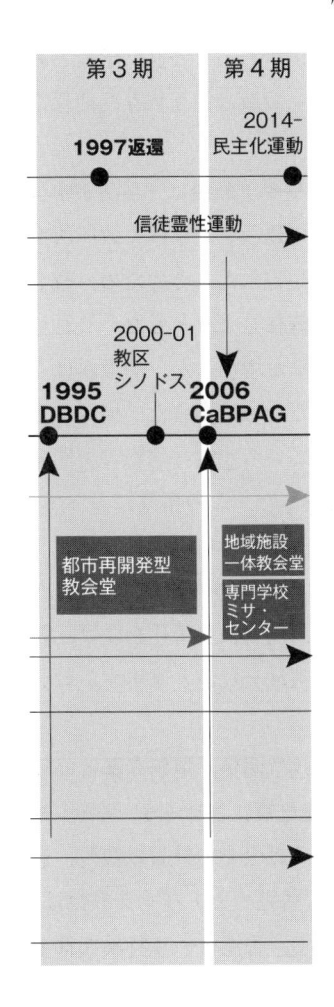

しかし 2006 年以降，信徒参画のあり方は，実務的奉仕にとどまるのではなく，信徒自身が霊的成長を目的とするようになり，大きなパラダイムシフトを遂げた．これが第 4 期である．

こうした発見は，香港人建設専門家信徒が信仰を生きることの意味が変化していったことを示唆している．信徒が信仰を生きることは，まず自身の専門性を捧げ，多忙な司祭を補佐することとして始まった．信徒の奉仕はより専門的なものとなり，聖職者への従属ではなく，聖職者との協働へと深化していった．これが第 3 期の顕著な特徴であり，この時期までの建設専門家信徒の使徒職であった．世界各地で起きた，信徒が主体化する信徒霊性運動に刺激され，また，香港返還，香港社会の環境悪化といったことを受け，第 4 期である 2000 年代には，信徒の霊性が強く意識されるようになった．家庭，社会，教会という人生のあらゆる側面で信仰を主体的に生きることが自覚され，実践されるようになったのである．

本書はまた，信者が建設したカトリック教会堂とはどのような建築あるいは空間であり，それはどのように変遷したかを明らかにした．香港の教会堂形態が主に人口動態，政教関係，不動産高騰という社会，政治，経済的要因によって規定されてきたことを指摘した．

19 世紀から 20 世紀前半にかけては，臨時教会堂であるミッション・ステイションが主に非都市域に宣教拠点として多数設置され，学校としても使われた．同時に，都市域には恒久的な独立棟教会堂も西洋的な様式で建設された．これらは政府の土地や建設資金提供によって可能となった．植民地香港の教育福祉サービスを教会組織が担う見返りとして，こうした便宜が図られたのである．教会にとっては，こうした政府の援助は宣教活動展開のために好都合であった．相互依存的な政教関係が構築されたのである．

戦後は，大陸から香港に流入してきた難民への対応が香港社会の急務となった．政府は教会堂には学校や福祉施設を併設することを求め，教会組織に積極的に助成金を与え，学校建設を奨励した．そこでカトリック教会は，カトリック小学校を多数建設し，その校舎内に恒久的小教区教会堂を設計した．建設資金が常に不足するなか，増加を続ける人口に対応するため，次第に，コストや工期を縮減する建築形態を採用するようになり，恒久的教会堂空間を設計せず，カトリック学校の講堂を教会堂（ミサ・センター）としても兼用するようになった．

1970 年代からは，政府が標準設計によって建設した小中学校を，カトリック教会がテナントとして運営しながら，その講堂を教会堂として利用する事例が増加した．政府が建設し所有す

る建物であるため，教会が土地賃借料や建設費を負担しないで済み，きわめて安価に学校と教会堂空間が得られるという利点があった．このように1970年代まで，政教は相互依存的関係を強めていった．

1984年に香港返還が決定したことにより，状況は一変した．カトリック教会は，香港が中国に返還された後，宗教が抑圧される懸念を強めた．政府助成を受けて建設した学校や政府所有の標準設計学校が，将来的に宗教活動に利用できなくなる可能性を想定した．そのため，教会は自主財源で自ら所有する教会堂を建設し，返還後も教会堂空間を確保しようとした．これにより，1990年代から2000年代にかけては，幼稚園を併設する教会堂が増加した．幼稚園は義務教育ではないため，政府の関与・助成なしに運営することができるためであった．同時にそこに恒久的礼拝専用空間も確保した．さらに，教区がすでに所有している土地・建物の再開発事業をおこなって，集合住宅と教会堂という用途複合の建物を建設した．この事業によって，他の建設事業の資金調達にも成功した．

しかし2010年代は，さらなる地価高騰，公営住宅建設が最優先の社会情勢のなかで，教区が教会堂のための土地を新たに取得できる可能性はますます縮小した．同時に少子化を受け，教会堂に小中学校や幼稚園を併設することは難しくなった．そこで，地域公民館と兼用する教会堂の建設を政府に提案し，土地取得に至ることができた．

このように，香港の教会堂形態を規定してきたのは，人口動態，政教関係，地価高騰という社会，政治，経済的要因であるが，より具体的には，どのような用途を複合させるか（学校，福祉施設，商業施設），建物所有者は誰であるか（教会組織，政府，民間），教会堂の性質は臨時，過渡，恒久のいずれであるかが，教会堂形態を決定した要因であった．香港のカトリック教会は，急速に変化し続ける社会，経済，政治情勢に迅速かつ柔軟に反応して，香港という特異な都市のなかに礼拝空間を確保し続けてきたのである．

本研究の問いは，教会堂建設において，信徒がどのように信仰を生きているのかであった．香港では20世紀後半に香港人信徒が成熟する一方，政治的環境が抑圧的なものに激変するなかで，信仰を生きることは，信徒にとって，もはや単なる実務奉仕をすることではなくなった．悪化する社会環境そのものを変えることが困難ななかで，変えることができるのは自己しかないこと，自己を変容させるとはすなわち霊的な変容であり，信仰を生きることだということを痛感せざるをえない状況に香港の信徒たちは置かれた．そうした意識と信仰が，彼らの教会堂営繕活動のなかでまさに生きられていることが観察された．そしてそれは，世界的な信徒霊性運動，新カトリック運動という潮流のなかに位置づけられる動きでもあることが明らかになった．

「建築と信仰」というテーマは，19世紀に，ピュージンやラスキンによる中世教会建築研究が提起したものであった．しかしそれは20世紀の間に忘却され，あるいは意識的に「信仰」の側面が排除され，物理的な「建築」のみが研究対象とされるようになった．建築の研究におい

て信仰を語ることは非科学的で非学術的なこととして憚られてきた．しかしそもそも，宗教建築を信仰抜きに語り，本質的に理解できるはずはない．

　植民地化当初から 1960 年代までは，ほとんどが難民状態であった香港人は，カトリック学校や福祉施設といった場所で宣教師に世話をされる受動的な存在であった．信徒はまた，教会堂を与えられ使用するだけであり，建設する主体ではなかった．次第に香港人信徒は成熟，自立し，かつては与えられるだけであった教会堂を，自ら計画し，建設するようになった．特に 2000 年代からの信徒による建設活動とは，返還後の不安定で危機的な時代と社会をいかに生きるか，将来に対していかに希望を持ち，何をよりどころとし，何を大切なものとするかという意識の表明だといえるのではないだろうか．すなわち，彼らは神をよりどころとし，社会の劣化が顕著な香港を棄てず，希望を持って生きていくという自己表明が，教会堂建設でもあったのではないだろうか．

　本研究は，教会堂営繕における信徒参画の多様性を内包する総論を始めるための最初の各論である．営繕活動が信仰を生きることの一部であるということには普遍性があると考えられる．そしてその営繕活動のありようは地域や時代ごとに多様であるということにも普遍性があろう．世界の政教関係や，宗教の置かれた位置はきわめて多様で，一般論では語れないのと同様に，信徒の参画についてもそのような多様性のなかで香港の事例がどう位置づけられるかは，類似の研究がきわめて乏しい状況下では断言することが憚られる．さらに序章で指摘したように，こうした問題意識からスタートした既往研究はほとんどないこともあり，内外の研究成果を通して信仰としての営繕という普遍的なテーマのグローバルな状況を描けるような段階には現在はない．しかしそれは本研究にとって，そして本研究を土台にしてさらに研究を展開しようとする筆者にとって，決して限界ではなく，むしろ大いなる可能性なのである．おそらく信仰としての営繕ということをテーマにして，世界の様々な地域において，様々な研究が可能であろう．本研究は，それを論じるための端緒，すなわち普遍的な総論を論じ始めるために不可欠な最初の各論のひとつとしての役割を担いたいと思う．

図　面

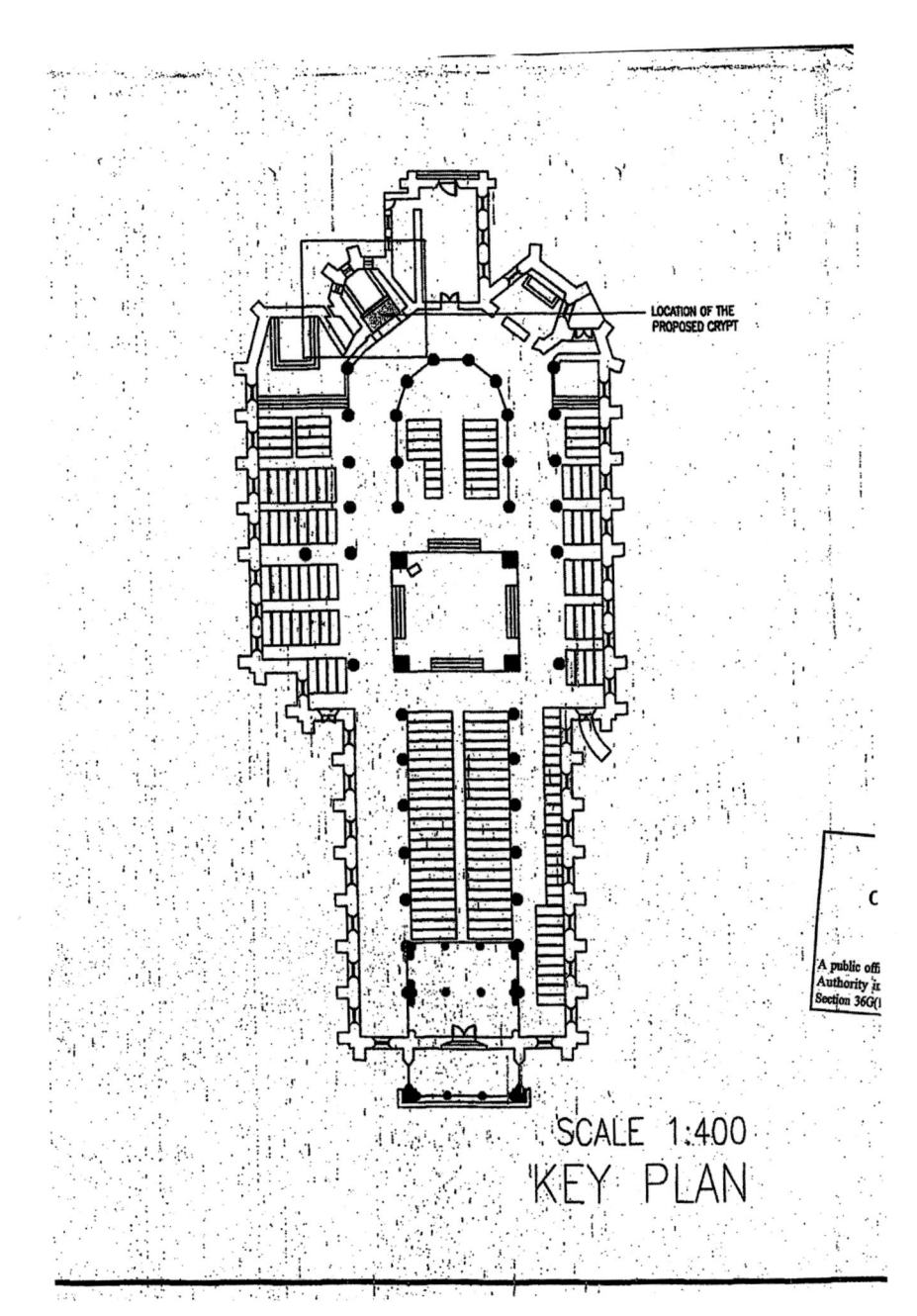

LOCATION OF THE
PROPOSED CRYPT

SCALE 1:400
KEY PLAN

図面 1　無原罪の聖母カテドラル（**Cathedral of the Immaculate Conception,**
聖母無原罪主教座堂**, No. 22**）　平面　**1888** 年竣工
DBDC. "Proposed crypt at Cathedral of the Immaculate Conception, Caine Road," 2005.

230

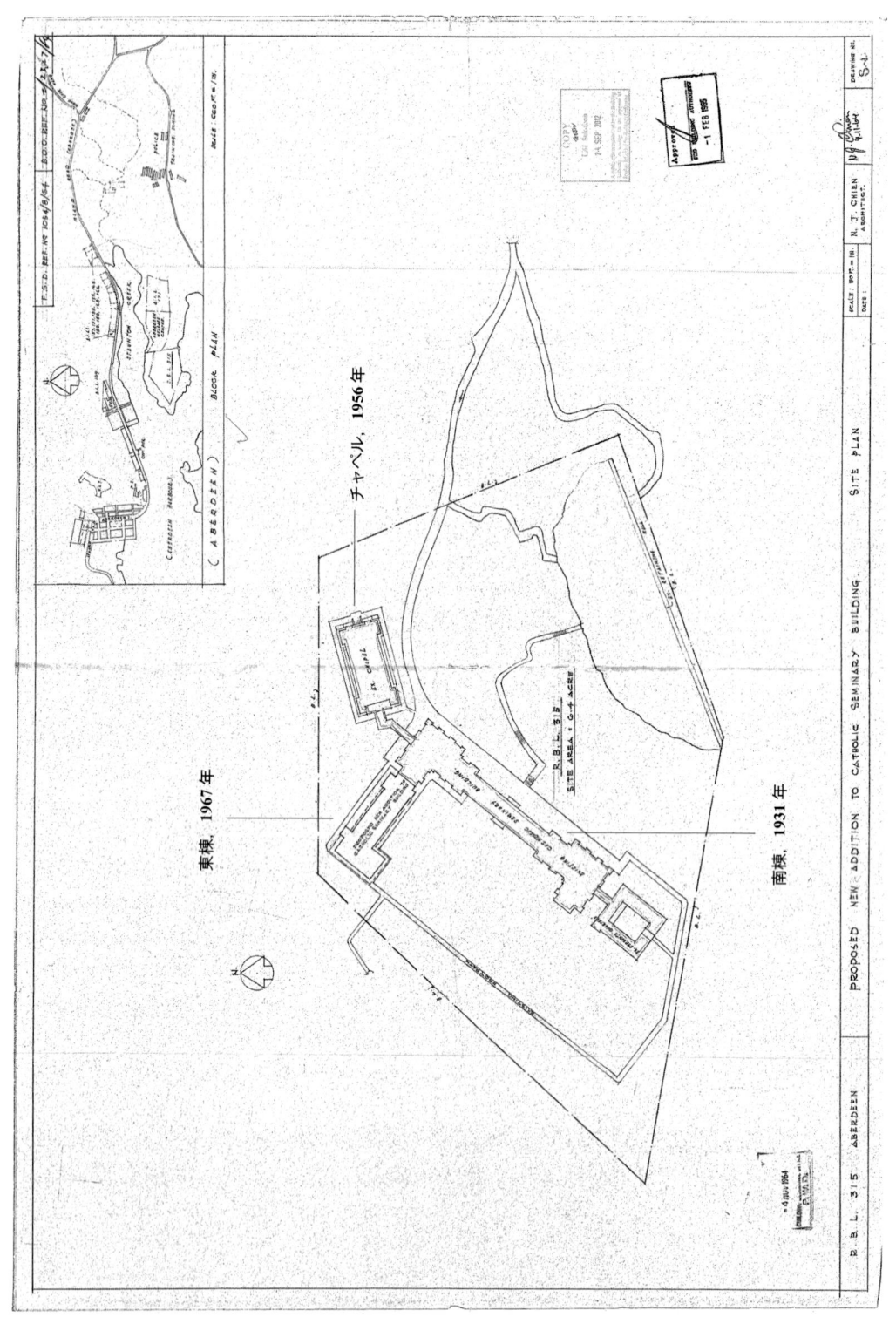

図面2　カトリック大神学校　聖神修院（Holy Spirit Seminary, No. 108）敷地配置図
1931年竣工，1956, 1967年増築

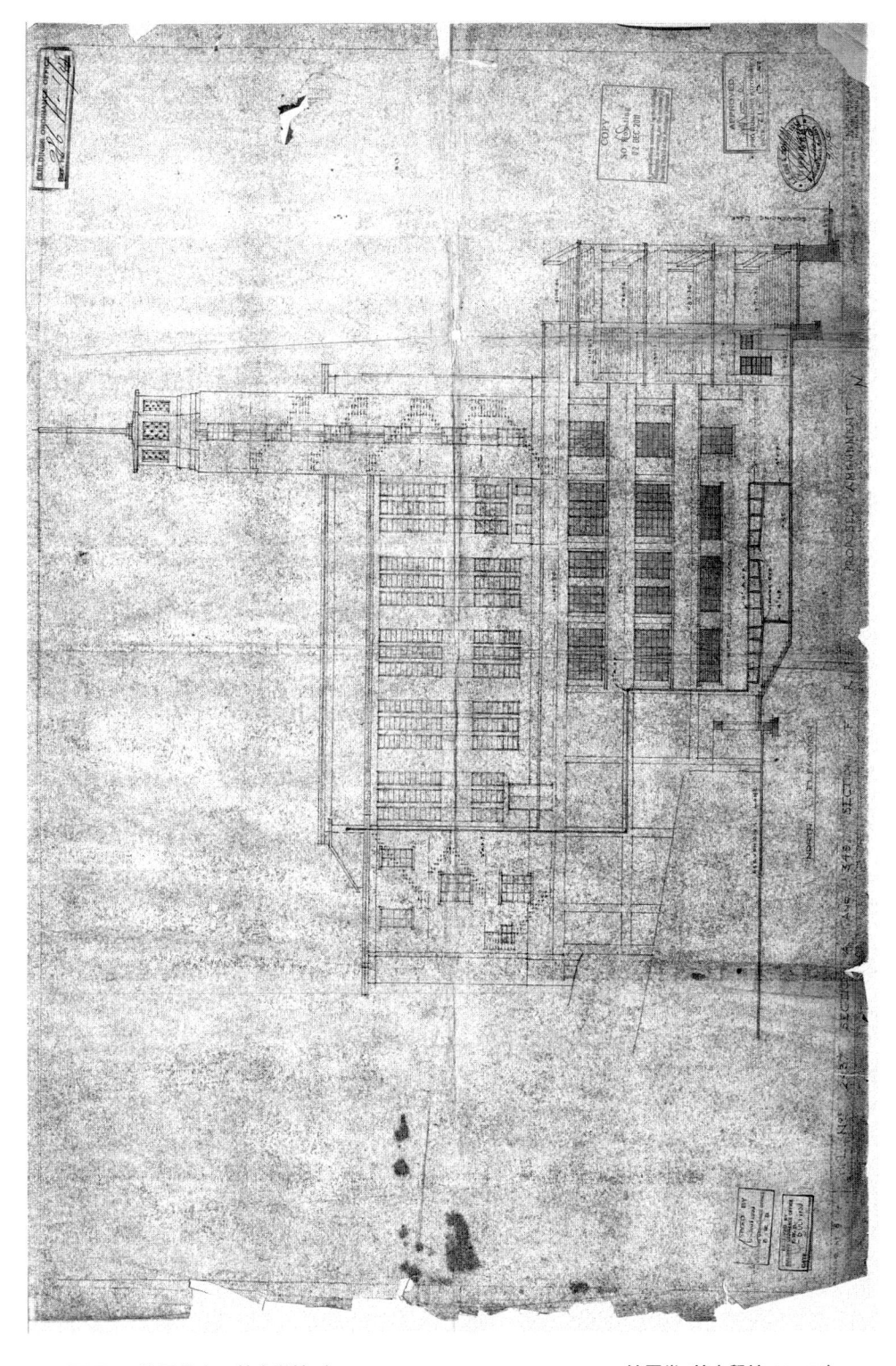

図面 3　聖霊教会，基立学校（**Holy Souls' Church, Ki Lap School,** 煉靈堂，基立學校，**No. 73**）
北立面　**1950 年竣工**

232

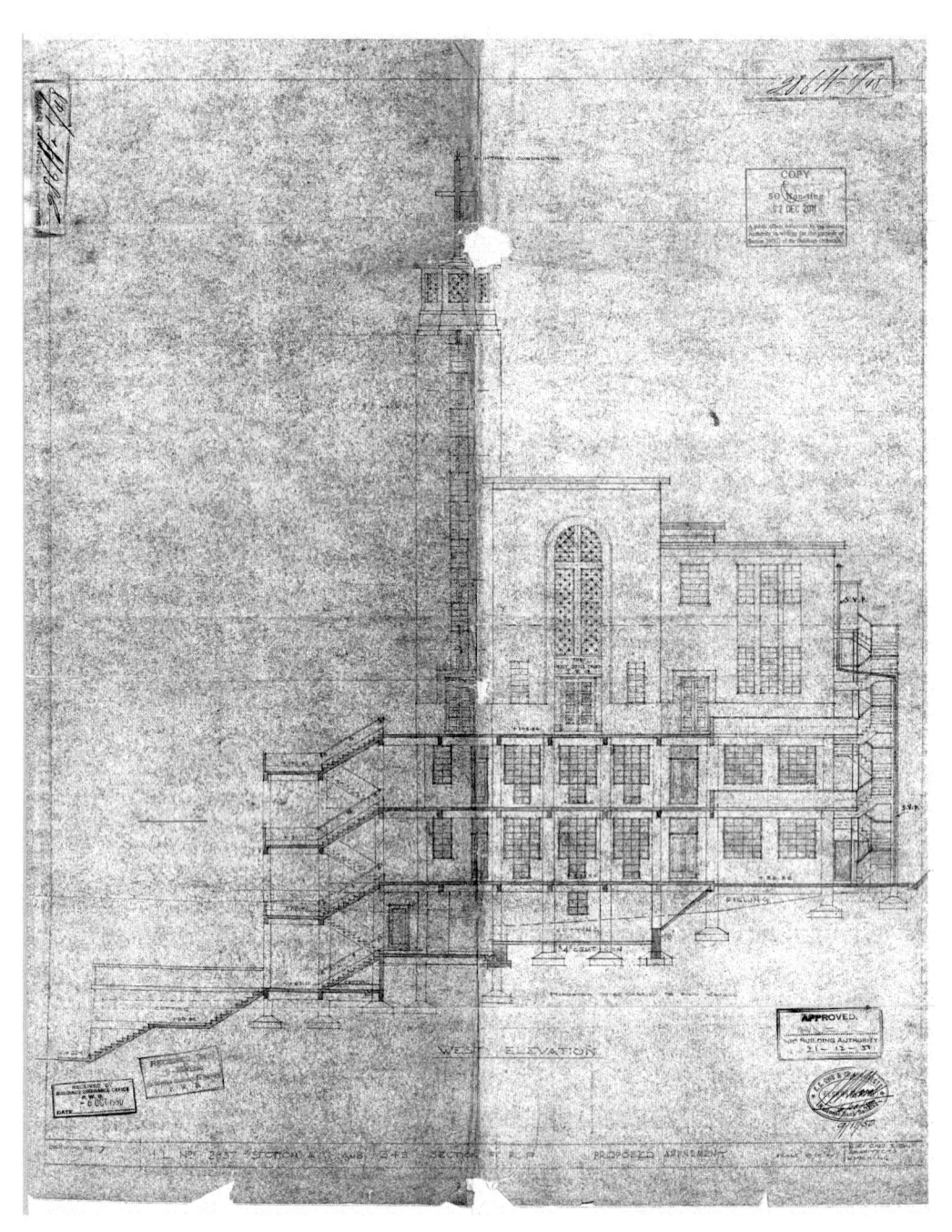

図面 4　聖霊教会，基立学校　西立面

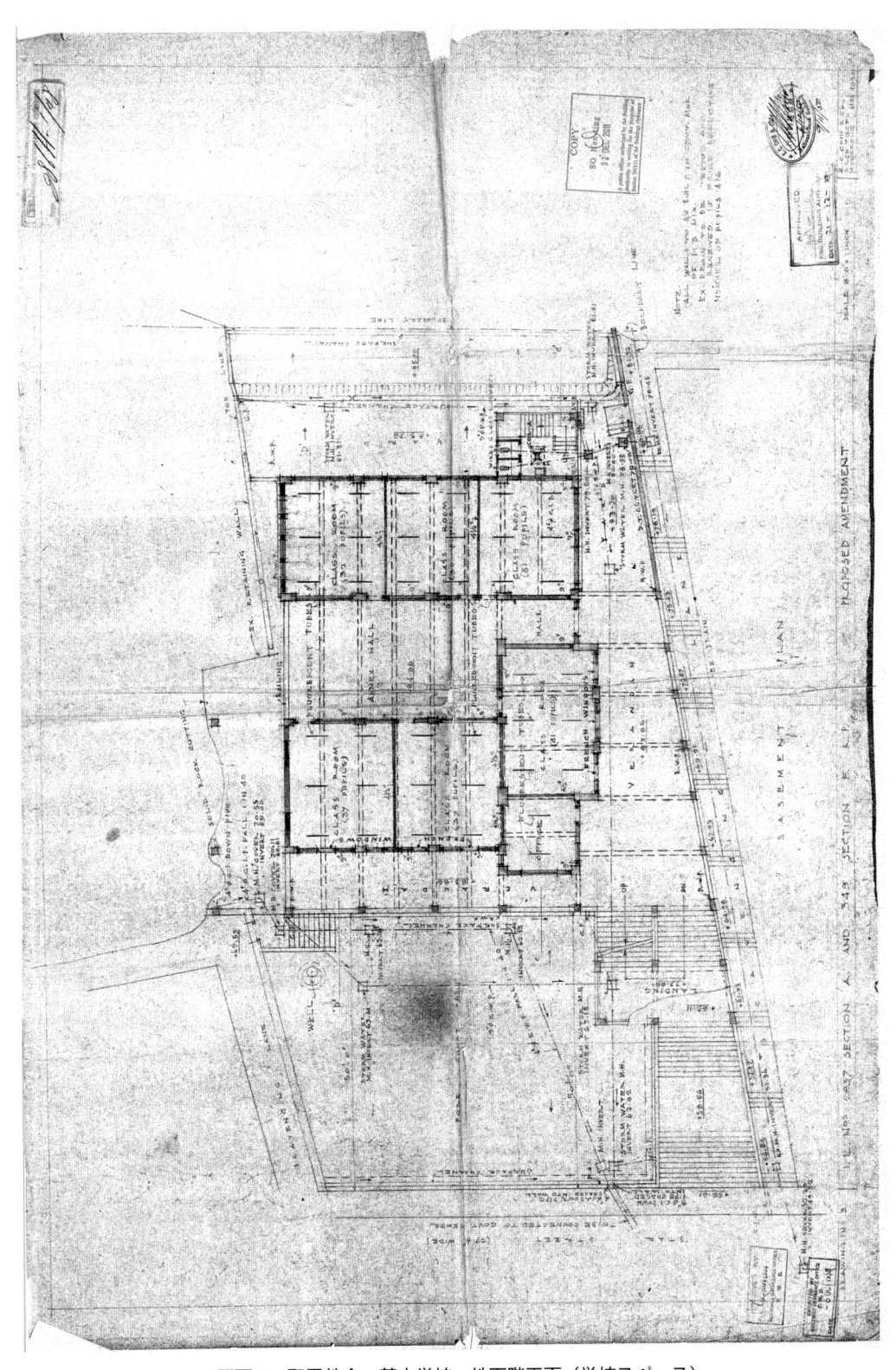

図面 5　聖霊教会，基立学校　地下階平面（学校スペース）

234

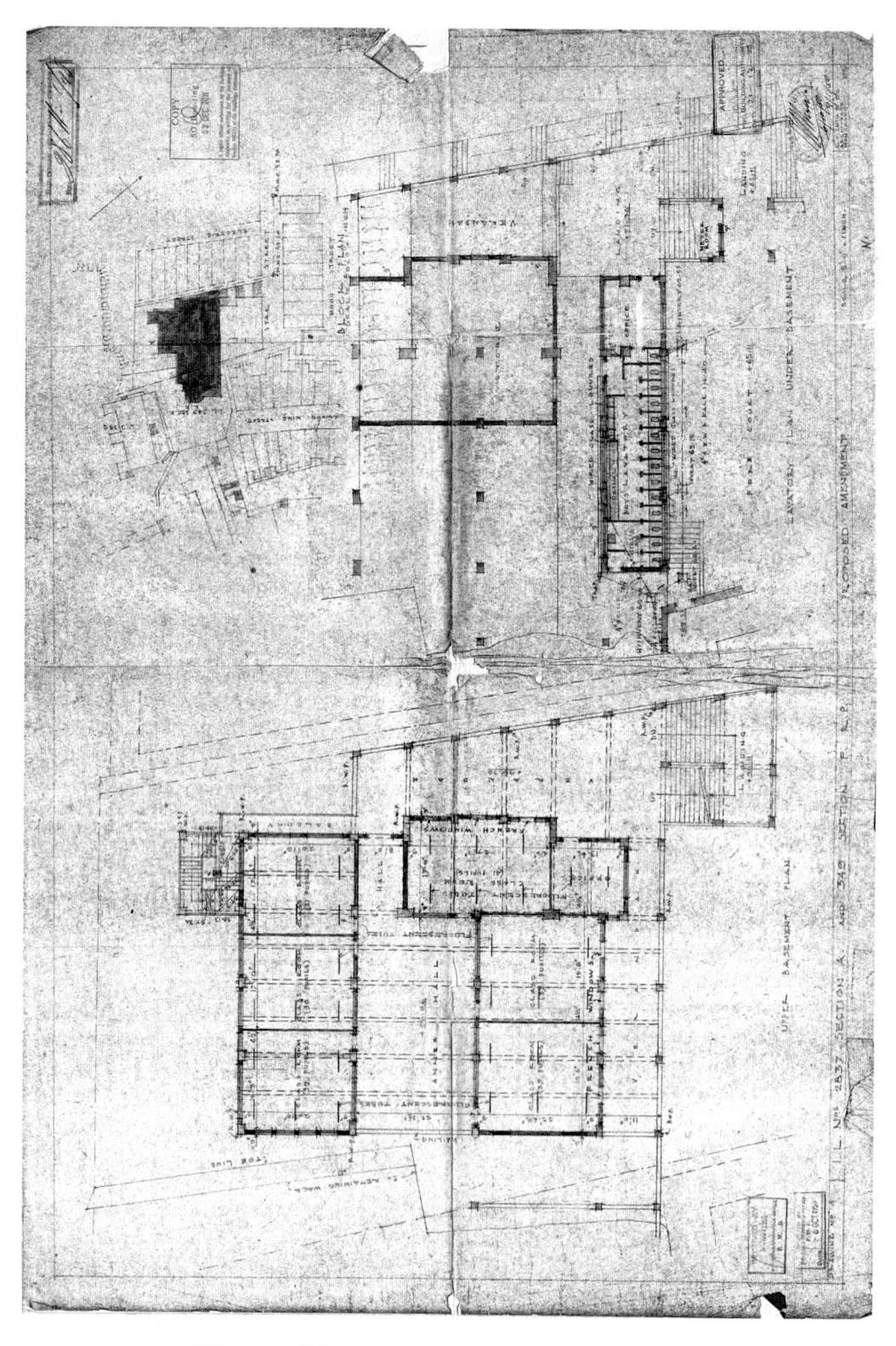

図面6　聖霊教会，基立学校　地下上層階平面（学校スペース）

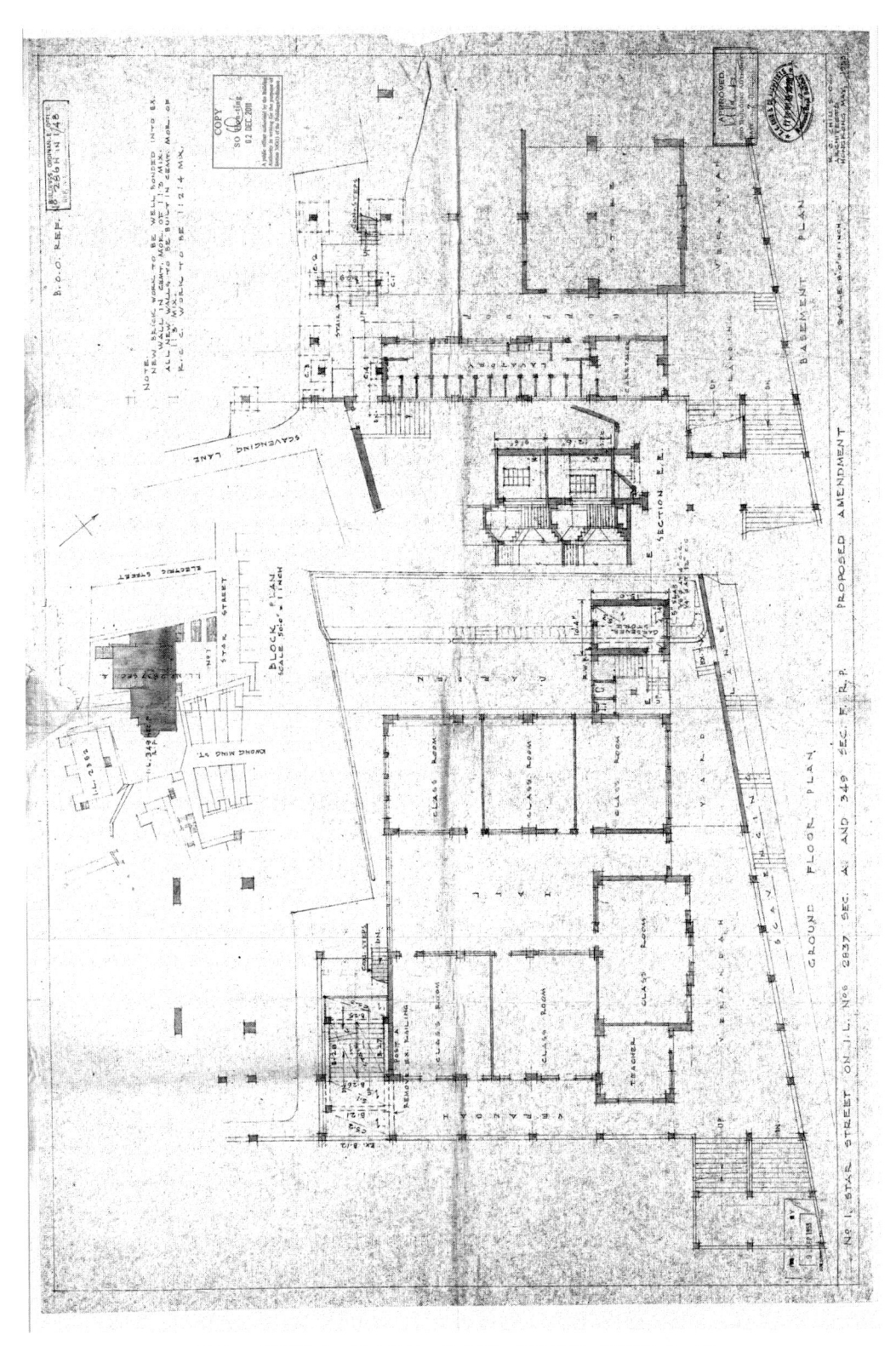

図面 7　聖霊教会，基立学校　地上階・地下平面（学校スペース）

236

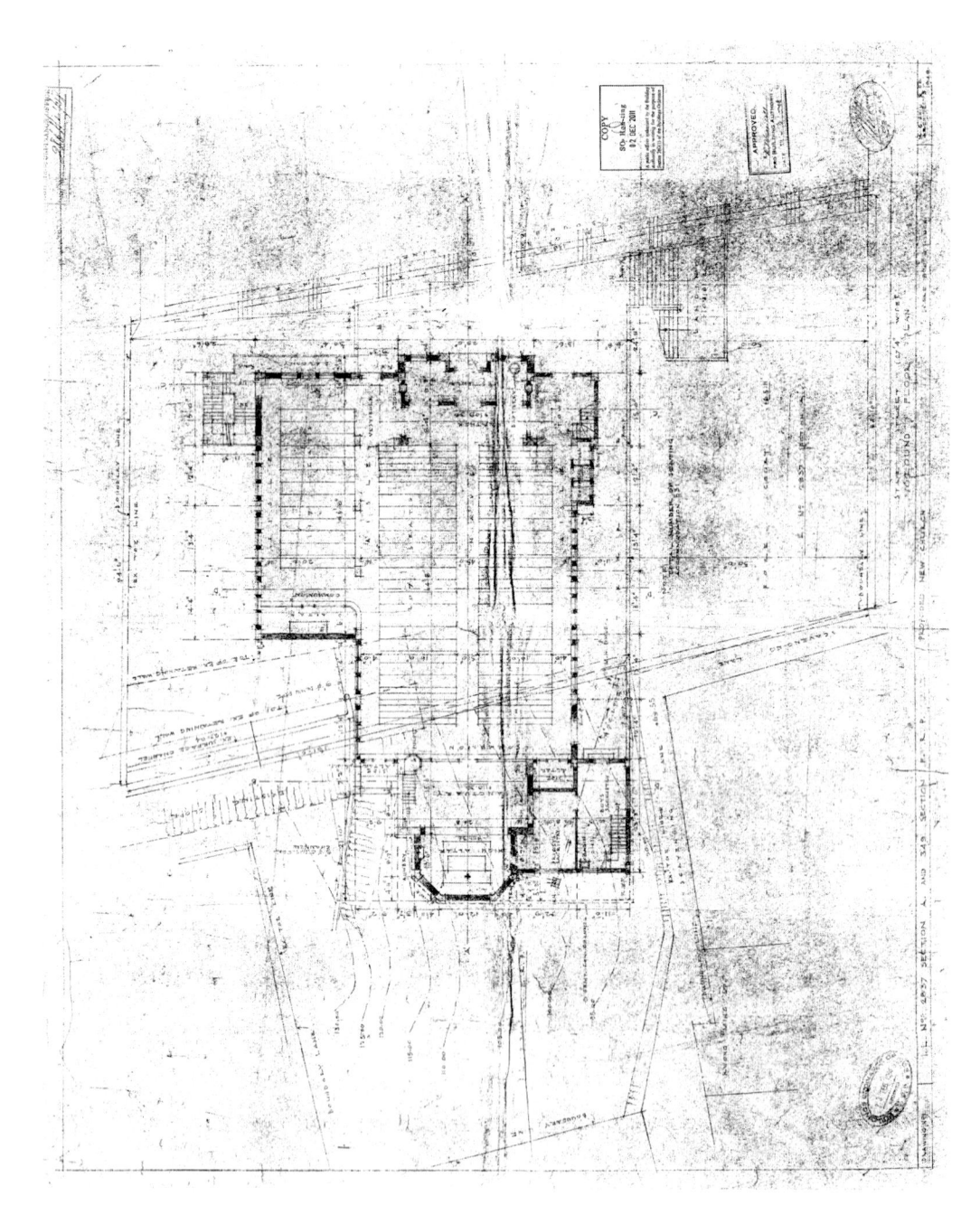

図面 8　聖霊教会，基立学校　地上階平面（教会堂スペース）

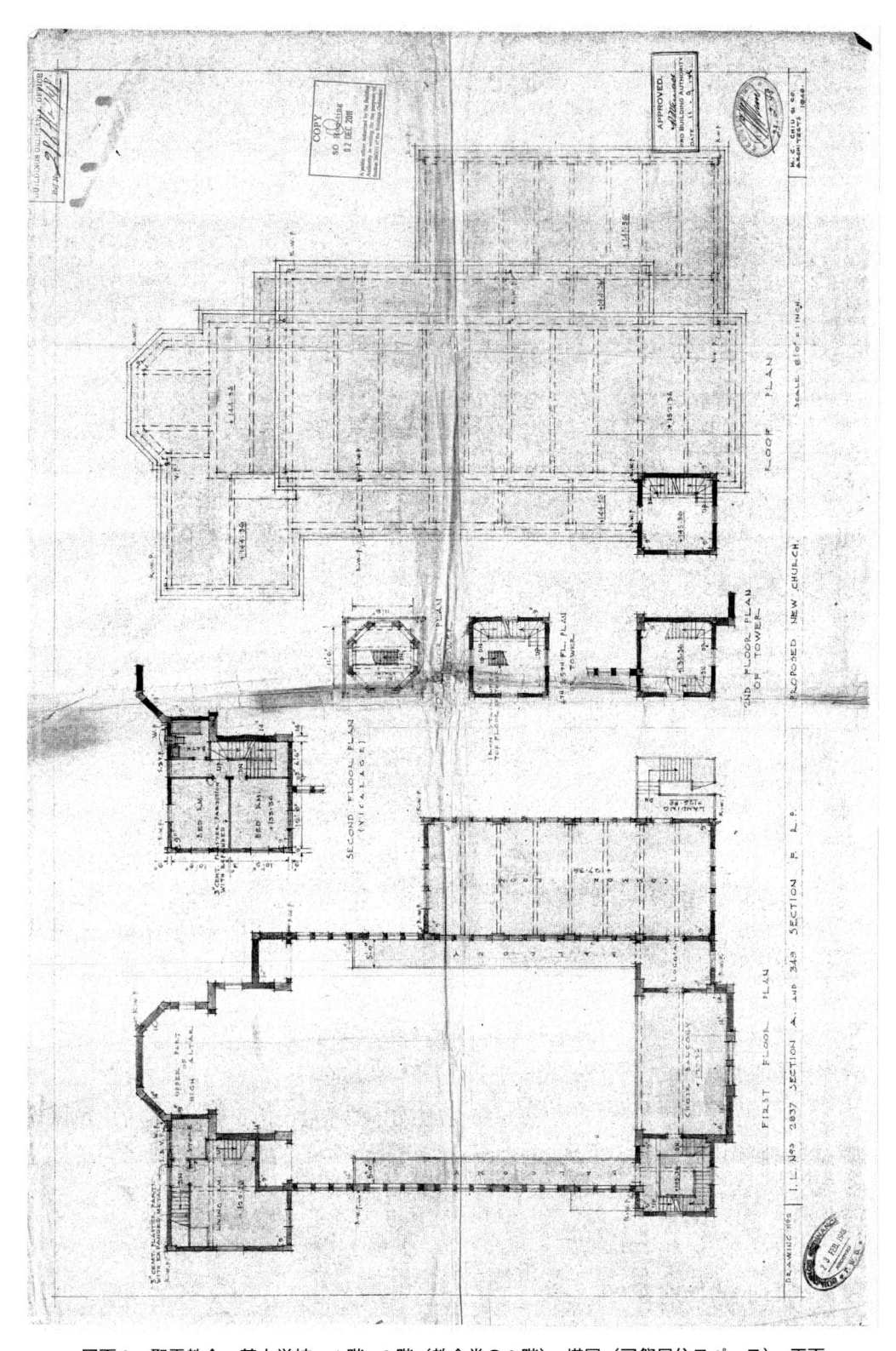

図面 9　聖霊教会，基立学校　1 階・2 階（教会堂の 2 階）・塔屋（司祭居住スペース）　平面

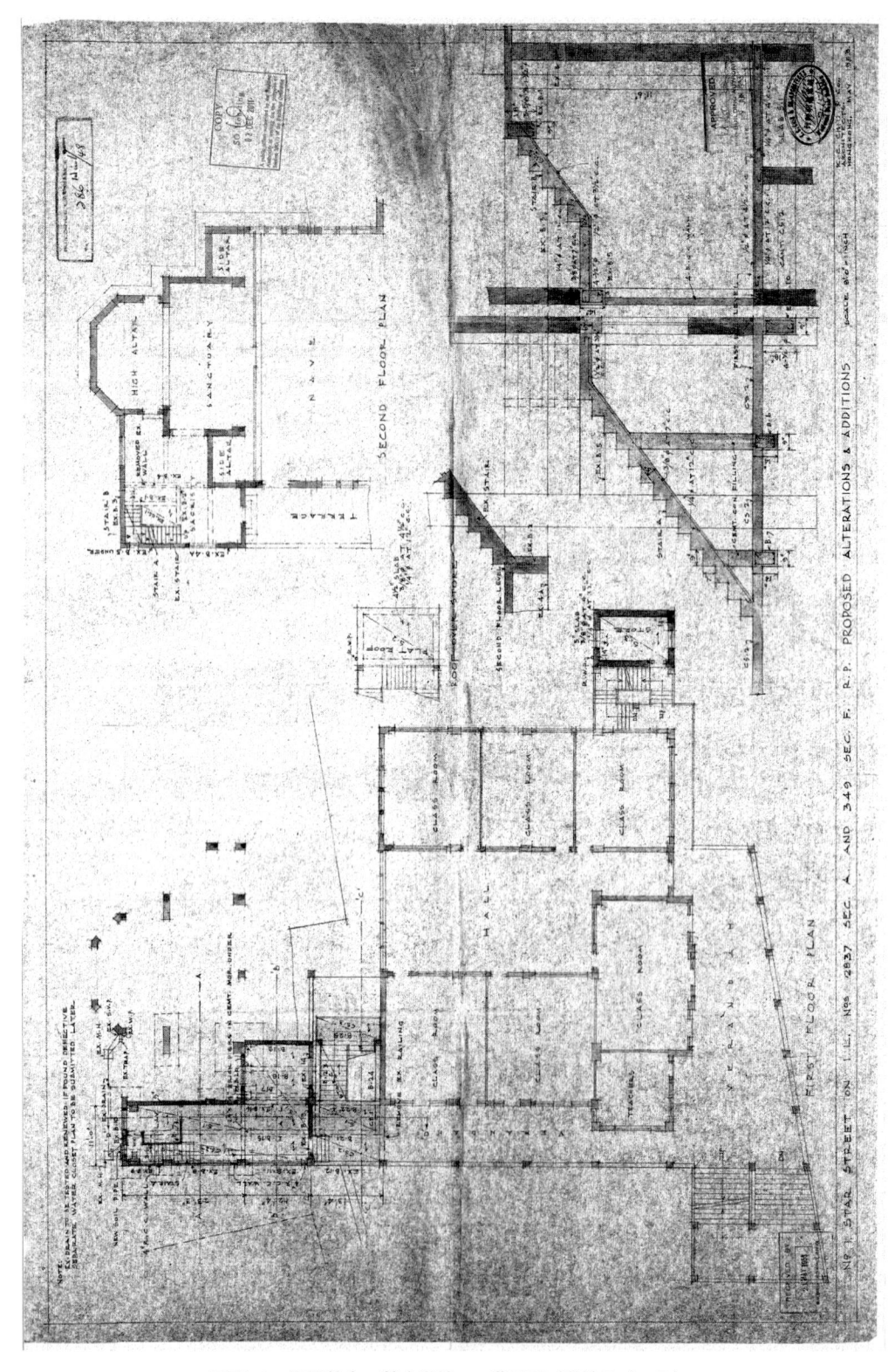

図面 10　聖霊教会，基立学校　1 階平面（学校スペース）

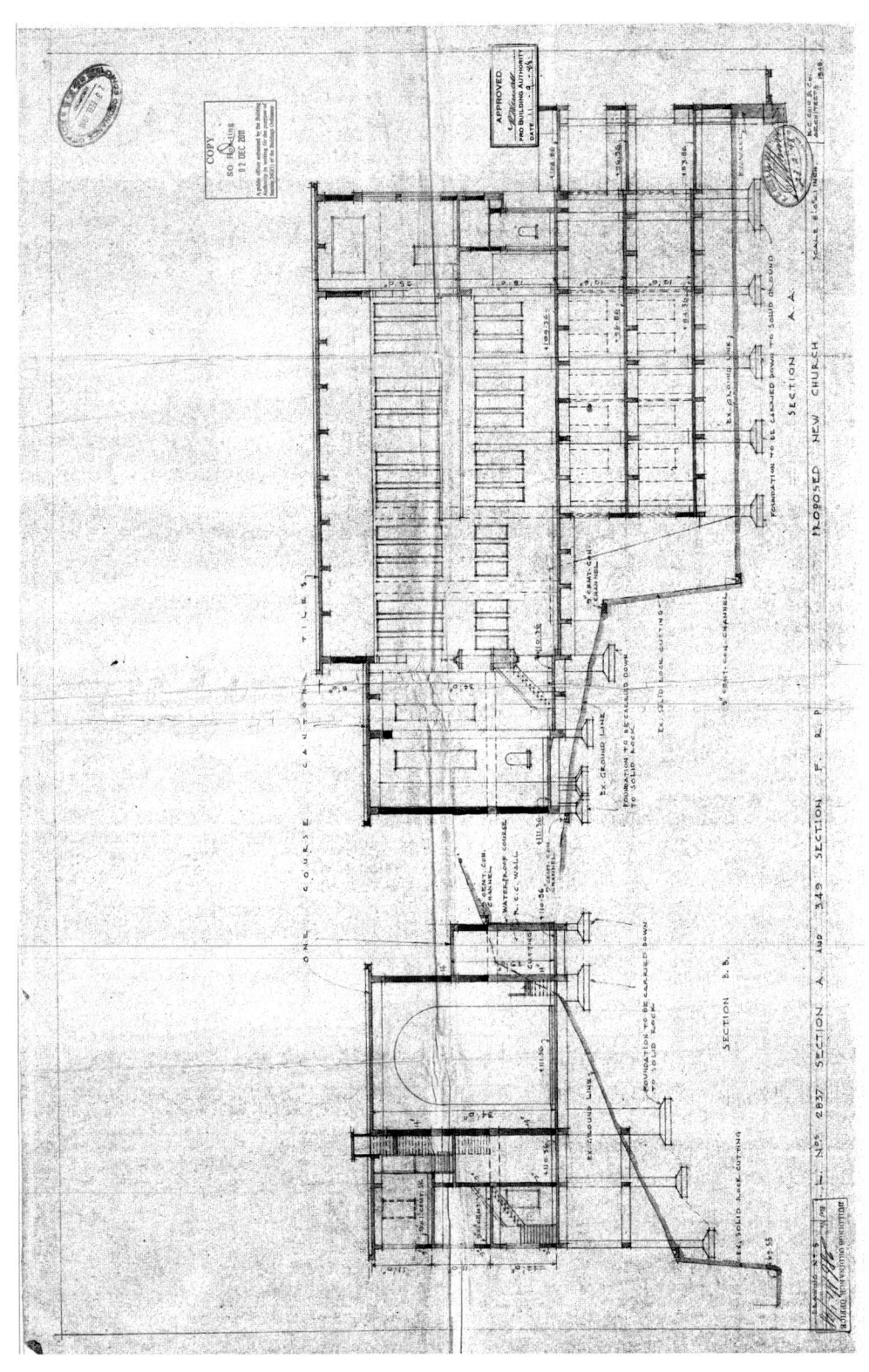

図面 11　聖霊教会，基立学校　断面

240

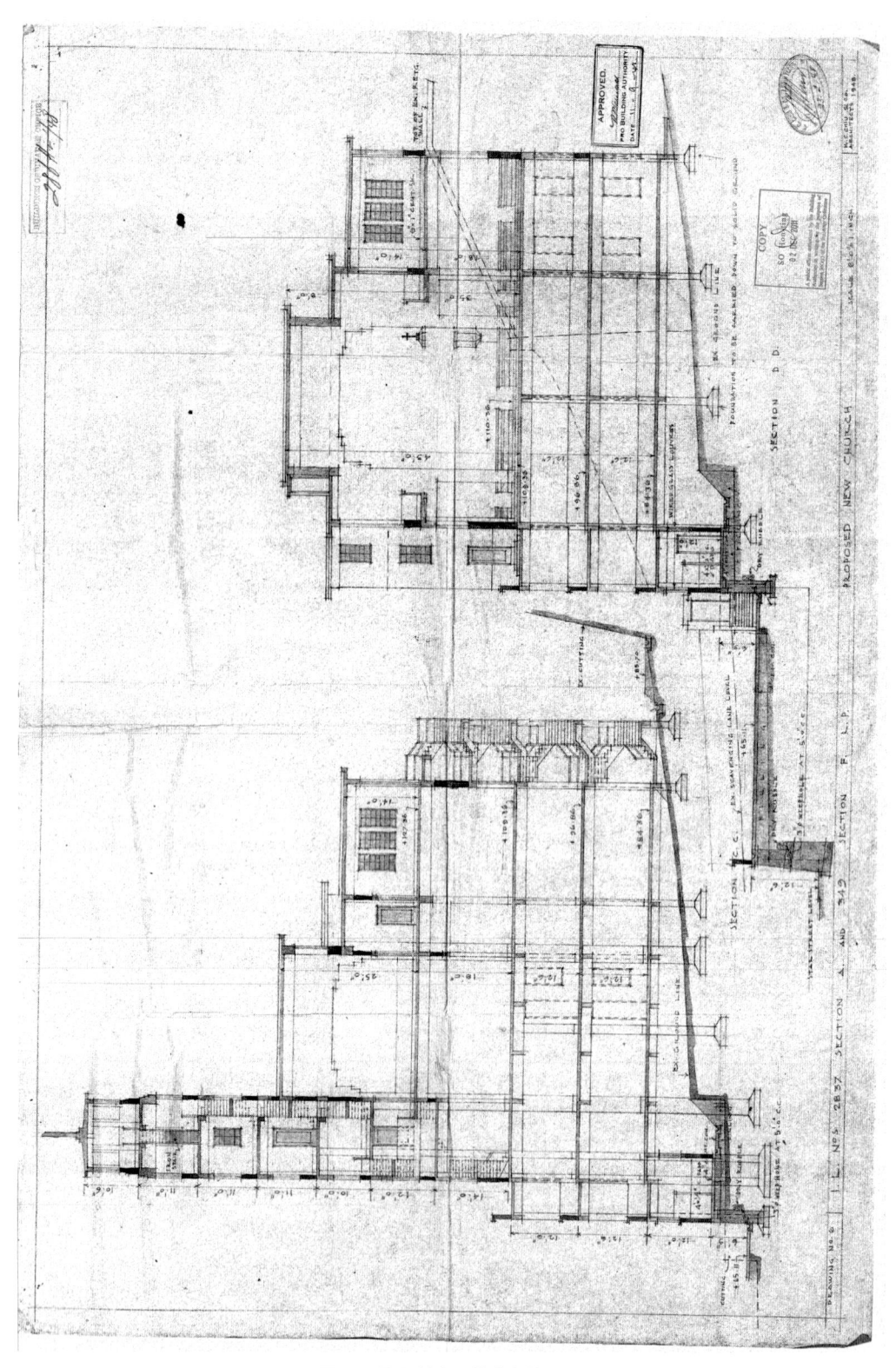

図面 12　聖霊教会，基立学校　断面

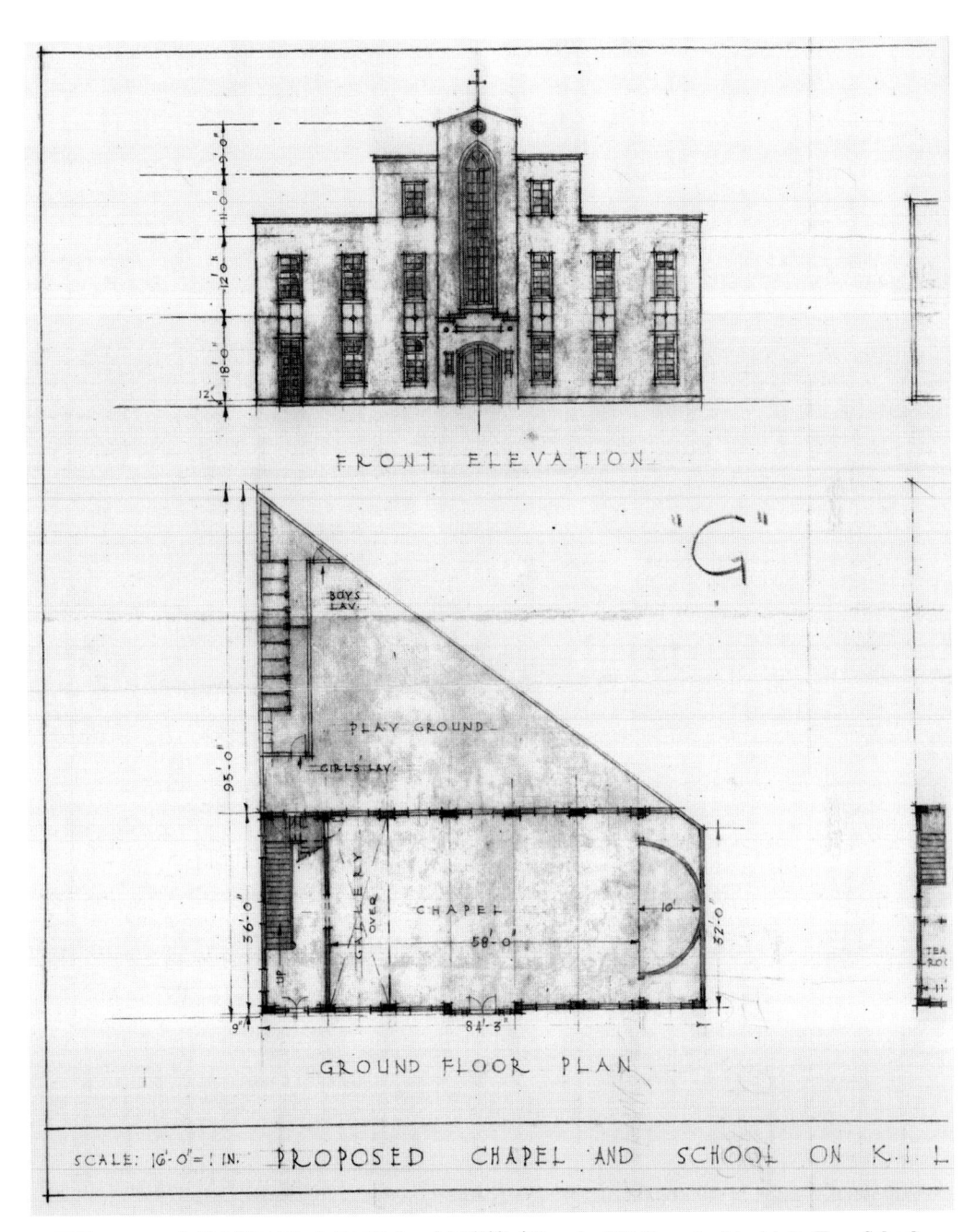

図面 13　アッシジの聖フランシスコ教会，大同学校（**Church of St. Francis of Assisi, Da Tung School,**
聖五傷芳濟各堂, 大同學校, No. 63）　九龍城　立面・地上階平面　1937 年竣工

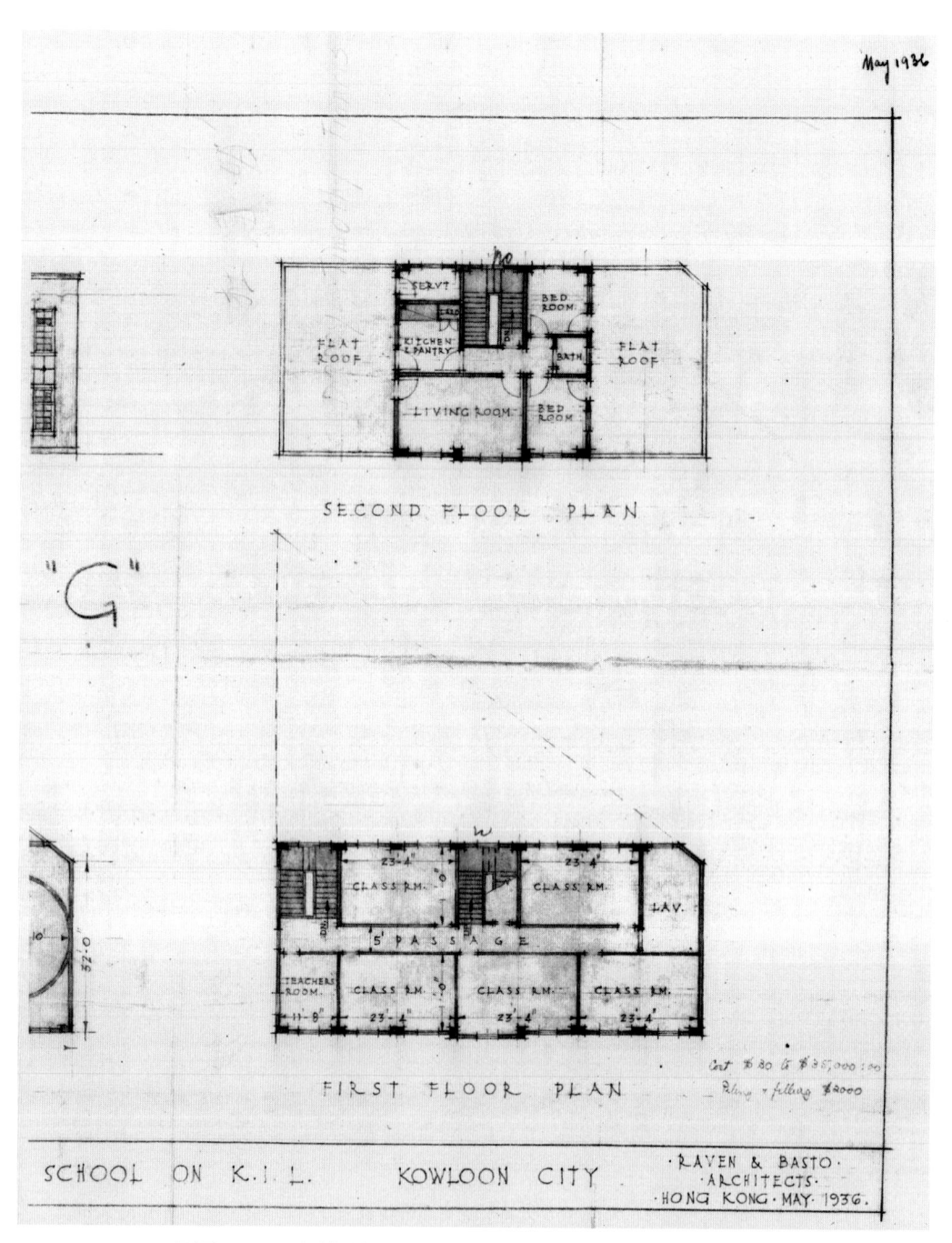

図面 14　アッシジの聖フランシスコ教会，大同学校　1 階・2 階平面

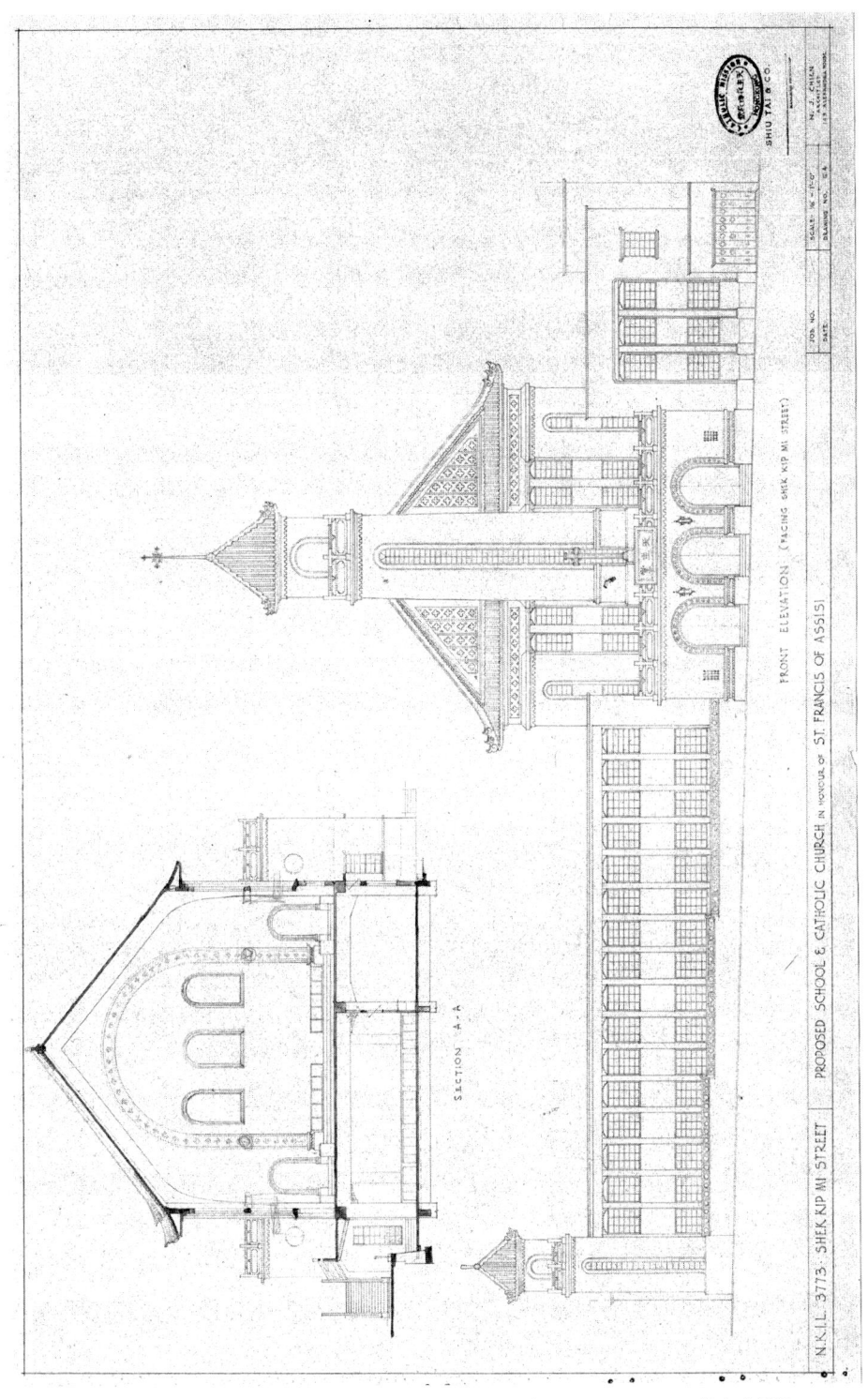

図面 15　アッシジの聖フランシスコ教会，アッシジの聖フランシスコ英文小学校
（**St. Francis of Assisi Church, St. Francis of Assisi's English Primary School,**
聖方濟各堂, 聖方濟各英文小學, **No. 102**）　ファサード立面　1955 年竣工

244

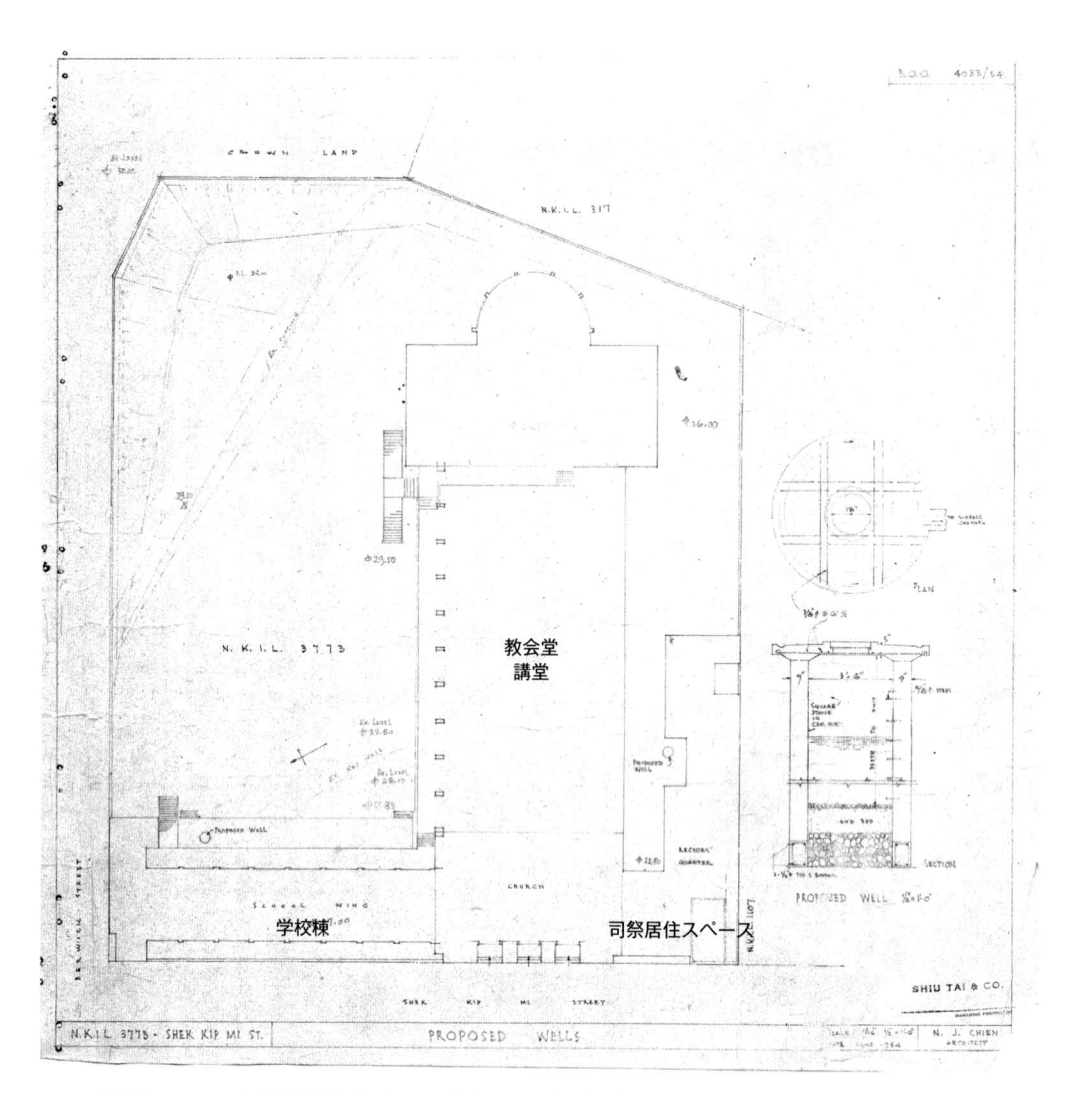

図面 16　アッシジの聖フランシスコ教会，アッシジの聖フランシスコ英文小学校　敷地配置

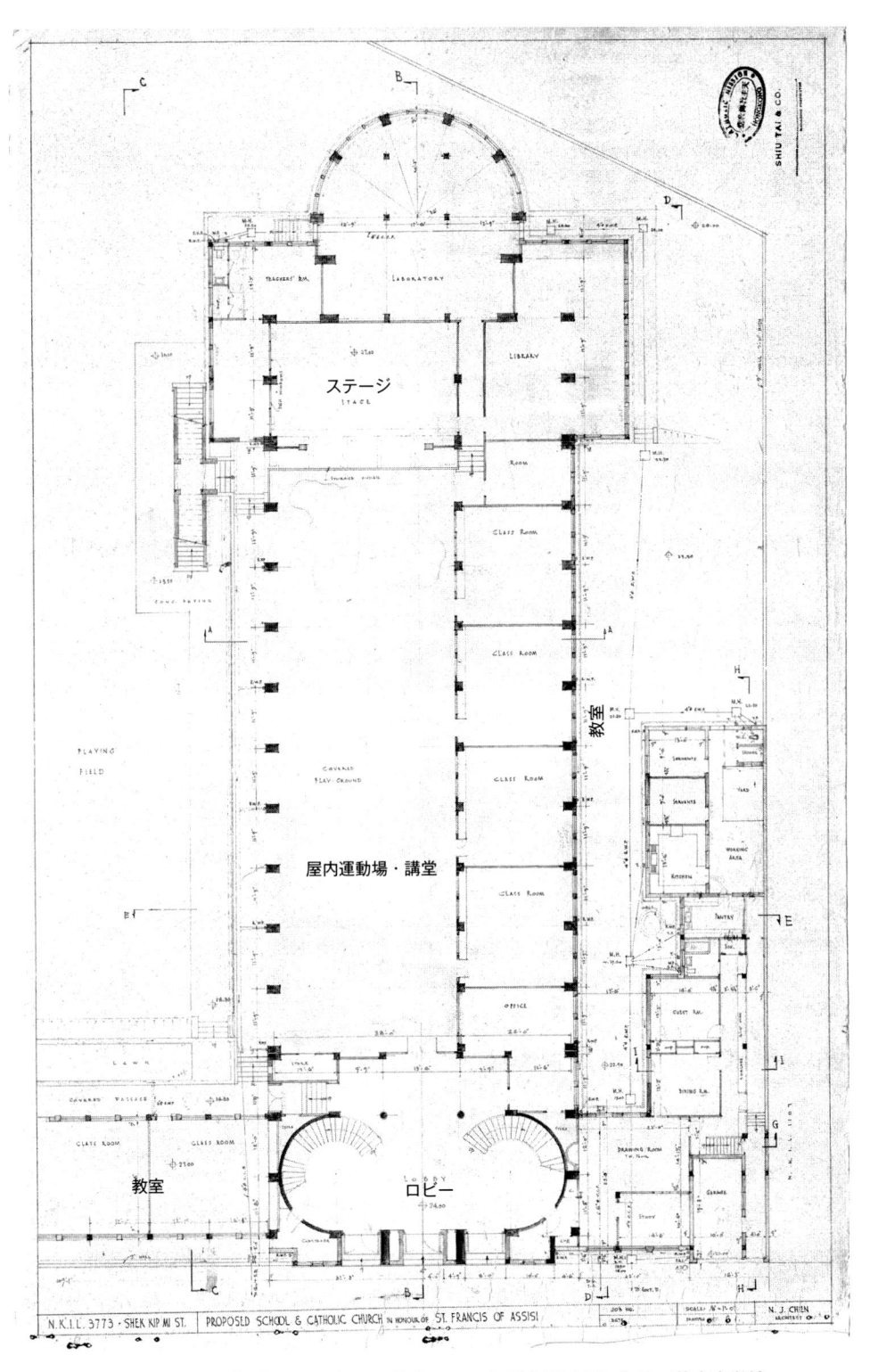

図面 17　アッシジの聖フランシスコ教会，アッシジの聖フランシスコ英文小学校
　　　　地上階平面（学校スペース）

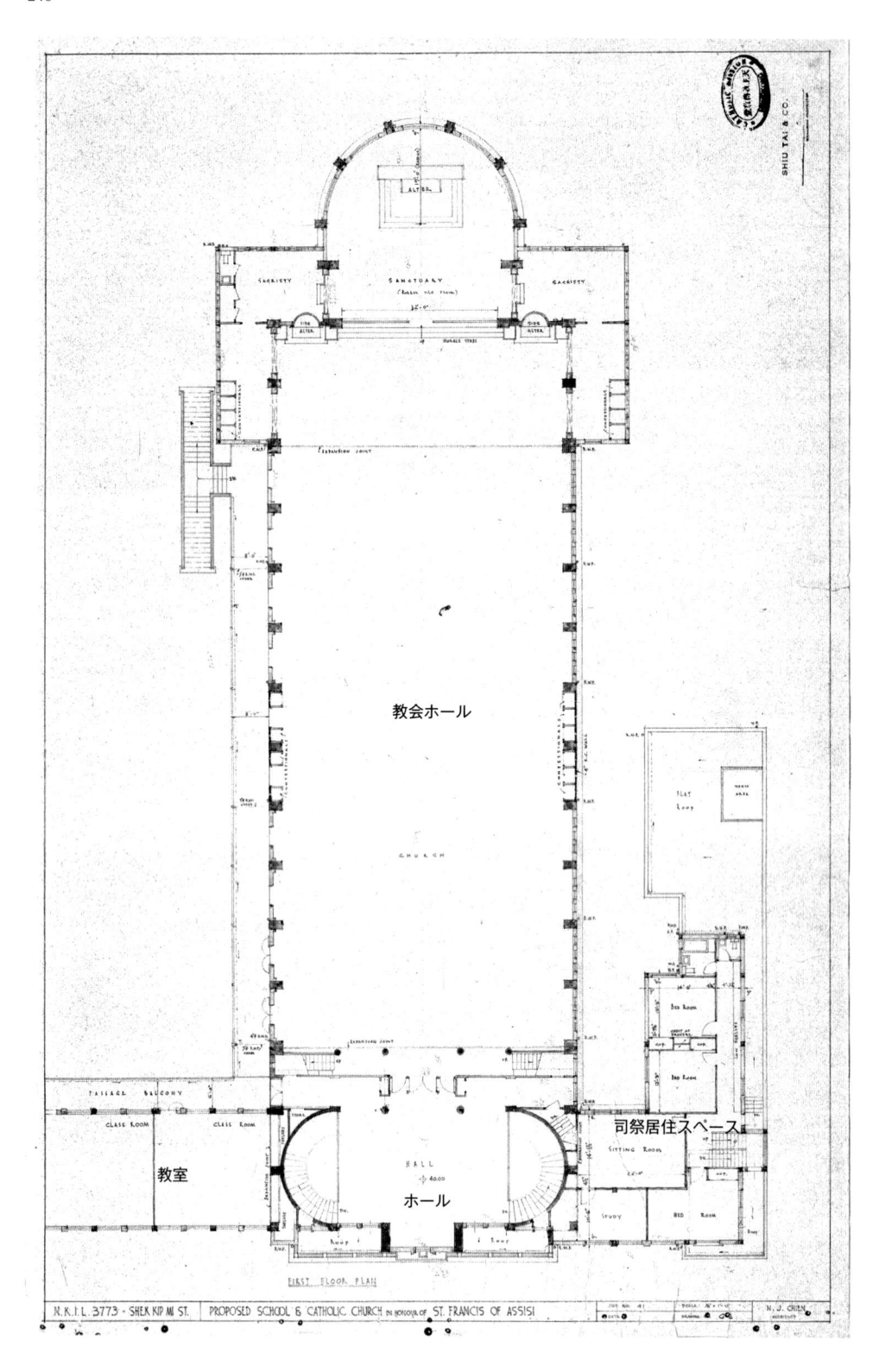

図面18　アッシジの聖フランシスコ教会，アッシジの聖フランシスコ英文小学校　1階平面（教会堂）

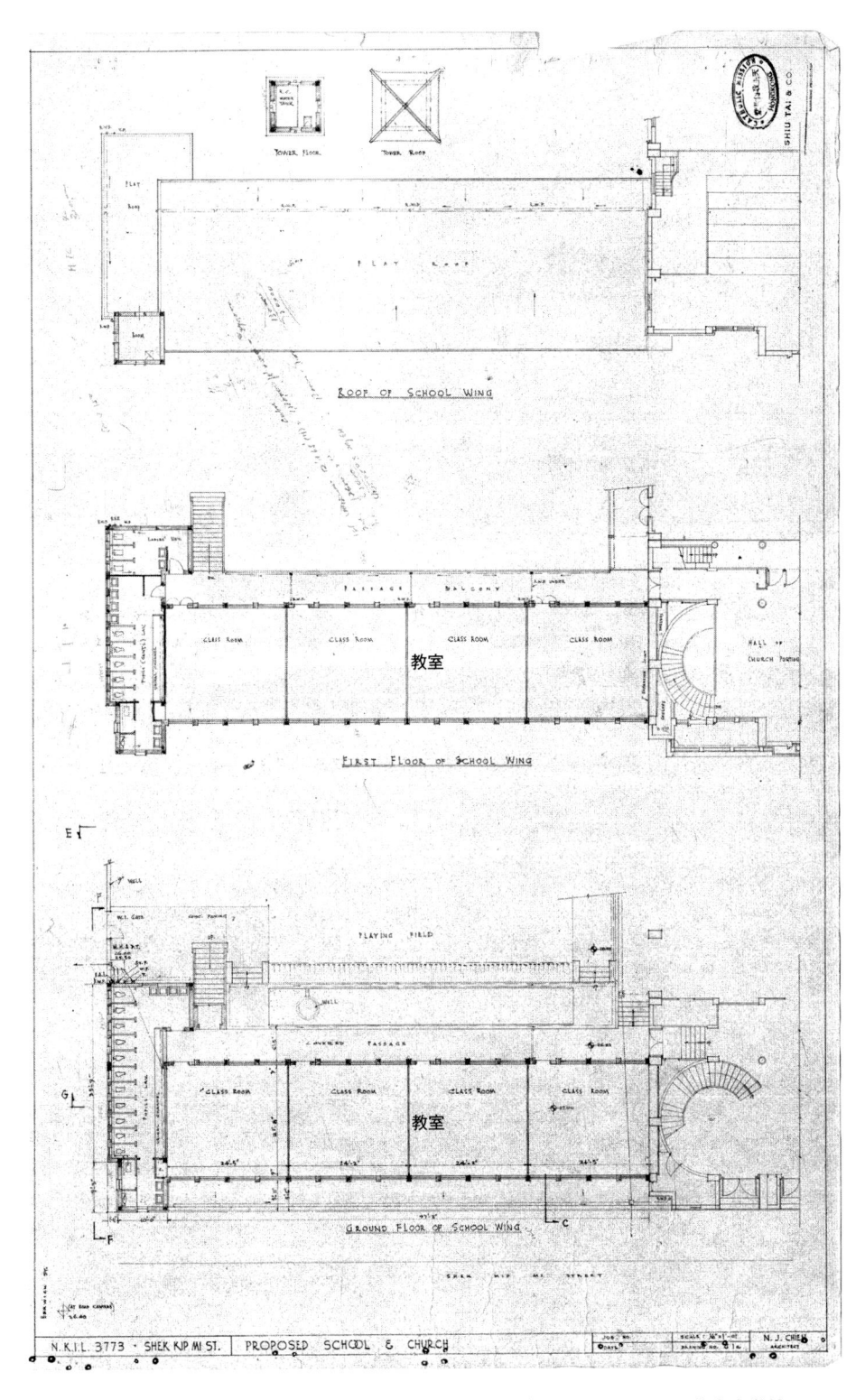

図面 **19**　アッシジの聖フランシスコ教会，アッシジの聖フランシスコ英文小学校
地上階・1 階・屋上平面（学校棟）

248

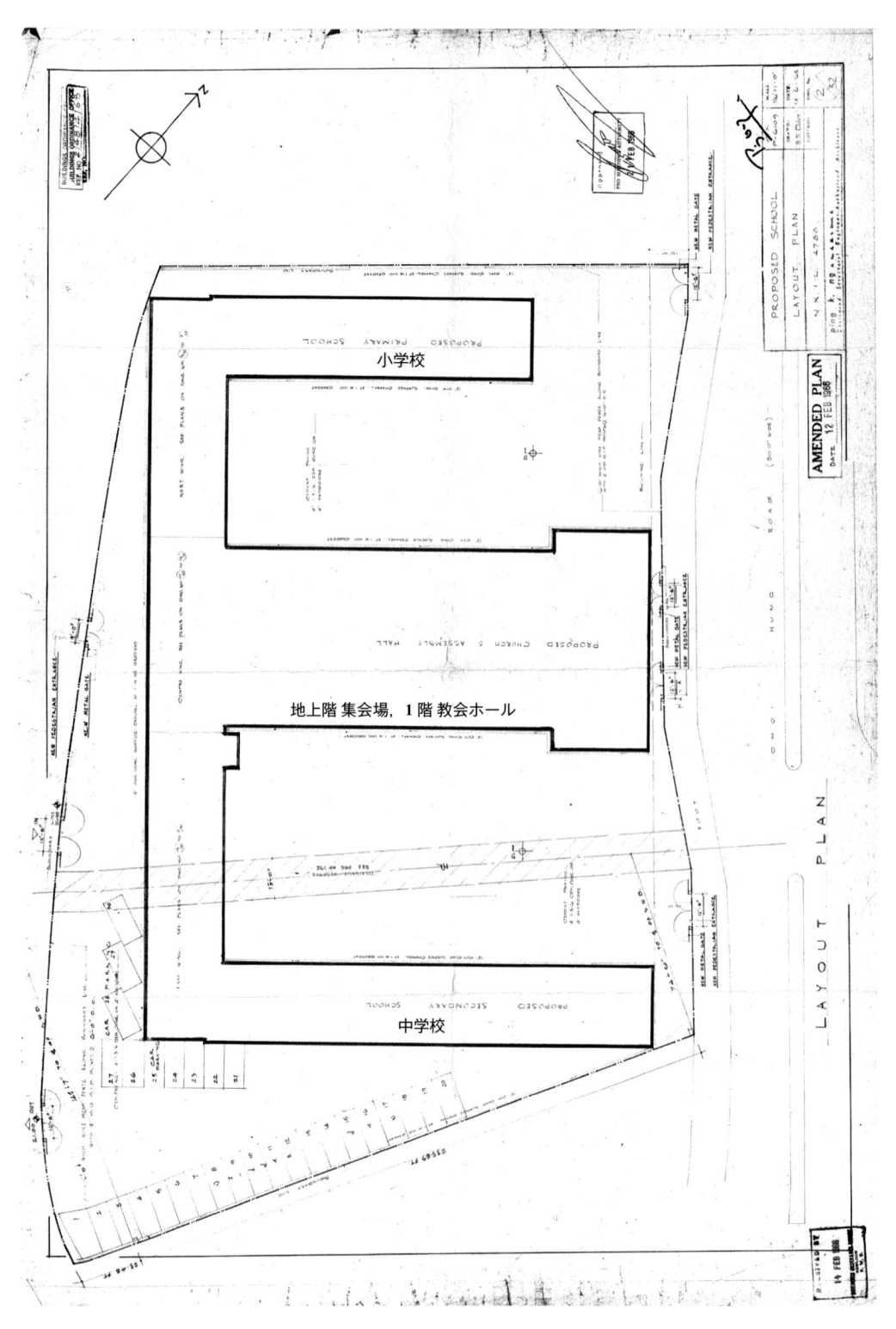

図面 20　善き導きの母教会，カトリック伍華小学校・中学校（**Mother of Good Counsel Church,
Ng Wah Catholic Primary School and Secondary School**, 善導之母堂, 天主教伍華小學・中學,
No. 219）　敷地配置　1966 年竣工

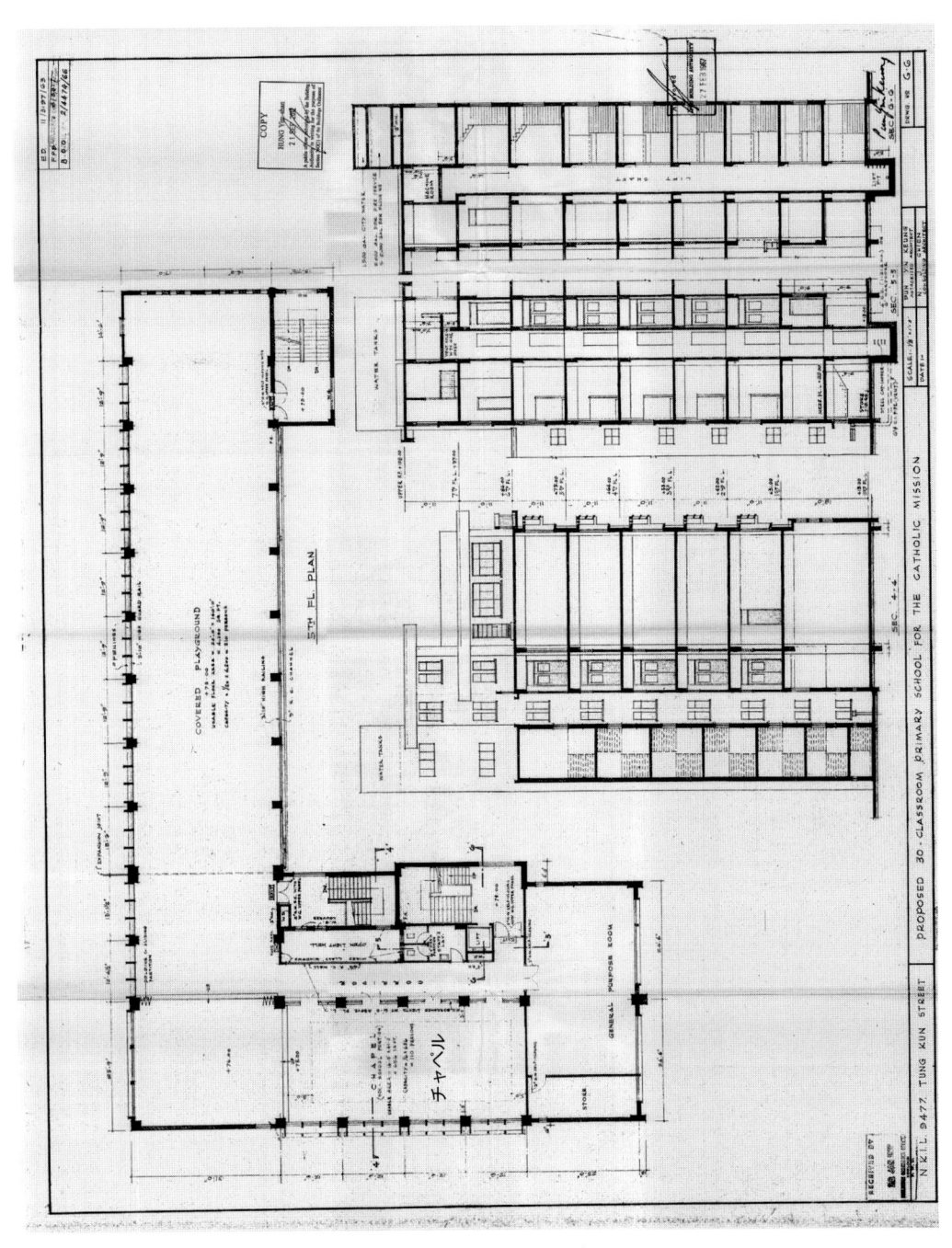

図面 21　油麻地カトリック小学校，聖パウロ・ミサ・センター（**Yaumati Catholic Primary School,**
　　　St. Paul's Mass Centre, 油麻地天主教小學, 聖保祿彌撒中心, **No. 245**）　断面・5 階平面（チャペル）
　　　1968 年竣工

250

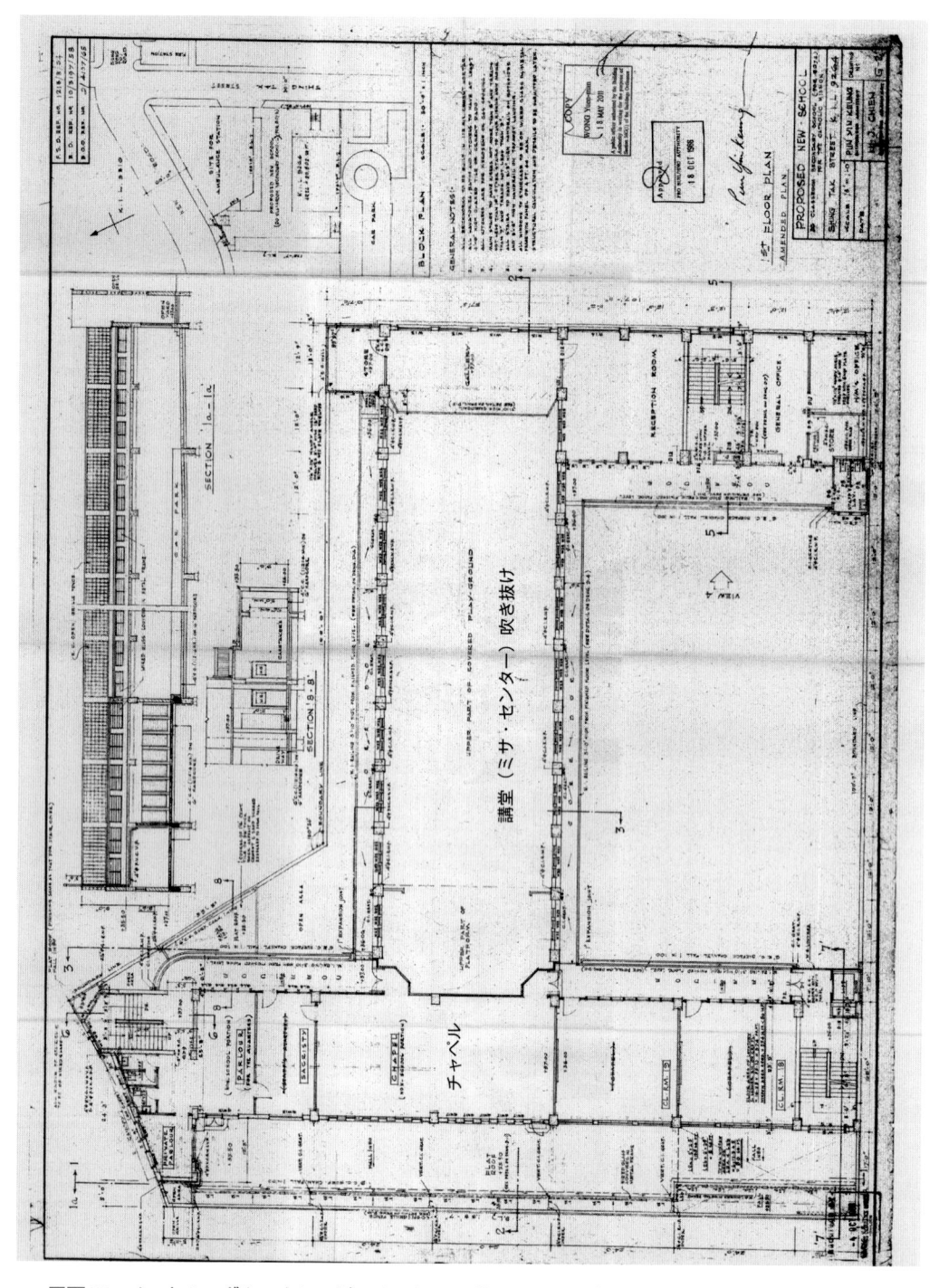

図面 **22** ノートル・ダム・カレッジ，ノートル・ダム・カレッジ・チャペル（**Notre Dame College, Notre Dame College Chapel,** 聖母院書院, 聖母院書院小堂**, No. 227**） **1** 階平面（チャペル） 1967 年竣工

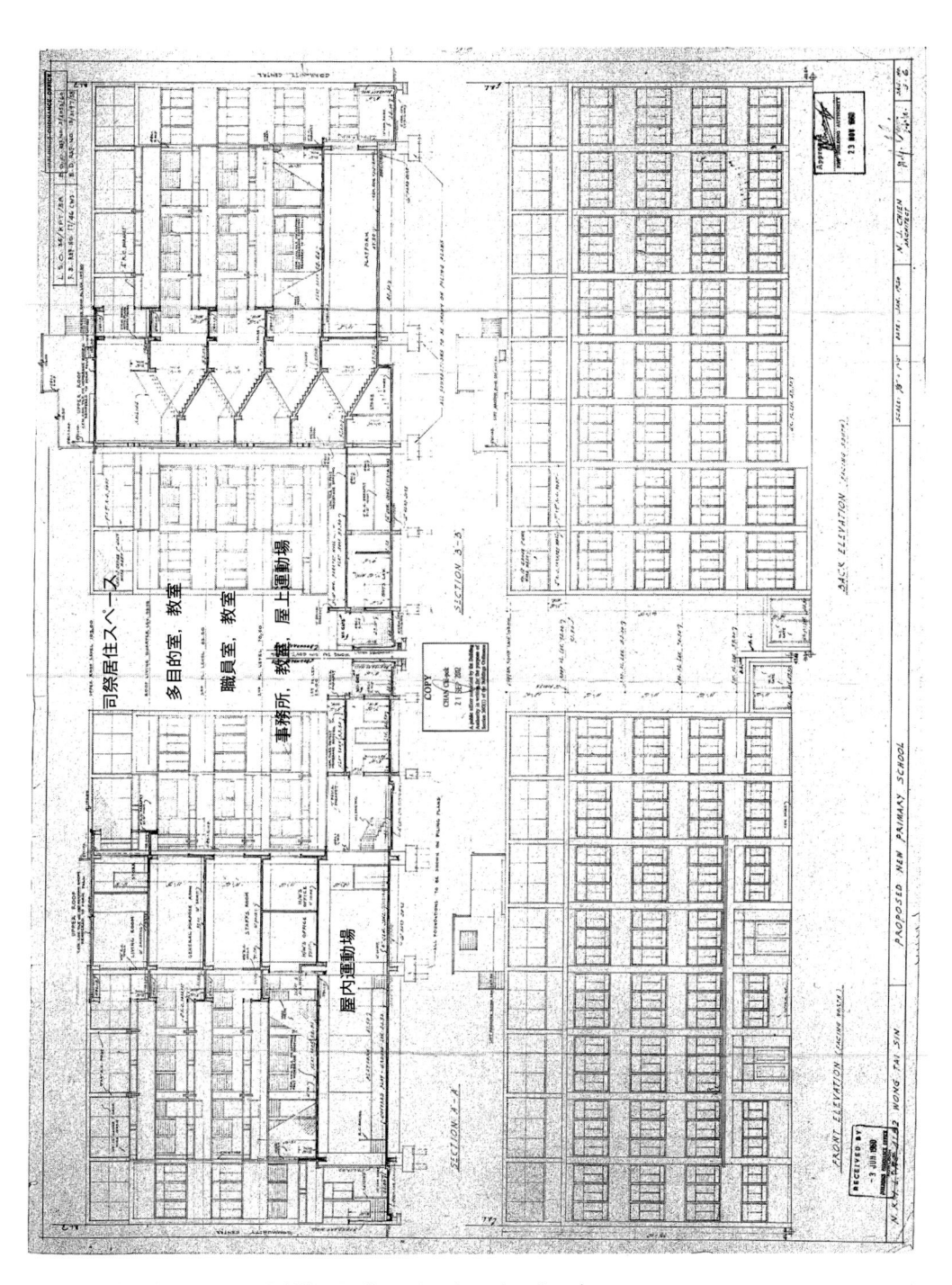

図面 23　黄大仙カトリック小学校，聖ヴィンセント・チャペル（**Wong Tai Sin Catholic Primary School, St. Vincent Chapel**, 黃大仙天主教小學, 聖雲先小堂, **No. 203**）　立面・断面　**1962 年竣工**

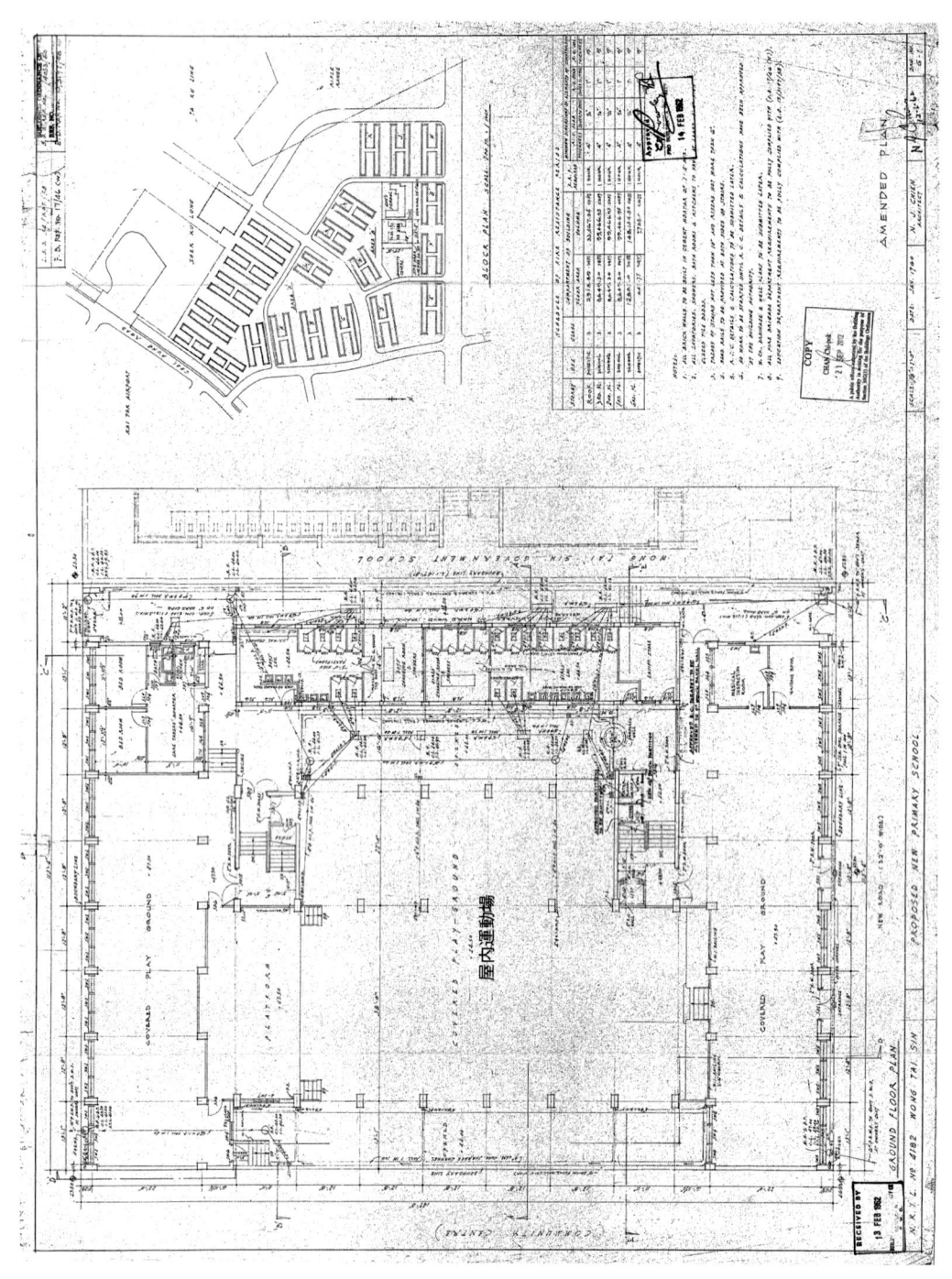

図面 24　黄大仙カトリック小学校，聖ヴィンセント・チャペル
地上階平面（屋内運動場兼チャペル）

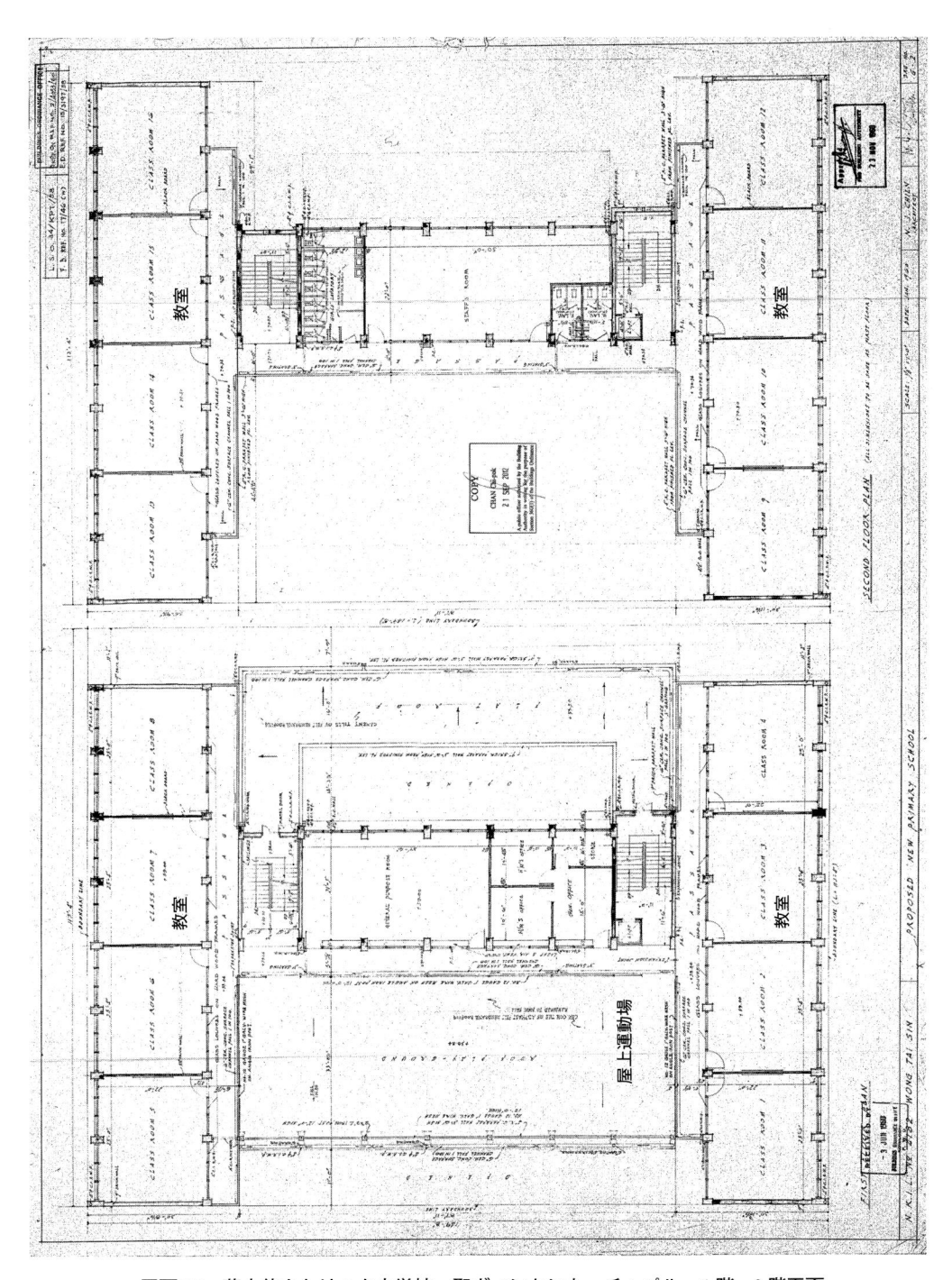

図面 25　黄大仙カトリック小学校，聖ヴィンセント・チャペル　1 階・2 階平面

254

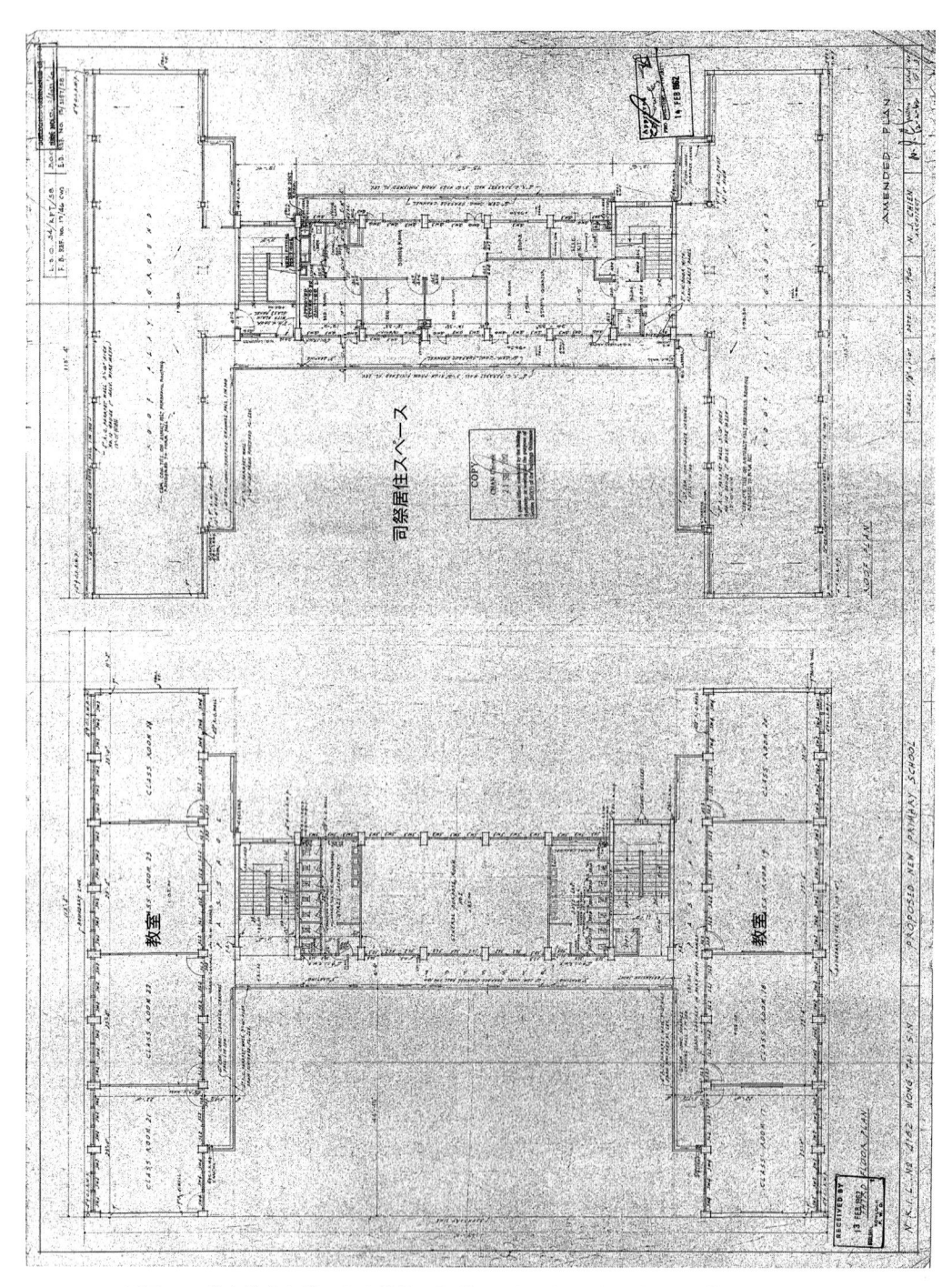

図面26　黄大仙カトリック小学校，聖ヴィンセント・チャペル　3階・屋上階平面

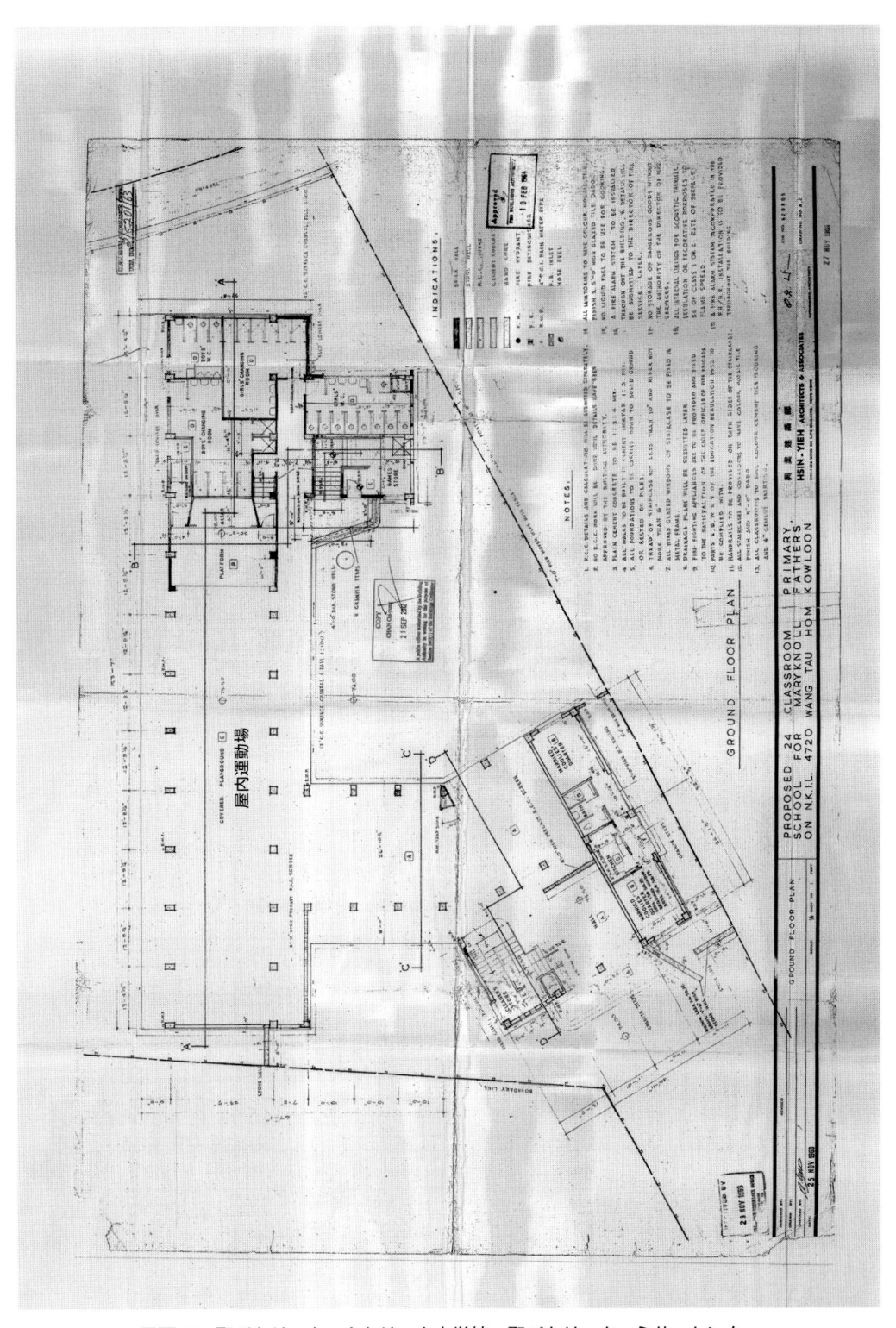

図面 27　聖パトリック・カトリック小学校，聖パトリック・ミサ・センター
（**St. Patrick's Catholic Primary School, St. Patrick's Mass Centre,**
聖博德天主教小學，聖博德彌撒中心，**No. 215**）　地上階平面
（屋内運動場兼ミサ・センター）　1965 年竣工

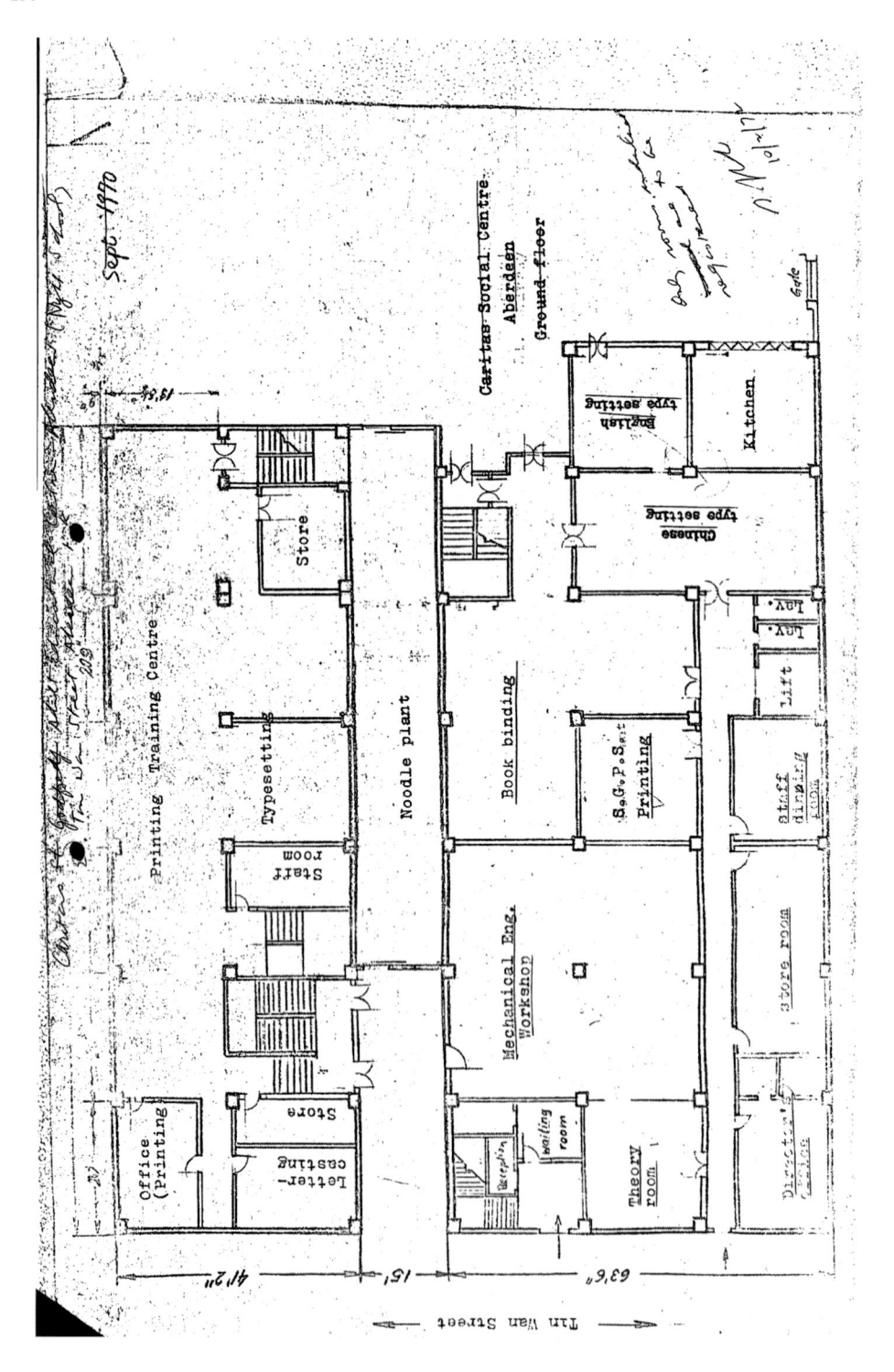

図面 28　聖ゴドフリー・セトルメント（**Caritas Social Centre St. Godfrey's Settlement,** 天主教福利會聖葛菲服務中心），現・カリタス・アバディーン・ソーシャル・センター（**No. 216**）　地上階平面　1972 年改修案

カリタス香港提供.

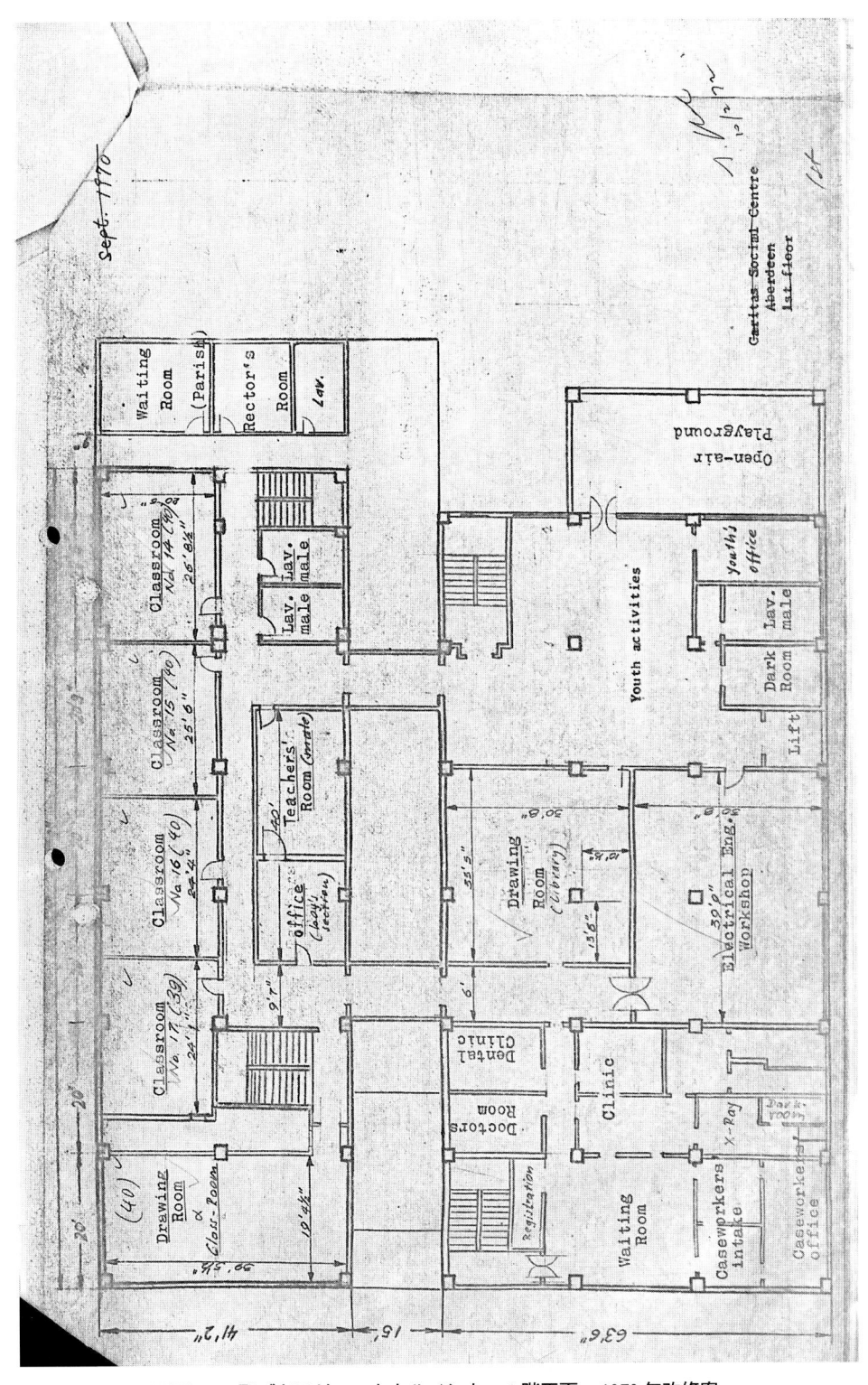

図面 29　聖ゴドフリー・セトルメント　1 階平面　1972 年改修案
カリタス香港提供.

258

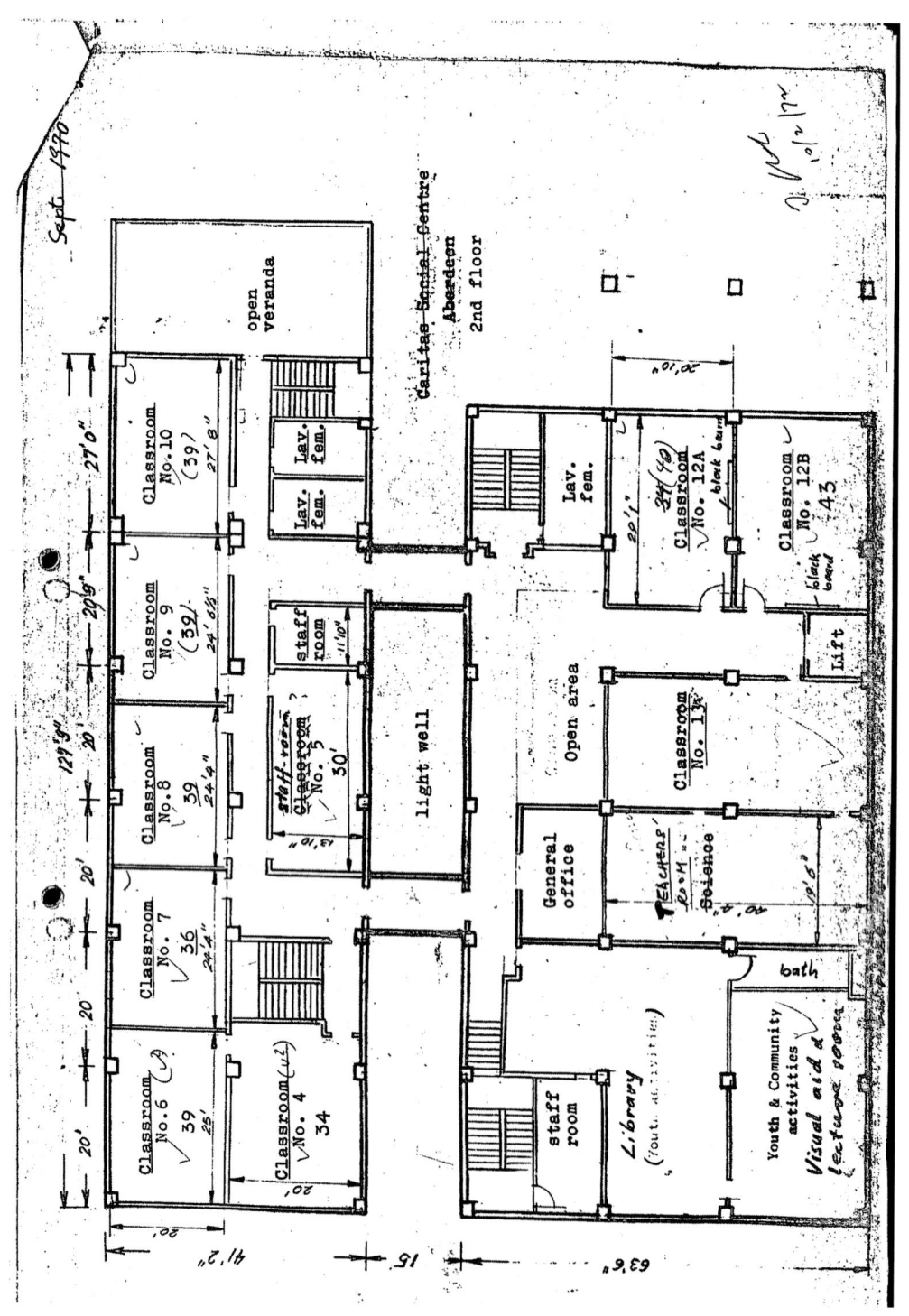

図面 30　聖ゴドフリー・セトルメント　2 階平面　1972 年改修案
カリタス香港提供.

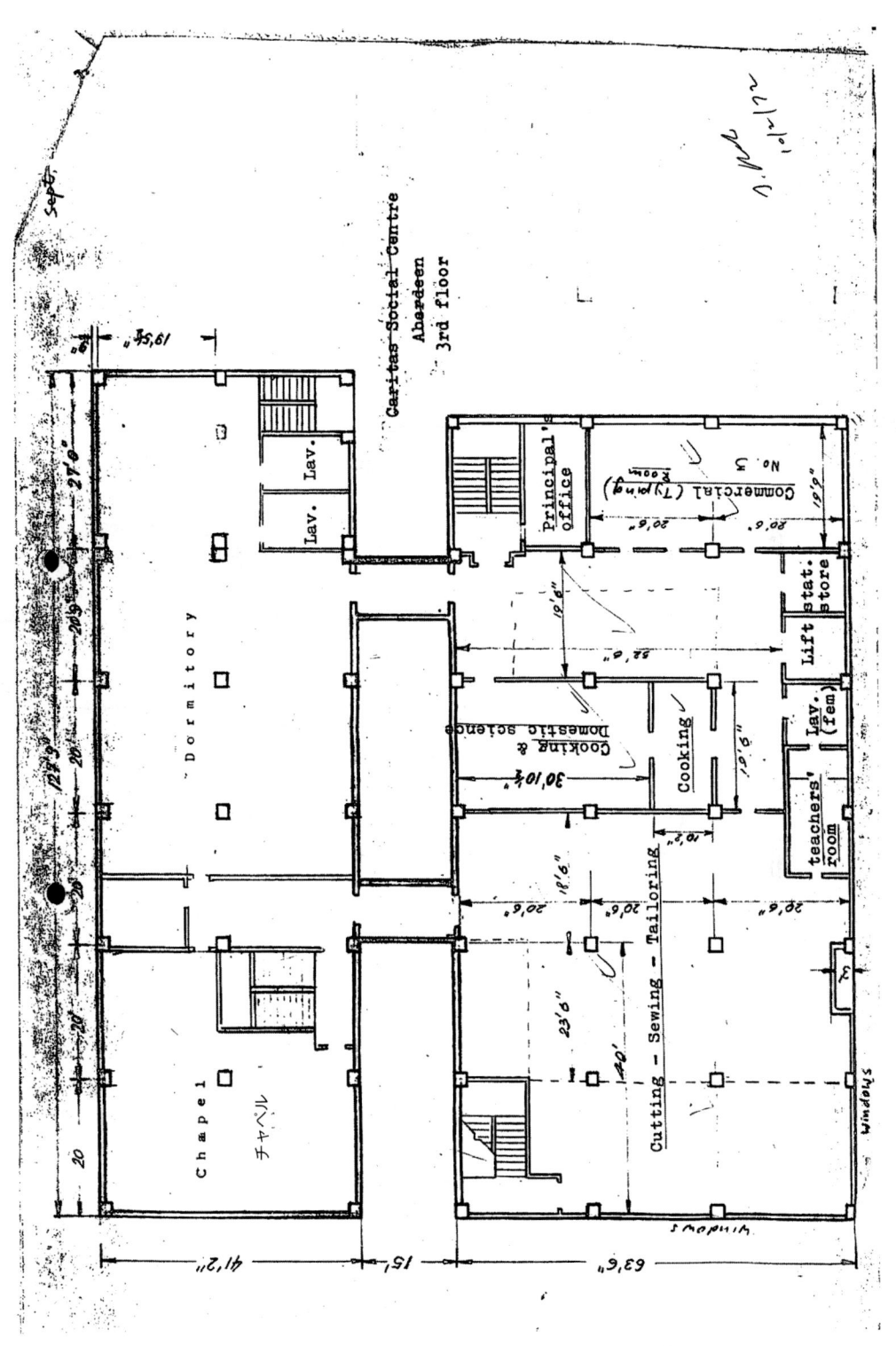

図面 **31**　聖ゴドフリー・セトルメント，聖ゴドフリー・チャペル
（**St. Godfrey's Chapel,** 聖高弗烈小堂）　**3** 階平面　**1972** 年改修案
カリタス香港提供.

260

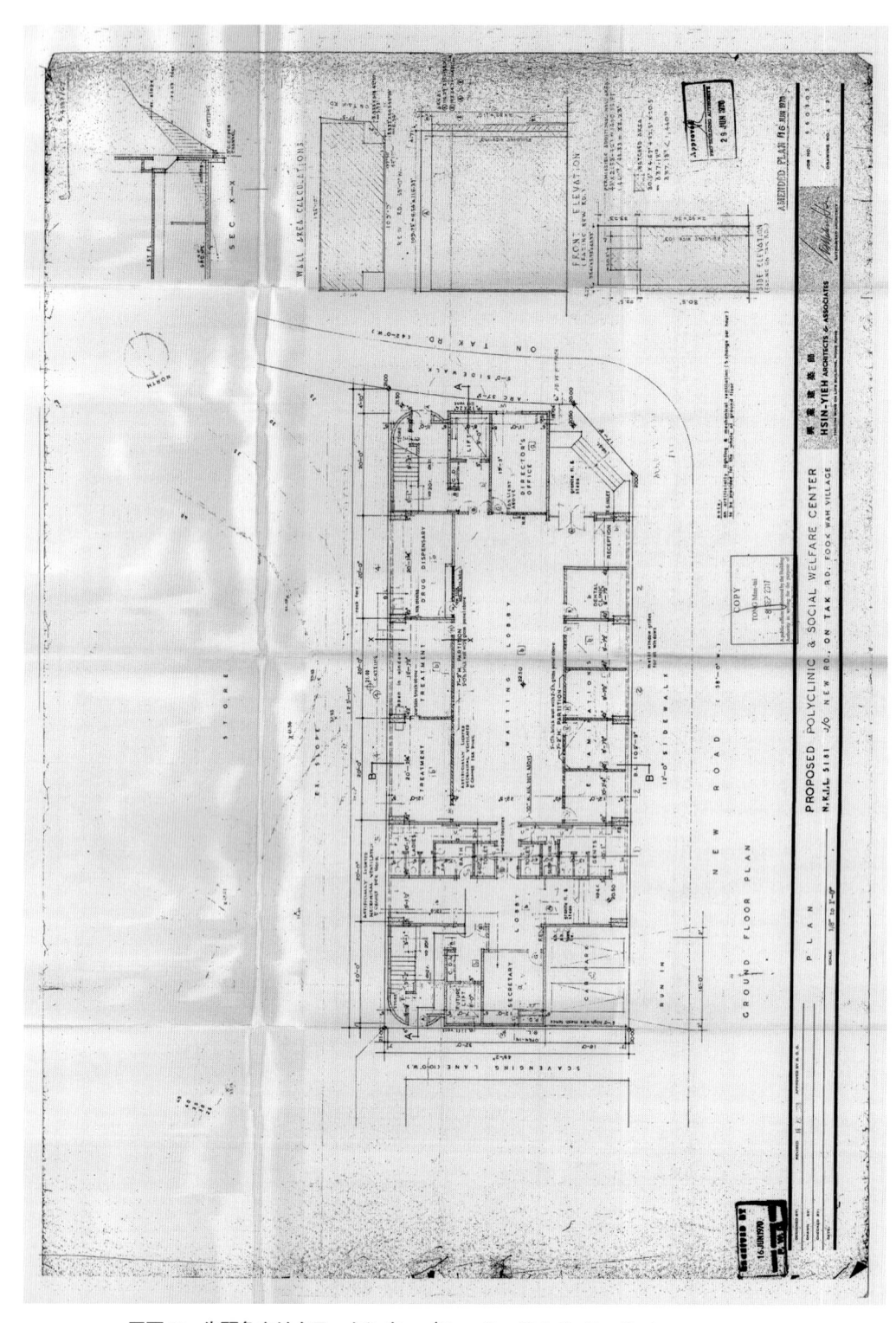

図面 32　牛頭角カリタス・センター（Ngau Tau Kok Caritas Centre,
　　　　牛頭角明愛中心, 現・カリタス牛頭角コミュニティ・センター, No. 244）
　　　　地上階平面　1970 年竣工

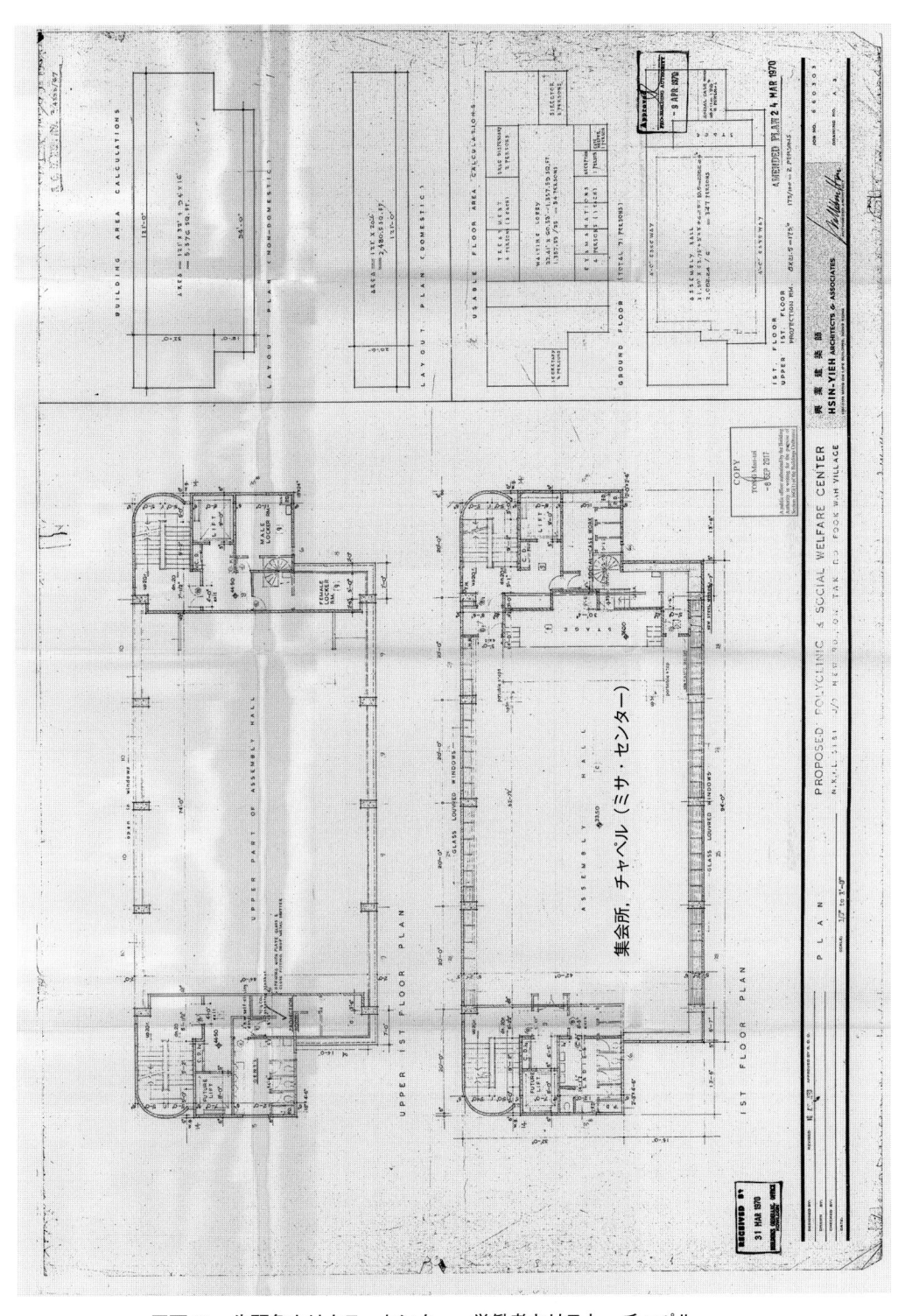

図面 33　牛頭角カリタス・センター，労働者キリスト・チャペル
（Christ the Worker Chapel, 基督勞工小堂）　1 階・1 階上層平面

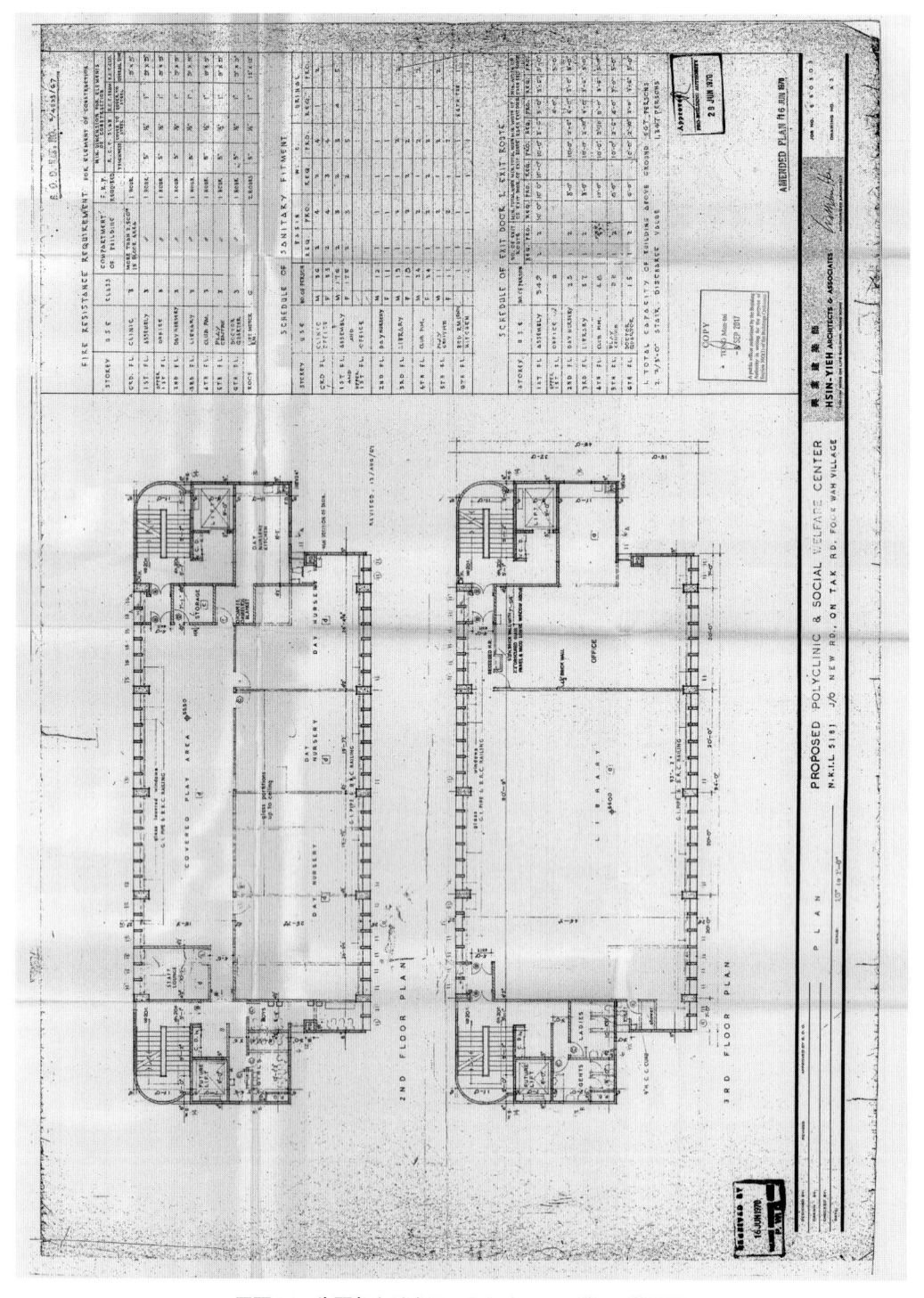

図面 34　牛頭角カリタス・センター　2 階・3 階平面

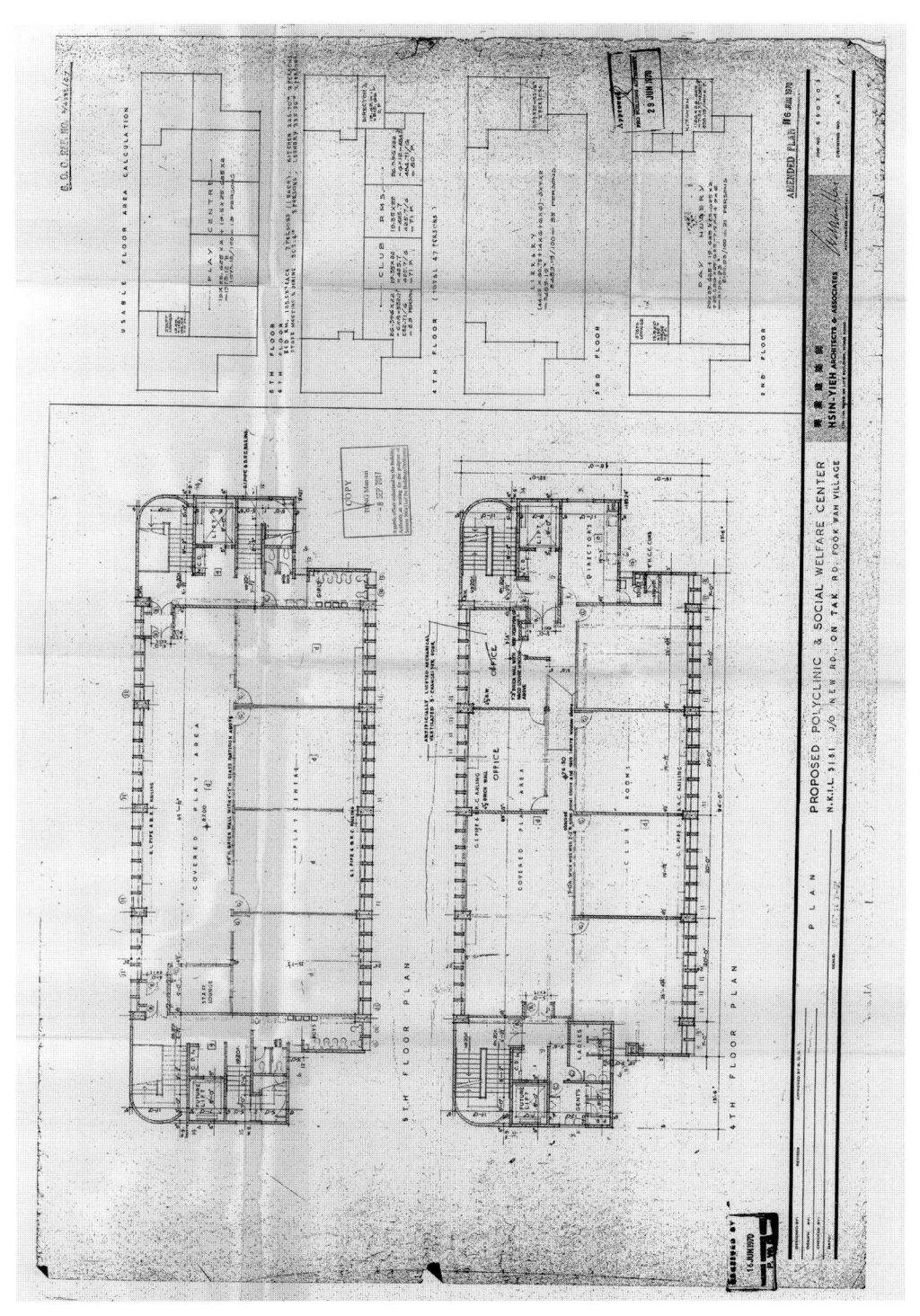

図面35　牛頭角カリタス・センター　4階・5階平面

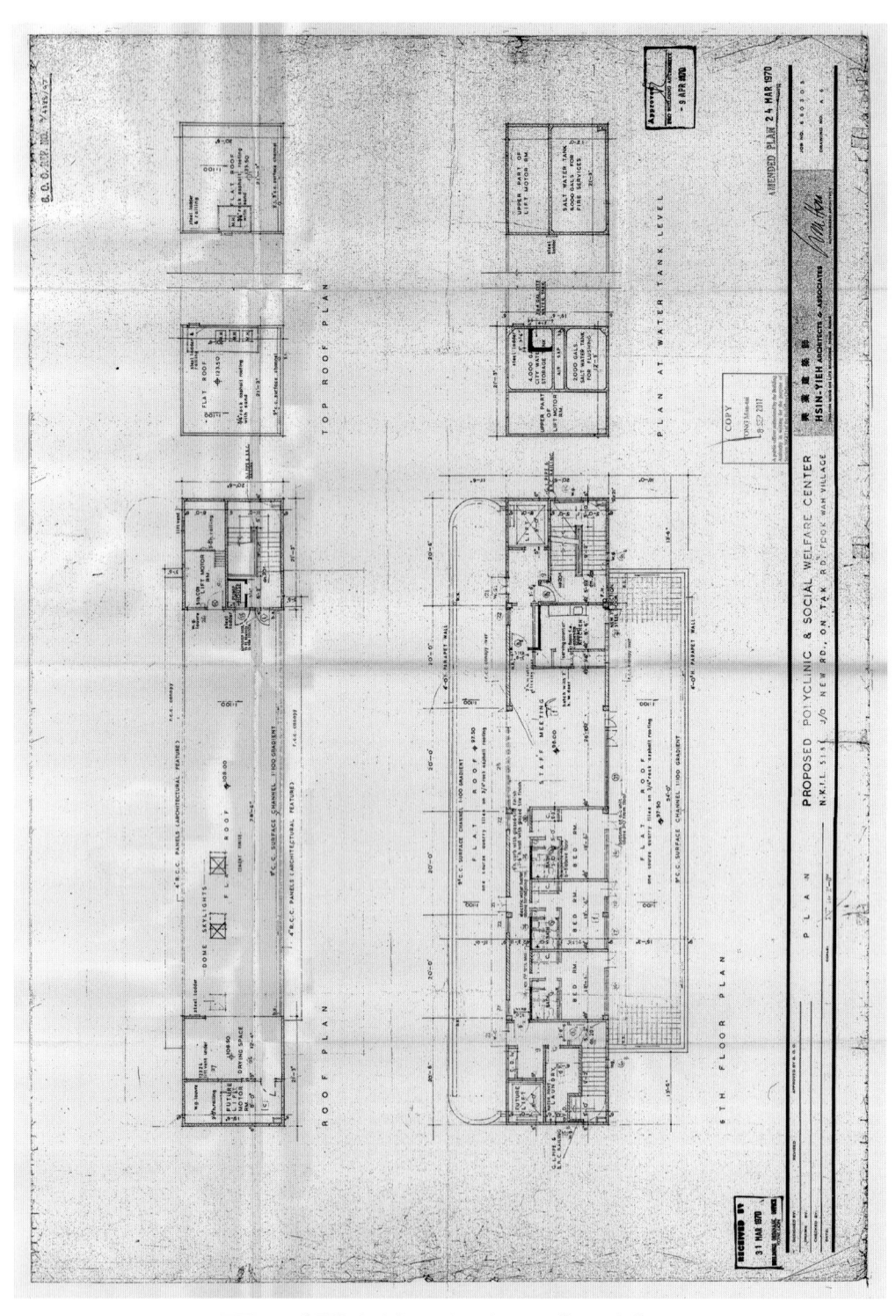

図面36　牛頭角カリタス・センター　6 階・屋上階平面

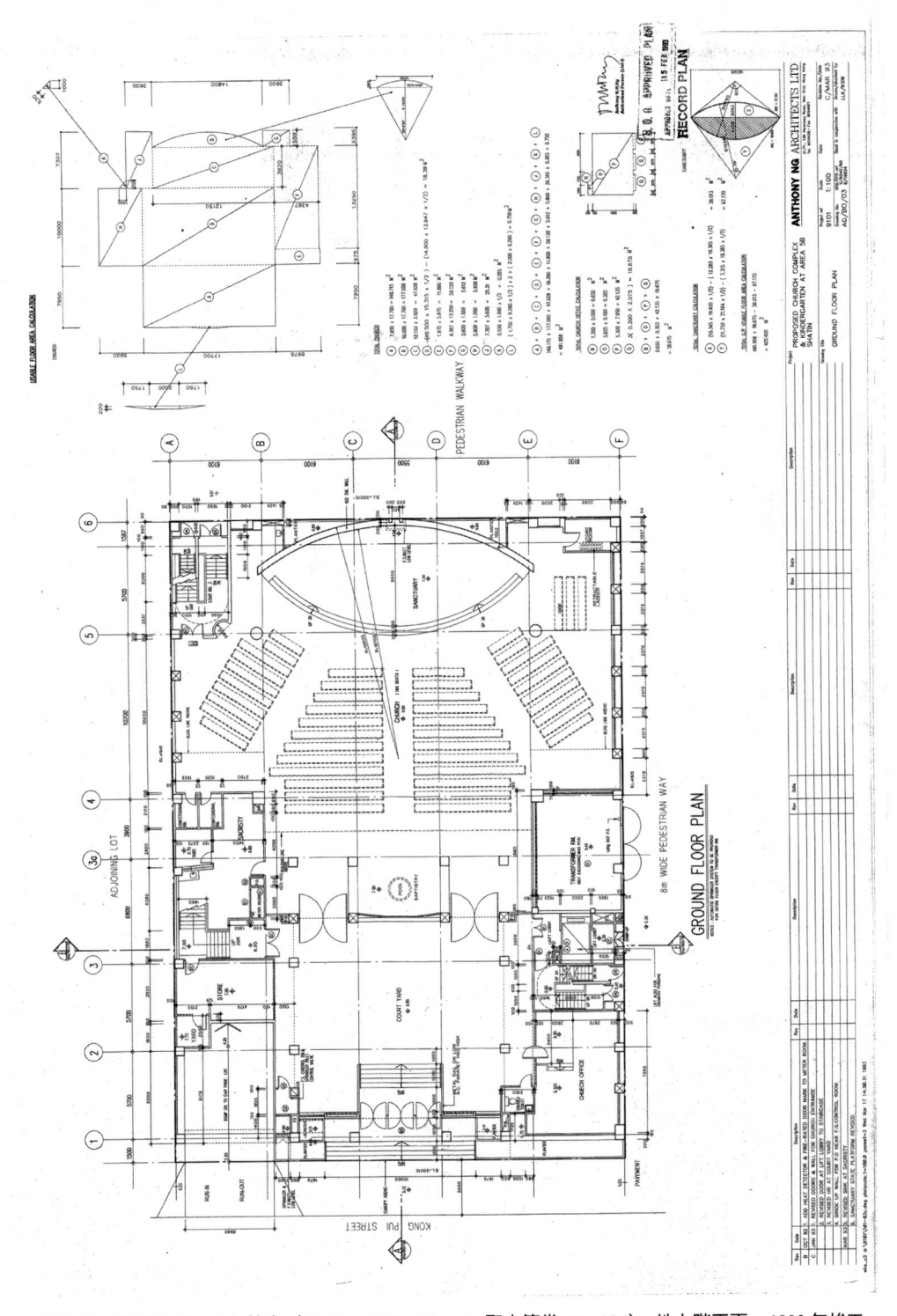

図面37　聖ベネディクト教会（St. Benedict's Church, 聖本篤堂, No. 326）　地上階平面　1993年竣工

266

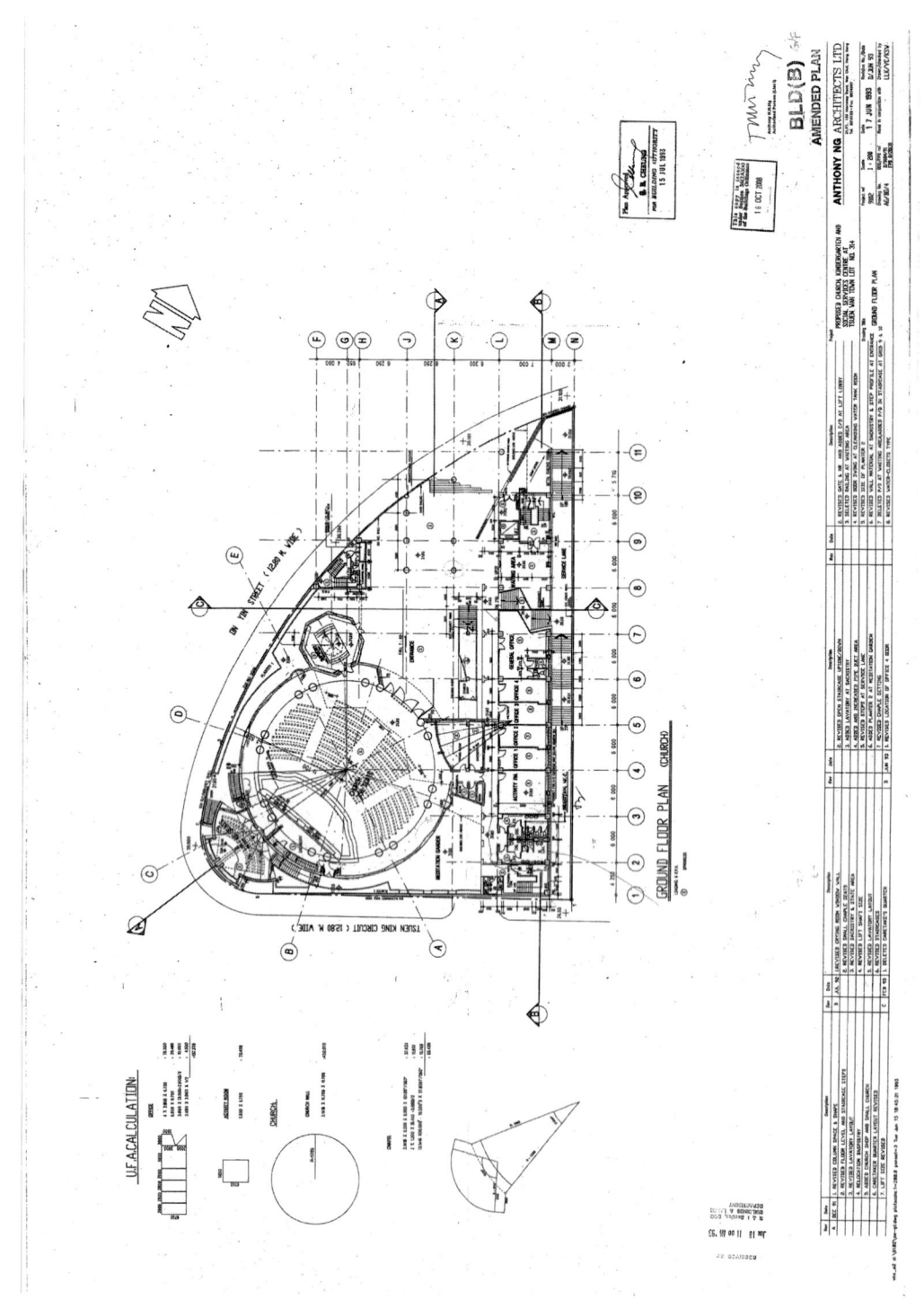

図面38　受胎告知教会（Annunciation Church, 聖母領報堂, No. 328）　地上階平面　1993年竣工

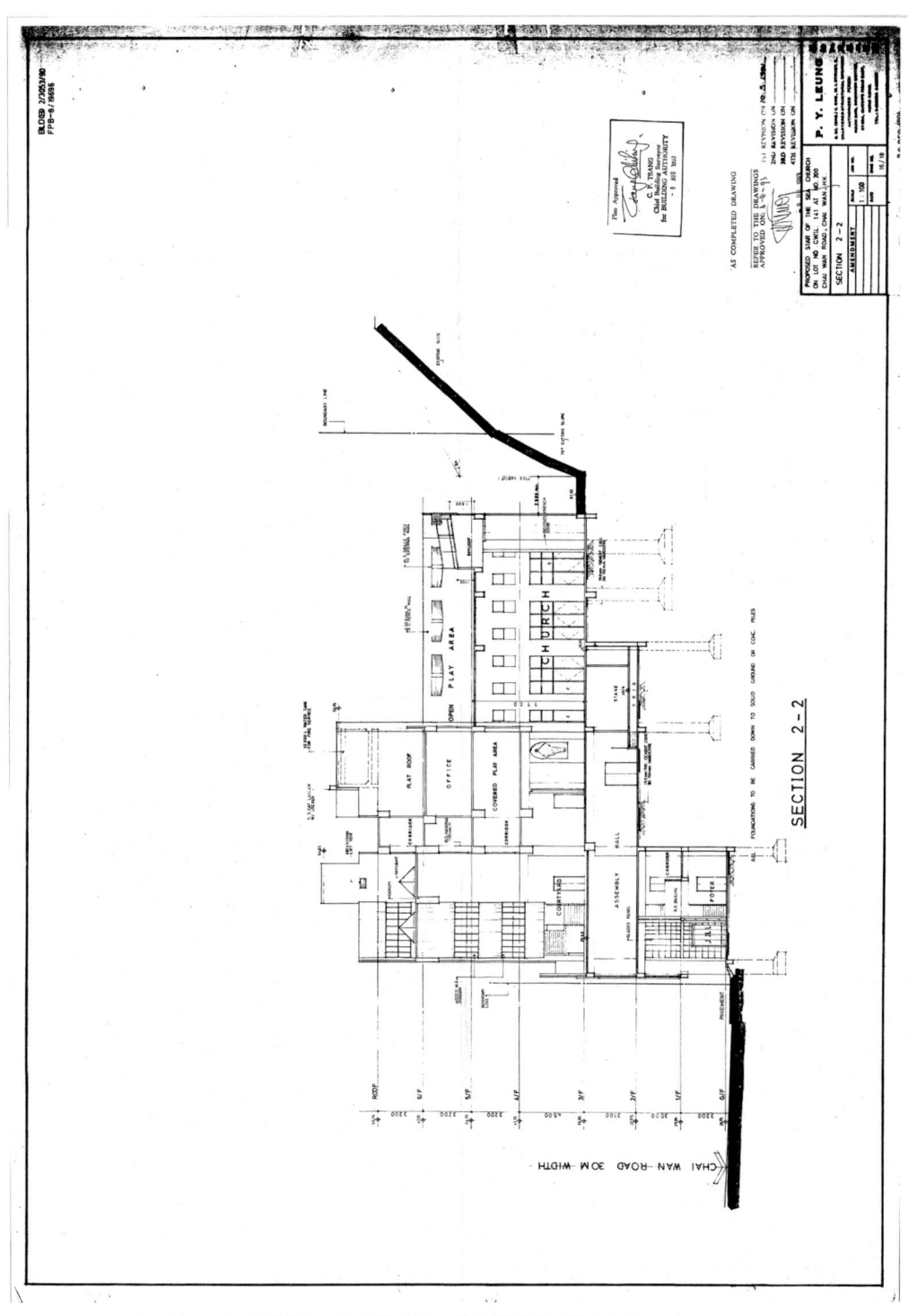

図面 39　海星教会，海星幼稚園，海星保育園，教区労働者司牧センター（Star of the Sea Church, Star of the Sea Catholic Kindergarten, Star of the Sea Catholic Nursery, Diocesan Pastoral Centre for Workers, 海星堂, 天主教海星幼稚園, 天主教海星幼兒園, 教區勞工牧民中心, No. 329）　断面　1995 年竣工

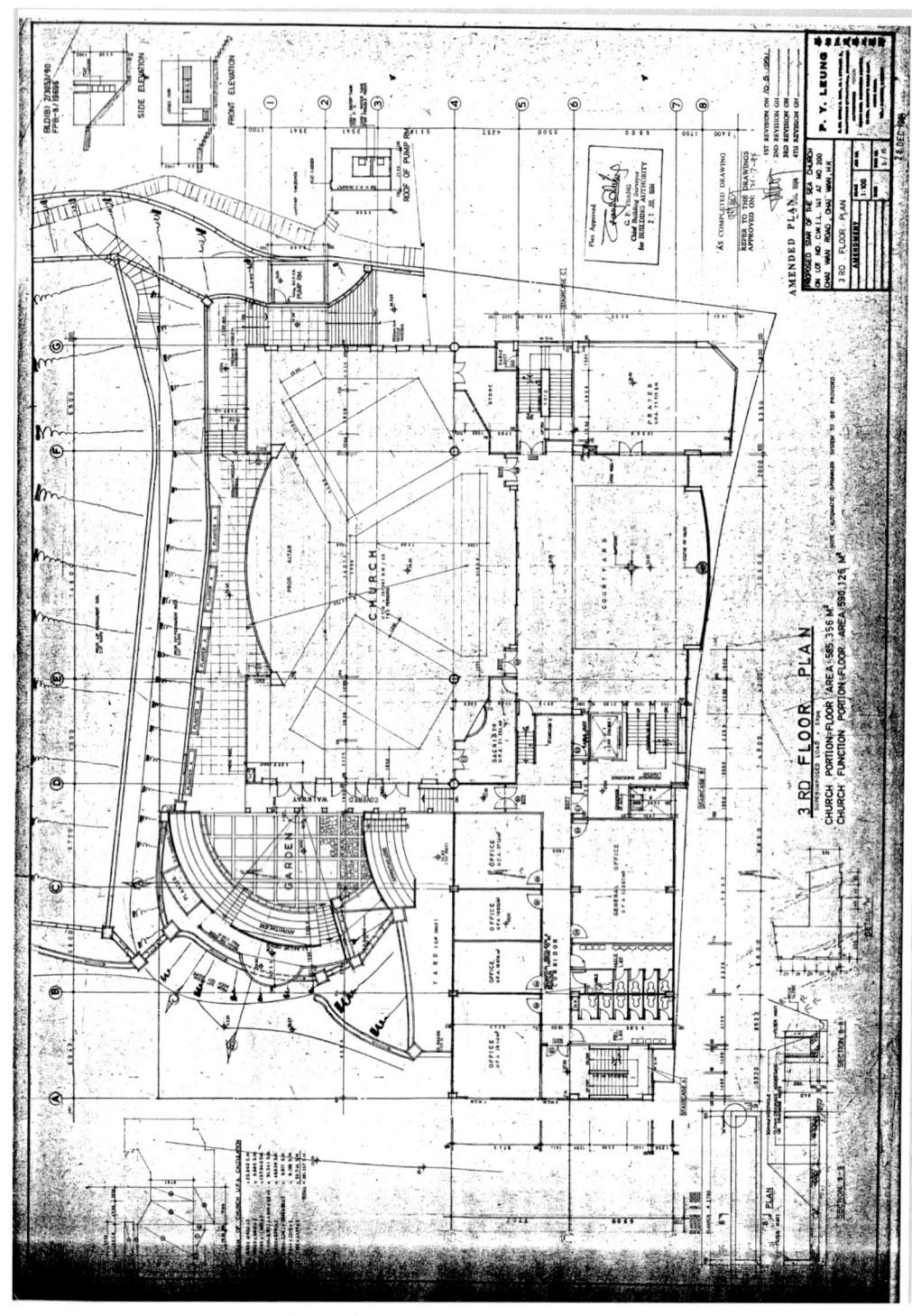

図面40　海星教会　3階平面図（教会ホール）

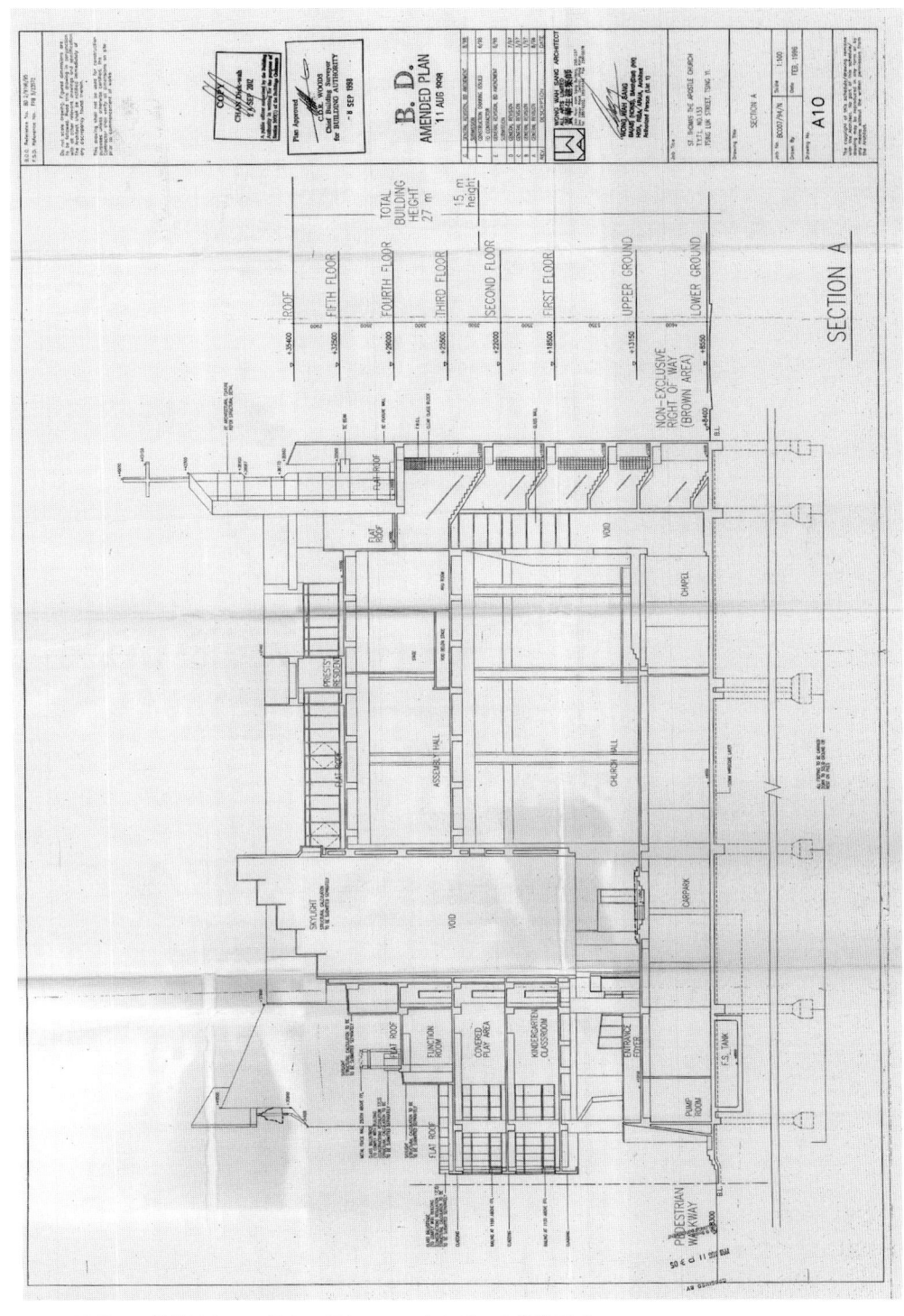

図面 41　使徒聖トマス教会，聖トマス・カトリック幼稚園（St. Thomas the Apostle Church,
St. Thomas' Catholic Kindergarten, 聖多默宗徒堂, 天主教聖多默幼稚園, No. 337）
断面　1999 年竣工

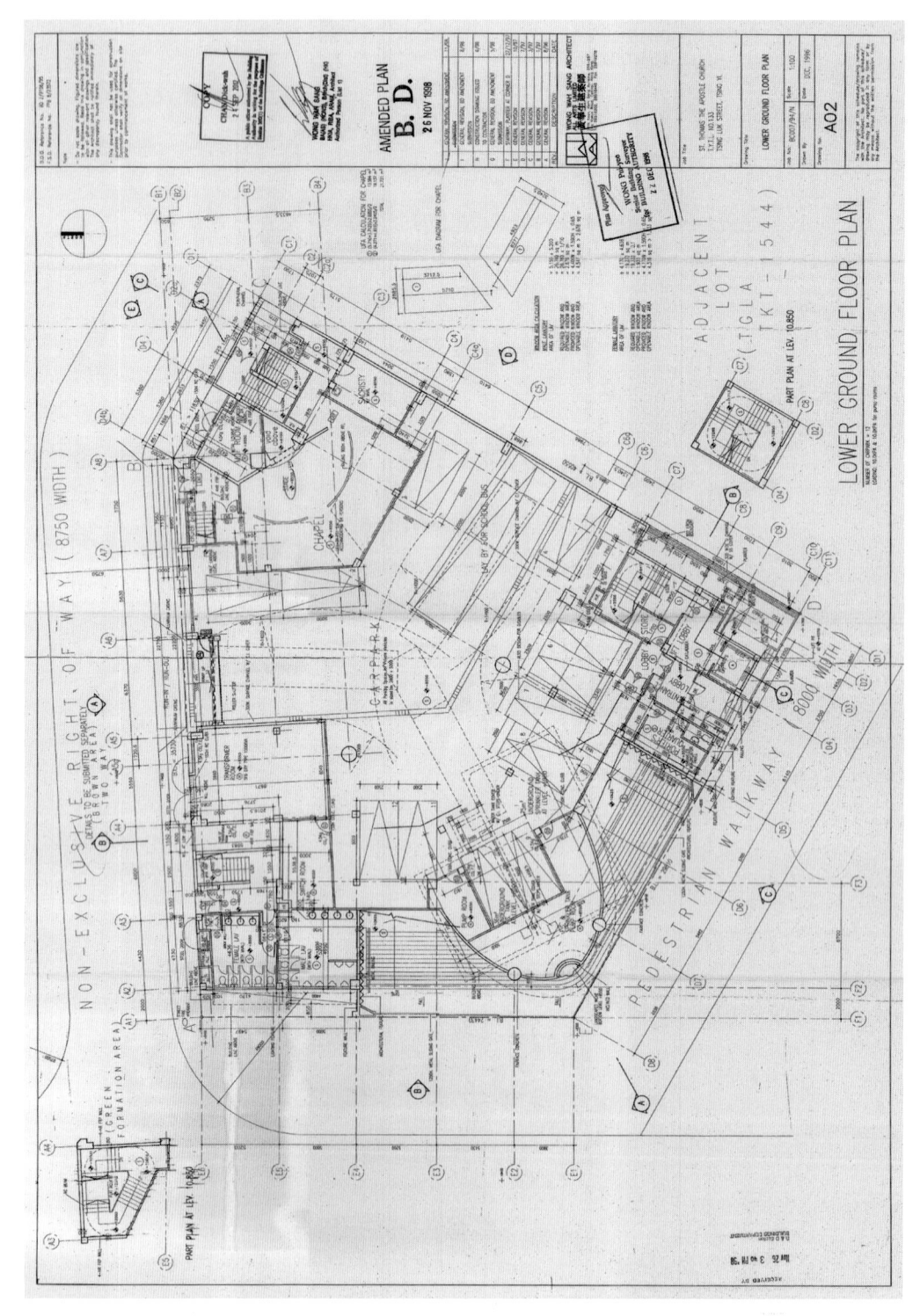

図面 42　使徒聖トマス教会，聖トマス・カトリック幼稚園　地上階下層平面

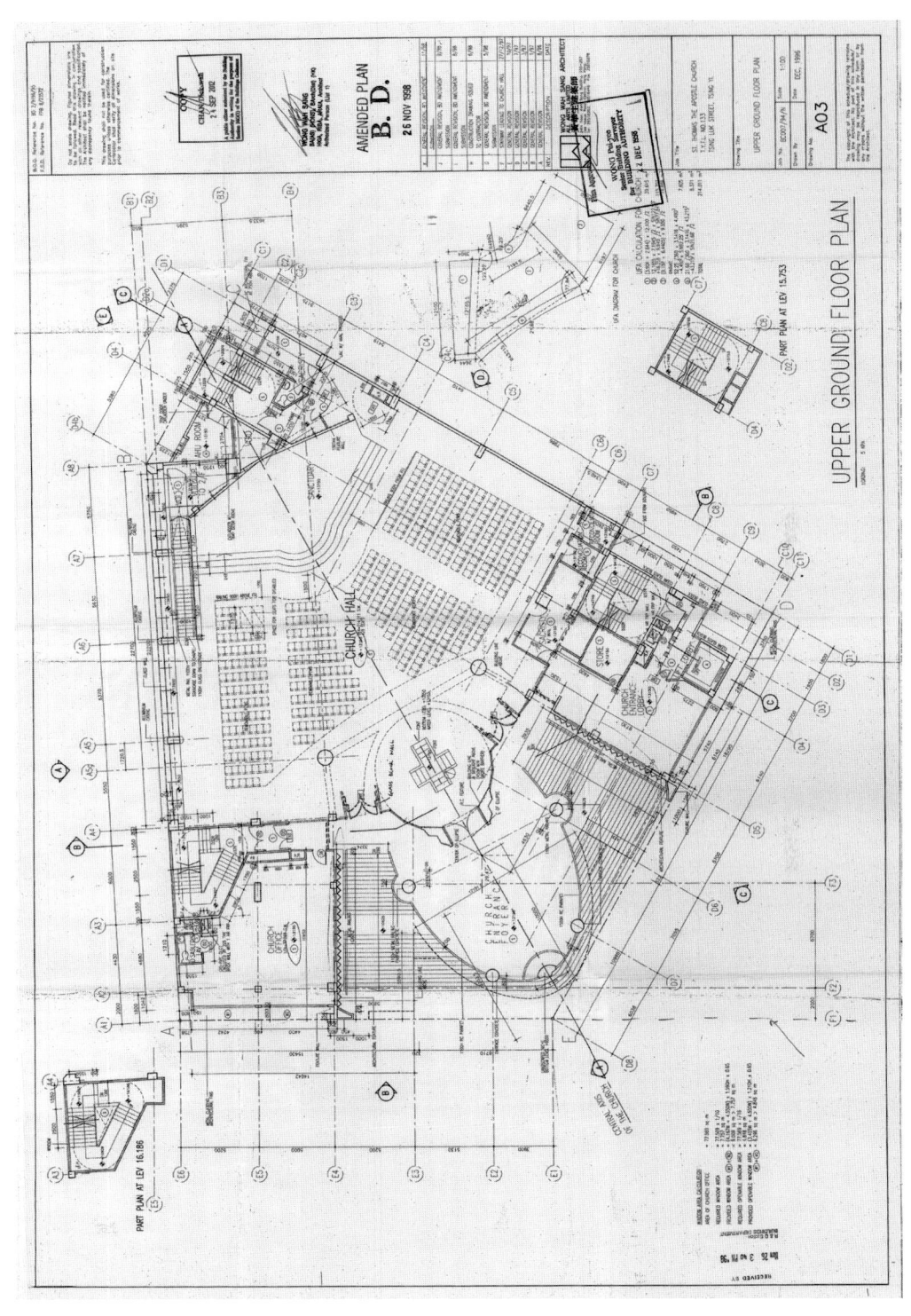

図面 **43**　使徒聖トマス教会，聖トマス・カトリック幼稚園　地上階上層平面　教会ホール

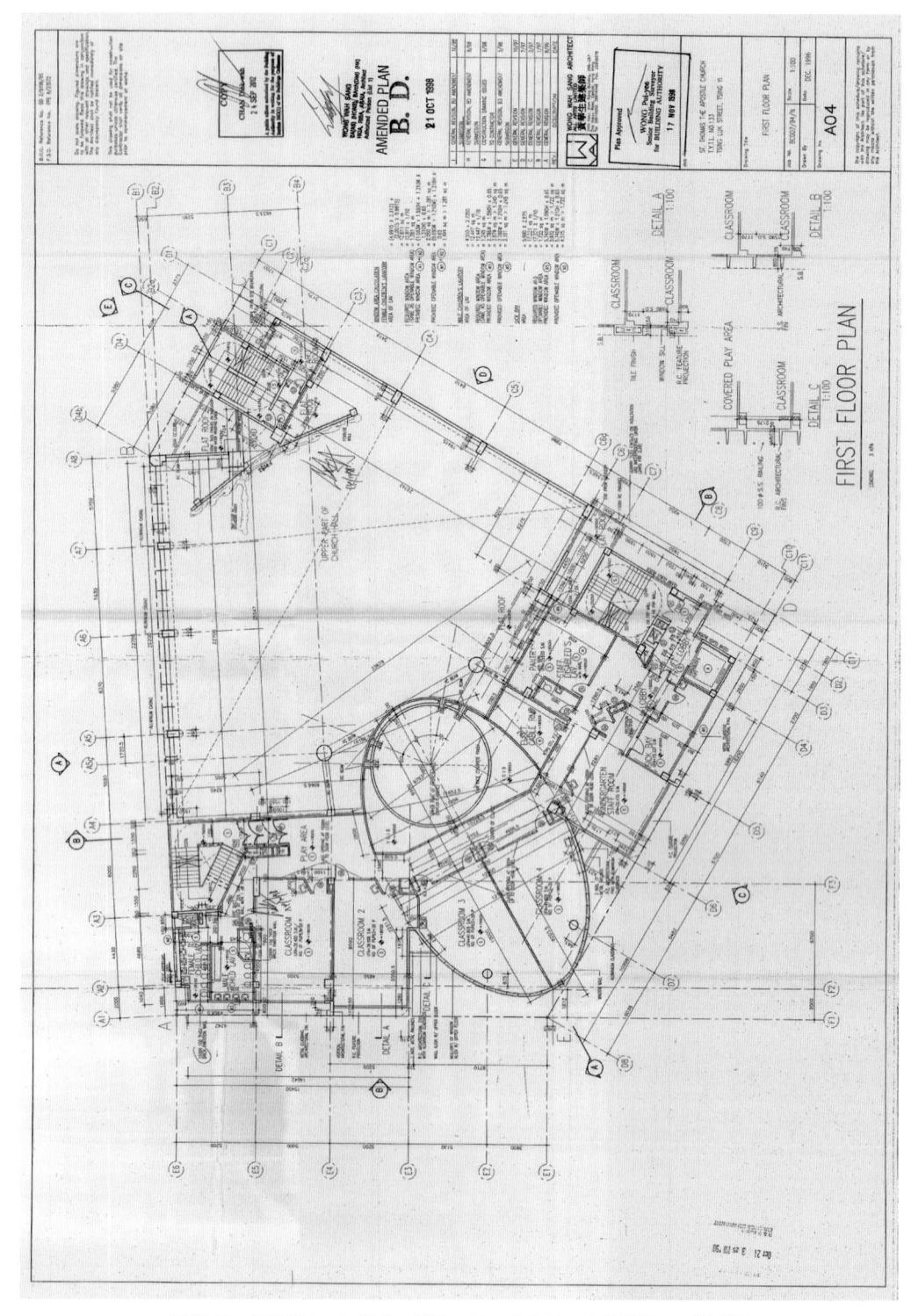

図面 44　使徒聖トマス教会，聖トマス・カトリック幼稚園　1 階平面

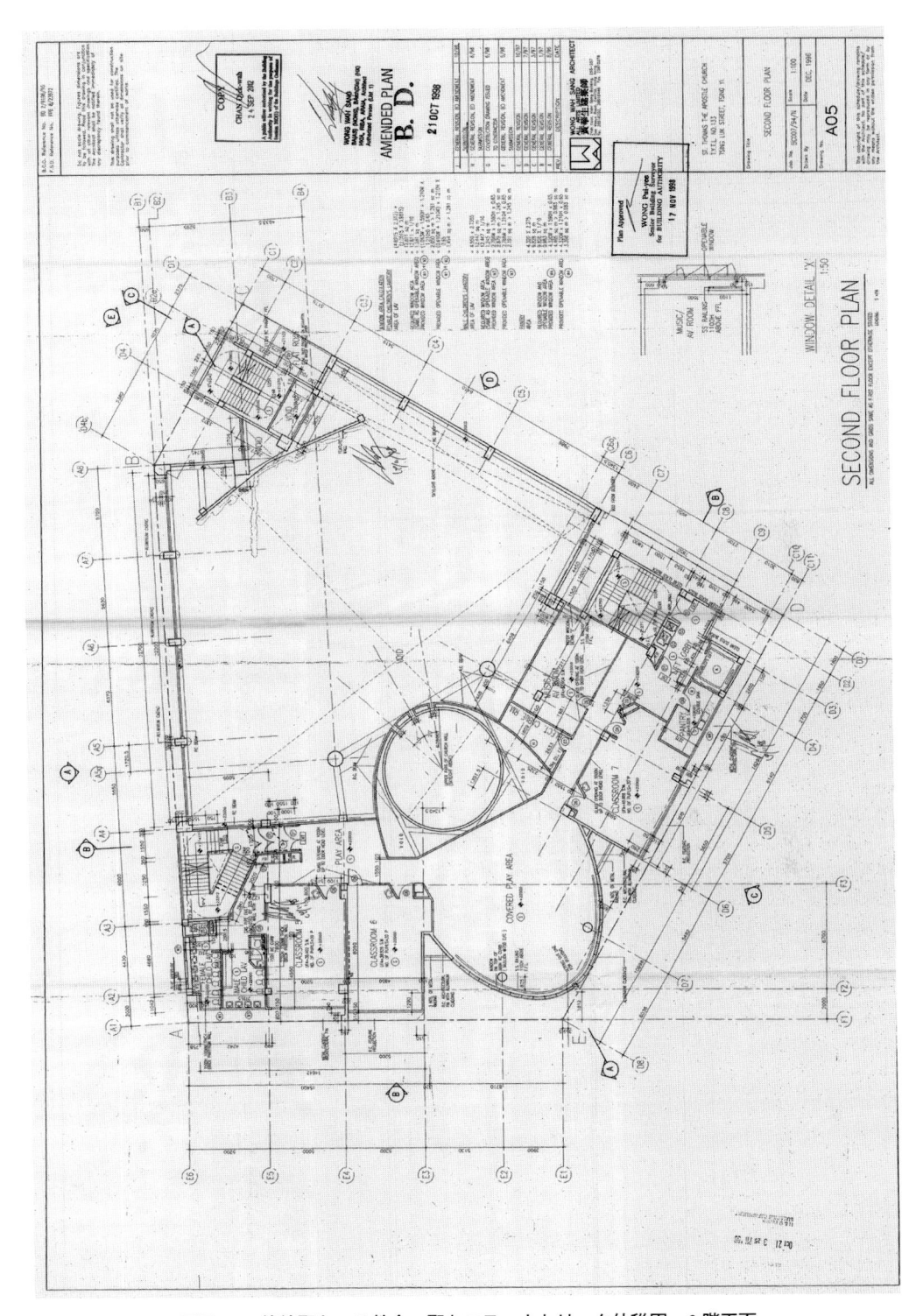

図面 45　使徒聖トマス教会，聖トマス・カトリック幼稚園　2階平面

274

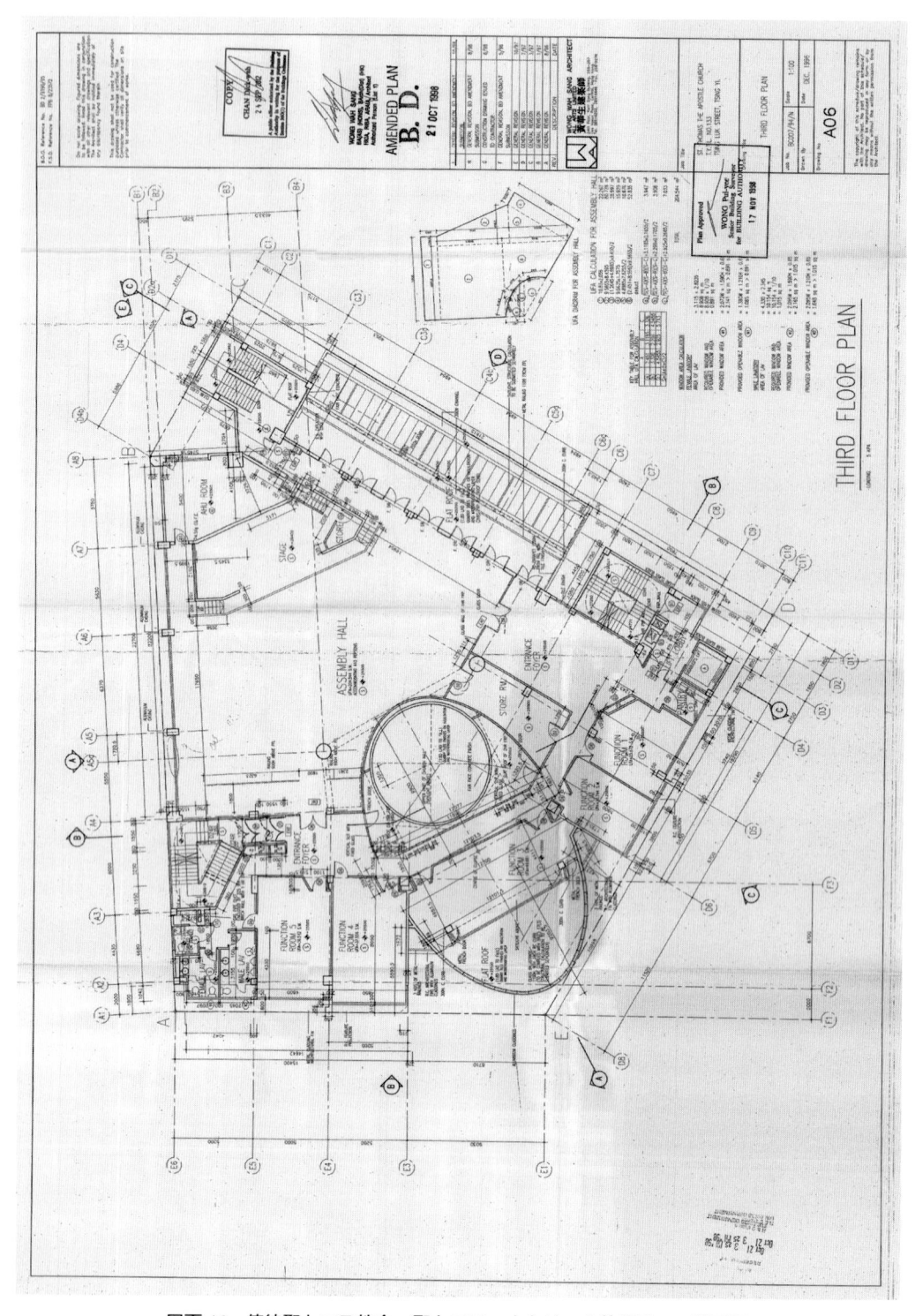

図面46　使徒聖トマス教会，聖トマス・カトリック幼稚園　3階平面

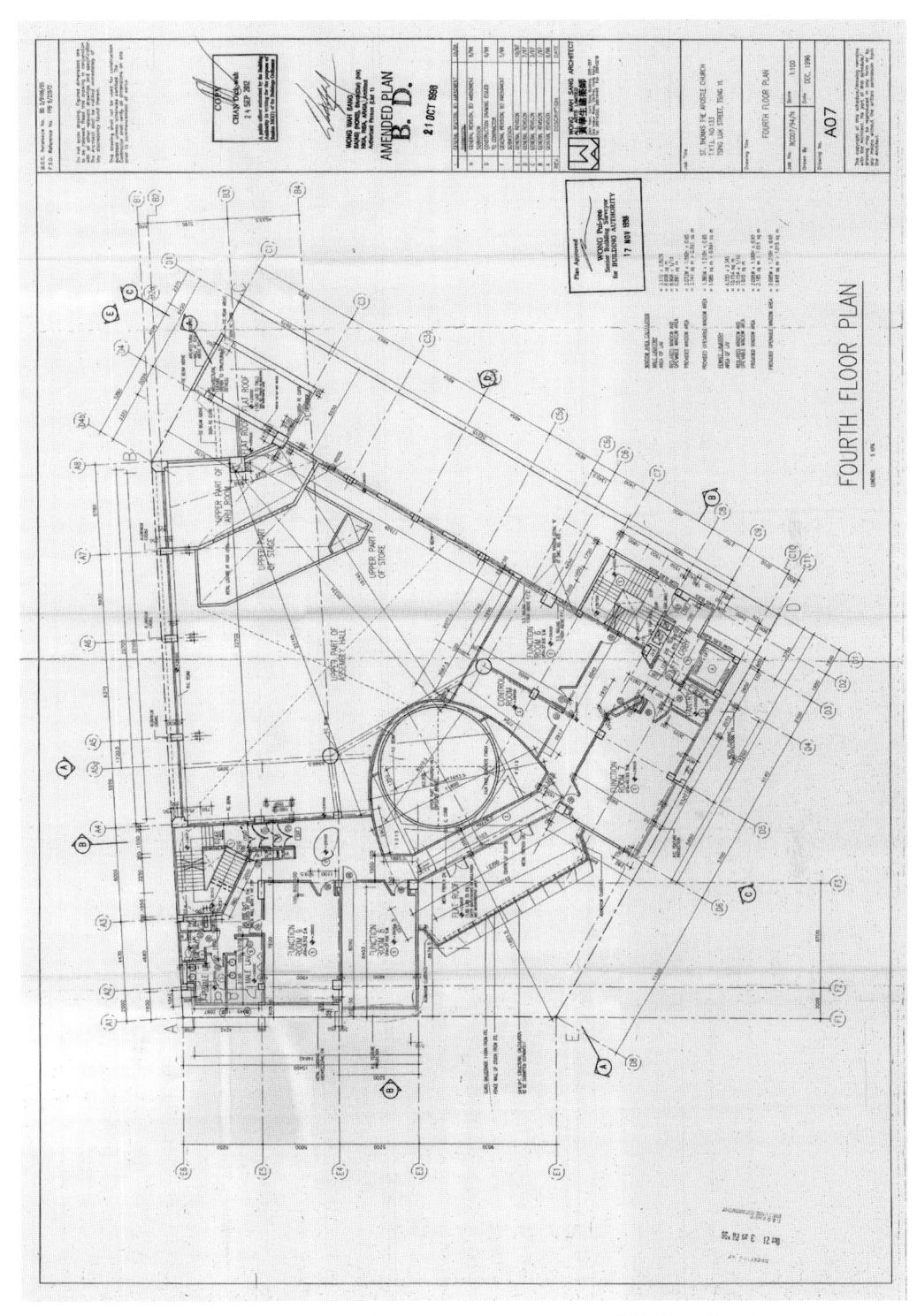

図面 47　使徒聖トマス教会，聖トマス・カトリック幼稚園　4 階平面

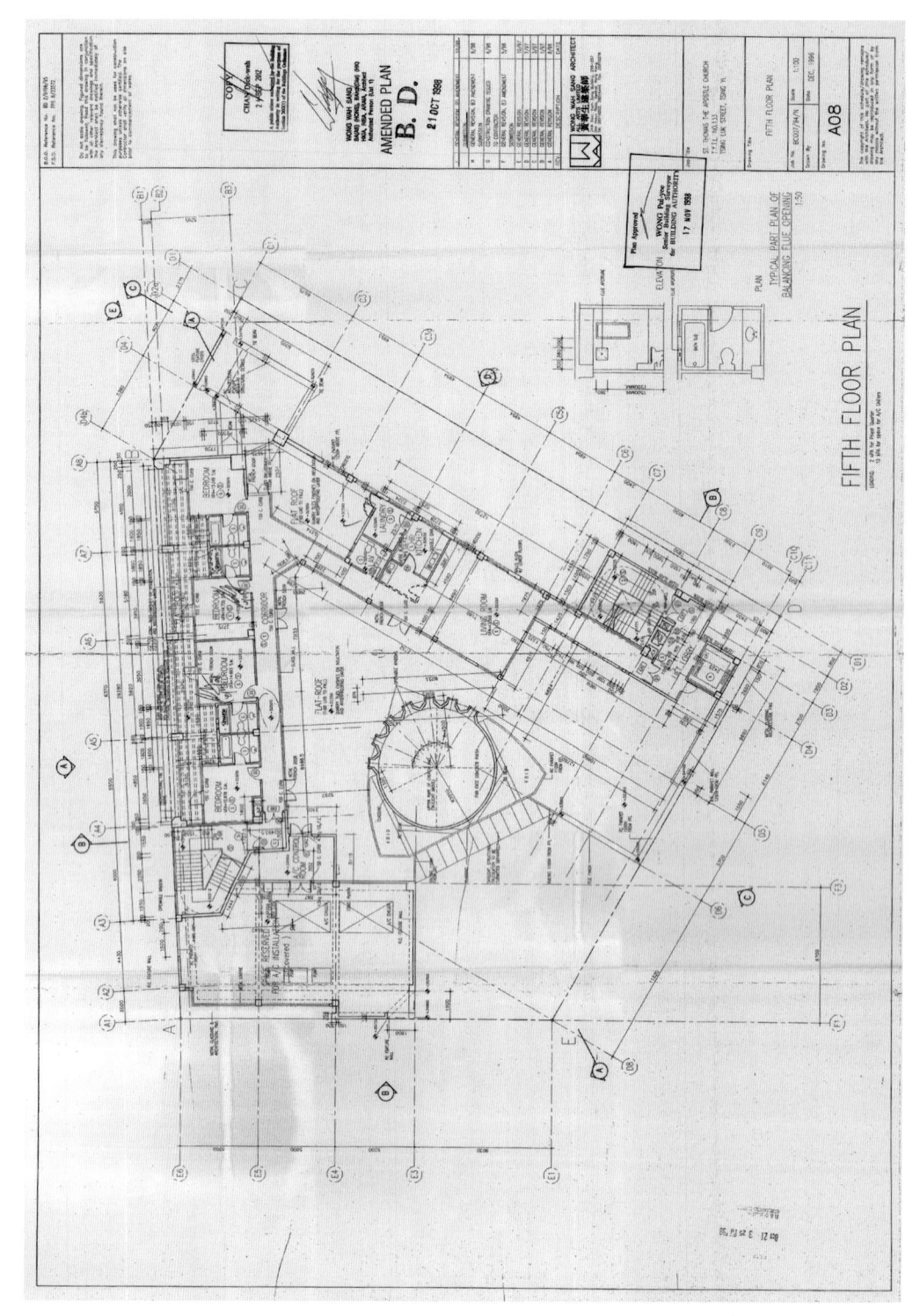

図面 48　使徒聖トマス教会，聖トマス・カトリック幼稚園　5 階平面

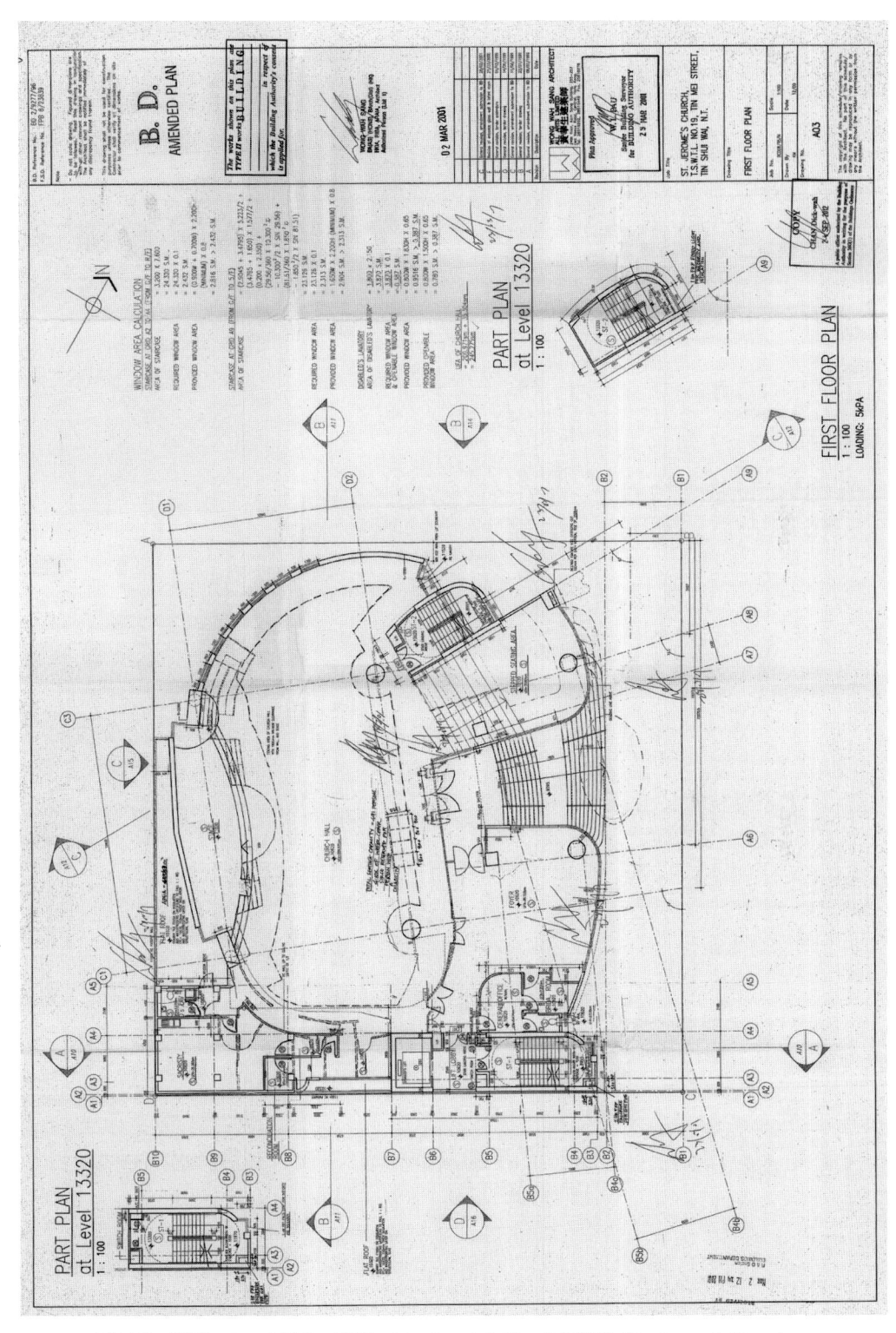

図面 **49**　聖ジェローム教会，聖ジェローム・カトリック幼稚園（**St. Jerome's Church,**
St. Jerome's Catholic Kindergarten, 聖葉理諾堂，天主教聖葉理諾幼稚園, **No. 343**）
1 階平面　2002 年竣工

278

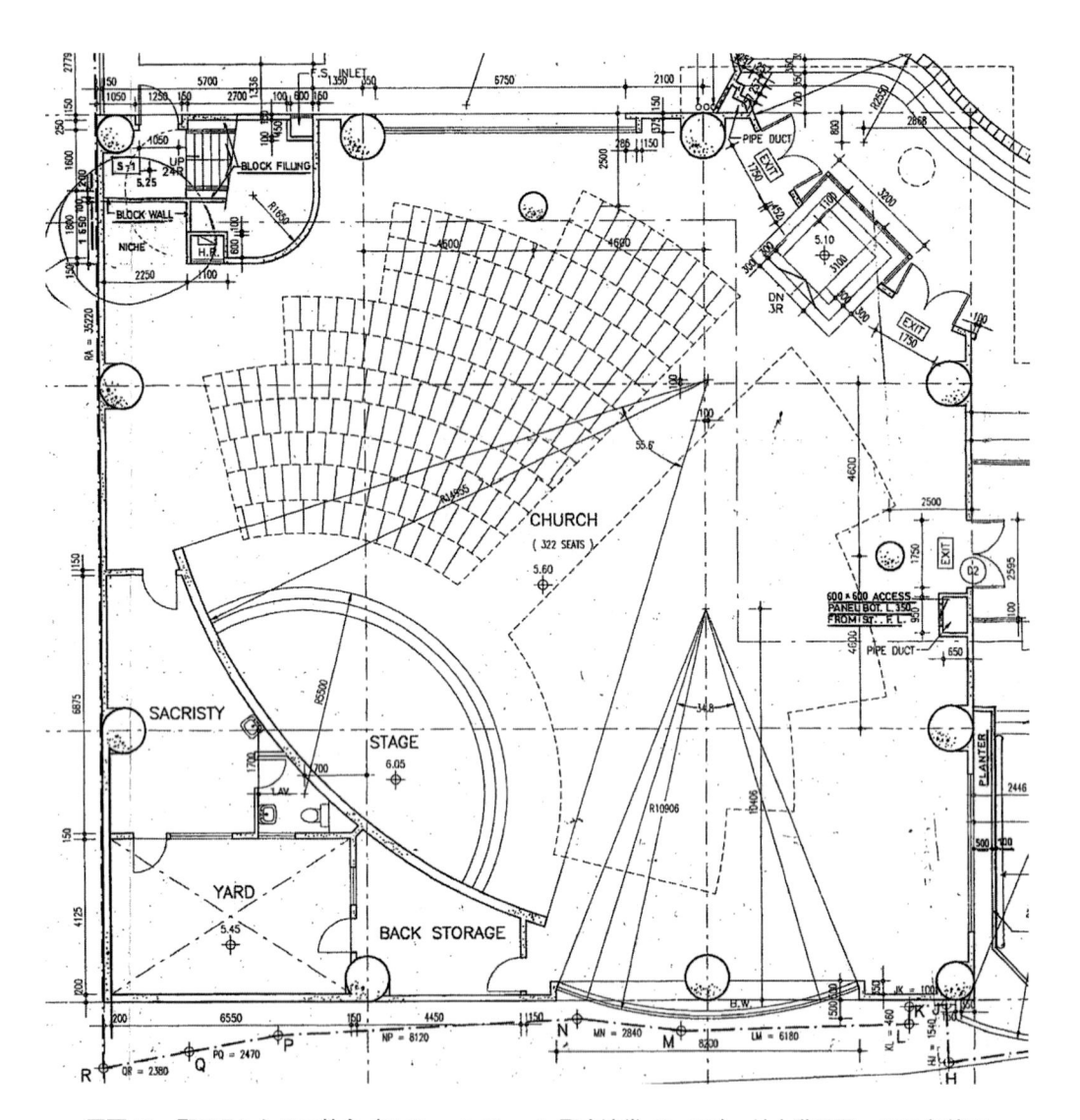

図面 50　聖フランシスコ教会（**St. Francis Church,** 聖方濟堂, **No. 332**）　地上階平面　**1996 年竣工**

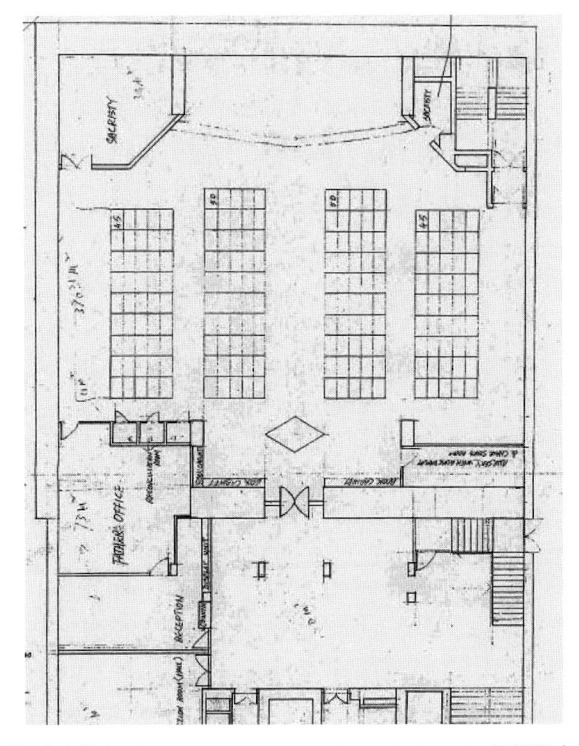

図面 51　聖母聖衣教会（Our Lady of Mount Carmel Church, 聖母聖衣堂, No. 340）
1 階平面案　1998 年 6 月頃

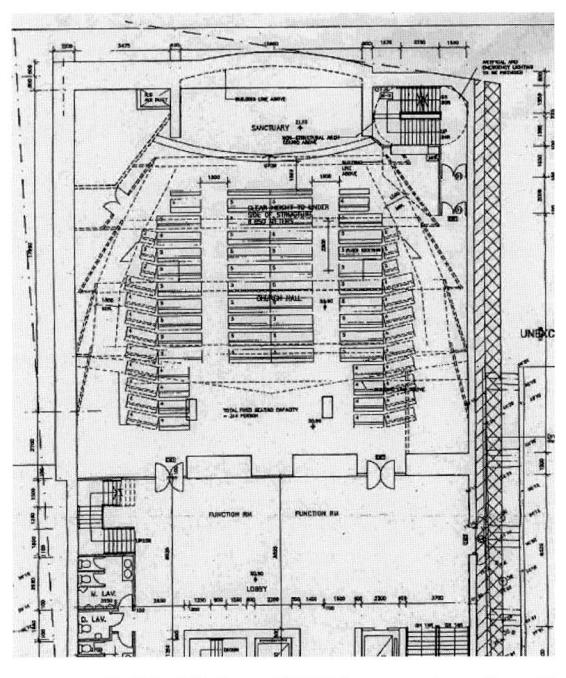

図面 52　聖母聖衣教会　1 階平面案　1998 年 12 月 10 日

280

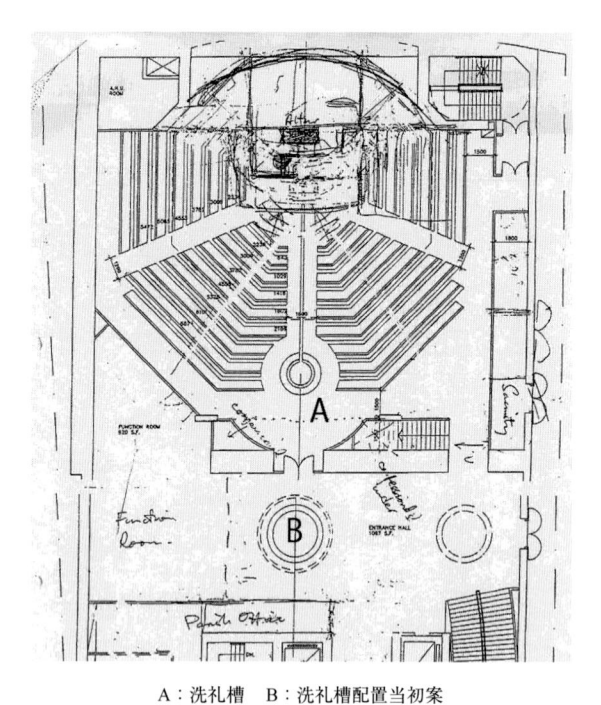

A：洗礼槽　　B：洗礼槽配置当初案

図面 53　聖母聖衣教会　1 階平面案　1999 年 3 月 2 日

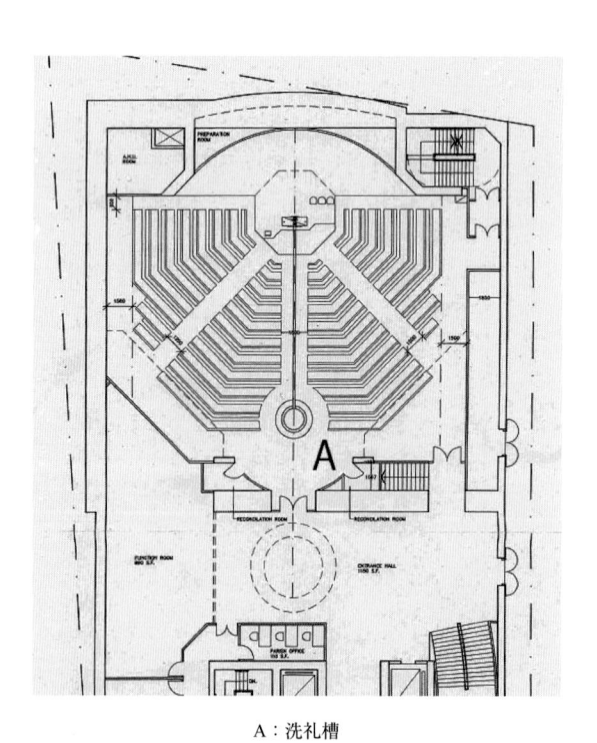

A：洗礼槽

図面 54　聖母聖衣教会　1 階平面案　1999 年 3 月頃

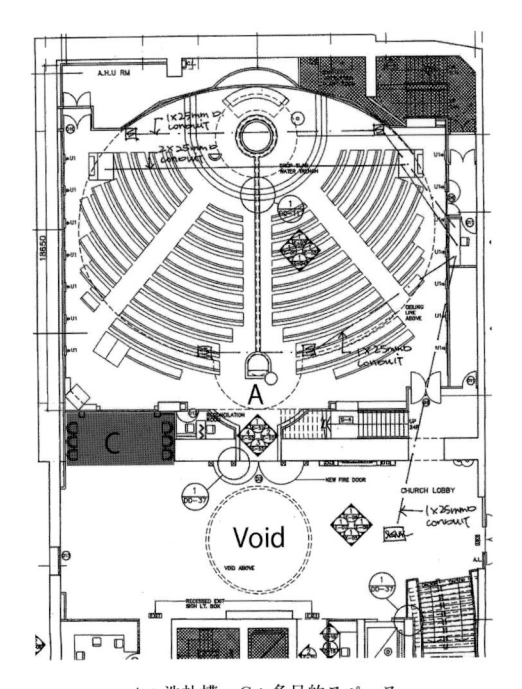

A：洗礼槽　C：多目的スペース

図面 55　聖母聖衣教会　1 階平面　2000 年 12 月 28 日

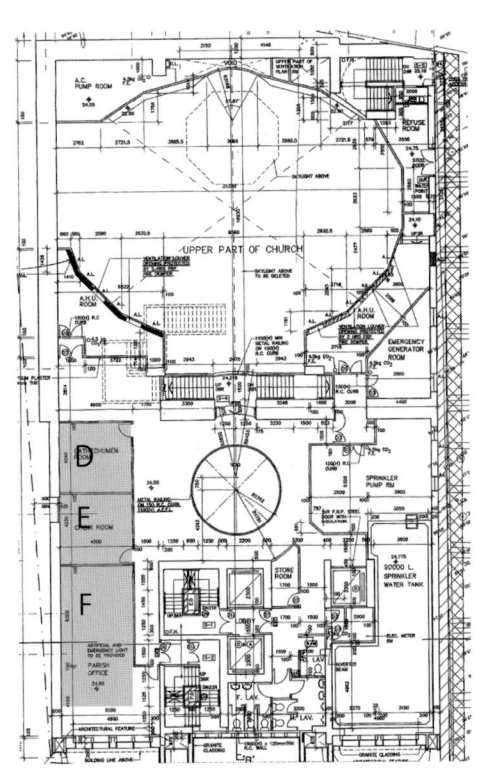

D：求道者勉強部屋　E：聖歌隊練習室 / 会議室　F：平日ミサ用チャペル / 会議室

図面 56　聖母聖衣教会　中 2 階平面　2000 年 12 月 28 日

282

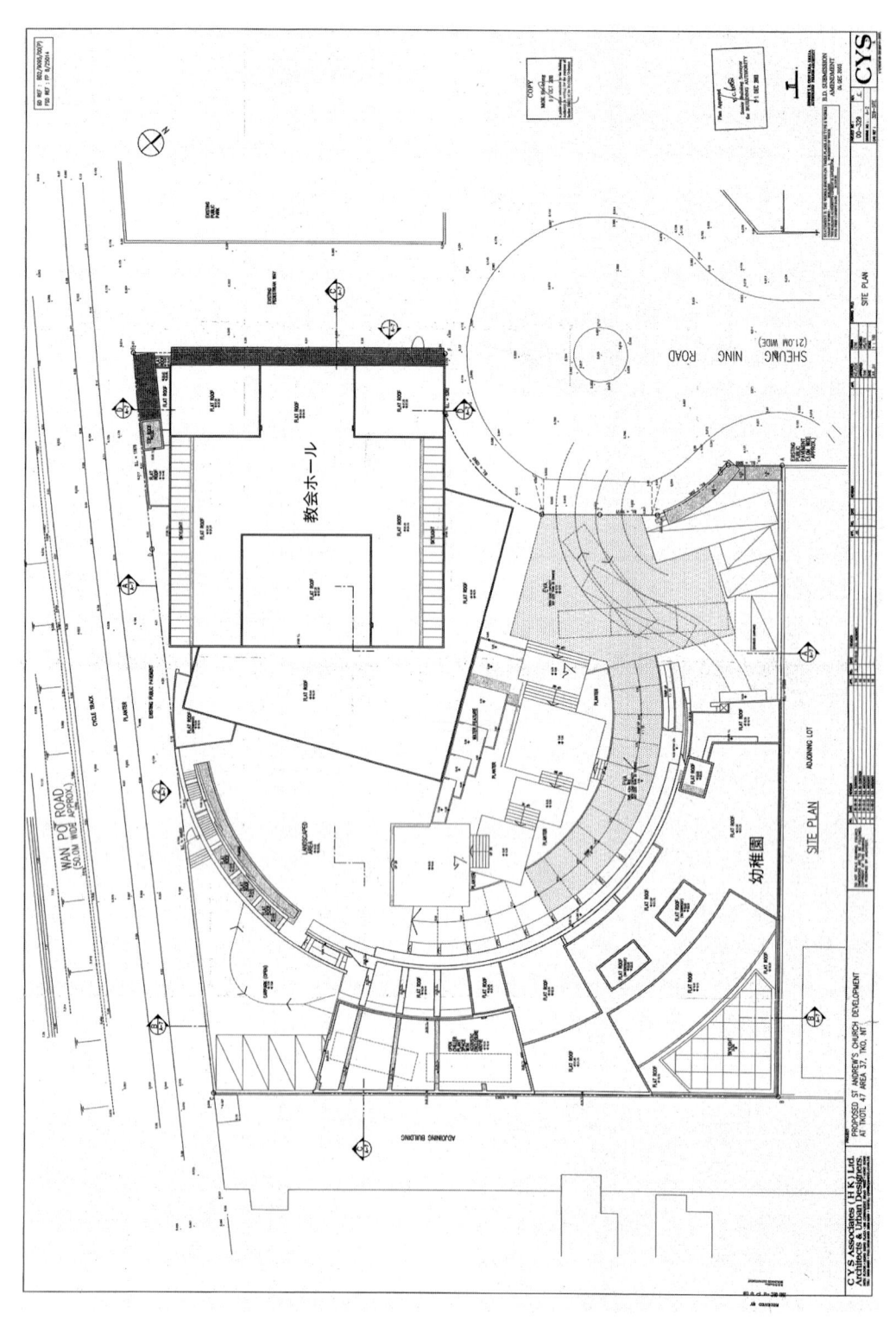

図面 57　聖アンドリュー教会，聖アンドリュー・カトリック幼稚園
（St. Andrew's Church, St. Andrew's Catholic Kindergarten, 聖安德肋堂，
天主教聖安德肋幼稚園, No. 348）　敷地配置　2006 年竣工

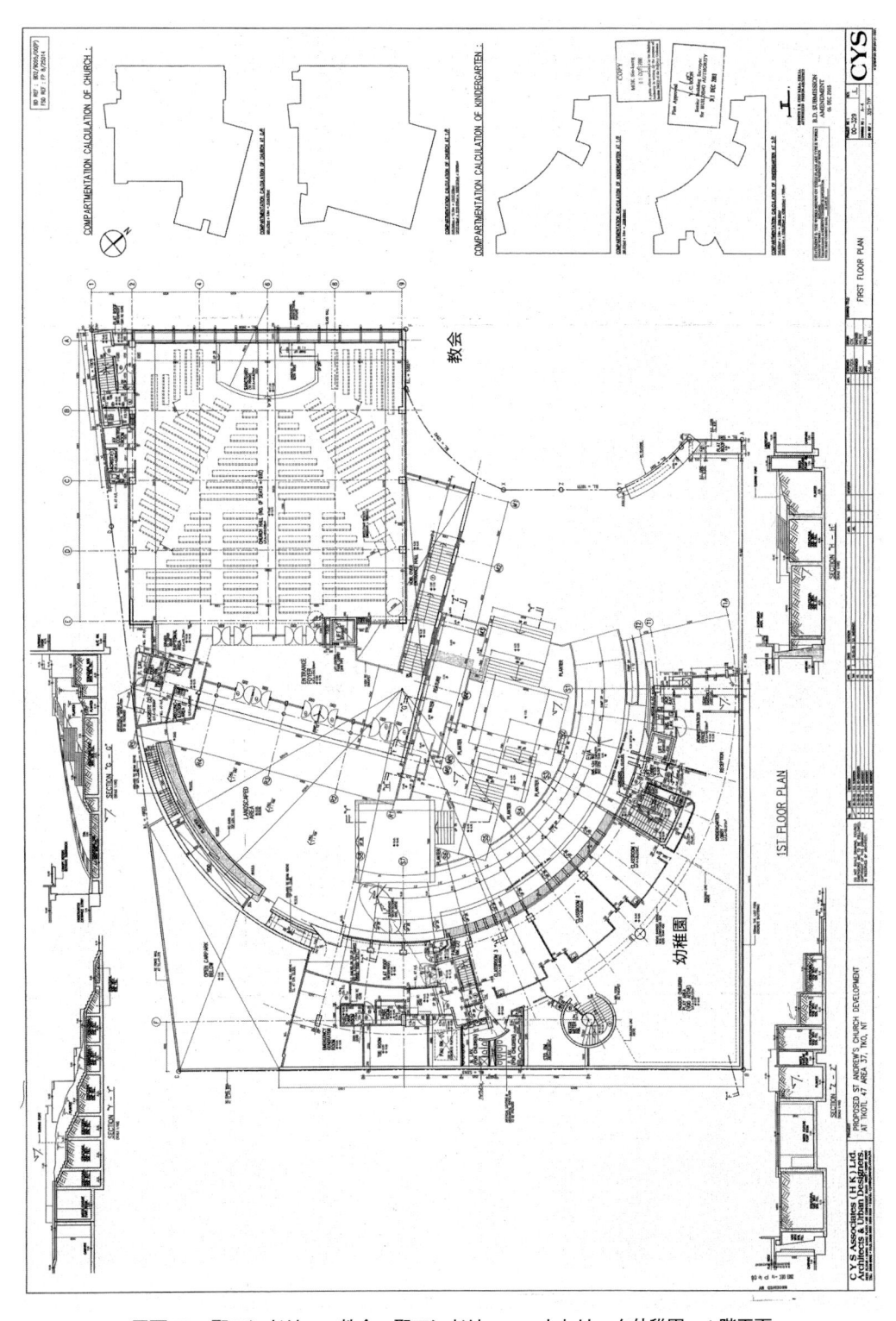

図面 58　聖アンドリュー教会，聖アンドリュー・カトリック幼稚園　1 階平面

資 料

資料1 香港カトリック教会堂一覧

・教会名は英語名，中国語名の順で記した．どちらかが不明の場合は記載していない．名称が変更された場合は，変更年（判明する場合のみ）と共に時系列で記載した．

・礼拝以外の用途がある場合には，「併設施設」列に施設名称を英語・中国語で記載した．名称が変更された場合は時系列順に記載した．

・併設施設がある場合，それらの用途を「複合用途」の列に記載した．用途には，礼拝以外に，教育，福祉，教育福祉，商業がある．竣工時あるいは開設時の複合用途のみに基づいて分類をおこなっている．

No.	竣工/開設	類型	複合用途	建物所有者	教会名	併設施設	建築の状況	地域	地区	所在地
1	1842	ミッション・ステイション	礼拝	教会	chapel		現存せず	香港	中環	Wellington Street, Central 威靈頓街
2	1843	独立棟教会堂	教育	教会	Immaculate Conception of the Virgin Mary Church 無原罪の聖母教会		1858年建て替え中に焼失，現存せず	香港	中環	60–76 Wellington Street, Central 威靈頓街 60–76
3	1845	独立棟教会堂	礼拝	教会	St. Francis Xavier's Chapel 聖方濟小堂 聖フランシスコ・ザヴィエル・チャペル		解体，移転，建て替え，現存せず	香港	灣仔	St. Francis Street, Wanchai 香港灣仔聖佛蘭士街
4	1860	独立棟教会堂	礼拝	教会	Church of the Blessed Virgin of the Immaculate Conception		1886年解体，移転，建て替え，現存せず	香港	中環	60–76 Wellington Street, Central 威靈頓街 60–76
5	1863	ミッション・ステイション	教育	教会	St. Peter's Chapel 聖伯多祿小堂	チャペルは男子教室と兼用 他の部屋は女子教室	現存せず	新界	大埔	Wun Yiu, Taipo 碗窰
6	1864	学校チャペル	教育	教会	chapel	Western Reformatory 西環養正院	1927年に建て替え，現存せず	香港	西環	Sai Wan 西環
7	1864	独立棟教会堂	礼拝	教会	St. Francis Xavier's Church 聖方濟堂 聖フランシスコ・ザヴィエル教会		解体，移転，建て替え，現存せず	香港	灣仔	St. Francis Street, Wanchai 香港灣仔聖佛蘭士街
8	1864	ミッション・ステイション	教育	教会	St. Andrew's Chapel 聖安德肋小堂	学校		新界	汀角	Ting Kok 大埔汀角
9	1866	ミッション・ステイション	教育	教会	chapel	学校	閉鎖	新界	西貢墟	Sai Kung Town 西貢墟
10	1866	ミッション・ステイション	教育	教会	St. Joseph's Chapel 聖若瑟小堂	学校	1890年に建て替え，現存せず	新界	鹽田仔	Yim Tin Tsai, Sai Kung 新界西貢鹽田梓村
11	1867	ミッション・ステイション	教育	教会	Holy Family Chapel 聖家小堂	Meng Shan School Meng Sun Primary School (1959) 銘新學校 銘新小學 (1963) Youth Camp Site (1990) Tolo Harbour Resort House (1991) 吐露港區渡暇營	2000年頃定期ミサ停止現存，活用計画あり	新界	赤徑	Chak Kang, N.T. 新界吐露港赤徑村 Chek Keng Village, N.T. (1991) 新界赤徑村
12	1867	ミッション・ステイション	教育	教会	Immaculate Conception Chapel 聖母無原罪小堂	Yuk Ying School 育英學校 Yuk Ying Primary School (1959) 育英小學 Youth Camp Site (1990) Tai Long Resort House (1991) 大浪渡暇營	戦後，学校新築 2000年頃定期ミサ停止現存，活用計画あり	新界	大浪	Tai Long, N.T. 新界大浪村 Tai Long Village, N.T. (1991) 新界大浪村
13	1869	ミッション・ステイション	礼拝	教会	St. Francis Xavier's Church 聖方濟各堂 聖フランシスコ・ザヴィエル教会		1937年 St. Francis of Assisi Church として建て替え，現存せず	九龍	九龍城	Kowloon City 九龍城
14	1872	独立棟教会堂	礼拝	教会	St. Joseph's Church 聖若瑟堂 聖ヨゼフ教会		1874年損壊，1876年建て替え，現存せず	香港	花園道	5 Garden Road, Hong Kong 香港花園道 5 號

No.	竣工/開設	類型	複合用途	建物所有者	教会名	併設施設	建築の状況	地域	地区	所在地
15	1873	ミッション・ステイション	教育	教会	St. Peter's Chapel 聖伯多祿小堂 Tan Ka Wan Mass Centre (1984) 蛋家灣彌撒中心	Sung Ming School 崇明學校 Sung Ming Primary School (1961 年頃建て替え) 崇明小學 Tan Ka Wan Catholic House (1991) 蛋家灣天主教會所	プロテスタント教会に貸与. 依存症回復施設として転用 2019 年にカトリック教会に返還予定 現存	新界	蛋家灣	Tan Ka Wan, N.T. 新界蛋家灣
16	1876	独立棟教会堂	礼拝	教会	St. Joseph's Church 聖若瑟堂 聖ヨゼフ教会		1968 年建て替え, 現存せず	香港	花園道	5 Garden Road, Hong Kong 香港花園道 5 號
17	1879	福祉施設併設	福祉	教会	Sacred Heart Church 聖心堂 St. Anthony's Church (1892) 聖安多尼堂	Orphanage 孤児院	現存せず	香港	西環	Sai Wan 西環
18	1879	ミッション・ステイション	教育	教会	Epiphany of Our Lord Chapel 三王來朝小堂	Sham Chung Kung Man School 深涌公民學校	1956 年建て替え 現存せず	新界	深涌	Sham Chung, N.T. 新界深涌村
19	1880	学校併設	教育	教会	Sacred Heart Church 聖心堂 聖心教会	Primary School, Middle School, Holy Ghost Minor Seminary 小學, 中學, 聖神小修院 (小神学校) Sung Chun Middle School 崇眞中學	1959 年移転建て替え 現存せず	新界	西貢	Saikung, N.T. 新界西貢
20	1880	ミッション・ステイション	礼拝	教会	Immaculate Heart of Mary Chapel 聖母無玷之心小堂 Holy Ghost Chapel 聖神小堂 Sacred Heart of Mary Chapel 聖母聖心小堂		1916 年建て替え 現存せず	新界	白沙澳	Pak Sha Au, N.T. 新界白沙澳村
21	1885	独立棟教会堂	礼拝	教会	Our Lady of Lourdes Chapel 露德聖母堂		1896 年建て替え, 現存せず	香港	薄扶林	Tai Koo Lau 薄扶林太古樓
22	1888	独立棟教会堂	礼拝	教会	Church of the Blessed Virgin of the Immaculate Conception Cathedral of the Immaculate Conception 無原罪總堂 聖母無原罪主教座堂 無原罪の聖母カテドラル		現存	香港	半山	16 Caine Road, Hong Kong 香港堅道 16 號
23	1890	独立棟教会堂	礼拝	教会	St. Joseph's Church St. Joseph's Chapel 聖若瑟堂 聖ヨゼフ教会		現存	新界	鹽田仔	Yim Tin Tsai, Sai Kung 新界西貢鹽田梓村
24	1891	学校チャペル	教育	教会	Canossian Convent School & Dispensary 嘉諾撒女校	Canossian Convent School & Dispensary 嘉諾撒女校	Quarry Bay に移転, 現存せず	香港	筲箕灣	383 Shaukeiwan Road, Shaukeiwan 筲箕灣道 383
25	1892	独立棟教会堂	礼拝	教会	St. Anthony's Church 聖安多尼堂		1922 年閉鎖, 現存せず	香港	西環	Sai Wan 西環
26	1896	独立棟教会堂	礼拝	教会	Our Lady of Lourdes Church 露德聖母堂		1938 年建て替え, 現存せず	香港	薄扶林	174 Pokfulam Road, Hong Kong 香港薄扶林道 174 號
27	1900	ミッション・ステイション	礼拝	教会	Our Lady of the Seven Sorrows Chapel 聖母七苦小堂		Boy scout が管理, 利用 現存	新界	北潭涌	Pak Tam Chung, Saikung District, N.T. 新界西貢北潭涌
28	1905	独立棟教会堂	礼拝	教会	Rosary Church 玫瑰堂 ロザリー教会	Caritas 福利部 (Free Schools, Relief; goods distribution, emergency cash assistance)	現存	九龍	尖沙咀	125 Chatham Road, Kowloon 九龍漆咸道 125 號
29	1907	学校チャペル	教育	教会	痛苦聖母小堂 嘉諾撒仁愛女修會教堂 Sacred Heart Chapel 聖心教堂	Canossian Daughters of Charity 嘉諾撒仁愛女修會 Sacred Heart Canossa School (1992) 嘉諾撒聖心學校	修道院チャペルでもあるチャペル現存	香港	半山	26 Caine Rd., Mid-level 香港堅道 26 號道
30	1910	ミッション・ステイション	礼拝	教会	Lung Shun Wan Mission Centre Chapel 龍船灣小堂 Lung Shun Wan Mission Centre 龍船灣天主堂		廃墟, 現存. 修復計画あり	新界	龍船灣	Lung Shun Wan Saikung District, N.T. 新界西貢龍船灣 (Leung Shuen Wan Island)
31	1913	ミッション・ステイション	礼拝	教会	Kei Ling Ha chapel 企嶺下小堂			新界	企嶺下	Kei Ling Ha 企嶺下
32	1914	学校併設	教育	教会	Holy Cross Church 聖十字架堂 聖十字架教会	Holy Cross School (1955) 聖十字架學校	1960 年解体, 建て替え, 現存せず	香港	筲箕灣	Holy Cross Path, Sai Wan Ho, Shaukiwan, Hong Kong 香港筲箕灣西灣河十字徑
33	1915	独立棟教会堂	礼拝	教会	St. Andrew's Church 聖安德肋堂		1937 年災害で損壊, 移転	新界	大埔	Kam Shan Road, Taipo 大埔錦山

No.	竣工／開設	類型	複合用途	建物所有者	教会名	併設施設	建築の状況	地域	地区	所在地
34	1916	ミッション・ステイション	教育	教会	Immaculate Heart of Mary Chapel 聖母無玷之心小堂 Holy Ghost Chapel (1954) 聖神小堂 Sacred Heart of Mary Chapel (1956) 聖母聖心小堂 Immaculate Heart of Mary Chapel (1960) 聖母無玷之心小堂	学校	1916年建て替え 1959年ミサ停止 1970年代後半から村民転出，荒廃開始 1982年からYouth Camp Site 巡礼に使用されている，現存	新界	白沙澳	Pak Sha Au, N.T. 新界白沙澳村
35	1918	ミッション・ステイション	礼拝	教会	Nativity of Our Lady Chapel 聖母聖誕小堂		現存 プロテスタント教会に貸与，依存症回復施設として転用	新界	浪茄	Long Kei, Saikung District, N.T. 新界西貢浪茄 (Long Ke)
36	1920	独立棟教会堂	礼拝	教会	Sacred Heart of Mary Chapel 聖母聖心小堂 大埔墟天主堂 Catholic Mission 天主堂 Sacred Heart of Mary Church (1959) 聖母聖心堂 Immaculate Heart of Mary Church (1966) 聖母無玷之心堂		1961年建て替え，現存せず	新界	大埔墟	95 Taipo Rd., Taipo Market, N.T. 新界大埔墟大埔路95號 新界大埔圩大埔道97號
37	1922	福祉施設併設	福祉	教会	St. Francis Xavier's Chapel 聖方済小堂 聖フランシスコ・ザヴィエル・チャペル	St. Francis Xavier's Hospital	1926年統計には「Filiae Charit. Canoss. 意大利嬰堂」の記載．同一建物と思われる 1950年に教会新築，移転 1959年，病院移転，新築，現存せず	香港	湾仔	Saint Francis Street, Wanchai 香港湾仔聖佛蘭士街
38	1923	独立棟教会堂	礼拝	教会	St. Margaret Mary's Church St. Margaret Church (1961) St. Margaret Mary's Church 聖瑪加利大堂 聖マーガレット教会	Caritas 福利部 (Clinic, Free Schools, Emergency Assistance)	信徒会館にチャペルあり 現存	香港	跑馬地	2A Broadwood Road, Happy Valley, Hong Kong 香港跑馬地布律活道2號A
39	1923	ミッション・ステイション	教育	教会	Our Lady of Perpetual Succour Chapel 聖母永助小堂	育智學校 Wing Cho Primary School 永助小學	1937年に台風で破壊され建て替え，現存せず	新界	大澳	Tai O (Lantau Island), N.T. 大澳（大嶼山）
40	1923	ミッション・ステイション	礼拝	教会	Rosary Chapel 玫瑰小堂		1940年建て替え，現存せず	新界	黄芽應	Wong Mo Yin (Wong Mo Ying), Saikung District, N.T. 新界西貢黄毛應村
41	1925	学校チャペル	教育	教会	St. Joseph's College Chapel 聖若瑟堂	St. Joseph's College 聖若瑟書院	修道院チャペルでもある 現存	香港	半山	7 Kennedy Road, Hong Kong 堅尼地道7
42	1926	ミッション・ステイション	教育	教会	聖家公所 Holy Family Chapel 聖家小堂 Holy Family Mass Centre (1983) 聖家彌撒中心	学校	閉鎖 現存	新界	元朗	Sheung Wo Tse Village, Pat Heong, Un Long, N.T. 新界元朗八郷上禾輋村 Sheung Wo Tse Village, Pat Heong, N.T. (1969) 新界八郷上禾輋村 Sheung Che Village 上輋村
43	1926	ミッション・ステイション	礼拝	民間	Shek Lo 石盧		信徒所有住宅借用 閉鎖，現存	新界	粉嶺	Fan Ling 粉嶺
44	1927	学校チャペル	教育	教会	chapel	St. Louis Technical School 聖類斯児童工藝院 St. Louis School 聖類斯中學	主日ミサ2018年現在も開放 現存	香港	西環	179 Third St., Sai Ying Pun 香港西営盤第三街179號
45	1927	福祉施設併設	福祉	教会	St. Joseph's Chapel 聖若瑟安老院	St. Joseph's Home for the Aged 聖若瑟安老院	2018年敷地再開発中，現存 修道会がディベロッパーに売却．修道会は上水に移転	九龍	牛池湾	Clear Water Bay Road, Kowloon 九龍清水湾道 35 Clear Water Bay Road, Ngau Chi Wan, Kowloon 牛池湾
46	1927	ミッション・ステイション	教育	教会	SS. Peter and Paul Church 聖伯多禄聖保禄堂	Shung Tak Primary School 崇德学校	学校は教会が1958年にSS. Peter and Paul Churchとして移転後も存続，後に閉鎖 建物現存．地区再開発が予定されているため，教区は建物を維持している	新界	元朗	Nam Bin Wai, Un Long, N.T. Nam Pin Wai, Yuen Long 新界元朗南邊圍 Un Long, N.T. Yuen Long, N.T. 新界元朗舊墟東頭村
47	1927	ミッション・ステイション	教育	教会	St. John's Chapel 聖約望小堂 聖若望小堂	学校	1980年代閉鎖，廃墟，現存	新界	八郷長埔	Cheung Po, N.T. 新界八郷長埔 Cheung Po, Kam Tin, N.T. (1962) 新界錦田長埔（長莆）

No.	竣工/開設	類型	複合用途	建物所有者	教会名	併設施設	建築の状況	地域	地区	所在地
48	1928	学校チャペル	教育福祉	教会	Chapel of Asile de la Sainte Infance 法國嬰堂 St. Paul's Convent (1974) 聖保祿修院 St. Paul's Convent Chapel (1978) 聖保祿修院小堂 Christ the King Chapel (1980) 耶蘇君王小堂 基督君王小堂	孤児院 St. Paul's Convent 聖保祿修院 St. Paul's Convent School (1916) 聖保祿學校 St. Paul's Kindergarten (1950) 聖保祿幼稚園 St. Paul's Hospital 聖保祿醫院	学校チャペル，病院チャペル，シャルトル聖パウロ修道女会修道院チャペルでもある 現存	香港	銅鑼灣	St Paul's Convent, Causeway Bay, Hong Kong 香港銅鑼灣聖保祿修院 33 Caroline Hill Rd., Causeway Bay, Hong Kong 香港銅鑼灣加路連山道33
49	1928	学校チャペル	教育福祉	教会	Chinese Convent Chapel Catholic Chapel 耶蘇寶血堂 Church of the Precious Blood Precious Blood Church 寶血堂	Tack Ching Girls' Middle School 德貞女子中學 Tack Ching Ping Man Girls' Evening Middle School (1969) 德貞女子夜校中學 Caritas 福祉部	もともと教会所有地．当初より小教区教会堂でもあった．1935年に修道会に譲渡．修道院チャペル，学校チャペル，病院チャペルでもあったようである チャペル1950年代閉鎖，建物解体し，Tack Ching Girls' Secondary School として建て替え，現存せず	九龍	深水埗	Un Chau St., Om Yau 元州街
50	1929	独立棟教会堂	礼拝	教会	St. Peter's Church 聖伯多祿堂		1961年建て替え，現存せず	香港	香港仔	Island Load, Aberdeen, Hong Kong 香港香港仔香島道
51	1929	学校チャペル	教育	教会	Ricci Hall Chapel 利瑪竇寄宿舎小堂	Ricci Hall 利瑪竇寄宿舎（香港大學）	香港大學寮チャペル 1967年建て替え，現存せず	香港	薄扶林	The University, Pok-fu-lam Road, West Point 利瑪竇寄宿舎 西營盤 93 Pokfulam Road, Hong Kong 香港薄扶林道93號
52	1930	ミッション・ステイション	礼拝	教会	Immaculate Conception Chapel 聖母無原罪小堂		豪雨損壊，1956年移転，建て替え，現存せず	新界	窩尾	Wo Mei Village, Sai Kung, N.T. 新界西貢窩美村
53	1930	ミッション・ステイション	礼拝	教会	荃灣天主堂		1934年移転，現存せず	新界	荃灣	Chung On St., Tsuen Wan 荃灣眾安街
54	1930	ミッション・ステイション	礼拝	教会	Mission station		1952年移転，現存せず	新界	長洲	245 Tai San Back Street, Cheung Chau 長洲大新後街245
55	1931	ミッション・ステイション	教育	教会	Immaculate Conception Chapel 聖母無原罪小堂	Yuk Ying School 育英學校 Yuk Ying Primary School (1959) 育英小學 Youth Camp Site (1990) Tai Long Resort House (1991) 大浪渡假營	戦後，学校新築 Youth Camp Site (1990) 2000年頃定期ミサ停止 活用計画あり 現存	新界	大浪	Tai Long, N.T. 新界大浪村 Tai Long Village, N.T. (1991) 新界大浪村
56	1932	学校チャペル	教育	教会	La Salle College Chapel 喇沙書院小堂	La Salle College 喇沙書院	一時軍用チャペル 1982年建て替え，現存せず	九龍	九龍仔	18 La Salle Road, Kowloon 喇沙利道18號
57	1932	独立棟教会堂	礼拝	教会	St. Teresa's Church 聖德肋撒堂 聖テレサ教会	Caritas 福利部 (Free Schools, Relief: goods distribution, emergency cash assistance)	現存	九龍	九龍塘	258 Prince Edward Road, Kowloon 九龍太子道258號
58	1932	ミッション・ステイション	礼拝	教会	鴻慈堂		村民より寄贈 1935年，教会は村内移転，現存	新界	金錢圍	Kam Tsin Wai, Un Long District, N.T. 新界元朗錦田金錢圍
59	1934	独立棟教会堂	礼拝	教会	荃灣天主堂 Sacred Heart of Jesus Chapel 耶穌聖心小堂 Sacred Heart of Jesus Church (1954) 耶穌聖心堂 Sacred Heart of Jesus Chapel 耶穌聖心小堂	Tsuen Wan Caritas Social Centre (1962) 天主教社會福利中心 Caritas 福利部 (Free Schools, Social Centre, Relief: goods distribution)	1969年移転，SS. Cosmas and Damian Church として建て替え 1973年地下鉄建設のため撤去，現存せず	新界	荃灣	Tsun Wan, N.T. 新界荃灣 Catholic Mission, Tsuen Wan, N.T. 新界荃灣天主堂 Catholic Mission, Tsuen Wan, N.T. (1970) 新界荃灣上海墈街
60	1935	ミッション・ステイション	教育	民間	Our Lady of Sorrows Chapel 聖母七苦小堂 悲しみの聖母チャペル Kam Chin Wai Mass Centre (1982) 金錢圍彌撒中心	Kam Tsin School 錦金學校 (primary) Kam Chuen School 錦全學校 (小学校) Caritas 福祉部 (Free Schools, Relief)	村民より賃借 閉鎖後，村民へ返還 現存	新界	金錢圍	Kam Tsin Wai, Un Long District, N.T. 新界元朗錦田金錢圍
61	1937	ミッション・ステイション	教育	教会	St. Anne's Chapel 聖亞納小堂 St. Anne's Church 聖亞納堂	Ming Tak School 明德學校 (1962年まで教会と一体) 明德幼稚園 (1960)	1962年，Ming Tak School は独立建物として新築 (primary) 閉鎖，現存せず	新界	屯門	Leung Tin Tsun Village, Castle Peak, N.T. 新界青山良田村 Leung Tin Village, Tuen Moon (1969) 新界青山屯門良田村
62	1937	修道院チャペル	礼拝	教会	Carmelite Monastery Chapel 聖衣會女修院聖堂 Carmelite Convent Chapel (1990) 加爾默羅赤足女修會	Carmelite Monastery 聖衣會女修院 Carmelite Convent (1990) 加爾羅赤足女修會 女子跣足カルメル修道会	現存	香港	赤柱	68 Stanley Village Road, Hong Kong 香港赤柱赤柱村道68號

No.	竣工/開設	類型	複合用途	建物所有者	教会名	併設施設	建築の状況	地域	地区	所在地
63	1937	ミッション・ステイション	教育	教会	Church of St. Francis of Assisi 聖方濟亞西堂 聖五傷芳濟各堂 アッシジの聖フランシスコ教会	Da Tung School 大同學校	1937年，空港建設のため換地，建て替え 1943年解体，現存せず 戦後，St. Francis of Assisi Church として移転，再建	九龍	九龍城	Kowloon City 九龍城隔坑村 10
64	1937	学校チャペル	教育	教会	St. Mary's Convent Chapel 聖母院小堂 瑪利諾修院小堂	Maryknoll Convent School 瑪利諾修院學校	修道院チャペルでもあった チャベル開放停止 現存	九龍	九龍塘	九龍九龍塘何東道 5 號 130 Waterloo Road, Kowloon. 九龍窩打老道 130 號
65	1938	学校併設	教育	教会	Our Lady of Perpetual Succour Chapel 聖母永助小堂	Wing Cho Primary School (1921) 永助小學	1961年建て替え，現存せず	新界	大澳	Tai Ping Street, Tai O (Lantau Island), N.T. 大澳（大嶼山）太平街 112 Tai Ping Street, Tai O (Lantau Island), N.T. (1970) 大澳（大嶼山）太平街 112號
66	1938	独立棟教会堂	礼拝	教会	Our Lady of Lourdes Chapel 露德聖母堂 Our Lady of Lourdes Church	1960s Caritas 福利部 (Clinic, Free Schools, Social Centre, Relief: goods distribution, emergency cash assistance)	1977年移転，建て替え，現存せず	香港	薄扶林	174 Pokfulam Road (Lo Tak Wai), Hong Kong 香港薄扶林道太古樓 174號露德園
67	1940	ミッション・ステイション	礼拝	教会	St. Paul's Chapel 聖保祿公所		現存せず	九龍	旺角	185 Portland St. Mong Kok 九龍旺角砵崙街 185 號
68	1940	ミッション・ステイション	礼拝	教会	Rosary Chapel 玫瑰小堂 Rosary Mission Centre (1974) 玫瑰小堂		1940年建て替え，廃堂 Boy scouts 使用 現存	新界	黃芽應	Wong Mo Yin (Wong Mo Ying), Saikung District, N.T. 新界西貢黃毛應村
69	1945	民間建物	教育福祉	民間	Immaculate Heart of Mary Chapel 聖母聖心堂 聖母聖心チャペル	Catholic Centre 公教進行社 カトリック・センター	賃借 1959年移転，現存せず	香港	中環	King's Bldg., 9 Connaught Road, Hong Kong 香港千諾道中 9 號皇帝行
70	1945	ミッション・ステイション	教育	教会	Ap Mo Liu Church 大埔墟天主堂（鴨毛寮） Catholic Mission (1953) 天主堂 Sacred Heart of Mary Chapel (1954) 聖母聖心小堂 Sacred Heart of Mary Church (1959) 聖母聖心堂	学校	1937年に損壊した錦山のSt. Andrew's Chapel を移転，2棟のショップハウスを賃借，1947年に購入 閉鎖，現存せず 1961年，近隣に教会新築	新界	大埔	95 Taipo Rd., Taipo Market, N.T. 新界大埔墟大埔路 95 號（鴨毛寮） 新界大埔圩大埔道 97 號
71	1949	ミッション・ステイション	礼拝	教会	Mission station			新界	馬鞍山	Ma On Shan 馬鞍山
72	1950	ミッション・ステイション	礼拝	民間	Hung Shui Kiu 洪水橋			新界	洪水橋	Hung Shui Kiu 洪水橋
73	1950	学校併設	教育	教会	Holy Souls' Church 煉靈堂 聖靈教会 Church of Our Lady of Mt. Carmel (1957) Our Lady of Mount Carmel Church 聖母聖衣堂 聖母聖衣教会	Ki Lap School 基立學校 Ki Lap Elementary School for Boys (Day, Afternoon & Night School) 基立小學上午班，下午班，夜校 Caritas 福利部 (Free Schools, Noodle Plant, Relief goods distribution, emergency cash assistance) Wanchai Caritas Noodle Plant (1961) 灣仔天主教福利會製麵廠	1957年改名 1997年に解体，2001年に建て替え，現存せず	香港	灣仔	1 Star Street, Wanchai, Hong Kong 香港灣仔星街 1 號
74	1950	難民エリアチャペル	教育福祉	教会	Assumption of Our Lady Chapel 聖母升天小堂	Rennie's Mill Catholic Church Free School (1950) 調景嶺天主堂義務學校 St. John Baptist Dispensary (1950) 聖耀漢診療所 Caritas 福利部 (Free Schools, Clinic)	1964年建て替え 1996年村閉鎖，再開発 現存せず	新界	調景嶺	Rennie's Mill Refugee Camp, Junk Bay, N.T. 新界調景嶺難民營 Rennie's Mill Junk Bay, N.T. 新界調景嶺
75	1951	ミッション・ステイション	礼拝	民間	Church		信徒所有住宅建築借用，転用 1953年に独立棟教会堂が建設されるまでの臨時教会堂 現存せず	新界	粉嶺	Fan Ling 粉嶺

No.	竣工/開設	類型	複合用途	建物所有者	教会名	併設施設	建築の状況	地域	地区	所在地
76	1952	学校併設	教育	教会	Our Lady of Fatima Chapel 花地瑪聖母小堂 Our Lady of Fatima Church 法地瑪聖母堂 花地瑪聖母堂 ファティマの聖母教会	Sacred Heart School 聖心學校 Holy Family School（1966） 聖家學校 Caritas 福利部（Free Schools, Relief: goods distribution）	現存	新界	長洲	Tung Wan, Cheung Chau Island, N.T.（1962） 長洲島東灣 Tung Wan, Cheung Chau Island, Church Rd.（1980） 長洲島東灣教堂路 1 Church Road, Tung Wan, Cheung Chau（1982） 長洲島東灣教堂路 1 號
77	1952	難民エリアチャペル	教育 福祉	教会	St. Joseph's Chapel 聖若瑟小堂 St. Joseph's Church（1957） 聖若瑟堂 St. Joseph's Chapel（1980） 聖若瑟小堂 聖ヨゼフ教会	Prayer School. Primary School（St. Joseph's School） St. Joseph's Primary School（1st Section） 聖若瑟小學校 St. Joseph's Kindergarten 聖若瑟幼稚園 St. Joseph's Clinic（1954） 聖若瑟診療所 St. Joseph's Centre（1955） 聖若瑟托児所	1976 年鉱山閉鎖 1981 年教会閉鎖，ミサ停止 建物現存，荒廃 現在は政府所有	新界	馬鞍山	Miner's Camp, Ma On Shan, Sha Tin 新界沙田馬鞍山上村天主堂 Ma On Shan Miner's Camp Ma On Shan Iron Mines, Shatin, N.T.（1957） 新界沙田馬鞍山礦瘍場 Catholic Mission Ma On Shan, Shatin, N.T.（1980） 新界沙田馬鞍山天主堂 Catholic Mission, Upper Village, Ma On Shan, Shatin, N.T.（1992） 新界沙田馬鞍山上村天主堂
78	1952	難民エリアチャペル	教育 福祉	教会	Our Lady Mediatrix of All Graces Chapel 聖母諸寵中保小堂 Chapel of Our Lady Mediatrix of All Graces（1969） 聖母諸寵中保小堂 Church of Our Lady Mediatrix of All Graces 聖母諸寵中保堂	Mother of Mercy Primary School 慈母小學（kindergarten & primary） Nam Wah Middle School（1966） 南華中學 Caritas 福利部（Noodle Unit, Free Schools, Relief: goods distribution） Cheung Sha Wan Caritas Noodle Plant（1961） 九龍長沙灣天主教福利會製麵廠	現存せず	九龍	長沙湾	Castle Peak Road, Fook Wah Village, Kowloon 九龍青山道福華村 Fuk Wa Village, Cheung Sha Wan, KWL 九龍青山道福華村 Fuk Wah Village, Castle Peak Road, Kowloon（1961） 九龍青山道福華村
79	1952	難民エリアチャペル	教育 福祉	教会	Tung Tau Village Community Centre Chapel 東頭村天主教公所 Bishop Ford Memorial Centre 紀念福主教公所小堂 Chapel of Our Lady's Nativity 聖母聖誕小堂 Nativity of Our Lady Mass Centre（1980） 聖母聖誕彌撒中心 Bishop Ford Mass Centre（1983） 福德彌撒中心	Bishop Ford Memorial School 福主教紀念學校 福德學校 Bishop Ford Memorial Center 福德總社（dispensary, clinic, library, weaving and furniture school, employment office） Bishop Ford Primary School（roof-top）, Bishop Ford Free Night School（1961） 福主教小學及福主教夜學 Bishop Ford Nursery（1962） 福主教託兒所 Bishop Ford Medical & Dental Clinics（1952） 福德診療所・牙科診療所 Caritas 福利部（Free Schools, Noodle Unit, Clinics, Dispensary, Relief: goods distribution, emergency cash assistance） Bishop Ford Centre Noodle, Bread & Milk Plant（1956） 福主教社製麵・麵包及牛奶廠 Bishop Ford School Meal Kitchen（1962） 福主教學校膳食供應處 Bishop Ford Centre（1969） 福德社 Shelter for Migrants（2018）	教会は1983年，Bishop Walsh School（1964）華德學校に移転，閉鎖 建物現存	九龍	九龍城	Tung Tao Village, Kowloon City 九龍城東頭村培民村 Bishop Ford Centre, Tung Tao Village, Kowloon City（1962） 九龍城東頭村（福德總社） Bishop Ford Hill, Tung Tau Chuen Road, Kowloon（1979） 九龍城東頭村道福德崗

No.	竣工/開設	類型	複合用途	建物所有者	教会名	併設施設	建築の状況	地域	地区	所在地
80	1952	難民エリアチャペル	教育福祉	教会	King's Park Chapel 京士柏小堂 Bishop Valtorta Welfare Centre Chapel 紀念恩理覺主教公所小堂 Bishop Valtorta Memorial Chapel 恩理覺主教紀念小堂 (1968) ヴァルトルタ司教記念チャペル Diocesan Pastoral Centre for the Disabled 教區傷殘人士牧民中心 教区障がい者司牧センター	Diocesan Pastoral Centre for the Disabled (1993) 教區傷殘人士牧民中心 教区障がい者司牧センター 近隣にあり Maryknoll Primary School (1953) 樂德小學 (瑪利諾小學) Hoi Sing School (1958) 海星小學 Maryknoll Sisters Clinic and Nursery (1954) 瑪利諾修女診療所・託児所 Bishop Valtorta Centre Caritas: clinic, industrial work, relief work, noodle factory (1960s)	現存	九龍	何文田	Homuntin Hill, King's Park 九龍何文田京士柏 80 Princess Margaret Road, Homantin, Kowloon. 九龍何文田公主道 80 號
81	1952	難民エリアチャペル	教育福祉	教会	Star of the Sea Chapel 海星小堂 Bishop Walsh Memorial Centre 紀念華主教公所小堂 Chapel of Our Lady Star of the Sea 海星小堂 Church of Our Lady Star of the Sea 海星堂 Our Lady Star of the Sea Church (1980) 海星堂 Star of the Sea Church (1981) 海星堂	Caritas 福利部 (Clinic, Free Schools, Noodle Plant, Relief: goods distribution, emergency cash assistance) Star of the Sea Clinic and Dispensary (1952) 海星義診所 Star of the Sea Noodle Plant (1958) 海星製麵廠 Catholic Star of the Sea Kindergarten (1980) 天主教海星幼稚園	1959 年別棟増築, 教会はそこに移転 1990 年建て替え, 現存せず	香港	柴灣	Hing Wa Village, Chai Wan, Hong Kong 香港柴灣興華村 Hing Wa Village, Chai Wan, Hong Kong. P. O. Box 1117 香港柴灣興華村, 香港郵箱 1117 Hing Wa Village, Chaiwan, R.E. (1969) 香港柴灣興華村 Chai Wan Road, R.E. (1972) 香港柴灣柴灣道 Clinic/Noodle Plant Hing Wa Village, Chai Wan, Hong Kong 香港柴灣興華村 200 Chai Wan Road, Chaiwan, Hong Kong (1987) 香港柴灣柴灣道 200 號
82	1952	難民エリアチャペル	教育福祉	教会	Kowloon Tsai Chapel 九龍仔天主教公所 St. Peter in Chains Chapel 聖伯多祿受刑小堂 St. Peter in Chains Church 聖伯多祿受刑堂 St. Peter's Church (1965) 聖伯多祿堂	St. Peter's School (Primary School) Welfare Center (clinic, factory) Caritas 福利部 (Clinic, Free Schools, Relief: goods distribution) St. Peter's Clinic and Dispensary (1959) 聖伯多祿診療所 St. Peter's Noodle Plant (1961) 聖伯多祿製麵廠	現存せず	九龍	九龍仔	Lung Wah Street, Kowloon Tsai 九龍九龍仔大坑東龍華街 Lung Wah Street, Tai Hang Tung, Kowloon Tsai, Kowloon (1961) 九龍九龍仔大坑東龍華街 天主堂 Clinic/Noodle Plant Tai Hang Tung, Kowloon Tsai (church とは別棟) 九龍仔大坑東
83	1952	難民エリアチャペル	教育福祉	教会	Pius XII Welfare Centre 牛頭角天主教公所 Pius XII's Chapel 庇護第十二公所小堂 Our Lady Queen of the Angels Chapel 諸天神之后小堂 Chapel of Our Lady Queen of the Angels 天神之后小堂 Church of Our Lady Queen of the Angels Our Lady of the Angels Church 天神之后堂	Pius XII Medical Centre (1954) 庇護十二診療所 Pius XII Handicraft School 庇護十二世手藝學校 Pius XII Tailoring School 庇護十二世裁縫夜學校 Pius XII Commercial Evening School 庇護十二世商業學校 Pius Handicrafts 庇護工藝品 Caritas 福利部 (Clinic, Free Schools, Handicraft Centre, Noodle Unit, Milk Bar, Relief: goods distribution, emergency cash assistance) Pius XII Noodle Plant (Bahama Unit) (1960) 庇護十二製麵廠 Pius XII Food Kitchen (1964) 庇護十二膳食供應處	1979 年順利団地に移転, 現存せず	九龍	牛頭角	Maryknoll Fathers Centre, Fuk Wa Village, Ngau Tau Kok, KWL 九龍牛頭角復華村振華道第四區 (瑪利諾神父中心) Pius XII Primary School, Fuk Wa Village, Ngau Tau Kok, Kowloon (1972) 九龍牛頭角復華村庇護十二正校

No.	竣工/開設	類型	複合用途	建物所有者	教会名	併設施設	建築の状況	地域	地区	所在地
84	1952	難民エリアチャペル	教育福祉	教会	Holy Family Chapel 鑽石山天主堂 聖家小堂 St. Cecilia Church（1971） 聖則濟利亞堂	Holy Family Dispensary（1957） 聖家施藥所 Holy Family Welfare Centre（1957, Nursery） 聖家福利中心 Caritas 福利部（Relief, goods distribution）	1966年，彩虹邨に移転 1972年まで存在 解体，現存せず	九龍	鑽石山	131 Ha Yuen Liang, Diamond Hill, Ngau Chi Wan, Kowloon (Sunday Mass at kindergarten) 九龍牛池灣鑽石山下元嶺131 Catholic Mission-19 Lane, Diamond Hill, Sheung Yuen Ling, Kowloon 九龍鑽石山天主堂上元嶺19巷 Dispensary/Welfare Centre 2 Sai Yee Hong, Diamond Hill, Kowloon 九龍鑽石山西二巷2號 19 Lane, Sheung Yuen Ling, Diamond Hill, Kowloon（1995） 九龍鑽石山上元嶺鳳德道19巷
85	1953	難民エリアチャペル	教育福祉	教会	Mission Chapel at Chai Wan 柴灣天主堂 柴灣公所小堂	Catholic Centre 公所	移転，新築，現存せず	香港	柴灣	Island Rd., Shau Kei Wan 香港筲箕灣香島道
86	1953	学校併設	教育	教会	St. Anthony's Church 聖安多尼堂 聖アントニー教会	St. Anthony's School 聖安多尼學校 St. Anthony's Free Night School（1965） 聖安多尼義學夜校，聖安多尼免費夜校 St. Anthony's Primary School（1965） 聖安多尼小學 Caritas 福利部（Relief, goods distribution, emergency cash assistance）	現存	香港	薄扶林	69A Pokfulam Road, Hong Kong 香港薄扶林道69號A
87	1953	学校チャペル	教育	教会	Tang King Po School Chapel（1967） 鄧鏡波學校小堂 Mary Help of Christians Church（1970） 進教之佑堂 Mary Help of Christians Chapel（1972） 進教之佑小堂 Mary Help of Christians Church（1992） 進教之佑堂	Tang King Po School 鄧鏡波學校	後に小教区教会になった 現存	九龍	採石山	16 Tin Kwong Rd., Quarry Hill, Hong Kong 九龍天光道16號
88	1953	民間建物	礼拝	民間	Rosary Chapel 玫瑰小堂 ロザリー・チャペル		過渡的教会 1960年移転，現存せず	香港	堅尼地城	No.4-6 Smithfield Road, Kennedy Town, Hong Kong 香港堅尼地城士美菲路4號A至6號A
89	1953	ミッション・ステイション	教育	教会	Immaculate Heart of Mary Chapel 聖母無玷之心小堂	Sacred Heart Primary School（1956） 聖心學校 Sacred Heart School（1968） 聖心小學	1970年代廃村，ダム湖に水没，現存せず	新界	沙咀	Sha Tsui, Sai Kung 新界西貢沙咀村
90	1953	ミッション・ステイション	教育	教会	Catholic Office of Shatin 新界沙田天主教公所 Sacred Heart of Jesus Chapel（1954） 耶穌聖心小堂	Catholic Mission School（preparatory and primary） 天主教學校	1956年移転 現存せず	新界	沙田	Dragonwyck Villa
91	1953	ミッション・ステイション	教育	教会	Star of the Sea Chapel 海星小堂 Star of the Sea Mass Centre 海星彌撒中心	Star of the Sea Primary School 海星學校 海星小學 Youth summer camp facility（1976）	1970年代荒廃，現存，修復計画あり	新界	西灣村	Sai Wan, Saikung District, N.T. 新界西貢西灣村
92	1953	独立棟教会堂	礼拝	教会	St. Joseph's Church 粉嶺安樂村天主堂 聖若瑟堂 聖ヨゼフ教会 Fanling St. Joseph's Church 粉嶺聖若瑟堂		現存	新界	粉嶺	Wo Tai Street, Luen Wo Market, Fanling. N.T.（1973） 新界粉嶺聯和墟和太街 新界粉嶺聯和墟和泰街（1974） 5 Wo Tai St., Fanling, Hong Kong 新界粉嶺聯和墟和泰街5號
93	1953	ミッション・ステイション	礼拝	教会	St. Jude's Chapel 聖達竇小堂 St. Jude's Church（1960） 聖猶達堂		過渡的教会 1957年移転建て替え，現存せず	香港	北角	2 Chung On Terrace, North Point 香港北角中安台2號

No.	竣工/開設	類型	複合用途	建物所有者	教会名	併設施設	建築の状況	地域	地区	所在地
94	1954	ミッション・ステイション	礼拝	教会	Our Lady Immaculate and St. Michael Chapel 聖母無原罪曁聖彌額爾小堂		閉鎖 建物現存	新界	石崗營	Borneo Lines, Sek Kong, N.T. 新界石崗營
95	1954	難民エリアチャペル	教育 福祉	教会	St. Francis Chapel 聖方濟各小堂 St. Francis Church（1979） 聖方濟各堂	St. Joseph's Primary School (2nd Section) 聖方濟義校之分校 Kindergarten Assunta Clinic（1964–1983） 馬鞍山診療所 天主教馬鞍山亞松達福利中心	1984 年，政府要請により換地，撤去 1996 年建て替え，現存せず	新界	馬鞍山	Iron Mines Harbour, Ma On Shan, Sha Tin 新界沙田馬鞍山礦瘍場 Ma On Shan, Shatin, N.T. (1968) 新界沙田馬鞍山
96	1955	ミッション・ステイション	教育	教会	Hang Hao Mission Station 坑口 St. Vincent's Chapel（1958） 聖雲仙小堂 聖雲先小堂	primary school	1955 年新築，1969 年建て替え，現存せず	新界	坑口	Hang Hao, N.T. 坑口 Clear Water Bay Road, Hang Hau, N.T. 新界坑口清水灣道
97	1955	学校併設	教育	教会	St. Pius X's Chapel 聖庇護第十世小堂 St. Pius X Chapel 聖庇護第十小堂 St. Pius X Church（1980） 聖庇護第十堂 聖ビウス 10 世教会	Chuk Yuen Primary School 竹園小學 Ling To Primary School (1956) 領島學校 Caritas 福利部（Free Schools, Relief）	1980 年移転，現存せず	九龍	竹園	Chuk Yuen Resettlement Area, Kowloon 九龍黃大仙竹園徙置區（平房區第 1 段） 九龍竹園新區（1968） Chuk Yuen Resettl. Area, Section 1, Kowloon（1969） 九龍竹園徙置區第 1 段 Chuk Yuen Cottage Area, Kowloon（1971） 九龍竹園平房區 Chuk Yuen Cottage Area, Section 1, Kowloon（1976） 九龍竹園平房區第 1 段
98	1955	難民エリアチャペル	教育 福祉	民間	Mount Davis Mass Centre 摩星嶺公所		賃貸 閉鎖	香港	薄扶林	Mt. Davis Resettlement Area, Section 4, Hong Kong 香港第 4 區摩星嶺公民村
99	1955	難民エリアチャペル	教育 福祉	教会	Central District Refugee Centre 中區難民公所	St. Tarcisius Boys' School (1956) 聖達濟男校（primary）	現存せず	香港	中環	9 Conduit Road, Hong Kong 香港干德道 9 號
100	1955	ミッション・ステイション	礼拝	教会	Blessed Martyrs of China Chapel 中華致命真福堂		1970 年代前半に移転，現存せず	香港	石澳	71A Shek O Village 石澳村 71 號 A
101	1955	ミッション・ステイション	教育	教会	Rosary Chapel 聖母玫瑰小堂 玫瑰小堂（1969）	Ying Yin School（1955–2007）（幼稚園，小学校） 英賢學校 Ying Yin Catholic Kindergarten（1981） 天主教英賢幼稚園 Caritas 福利部（Free Schools, Relief: goods distribution）	1964 年校舎新築移転 1976 年教会堂建て替え，現存せず	新界	洪水橋	Kit Yuen, Hung Sui Kiu, Un Long, N.T. 新界元朗洪水橋潔園 Ying Yin School: Tan Kwai Tsuen, Hung Sui Kiu, Yuen Long, N.T. 31 Kit Yuen, Hung Sui Kiu, Un Long, N.T.（1970） 新界元朗洪水橋潔園 31 號 英賢學校：新界元朗洪水橋丹桂村路
102	1955	学校併設	教育	教会	St. Francis of Assisi Church 聖五傷方濟各堂 聖方濟各堂（1968） アッシジの聖フランシスコ教会	St. Francis of Assisi's School 聖五傷方濟各學校 St. Francis of Assisi Free Evening School St. Francis of Assisi Children's Centre Evening School（1960） 聖方濟各兒童會夜校 St. Francis Xavier's College (1961) 聖芳濟書院 St. Francis of Assisi Primary School（1963） 聖五傷方濟各小學 St. Francis of Assisi's English Primary School（1965） 聖方濟各英文小學 アッシジの聖フランシスコ英語小学校 St. Francis of Assisi Caritas School（1965） 聖方濟各愛德小学校 Caritas 福利部（Free Schools, Nursery, Kitchen, Relief: goods distribution, emergency cash assistance）	現存	九龍	石硤尾	58 Shek Kip Mei Street, Shumshuipo, Kowloon（–1957, 1964–） 九龍深水埗石硤尾街 58 號 16 Shek Kip Mei Street, Shumshuipo, Kowloon（1958） 九龍深水埗石硤尾街 16 號
103	1955	ミッション・ステイション	礼拝	教会	Sacred Heart of Jesus Chapel 耶穌聖心小堂		閉鎖	新界	大埔	Ping Chau Island（Taipo）, N.T. 新界大埔平洲（坪洲）大塘村

No.	竣工/開設	類型	複合用途	建物所有者	教会名	併設施設	建築の状況	地域	地区	所在地
104	1956	民間建物	教育	民間	Sacred Heart Chapel 聖心小堂 聖心チャペル	CICM Office, Priests Quarters St. Anne's School 聖アンナ学校	過渡的教会 1959 年移転，現存せず	九龍	紅磡	484 Chatham Road, 1st fl., Kowloon 紅磡漆咸道 484 2/F
105	1956	ミッション・ステイション	教育	教会	Epiphany of Our Lord Chapel 三王來朝小堂	Kung Man Primary School 深涌公民學校 Kung Man Primary School (1959) 深涌公民小學校 Sham Chung Primary School (1963) 深涌小學 Youth Camp Site (1990) Sham Chung Resort House (1991) 深涌渡暇營	1956 年建て替え 2000 年頃閉鎖，建物荒廃，現存	新界	深涌	Sham Chung, N.T. 新界深涌村 Sham Chung Village, N.T. 新界深涌村
106	1956	学校チャペル	教育	教会	La Salle College Chapel 喇沙書院小堂	La Salle College 喇沙書院 33rd General Hospital (戦争中)	1982 年に建て替え，現存せず	九龍	九龍仔	18 La Salle Rd., Kowloon Tsai 九龍仔喇沙利道 18 號
107	1956	ミッション・ステイション	教育	教会	Sacred Heart of Jesus Chapel 耶穌聖心小堂	school (informal) elementary school Catholic Mission School (1964) 天主教學校 Immaculate Heart of Mary School (1966) 聖母無玷聖心小學校	1956 年に移転，住宅転用 1974 年解体，St. Alfred's Church として建て替え，現存せず	新界	沙田	Shatin, N.T. 新界沙田 Catholic Mission, Shatin, N.T. (1973) 新界沙田天主堂
108	1956	学校チャペル	教育	教会	Chapel	South China Regional Seminary 華南總修院 Holy Spirit Seminary 聖神修院 カトリック大神学校	大神学校チャペル増築 公的礼拝開放 現存	香港	香港仔	6 Welfare Road, Aberdeen, Hong Kong. 香港香港仔惠福道 6 號
109	1956	ミッション・ステイション	礼拝	教会	Immaculate Conception Chapel 聖母無原罪小堂		豪雨損壊，1956 年移転建て替え，ミサ停止，現存	新界	窩尾	Wo Mei Village, Sai Kung, N.T. 新界西貢窩美村 Wo Mei Village, Sai Kung district, N.T. (1961) 新界西貢窩尾村
110	1957	学校併設	教育	教会	St. Jude's Church 聖達寶堂 聖猶達堂 聖ユダ教会	St. Jude's School (St. Jude's Primary School) 聖猶達小學 (1958-2012) St. Jude's Catholic Kindergarten 天主教聖猶達幼稚園 Catholic Centre North Point Branch (1960s) Caritas 福利部 (Relief, Free Schools, Emergency Assistance) Raimondi College Kindergarten Section (2012) 高主教書院幼稚園部	1957 移転，建て替え，現存	香港	北角	30 Kin Wah Street, North Point, Hong Kong 香港北角建華街 30 號
111	1957	民間建物	教育	民間	North Street Chapel 北街公所 ノース・ストリート・チャペル St. Charles' Mass Centre (1962)	Study class	閉鎖	香港	堅尼地城	21 North Street, 1st flor, Kennedy Town, Hong Kong 香港堅尼地城北街 21 號 2 楼
112	1957	民間建物	礼拝	民間	St. Joseph the Worker Chapel and Catechumenate 聖若瑟模範工人小堂要理講授所 労働者聖ヨゼフ・チャペルおよび公教要理学校 Christ the Worker Catechumenate (1969) 基督勞工要理講授所	Christ the Worker Catechumenate 基督勞工要理講授所	閉鎖	九龍	彌敦道	562 Nathan Road, 2nd floor, Kowloon 九龍彌敦道 562 3/F
113	1957	ミッション・ステイション	礼拝	教会	Chapel of the Infant Jesus of Prague 耶穌聖嬰小堂		閉鎖，現存せず？	新界	梅窩	51 Chung Hau Village, Silver Mine Bay, N.T. 梅窩冲口村 51 新界梅窩涌口村 51 號 (1973)
114	1957	ミッション・ステイション	礼拝	教会	St. Joseph's Chapel 聖若瑟小堂		閉鎖，民家でミサ	新界	大欖涌	Tai Lam Chung Reservoir 新界大欖涌
115	1957	ミッション・ステイション	礼拝	教会	Sacred Heart Chapel 聖心小堂		閉鎖，現存せず	新界	錦田	Pak Wai, Kam Tin, N.T. 新界錦田北圍村

No.	竣工／開設	類型	複合用途	建物所有者	教会名	併設施設	建築の状況	地域	地区	所在地
116	1957	ミッション・ステイション	礼拝	教会	Hay Ling Chao（Hei Ling Chau）喜靈洲		ハンセン病患者施設のチャペル，プロテスタント教会と共用 閉鎖，現存せず？	新界	喜靈洲	
117	1957	ミッション・ステイション	礼拝	教会	Shap Long 十塱		閉鎖，現存せず？	新界	十塱	
118	1957	ミッション・ステイション	礼拝	教会	Kowloon Hang（Kau Lung Hang）九龍坑		閉鎖，現存せず？	新界	粉嶺	
119	1957	ミッション・ステイション	礼拝	教会	Nam Sha Po（Nam Wah Po 南華莆？）		閉鎖，現存せず？	新界	粉嶺	
120	1957	ミッション・ステイション	礼拝	教会	Ma Lai Wang 馬麗？		閉鎖，現存せず？	新界	西貢	
121	1957	ミッション・ステイション	礼拝	教会	Tai Tung（Tai Tan 大灘？）		閉鎖，現存せず？	新界	西貢	
122	1957	ミッション・ステイション	礼拝	教会	Pak Sha Wan 白沙灣		閉鎖，現存せず？	新界	西貢	
123	1957	ミッション・ステイション	礼拝	教会	Ma Lan Woot（Ma Nam Wat）麻南笏		閉鎖，現存せず？	新界	西貢	
124	1957	ミッション・ステイション	礼拝	教会	Ki Liang Ha（Kei Ling Ha）企嶺下		閉鎖，現存せず？	新界	西貢	
125	1957	ミッション・ステイション	礼拝	教会	Wong Chuk Yeung 黄竹洋		閉鎖，現存せず？	新界	西貢	
126	1957	ミッション・ステイション	礼拝	教会	Kaai Hau（Kai Ham）界咸		閉鎖，現存せず？	新界	西貢	
127	1957	ミッション・ステイション	礼拝	教会	Tai Wai 大圍		閉鎖，現存せず？	新界	沙田	
128	1957	ミッション・ステイション	礼拝	教会	Man Hang 蚊坑		閉鎖，現存せず？	新界	沙田	
129	1957	ミッション・ステイション	礼拝	教会	Sha Tin Tau 沙田頭		閉鎖，現存せず？	新界	沙田	
130	1957	ミッション・ステイション	礼拝	教会	Nam Sham（Nam Shan）南山		閉鎖，現存せず？	新界	大浪	
131	1957	ミッション・ステイション	礼拝	教会	Ping Chao（Pin Chao?）扁洲		閉鎖，現存せず？	新界	大浪	
132	1957	ミッション・ステイション	礼拝	教会	Tsun Long（Chuen Lung?）川龍		閉鎖，現存せず？	新界	荃灣	
133	1957	ミッション・ステイション	礼拝	教会	Kwai Tsung（Kwai Chung）葵涌		閉鎖，現存せず？	新界	荃灣	
134	1957	ミッション・ステイション	礼拝	教会	Sham Tsing（Sham Tseng）深井		閉鎖，現存せず？	新界	荃灣	
135	1957	ミッション・ステイション	礼拝	教会	Ching I（Tsing Yi）青衣		閉鎖，現存せず？	新界	荃灣	
136	1957	ミッション・ステイション	礼拝	教会	Yu Kam Tao（Yau Kom Tau?）油柑頭		閉鎖，現存せず？	新界	荃灣	
137	1957	ミッション・ステイション	礼拝	教会	Wong Nai Tung（Wong Nai Tun Tsuen）黄泥墩		閉鎖，現存せず？	新界	元朗	
138	1957	ミッション・ステイション	礼拝	教会	Tsit Sien Kung（Chuk San Tsuen 竹新村？）		閉鎖，現存せず？	新界	元朗	
139	1957	ミッション・ステイション	礼拝	教会	Ta Shak Woo（Ta Shek Wu 打石湖？）		閉鎖，現存せず？	新界	元朗	
140	1957	ミッション・ステイション	礼拝	教会	Tsui Chao Tin		閉鎖，現存せず？	新界	元朗	
141	1957	ミッション・ステイション	礼拝	教会	Luk Foo（Luk Wu）鹿湖		閉鎖，現存せず？	新界	大浪	
142	1957	ミッション・ステイション	礼拝	教会	Cheung Sheung 樟上		閉鎖，現存せず？	新界	大浪	
143	1958	ミッション・ステイション	礼拝	教会	Sheung Shui 上水		閉鎖，現存せず？	新界	粉嶺	
144	1958	ミッション・ステイション	礼拝	教会	Lo Woo（Lo Wu 羅湖？）		閉鎖，現存せず？	新界	粉嶺	
145	1958	ミッション・ステイション	礼拝	教会	Wo Hap Shek（Wo Hop Shek）和合石		閉鎖，現存せず？	新界	粉嶺	
146	1958	ミッション・ステイション	礼拝	教会	Sha Tau 沙頭		閉鎖，現存せず？	新界	大埔	
147	1958	ミッション・ステイション	礼拝	教会	Lai Nai Wan		閉鎖，現存せず？	新界	大埔	
148	1958	ミッション・ステイション	礼拝	教会	Pak Tin 白田		閉鎖，現存せず？	新界	沙田	
149	1958	ミッション・ステイション	礼拝	教会	Tung Loh Wan（Tolo Harbour）吐露港		閉鎖，現存せず？	新界	沙田	
150	1958	ミッション・ステイション	礼拝	教会	Ha Wo Che 下禾輋		閉鎖，現存せず？	新界	沙田	
151	1958	ミッション・ステイション	礼拝	教会	Tsang Tai Uk 曾大屋		閉鎖，現存せず？	新界	沙田	

No.	竣工/開設	類型	複合用途	建物所有者	教会名	併設施設	建築の状況	地域	地区	所在地
152	1958	ミッション・ステイション	礼拝	教会	Wong Mau Kok 黄茅角		閉鎖，現存せず？	新界	大浪	
153	1958	ミッション・ステイション	礼拝	教会	Luk Fao		閉鎖，現存せず？	新界	大浪	
154	1958	ミッション・ステイション	礼拝	教会	Tai Shui Hang 大水坑		閉鎖，現存せず？	新界	大浪	
155	1958	ミッション・ステイション	礼拝	教会	Sheung Tse（Sheung Tsun, Sheung Tsuen 上村？）		閉鎖，現存せず？	新界	元朗	
156	1958	ミッション・ステイション	礼拝	教会	Shau Wai		閉鎖，現存せず？	新界	元朗	
157	1958	ミッション・ステイション	礼拝	教会	Chao Tao		閉鎖，現存せず？	新界	元朗	
158	1958	ミッション・ステイション	礼拝	教会	Kau Tin		閉鎖，現存せず？	新界	元朗	
159	1958	ミッション・ステイション	礼拝	教会	Chuk Yuen 竹園		閉鎖，現存せず？	新界	元朗	
160	1958	ミッション・ステイション	礼拝	教会	Shui Lau Tin 水流田		閉鎖，現存せず？	新界	元朗	
161	1958	ミッション・ステイション	礼拝	教会	Fung Ka Wai 馮家圍		閉鎖，現存せず？	新界	元朗	
162	1958	ミッション・ステイション	礼拝	教会	Leung Tin Tsuen 良田村		閉鎖，現存せず？	新界	元朗	
163	1958	ミッション・ステイション	礼拝	教会	So Kun Fat（So Kwun Wat）掃管笏		閉鎖，現存せず？	新界	元朗	
164	1958	ミッション・ステイション	礼拝	教会	Nga Chai Hang		閉鎖，現存せず？	新界	元朗	
165	1958	ミッション・ステイション	礼拝	教会	Lau Li（Lam Tei 藍地？）		閉鎖，現存せず？	新界	元朗	
166	1958	民間建物	教育	教会	Aplichau Mass Centre 鴨脷洲小堂 鴨脷洲ミサ・センター	Aplichau Canossa Kindergarten（1970）鴨脷洲嘉諾撒幼稚園 鴨脷洲カノッサ幼稚園 Aplichau St. Peter's Kindergarten（1980）鴨脷洲聖伯多祿幼稚園	ミサ・センター 1970年代に閉鎖 フィリピン人シェルターに転用，2017年頃閉鎖 建物再開発のため2018年に売却，解体	香港	鴨脷洲	67-69, Aplichau Main St., 1st Floor, Aplichau, Hong Kong 香港鴨脷洲大街67至69號2樓
167	1958	学校併設	教育	教会	Ss. Peter and Paul Church 聖伯多祿聖保祿堂	Catholic School 天主教学校 Shung Tak School 崇德學校 Shung Tak Catholic English College 崇德英文書院 Yuen Long Catholic Primary School 元朗天主教小學 元朗天主教學校 Yuen Long Catholic Secondary School（1995）元朗天主教中學 Catholic Laity Formation Centre（1995）天主教教友培育中心	現存 教会は1962年増築部分に移動	新界	元朗	Shui Pin Village, Yuen Long, N.T. 新界元朗水邊村 201 Castle Peak Road, Ping Shan, Yuen Long, N.T.（1995）新界元朗青山公路201號屏山段
168	1958	民間建物	礼拝	教区	Queen of Peace Chapel 和平之后堂 平和の元后チャペル Our Lady Queen of Peace Chapel（1961）和平之后小堂		教会移転，1981年建物売却 建物現存	新界	坪洲	21 Wing Hing Street, Ping Chau, N.T. 新界坪洲永興街21號
169	1959	ミッション・ステイション	礼拝	教区	Shek Tau Wai 石頭圍		現存せず？	新界	元朗	
170	1959	学校併設	教育	教会	St. Anne's Church 聖亞納堂 聖アンナ教会	St. Teresa's School（1959–2012）聖德蘭小學 聖テレサ学校 Preparatory school Caritas 福利部（Free Schools, Relief: goods distribution）St. Teresa's Kindergarten（1998）聖德蘭幼稚園	小学校閉鎖 旧小学校部分をすべて2018年幼稚園に改修 現存	香港	赤柱	Tung Tao Wan Road, Stanley 香港赤柱東頭灣道 1 Tung Tao Wan Rd., Stanley（1977）香港赤柱東頭灣道1號
171	1959	学校併設	教育	教会	Sacred Heart Church 聖心堂	Sung Chun Middle School 崇眞中學 Sai Kung Sung Tsun Catholic Primary and Secondary Schools 西貢崇真學校 Caritas 福利部（Free Schools, Relief）Diocesan Retreat House（旧Minor Seminary 転用）	1959年建て替え 現存	新界	西貢	Saikung, N.T. 新界西貢 新界西貢墟（1968）Lot 1762, DD221, Yau Ma Po Street, Sai Kung Town, N.T.（2000）新界西貢墟油麻莆街1762地段221約 Lot 1762, DD221, Tun Cheung Road, Sai Kung Town, N.T.（2002）新界西貢墟躉場路1762地段221約

No.	竣工／開設	類型	複合用途	建物所有者	教会名	併設施設	建築の状況	地域	地区	所在地
172	1959	学校併設	教育	教会	St. Mary's Church 聖母堂 聖母教会 聖マリア教会	Poo Ai Catholic Primary School 普愛小學 Po Ai School（1960-2008） 普愛學校 Caritas 福利部（Clinic, Free Schools, Relief: goods distribution, emergency cash assistance） Caritas Institute of Community Education（2012） 明愛社區書院	学校 2008 年閉鎖 2012 年からカリタスに転用 現存	九龍	紅磡	5 Dyer Ave., Tai Wan, Hong Kong 九龍紅磡戴亞街 5 號 5 Dyer Ave., Hunghom, Kowloon 九龍紅磡戴亞街 5 號
173	1959	学校チャペル	教育	教会	St. Ignatius Chapel 聖依納爵小堂 St. Ignatius Pastoral Zone（1989） 聖依納爵牧民區域 St. Ignatius Chapel（1991） 聖依納爵小堂	Wah Yan College Kowloon 九龍華仁書院 Pax Romana Evening Secondary College（1969） 公教大學校友會夜中學	1952 年校舎建て替え 1958 年チャペル竣工，1959 年チャペル開放 現存	九龍	油麻田	Wah Yan College, Waterloo Road, Kowloon（1966） 九龍窩打老道華仁書院 56 Waterloo Road 九龍窩打老道 56 號
174	1959	民間建物	商業	教会	Immaculate Heart of Mary Chapel 聖母無玷之心小堂 聖母聖心チャペル	Catholic Centre 公教進行社 カトリック・センター	1959 年移転，現存	香港	中環	Grand Bldg., 15-18 Connaught Rd., Central, 3rd floor 香港中環干諾道中 15-18 號大昌大廈
175	1959	公営団地	教育	政府	Kun Tong Catholic Mission 官塘小堂 St. John the Baptist Chapel 聖約翰小堂 洗礼者聖ヨハネ・チャペル		民間非営利団体 Hong Kong Housing Society 建設 低コスト住宅 過渡的な教会 現存せず	九龍	官塘	333 Ngau Tau Kok Road, 3rd floor, Kung Tong, Kowloon 九龍官塘牛頭角道 333 號 4 樓
176	1960	ミッション・ステイション	礼拝	教会	Pik Uk 壁屋		現存せず？	新界	坑口	
177	1960	ミッション・ステイション	礼拝	教会	Tai Po Tsai 大埔仔		現存せず？	新界	坑口	
178	1960	ミッション・ステイション	礼拝	教会	Pak Shek Wo 白石窩		現存せず？	新界	坑口	
179	1960	ミッション・ステイション	礼拝	教会	Tai Wan Tau 大環頭		現存せず？	新界	坑口	
180	1960	ミッション・ステイション	礼拝	教会	Mang Kung UK 孟公屋		現存せず？	新界	坑口	
181	1960	ミッション・ステイション	礼拝	教会	Shek Wa Tong（Shek Wu Tong） 石湖塘？		現存せず？	新界	金錢圍	
182	1960	ミッション・ステイション	礼拝	教会	Wang Toi Shan 橫台山		現存せず？	新界	金錢圍	
183	1960	ミッション・ステイション	礼拝	教会	San Tin 新田		現存せず？	新界	金錢圍	
184	1960	ミッション・ステイション	礼拝	教会	San Wai 新圍		現存せず？	新界	金錢圍	
185	1960	ミッション・ステイション	礼拝	教会	Kau Hui 舊墟		現存せず？	新界	青山	
186	1960	ミッション・ステイション	礼拝	教会	Shek Pik 石壁		現存せず？	新界	長洲	
187	1960	学校併設	教育	教会	Church of Our Lady of the Rosary 玫瑰聖母堂 聖母玫瑰堂（1971） Our Lady of Rosary Church 聖母玫瑰堂 ロザリオの聖母教会	St. Charles Primary School（1960） 聖嘉綠小學 Caritas mobile medical clinic（1962）	1960 年に移転，新築，現存	香港	堅尼地城	25 Pokfield Road, Kennedy Town, Hong Kong 香港西環堅尼地城蒲飛路 25 號
188	1960	学校併設	教育	教会	St. Lawrence's Chapel 聖老楞佐小堂 St. Lawrence's Church（1968） 聖老楞佐堂	Good Counsel Catholic Primary School 善導小學 Sin To Primary School 善導小學 Sin To Night School（1962） 善導夜校 Sin To English Night School（1970） 善導英文夜校 Caritas 福利部（Free Schools, Relief: emergency cash assistance, goods distribution）	校舎 1967 年増築 現存	九龍	李鄭屋	Kwong Lee Road, Li Cheng Uk R.E., Kowloon 九龍李鄭屋村廣利道 7-9 Kwong Li Rd., Li Cheng Uk R.E., Kowloon（1976） 九龍李鄭屋村廣利道 7 至 9 號

No.	竣工／開設	類型	複合用途	建物所有者	教会名	併設施設	建築の状況	地域	地区	所在地
189	1960	学校チャペル	教育	教会	St. Mary's Convent Chapel 聖母院小堂 St. Mary's Chapel 聖瑪利修院小堂	St. Mary's Canossian School 嘉諾撒聖瑪利學校	1967年チャベル公開停止．新築の Notre Dame College 聖母院書院に Notre Dame Chapel 聖母院小堂として移転 現在は修道院チャペル 現存	九龍	尖沙咀	162 Austin Road, Kowloon 九龍柯士甸道 162 號
190	1960	公営団地	福祉	政府	Chapel in Maryknoll Fathers Clinic Kwun Tong 官塘瑪利諾神父診療所小堂 官塘メリノール神父診療所チャペル	Maryknoll Fathers Clinic Kwun Tong Kai Liu Catholic Social Centre 官塘瑪利諾神父診療所 保育所，会議室，図書室，読書室，麵とパンの製造工場，裁縫訓練施設	閉鎖，現存せず	九龍	官塘	Block F, Kai Liu Resettlement Estate, Kwung Tong, Kowloon 九龍鷄寮徙置區第一所 F 座
191	1960	民間建物	礼拝	民間	St. John the Baptist's Chapel 聖約翰小堂		1961 年移転	九龍	官塘	官塘
192	1960	ミッション・ステイション	福祉	民間	St. John the Baptist's Chapel 聖若翰小堂 St. John the Baptist Church (1968) 聖若翰小堂 St. John the Baptist Chapel (1969) 聖若翰小堂 聖若翰洗者堂 St. John the Baptist Church (1971) 聖若翰堂	Caritas 福利部（Bread Unit, Relief: goods distribution） Castle Peak Caritas Bakery (1961) 青山福利會製麵包廠	個人所有建物を借用 1973 年移転，Holy Redeemer Church として建て替え，現存せず	新界	屯門	San Hui, Castle Peak, N.T. 新界青山新墟 Castle Peak, San Hui, 72, Luk Yuen Village, N.T.(1967) 新界青山新墟鹿園村 72 號 72 Luk Yuen Village, Castle Peak, San Hui, N.T. (1969) 新界青山新墟鹿園村 72 號
193	1961	学校併設	教育	教会	Holy Cross Church 聖十字架堂 聖十字架教会	Holy Cross School (1953-1992) 聖十字架學校 St. Joan's English Night School (Shaukiwan Branch) (1960) 聖貞德英文夜校分校 Caritas 福利部 李宏基牧民中心（1992-2006） 李宏基學習中心（1997）	1961 年建て替え，現存 2006 年増築 学校閉鎖，Pastoral Centre，学習中心に変わった	香港	筲箕灣	Holy Cross Path, Sai Wan Ho, Hong Kong Holy Cross Path, Shaukiwan, H.K. 香港筲箕灣聖十字徑 香港筲箕灣聖十字徑 1 號
194	1961	独立棟教会堂	礼拝	教会	Immaculate Heart of Mary Church 聖母聖心堂 聖母無玷之心堂 汚れなき御心の聖母教会	当初は学校は設計になかった．1962 年に教会堂 2 階で開校 Sacred Heart of Mary Primary School (1962-1991) 聖母聖心小學 Immaculate Heart of Mary Primary School(1964-1992) 聖母無玷之心小學 Caritas 福利部（Noodle Unit, Relief: goods distribution）	1961 年建て替え，現存 1991 年学校移転	新界	大埔	Taipo Market, N.T. 新界大埔墟 Lot 1526 in D. D. 6, Wan Tau Kok, Taipo Market, N.T. (1971) 新界大埔墟運頭角 10 Wan Tau Street, Taipo, N.T. (1992) 新界大埔運頭街 10 號
195	1961	ミッション・ステイション	礼拝	教会	Immaculate Conception Chapel 聖母無原罪小堂		現存せず	新界	黃泥墩	Wong Nai Tun, Un Long, N.T. 新界元朗黃泥墩
196	1961	ミッション・ステイション	教育	教会	Mission station	St. Michael's Catholic Primary School	再開発のため 1985 年に閉鎖，現存せず	新界	大赤沙	Tai Chik Sha 大赤沙
197	1961	ミッション・ステイション	礼拝	教会	Siu Chik Sha 小赤沙		現存せず？	新界	坑口	Siu Chik Sha 小赤沙
198	1961	幼稚園併設	教育	教会	St. Peter's Church 聖伯多祿堂	St. Peter's Church Preparatory School (1962) 聖伯多祿堂預備班 聖伯多祿堂全男幼稚園 (1974) St. Peter's Catholic Kindergarten (2002-2006) 天主教聖伯多祿堂幼稚園	1961 年建て替え，現存 2006 年に幼稚園移転	香港	香港仔	220 Aberdeen Main Road, Aberdeen, Hong Kong 香港香港仔香港仔大道 220 號 香港香港仔大街 220 號 (1969)
199	1961	公営団地	礼拝	政府	St. John the Baptist Chapel 聖約翰小堂 洗礼者聖ヨハネチャペル	不詳	臨時教会，団地屋上でミサ 1962 年カトリック学校ミサ・センターを新築，移転 現存せず	九龍	官塘	Kwun Tong 官塘

No.	竣工/開設	類型	複合用途	建物所有者	教会名	併設施設	建築の状況	地域	地区	所在地
200	1962	学校併設	教育	教会	Our Lady of Perpetual Help Chapel 聖母永助小堂 Our Lady of Perpetual Help Church (1972) 永助聖母堂 Our Lady of Perpetual Help Chapel (1996) 永助聖母小堂	Wing Cho Primary School 永助小學 Caritas 福利部 (Relief: goods distribution)	1962 年に建て替え 2006 年ミサ場所移転 2014 年ミサ再開 学校閉鎖，建物現存	新界	大澳	Tai Ping Street, Tai O (Lantau Island) N.T. 大澳（大嶼山）太平街 112 Tai Ping Street, Tai O (Lantau Island) N.T. (1972) 大澳（大嶼山）太平街 112 號
201	1962	ミッション・ステイション	教育福祉	教会	St. James' Chapel 聖雅各伯小堂 St. James' Mass Centre (1980) 聖雅各伯彌撒中心	Tak Kee Catholic School 德基天主教學校 Dispensary 診療所 Caritas 福利部 (Clinic, Relief: goods distribution)	1965 年小教区移転 ミサ・センター 1989 年 まで存在 現存せず	九龍	鯉魚門	Lei Yue Mun, Kowloon 鯉魚門 Catholic Mission, Lei Yue Mun, Kowloon (1971) 鯉魚門海旁道西德基學校 Catholic Mission, Lei Yue Mun, 62B, Hoi Pong Road, Kowloon (1978) 九龍鯉魚門海旁道 62B
202	1962	カトリック学校ミサ・センター	教育	教会	St. John the Baptist Chapel 聖若翰小堂 St. John the Baptist Mass Centre (1980) 聖若翰彌撒中心 洗礼者聖ヨハネ・ミサ・センター	St. John the Baptist School 聖若翰學校 St John the Baptist Catholic Primary School 聖若翰天主教小學 洗礼者聖ヨハネ小学校 Caritas 福利部 (Clinic, Free Schools, Nursery, Noodle Unit, Relief: goods distribution, emergency cash assistance)	主日ミサは地上階講堂 3 階にチャペルあり 現存	九龍	觀塘	Yee On Street, Kwun Tong, Kowloon 宜安街 29 Yee On Street, Ngau Tau Kok, Hong Kong 九龍觀塘宜安街 29 號
203	1962	カトリック学校ミサ・センター	教育	教会	St. Vincent's Chapel 聖雲先小堂 聖ヴィンセント・チャペル St. Vincent's Mass Centre (1980) 聖雲先彌撒中心 St. Vincent's Chapel (2003) 聖雲先小堂	Wong Tai Sin Catholic Primary School 黄大仙天主教小學 黄大仙カトリック小学校 Caritas 福利部 (Free Schools, Milk Converting Centre, Bread Unit, Noodle Unit, Relief: goods distribution, emergency cash assistance)	現存	九龍	黄大仙	Wong Tai Sin Catholic Primary School, Wong Tai Sin Resettlement Estate, Kowloon 九龍黄大仙天主教小學，黄大仙徙置區 九龍黄大仙新區大仙天主教小學 (1969) 102 Ching Tak Street, Wong Tai Sin R.E., Kowloon (1970) 九龍黄大仙新區正德街 102 號 九龍黄大仙下邨正德街 102 號 (1976)
204	1963	福祉施設併設	福祉	政府	St. Stephen's Chapel 聖斯德望小堂	Treatment Centre 大欖涌戒毒所	政府所有施設利用と思われる 閉鎖	新界	大欖涌	Treatment Centre, Tai Lam Chung, Castle Peak, N.T. 新界大欖涌戒毒所
205	1963	公営団地	教育福祉	政府	St. Patrick's Chapel 聖博德小堂	Price Memorial Primary School 博智小學 St. Patrick Centre's Clinic 聖博德福利中心診療所 (1963) St. Patrick Centre's Noodle Plant 聖博德福利中心 (1963)	過渡的教会 1965 年，恒久教会堂 St. Patrick's Chapel が開設され移転	九龍	横頭磡	Block S, Wang Tau Hom R. E. 九龍横頭磡新區 S 座 Clinic/Noodle Plant 同上 同住所と思われる. Block 17, Wang Tau Hom R. E. Kowloon (1967) 九龍横頭磡新區第 17 座
206	1964	民間建物	礼拝	民間	Catchick Street Chapel 吉直北街公所		閉鎖	香港	堅尼地城	6 Catchick Street, 1st floor 香港堅尼地城吉直街 6 號 2 樓
207	1964	ミッション・ステイション	礼拝	教会	St. Leo Chapel 聖良小堂		閉鎖，現存せず	香港	石澳	Big Wave Bay, Shek O, Hong Kong 香港石澳大浪湾
208	1964	ミッション・ステイション	礼拝	教会	Cheung Sheung Mission Centre 樟上村天主堂 Cheung Sheung Mass Centre (1984) 嶂上彌撒中心		閉鎖	新界	吐露港	Cheung Sheung Village, N.T. 新界吐露港樟上村
209	1964	ミッション・ステイション	礼拝	教会	Kow Low Wan Mission Centre 高流灣天主堂 Kau Lau Wan Mission Centre (1965)		閉鎖，現存せず	新界	高流灣村	Kow Low Wan Village, N.T. 新界吐露港高流灣村
210	1964	ミッション・ステイション	教育	教会	Our Lady Mediatrix of All Graces Chapel 聖母諸寵中保小堂	Lap Tak Primary School 立德學校	チャペル閉鎖 Caritas Jockey Club Siu Tong Camp 明愛賽馬會小塘營は現存	新界	小塘新村	Shiu Tong (Siu Tong), N.T. 新界小塘新村
211	1964	ミッション・ステイション	礼拝	教会	Holy Family Chapel 聖家小堂		閉鎖	新界	流浮山	Sha Kong Miu, Lau Fau Shan, Ha Tsuen. N.T. 新界流浮山沙崗廟

No.	竣工/開設	類型	複合用途	建物所有者	教会名	併設施設	建築の状況	地域	地区	所在地
212	1964	難民エリアチャペル	教育福祉	教会	Assumption of Our Lady Church 聖母升天堂（1965-1996）	Ming Yuan Primary School, Ming Yuan Middle School (1963) 明遠中小學 Ming Yuan Primary School (1981?) 鳴遠小學 Ming Yuan Kindergarten (1981) 鳴遠幼稚園 Caritas 福利部 (Free Schools, Clinic)	1964年建て替え，1996年村閉鎖，再開発，現存せず	新界	調景嶺	Rennie's Mill, Junk Bay, N.T. 新界調景嶺 10th District, Rennie's Mill Village, N.T. (1971) 新界調景嶺第10區 No. 84, Section 10, Rennie's Mill Village, N.T. (1972) 新界調景嶺第10區84號
213	1964	カトリック学校ミサ・センター	教育	教会	Sacred Heart Church 耶穌聖心小堂	St. Francis Xavier's School 荃灣聖芳濟中學	ミサ・センター1970年閉鎖 学校現存	新界	荃灣	Ham Tin Street, Tsuen Wan, N.T. 新界荃灣咸田街 60-64 Ham Tin Street, Tsuen Wan, N.T. 荃灣鹹田街60-64號
214	1965	ミッション・ステイション	教育	教会	Mission station	St. Michael's Catholic Primary School	1985年再開発のため閉鎖 現存せず	新界	大赤沙	Tai Chik Sha 大赤沙
215	1965	カトリック学校ミサ・センター	教育	教会	St. Patrick's Chapel 聖博德小堂 St. Patrick's Mass Centre (1980) 聖博德彌撒中心 聖パトリック・ミサ・センター	St. Patrick's School 聖博德學校 聖パトリック小学校 Caritas 福利部 (Free Schools, Noodle Unit, Clinic, Relief goods distribution, emergency cash assistance) 聖博德天主教小學 St. Patrick's Catholic Primary School 聖パトリック・カトリック小学校	1965年に移転，現存 地上階の講堂一部チャベルに転用，平日ミサあり	九龍	横頭磡	St. Patrick School, Fu Mei Street, East, Wang Tau Hom, Kowloon (1970) 九龍橫頭磡新區富美東街 聖博德學校
216	1965	福祉施設併設	福祉	教会	St. Godfrey's Chapel 聖高弗烈小堂 St. Godfrey's Mass Centre (1981) 聖高弗烈彌撒中心	Caritas Social Centre St. Godfrey's Settlement (1961) 天主教福利會聖葛菲服務中心 聖ゴドフリー・セトルメント Caritas Noodle & Milk Plant (1961) 福利會社會中心製麵・牛奶廠 Caritas School Meal Kitchen (1961) 福利會社會中心學校膳食供應處 Caritas St. Godfrey's Clinic (1961) 天主教福利會聖葛菲診療所 (1961) St. Godfrey's Nursery (Caritas Social Centre) (1964) 聖葛菲托兒所 Caritas Printing Training Centre (1963) 福利會印刷訓練中心 St. Godfrey's Vocational School (1965) 聖高弗烈職業訓練學校 聖ゴドフリー職業訓練学校 Caritas Aberdeen Social Centre 明愛社區教育中心香港仔	既存の工場建物を転用，チャベル3階 ミサ・センター1989年閉鎖 建物現存 カリタス現存	香港	香港仔	Church/Caritas Printing Training Centre 22 Tin Wan Street, Aberdeen 香港香港仔田灣街22號 School/Social Centre/Clinic/Nursery 20 Tin Wan Street, Aberdeen 香港香港仔田灣街20號
217	1965	公営団地	教育福祉	政府	St. James' Chapel 聖雅各伯小堂	St. James Youth Centre 聖雅各伯天主教兒童中心 St. James Kindergarten & School (1970) 聖雅各伯幼稚園	1979年，St. Antonius Primary Schoolにミサ・センターのみ移転，現存せず	九龍	油塘	St. James Catholic Youth Centre, Block 4, Yau Tong Bay, Kowloon 聖雅各伯天主教兒童中心，九龍油塘灣第4座 Block 4, Ground Floor, Yau Tong Estate, Kowloon (1968) 九龍油塘新區第4座聖雅各伯天主教兒童中心
218	1965	政府標準設計学校ミサ・センター	教育	政府	Our Lady Queen of Peace Chapel 和平之后小堂	Holy Family School 聖家學校 聖家族学校	教会機能は1976年に移転 学校，建物現存	新界	坪洲	1 Shing Ka Rd., Peng Chau, N.T. 新界坪洲聖家路1號

No.	竣工/開設	類型	複合用途	建物所有者	教会名	併設施設	建築の状況	地域	地区	所在地
219	1966	学校併設	教育	教会	Mother of Good Counsel Church 善導之母堂 善き導きの母教会	Ng Wah School 伍華小學，中學 Ng Wah College (1969) 伍華書院 Mother of Good Counsel Youth Centre 善導之母青年中心 Ng Wah Catholic Primary School 天主教伍華中學，天主教伍華小學	現存	九龍	新蒲崗	5 Choi Hung Road, San Po Kong, Kowloon 九州新蒲崗彩虹道5號
220	1966	カトリック学校ミサ・センター	教育	教会	Holy Family Chapel 聖家小堂 Holy Family Mass Centre (1980) 聖家彌撒中心 聖家族ミサ・センター	Choi Hung Estate Catholic Secondary School 彩虹邨天主教英文中學 Choi Hung Estate Catholic 彩虹邨天主教中學 彩虹邨カトリック中学校 Choi Hung Estate Catholic English Evening School 彩虹邨天主教英文夜學	1966年移転 講堂1階チャペルに転用 現存	九龍	彩虹	c/o Choi Hung Estate Catholic Secondary School, Choi Hung Estate, Kowloon (1968) 九龍彩虹邨彩虹邨天主教英文中學 c/o Choi Hung Estate Catholic Secondary School, 1 Tse Wai Avenue, Choi Hung Estate, Kowloon
221	1966	幼稚園併設	教育	教会	Our Lady of Lourdes Chapel 露德聖母小堂 Lamma Island Mass Centre (1970-) 南Y島小堂 Our Lady of Lourdes Mass Centre（1980） 露德聖母彌撒中心 Lamma Island Mass Centre (1984) 南Y島彌撒中心 Our Lady of Lourdes Chapel (1991) 露德聖母小堂	O. L. of Lourdes School (1970) 露德聖母學校 Our Lady of Lourdes Catholic Kindergarten (1984) 天主教露德聖母幼稚園	現存	新界	南Y	O. L. of Lourdes School, Yung Shue Wan, N. T. 南Y島榕樹灣露德聖母學校 Yung Shue Wan, Lamma Island, North Section (1984) 南Y島榕樹灣北段 Yung Shue Wan, Lamma Island North, Hong Kong 香港南Y島北榕樹灣
222	1966	公営団地	福祉	政府	Chai Wan Catholic Chapel 柴灣天主教中心 Chai Wan Catholic Chapel (1974) 海星中心 Star of the Sea Chapel (1978) 海星中心 Star of the Sea Mass Centre (1980) 海星彌撒中心	海星自修中心 Star of the Sea Dental Clinic 海星牙科診療所 Caritas Social Centre Chai Wan 柴灣明愛服務中心 Library 海星幼稚園（1974）	再開発，移転新築，現存せず	香港	柴灣	Block 12, Chaiwan R.E., Ground Floor, Hong Kong 香港柴灣新區第12座地下 Block 12, Chaiwan Estate, Ground Floor, Hong Kong (1976) 香港柴灣邨第12座地下
223	1967	学校チャペル	教育	教会	Our Lady Seat of Wisdom Chapel 上智之座小堂 Ricci Hall Chapel（1969） 利瑪竇宿舍 Our Lady Seat of Wisdom Chapel 上智之座小堂	Ricci Hall 利瑪竇宿舍（香港大學）	香港大學寮チャペル 1967年建て替え，現存	香港	薄扶林	Ricci Hall, 93 Pokfulam Road, Hong Kong 香港薄扶林道93號 利瑪竇宿舍
224	1967	独立棟教会堂	礼拝	教会	St. Jude's Church 聖猶達堂 聖ユダ教会 St. Jude's Mass Centre (1995) 聖猶達彌撒中心		現存	新界	錦田	Kam Sheung Road, Kam Tin, N.T. 新界錦田錦上道 207 Kat Hing Wai, Kam Tin, N.T.（1980） 新界錦田吉慶園207號
225	1967	カトリック学校ミサ・センター	教育	教会	Christ the Worker Chapel 基督勞工小堂	Maryknoll Practical Secondary School 瑪利諾實用中學 Maryknoll Technical College 瑪利諾工業中學 Maryknoll Secondary School 瑪利諾中學 メリノール中学	1967年，天神之后堂から分離独立 1970年カリタス牛頭角センターに教会移転，講堂ミサ停止 学校現存，メリノール司祭居住 2005年に増築した棟に学校チャペルあり，チャペルでの平日ミサは現在も公的開放 校舎建て替え計画あり	九龍	牛頭角	N. K. I. L. 4495, Jordan Valley, Ngau Tau Kok, Kowloon 九龍牛頭角佐敦谷地段4495 45 Choi Ha Rd., Jordan Valley 彩霞道45（瑪利諾中學）
226	1967	政府標準設計学校ミサ・センター	教育	教会	St. Edward's School Chapel 聖愛德華學校小堂 St. Edward's Mass Centre (1981) 聖愛德華彌撒中心	St. Edward's Primary School 聖愛德華學校	1996年再開発により建て替え 教会新校舎に移転 現存せず	九龍	咸田/藍田	Block 4, Ham Tin R.E. Kowloon 九龍咸田新區第4座 Block 4, Lam Tin, R.E. Kowloon (1971) 九龍藍田新區第4座
227	1967	カトリック学校ミサ・センター	教育	教会	Notre Dame College Chapel 聖母院書院小堂 Notre Dame Chapel (1988) 聖母院小堂	Notre Dame College 聖母院書院 ノートル・ダム・カレッジ	学校チャペルあり 現存 学校講堂と共に学校チャペルも公的ミサに開放	九龍	馬頭圍	51 Shing Tak St., Ma Tau Wai, Kowloon 九龍馬頭圍盛德街51號

No.	竣工/開設	類型	複合用途	建物所有者	教会名	併設施設	建築の状況	地域	地区	所在地
228	1968	独立棟教会堂	礼拝	教会	St. Joseph's Church 聖若瑟堂 聖ヨゼフ教会		1876年築教会堂を1968年に建て替え，現存	香港	花園道	7 Garden Rd., Central, Hong Kong 香港花園道7號 37 Garden Road, Hong Kong (1983) 香港花園道37號
229	1968	公営団地	教育	政府	Immaculate Heart of Mary Chapel 潔心小堂	Kit Sam School (primary) 潔心學校	1970年移転，現存せず	九龍	秀茂坪	Block 39, Sau Mau Ping, R.E. Kowloon 九龍秀茂坪新區第39座
230	1968	公営団地	福祉	政府	Resurrection Chapel 耶穌復活小堂	Resurrection Social Centre Clinic (1960) 復活小堂診療所 Maryknoll Fathers' Play Centre (1960) 瑪利諾神父康樂中心 Maryknoll Fathers' Day Nursery (1972) 瑪利諾神父托児所 Sewing school Noodle plant	日曜日には団地のオープンスペースにテントを張り，椅子を並べてミサ 1978年移転，現存せず	九龍	觀塘	Block 18, Kwun Tong R.E. Kowloon 九龍官塘新區第18座 Play Centre, Nursery: 第18座地下 Clinic: 第18座第1所 九龍官塘翠屏道邨第18座 (1976)
231	1968	カトリック学校ミサ・センター	教育	教会	Newman College Chapel 新民書院小堂	Newman College 新民書院	教会閉鎖，学校現存	九龍	油麻地	2 Cliff Road, Yaumati, Kowloon 九龍油麻地石壁道2
232	1968	政府標準設計学校ミサ・センター	教育	政府	St. Antonius Primary School Chapel 聖安當小學小堂 St. James' Mass Centre (1980) 聖雅各伯彌撒中心	St. Antonius Primary School 聖安當小學	1980年，St. James' Mass Center が移転してきたため改名 チャペル閉鎖 1999年学校移転，現存せず	九龍	油塘	100 Yau Wing Street, Yau Tong 油塘灣欣榮道100號
233	1969	学校併設	教育	教会	SS. Cosmas and Damian Church 葛達二聖堂 聖コスマス・ダミアン教会	Tsuen Wan Catholic Primary School 荃灣天主教小學 Tsuen Wan Our Lady Kindergarten 荃灣聖母幼稚園	現存	新界	荃灣	37-41 Tak Wah Street, Tsuen Wan, N.T. 新界荃灣德華街37至41號
234	1969	政府標準設計学校ミサ・センター	教育	政府	Shek Yam Salesian Primary School 石蔭慈幼小學 Shek Yam Salesian Primary School Mass Centre 石蔭慈幼小學彌撒中心	Shek Yam Salesian Primary School 石蔭慈幼小學	1993年移転新築 現存せず	新界	葵涌石蔭邨	Shek Yam Estate, Kwai Chung, Tsuen Wan, N.T. 新界葵涌石蔭邨 新界葵涌石蔭邨第一座
235	1969	ミッション・ステイション	礼拝	教会	Immaculate Heart of Mary Chapel 聖母無玷之心小堂		現存せず	新界	大嶼山	Sam Sek Wan Village, N.T. 新界深石灣村 新界大嶼山深石灣村
236	1969	ミッション・ステイション	礼拝	教会	Holy Apostles' Chapel 諸聖宗徒小堂		閉鎖	新界	白沙灣	Pak Sha Wan, Sai Kung, N.T. 新界西貢白沙灣
237	1969	独立棟教会堂	礼拝	教会	St. Vincent's Church 聖雲先堂 聖ヴィンセント教会	English-language play school/Peter Pan Kindergarten (1972-1992) retreat and camp for youth	1969年建て替え 地下駐車場を幼稚園に利用 現存	新界	坑口	Hang Hau Rd., Hang Hau, Hong Kong Clear Water Bay Road, Hang Hau, N.T. (1969) 新界坑口村清水灣道 (1973) DD 224, Lot 352, Hang Hau Road, Hang Hau, N.T. (1980) 新界坑口道352地段DD224
238	1969	福祉施設併設	福祉	アングリカン教会	St. Peter's Seamen Church 聖伯多祿海員堂 聖ピーター教会 St. Peter's Seamen Chapel (1975) 聖伯多祿海員小堂 Seamen St. Peter's Chapel (1980) 聖伯多祿海員小堂 St. Peter's Seamen Chapel (1981) 聖伯多祿海員小堂 St. Peter's - The Seamen's Church (1990) 聖伯多祿海員堂 St. Peter's Church (1992) 聖伯多祿堂	Mariners' Club (hotel, restaurant, recreation, welfare for seafarers) 海員宗會	多宗派兼用チャペル 再開発のために建物2018年に閉鎖，解体，現存せず 教会堂は2018年3月に仮移転	九龍	尖沙咀	Mariners' Club, 11 Middle Rd., Tsim Sha Tsui, Kowloon 九龍中間道11號海員宗會
239	1970	政府標準設計学校ミサ・センター	教育	政府	Wah Fu Estate Mass Centre 華富邨小堂 Our Lady of Lourdes Church (1978) 露德聖母堂 Our Lady of Lourdes Mass Centre (1980) 露德聖母彌撒中心 Wah Fu Estate Mass Centre (1984) 華富邨彌撒中心	Precious Blood Primary School 華富邨寶血小學	学校，ミサ・センター現存 公営団地再開発計画あり	香港	華富邨	614-615 Wah Kee House, Wah Fu Estate, Hong Kong (1971) 華富邨華基樓614-615號 27 Waterfall Bay Road, Wah Fu Estate, HK 香港華富邨瀑布灣道27號

No.	竣工/開設	類型	複合用途	建物所有者	教会名	併設施設	建築の状況	地域	地区	所在地
240	1970	公営団地	教育	政府	Immaculate Heart of Mary Chapel 潔心小堂	Sau Mau Ping Catholic Kindergarten (1969) 秀茂坪天主教幼稚園	1974年，教会は同エリアの学校に移転	九龍	秀茂坪	Block 6A, Sau Mau Ping, R.E. Kowloon 九龍秀茂坪新區第6A座
241	1970	カトリック学校ミサ・センター	教育	教会	Christ the King Chapel 基督君王小堂 Christ the King Church 基督君王堂 Christ the King Mass Centre (1981) 基督君王彌撒中心	Cheung Sha Wan Catholic Secondary School (1970) 長沙湾天主教英文中学	ミサ・センター1999年閉鎖 校舎現存 2007年再開（4階チャペル） 2010年，Mary Help of Christians Church に移転，閉鎖	九龍	長沙湾	Fuk Wing Street, Cheung Sha Wan, Kowloon 九龍長沙湾福榮街 533 Fuk Wing Street, Cheung Sha Wan, Kowloon（1972）九龍長沙灣福榮街533號
242	1970	政府標準設計学校ミサ・センター	教育	政府	St. Bonaventure Church 聖文德堂 聖ボナベンチュラ教会	Tak Oi Secondary School (1972) 徳愛中學	過渡的教会 1972年ミサ・センター移転，閉鎖 校舎現存	九龍	慈雲山	Tak Oi Secondary School, 8 Tsz Wan Shan Road, Kowloon 九龍慈雲山道8號德愛中學
243	1970	政府標準設計学校ミサ・センター	教育	政府	Po Chiu School Chapel 普照中學小堂 Po Chiu School Mass Centre (1980) 普照書院彌撒中心	Po Chiu School 普照書院 Po Chiu Catholic Secondary School 天主教普照中学	1996年移転，建て替え，現存せず	九龍	油塘	555 Cha Kwo Ling Road, Yau Tong 九龍茶果嶺道555號
244	1970	福祉施設併設	福祉	教会	Christ the Worker Chapel 基督勞工小堂 労働者キリスト・チャペル Christ the Worker Mass Centre (1981) 基督勞工彌撒中心	Ngau Tau Kok Caritas Centre 天主教福利會牛頭角明愛中心（1970）カトリック福利会牛頭角カリタス・センター general medical clinic, mobile dental service, community hall, tuck shop, young workers' dormitory, canteen, vocational training courses Caritas Community Centre Ngau Tau Kok 明愛牛頭角社區中心 カリタス牛頭角コミュニティ・センター	1970年教会移転 チャペルあり 週末ミサはホール使用 現存	九龍	牛頭角	1 On Tak Road, Ngau Tau Kok, Caritas Centre, Kowloon 九龍牛頭角安德道1號明愛中心
245	1970	カトリック学校ミサ・センター	教育	教会	St. Paul's Chapel 聖保禄小堂 St. Paul's Church (1979) 聖保禄堂 St. Paul's Mass Centre 聖保禄彌撒中心	Yaumati Catholic Primary School 油麻地天主教小学 油麻地カトリック小学校	1968年開校 5階にチャペルあり 主日ミサは講堂使用 現存	九龍	油麻地	41 Tung Kun Street, Yaumati, Kowloon 九龍油麻地東莞街41號
246	1970	政府標準設計学校ミサ・センター	教育	政府	St. Edward's Mass Centre 聖愛德華彌撒中心	Sing Yin Secondary School 聖言中学	主日ミサのみホール借用 ミサ・センター移転 学校は新清水灣道に移転新築，現存せず	九龍	藍田	11 On Tin Street, Lam Tin 藍田邨安田街
247	1971	政府標準設計学校ミサ・センター	教育	政府	Po Chark School Chapel 普澤小學小堂 Po Chark School Mass Centre (1980) 普澤小學彌撒中心	Po Chark School 普澤小學	ミサ・センター閉鎖，現存せず	九龍	油塘	Ko Chiu Road Low Cost Housing Estate, Yau Tong Bay, Kowloon 九龍油塘湾高超道道廉租屋邨
248	1971	学校チャペル	教育	教会	St. Antonius Girls' Secondary School Chapel 聖安當中學小堂	St. Antonius Girls' Secondary School 聖安當中學	チャペル閉鎖 学校現存	九龍	油塘	1 Ko Chiu Road, Yau Tong 九龍油塘湾高超道1
249	1971	政府標準設計学校ミサ・センター	教育	政府	Shek Lei Catholic Primary School 石籬小堂（1979）Shek Lei Catholic Primary School Mass Centre (1980) 石籬天主教小學彌撒中心 St. John the Apostle Mass Centre (1982) 聖若望宗徒彌撒中心 Shek Lei Pui Mass Centre (1983) 石梨貝彌撒中心	Shek Lei Catholic Primary School 石籬天主教小學	1982年に St. John the Apostle Mass Centre が仮設される 1982年に中学に移転 現存	新界	石籬邨	Block 10, Shek Lei R.E., Kwai Chung, N.T. 新界葵涌石籬新區第10座 11 Shek Pai Street, Kwai Chung, N.T.（2014年移転）新界葵涌石排街11號

No.	竣工/開設	類型	複合用途	建物所有者	教会名	併設施設	建築の状況	地域	地区	所在地
250	1972	民間建物	礼拝	教会	St. Joseph's Chapel 聖若瑟小堂	St. Joseph's House（ドミニコ会修道院） 聖若瑟會院	現存 1972年に民間が開発した集合住宅．1棟をドミニコ会が購入し修道院として 修道院チャペルを平日，主日に開放 集合住宅コンパウンド全体の再開発計画あり 近い将来移転の可能性あり	九龍	九龍塘	Hamburg Villa Block 2, 8-10 Eastbourne Rd., Kowloon Tong, Kowloon 九龍九龍塘義本道8至10號涵碧別墅2座
251	1972	公営団地	教育	政府	Caritas Tak Sing Kindergarten 德聲幼稚園 Kwai Chung Mass Centre Kwai Chung Caritas Kindergarten（1978） 明愛葵涌幼稚園彌撒中心 Upper Kwai Chung Mass Centre Kwai Chung Caritas（1979） 明愛葵涌幼稚園	Caritas Tak Sing Kindergarten 德聲幼稚園 Caritas Tak Sing Day Nursery（1972） 天主教福利會德聲托兒所 Kwai Chung Caritas Kindergarten/Caritas Kwai Chung Kindergarten（1978） 明愛葵涌幼稚園 Caritas Day Nursery Kwai Chung（1978） 葵涌明愛幼兒園	幼稚園，ミサ・センター閉鎖	新界	荃灣	Block 5, Ground Floor, Kwai Chung R. E., Tsuen Wan, N.T. 新界荃灣葵涌新區第5座地下
252	1972	学校併設	教育	教会	Our Lady of China Church 中華聖母堂 Our Lady of China Chapel（1975） 中華聖母小堂 Our Lady of China Church（1980） 中華聖母堂	Tai Kok Tsui Catholic Primary School 大角嘴天主教小學	現存	九龍	大角嘴	148 Tai Kok Tsui Road, Kowloon 九龍大角咀道148號
253	1972	カトリック学校ミサ・センター	教育	教会	St. Bonaventure Church 聖文德堂 聖ボナベンチュラ教会 St. Bonaventure Chapel（1975） 聖文德小堂 St. Bonaventure College Mass Centre（2008年再開） 聖文德書院彌撒中心	St. Bonaventure College 聖文德書院	校舎現存，1976年ミサ・センター移転 2008年再開 現存	九龍	慈雲山	St. Bonaventure College, 47 Sheung Fung Street, Tsz Wan Shan, Kowloon 九龍慈雲山雙鳳街47號聖文德書院
254	1972	修道院チャペル	礼拝	教会	Chapel	Studium Biblicum Think High Bible Society 思高聖經學會	現存	香港	渣甸山	6 Henderson Road, Jardine's Lookout 軒德蓀道6
255	1972	独立棟教会堂	礼拝	教会	Kwun Tong Pastoral Centre 官塘牧民中心 官塘司牧センター Resurrection Mass Centre（1979） 耶穌復活彌撒中心 Holy Spirit Chapel（1982年から併存，Pastoral Centre内） 聖神小堂 Resurrection Church（2000） 耶穌復活堂	Kwun Tong Pastoral Centre（library） 九龍官塘牧民中心 Resurrection Parish Pastoral Centre（2000） 耶穌復活堂牧民中心 天主教牧民中心	小教区教会堂ではないPastoral Centreとしてメリノール宣教会が1972年建設．信徒養成プログラム実施 1979年，Resurrection ChapelがKwun Tong R. E.公営団地から移転 1985年，メリノール会から教区へ移管 小教区教会堂になった 2002年センター閉鎖 現存	九龍	官塘東	100 Tsui Ping Road, Kwun Tong, Kowloon 九龍官塘翠屏道100號地下
256	1973	政府標準設計学校ミサ・センター	教育	政府	Wong Chuk Hang Catholic Primary School 黃竹坑天主教小學 St. Luca's Chapel（1978） 聖路加堂 St. Luke's Mass Centre（1980） 聖路加彌撒中心	Wong Chuk Hang Catholic Primary School 黃竹坑天主教小學	閉鎖，解体，現存せず	香港	黃竹坑	Wong Chuk Hang Estate School No.1, Wong Chuk Hang 黃竹坑新邨學校1號 黃竹坑黃竹坑邨新邨學校1號（1980）
257	1973	学校併設	教育	教会	Holy Redeemer Church 贖世主堂 聖なる贖い主教会	Castle Peak Catholic Primary School 青山天主教小學 Castle Peak Hospital（1974） 青山醫院	1973年移転・建て替え 現存	新界	屯門	Castle Peak Town, N.T. 新界青山新城市 Pui To Road, Castle Peak Town, N.T.（1976） 新界杯渡路青山新城市 2 Heung Sze Wui Road, Tuen Mun, N.T.（1980） 新界屯門屯門鄉事會路2號
258	1973	ミッション・ステイション	礼拝	教会	Chuen Lung Village Chapel 川龍村小堂		閉鎖，現存	新界	川龍村	Cheung Lung Village, Tsuen Wan, N.T. 新界川龍村

No.	竣工/開設	類型	複合用途	建物所有者	教会名	併設施設	建築の状況	地域	地区	所在地
259	1973	カトリック学校ミサ・センター	教育	教会	Pope Paul VI College 保禄六世英文女子書院	Pope Paul VI College 保禄六世英文女子書院	ミサ・センター閉鎖，学校現存	新界	荃灣	Shek Pai Street, Shek Lei R. E. Kwai Chung, Tsuen Wan, N.T. 新界荃灣石梨新區石排街 8 Lei Pui Street, Kwai Chung, N.T. 香港葵涌梨貝街8號
260	1973	民間建物	教育	民間	Delia Memorial School (Boys) 地利亞修女紀念學校（男校） Delia Memorial School (Boys) Mass Centre (1980) 地利亞修女紀念學校彌撒中心 Delia Memorial School Mass Centre (1983) 地利亞修女紀念學校彌撒中心 Delia English Primary School & Kindergarten Mass Centre (2007) 地利亞英文小學暨幼稚園彌撒中心	Delia Memorial School (Boys) 地利亞修女紀念學校（男校） デリア記念学校	民間経営学校講堂無期限無償借用 所有者が許可する限りは借用継続 現存，ミサあり	九龍	美孚新邨	Mei Fu Sun Chuen, Kowloon 九龍美孚新邨 84–86 Broadway, Mei Foo Sun Chuen (2011) 九龍美孚新邨百老匯街84–86號
261	1974	カトリック学校ミサ・センター	教育	教会	Maryknoll Father's School (1974) 瑪利諾神父學校 Maryknoll Father's School Mass Centre (1980) 瑪利諾神父學校彌撒中心	Maryknoll Father's School 瑪利諾神父學校	ミサ・センター閉鎖 学校現存	九龍	大坑東	Tai Hang Tung Road, Kowloontsai (1974) 九龍仔大坑東道 2 To Yuen Street, Tai Hang Tung, Kowloon, Hong Kong 九龍大坑東桃源街2號
262	1974	政府標準設計学校ミサ・センター	教育	政府	Siu Ming Girls' College 蕭明女子中學 Siu Ming Girls' College Mass Centre (1980) 蕭明女子中學彌撒中心	Siu Ming Girls' College 蕭明女子中學 Daughters of Mary Help of Christians Siu Ming Catholic Secondary School 天主教母佑會蕭明中學	ミサ・センター閉鎖 学校現存	新界	葵涌	Kwai Chung, Kwai Sing Lot 94 葵涌葵盛94地段 6 Kwai Yip Street, Kwai Chung, N.T. 新界葵涌葵盛葵業街6號
263	1973	政府標準設計学校ミサ・センター	教育	政府	Immaculate Heart of Mary Chapel 潔心小堂 Immaculate Heart of Mary Mass Centre (1980) 潔心彌撒中心	Sau Mau Ping Catholic Primary School (School No. 5) 秀茂坪天主教小學	2001年移転，建て替え，現存せず	九龍	秀茂坪	Sau Mau Ping Catholic Primary School, Block 25, Sau Mau Ping Estate, Kowloon 九龍秀茂坪新區25座天主教小學 九龍秀茂坪村25座天主教小學 (1976)
264	1974	カトリック学校ミサ・センター	教育	教会	De La Salle College 喇沙中學	De La Salle College 喇沙中學 De La Salle Secondary School - N. T. 新界喇沙中學	学校チャペルあり 現存	新界	金錢村	Kam Tsin Village, N.T. 上水金錢村
265	1974	独立棟教会堂	礼拝	教会	Catholic Mission 天主堂 Mother of Christ Church (1976) 基督之母堂 キリストの母教会 Mother of Christ Mass Centre (1981) 基督之母彌撒中心		既存建物を購入し転用 1990年建て替え，現存せず	新界	上水	Catholic Mission, 10–12 San Lok Street, 2nd floor, Sheung Shui, N.T. 新界上水新樂街10至12號3樓（仮設） Sheung Shui Cross Road, Sheung Shui, N.T. (1976) 新界上水十字路口 Sheung Shui Roundabout, Sheung Shui, N.T. (1985) 新界上水廻旋處
266	1975	福祉施設併設	福祉	教会	St. Alfred's Church 聖亜爾發堂 聖歐爾發堂 (1978)	Caritas Social Centre (nursery, family services, community services, library) Caritas Elderly Centre 明愛沙田長者中心	1975年に建て替え，現存 元々所有していた土地での建て替えなので，学校併設の条件はなかった 建設費はアメリカのCatholic Relief Servicesとエッセン教区からの寄付で賄った	新界	沙田	Catholic Mission, Shatin, N.T. 新界沙田天主堂 19–21 Man Lai Road, Shatin (1982) 沙田文禮路19–21號
267	1975	政府標準設計学校ミサ・センター	教育	政府	Lei Muk Shue Mass Centre 籬木樹小堂 梨木樹彌撒中心	Lei Muk Shue Catholic Primary School 籬木樹天主教小學 梨木樹天主教小學	ミサ・センター閉鎖 学校現存	新界	葵涌籬木樹邨	Lei Muk Shue Catholic Primary School, Lei Muk Shue Estate, Block 2 籬木樹邨2座 籬木樹天主教小學
268	1976	独立棟教会堂	礼拝	教会	Blessed Martyrs of China Chapel 中華真福致命小堂 Martyr Saints of China Chapel (2000) 中華殉道諸聖小堂 石澳天主堂靜修舍 (2005)	Blessed Martyrs of China Chapel Retreat Section 石澳天主堂靜修舍 Holistic Retreat Centre 石澳天主堂靜修舍	黙想施設チャペル ミサ開放 1970年代前半に移転，新築 現存	香港	石澳	28 Headland Road, Shek O, Hong Kong (1981) 香港石澳山頂28號 香港石澳山仔28號

No.	竣工/開設	類型	複合用途	建物所有者	教会名	併設施設	建築の状況	地域	地区	所在地
269	1976	カトリック学校ミサ・センター	教育	教会	Holy Spirit Chapel 聖神小堂 Holy Spirit Mass Centre (1980) 聖神彌撒中心	Yu Chun Keung Memorial College 余振強紀念中學	ミサ・センター 2002 年閉鎖，校舎現存	九龍	何文田	27 Man Fuk Road, Waterloo Hill, Homantin, Kowloon 九龍何文田窩打老道山文福道 27 號
270	1976	幼稚園併設	教育	教会	St. Bonaventure Church 聖文德堂	St. Bonaventure Kindergarten 聖文德幼稚園 (1979-1988) Bonaventure Integrated Children and Youth Centre (1995) 文德青少年綜合服務中心	2019 年改修現存	九龍	慈雲山	N. K. L. 5229, Po Kang Village Road, Tsz Wan Shan, Kowloon 九龍慈雲山蒲崗村道 5229 地段 89 Po Kong Village Road, Tsz Wan Shan, Kowloon (1977) 九龍慈雲山蒲崗村道 89 號
271	1976	独立棟教会堂	教育	教会	Rosary Church 玫瑰堂 Rosary Chapel (1996) 玫瑰小堂	Ying Yin Catholic Kindergarten 天主教英賢幼稚園	1976 年，隣接地に建て替え 教会，幼稚園閉鎖 現存 再開発計画あり	新界	洪水橋	Tan Kwai Road, Lot No. 4166, Hung Shui Kiu, Yuen Long, N.T. 新界元朗洪水橋丹桂路地段 4166 304 Tan Kwai Tsuen Road, Hung Shui Kiu, Yuen Long, N.T. (1996) 新界元朗洪水橋丹桂村路 304 號
272	1976	福祉施設併設	福祉	教会	Tai Ping Village Hall 太平村禮堂 Tai Ping Village Mass Centre 太平村彌撒中心	Hall 太平村禮堂	カリタス開発集落．船上生活者定住用住宅 ミサ停止	新界	西貢	Tai Ping Village, Sai Kung, N.T. 新界西貢太平村
273	1976	民間建物	礼拝	民間	Kwai Fong Mass Centre 葵芳小堂 St. Stephen's Church (1980) 聖斯德望堂		過渡的教会 閉鎖，1980 年新築教会堂に移転	新界	葵芳	Kwai Fong Estate, Southern Mansion, "B" Block, 5th floor, Wing Fong Road 葵涌葵芳守運樓 B 座 6 樓 3 Wong Fong Road, Southern Bldg., "B" Block, 5th floor (1980) 葵涌葵芳榮芳路 3 號守運樓
274	1976	福祉施設併設	福祉	教会	Tsing Yi Mass Centre 青衣小堂 St. Paul's Chapel (1980) 聖保祿小堂	St. Paul's Village Hall 保祿村禮堂	カリタス開発集落．船上生活者定住用住宅 ミサ停止	新界	青衣	St. Paul's Village Hall, Tsing Yi Island, N.T. 新界青衣島保祿村禮堂
275	1976	民間建物	礼拝	教区	Our Lady Queen of Peace Chapel (1961) 和平之后小堂		民間ディベロッパー開発 住商複合建物の一部を購入 現存	新界	坪洲	Far East Consortium Bldg., Block E, G/F., Peng Chao (1980) 新界坪洲遠東發展大廈 E 座地下
276	1977	政府標準設計学校ミサ・センター	教育	政府	Lai King Community Hall 荔景社區會堂 Lai King Catholic Secondary School Mass Centre (1980) 荔景天主教中學彌撒中心	Lai King Catholic Secondary School (1978) 荔景天主教中學	ミサ・センター閉鎖	新界	葵涌荔景邨	Lai King Estate, Kwai Chung, N.T. 新界下葵涌荔景邨
277	1977	政府標準設計学校ミサ・センター	教育	政府	Father Cucchiara Memorial School 青衣郭怡雅神父紀念小學 Father Cucchiara Memorial School Mass Centre (1980) 郭怡雅神父紀念學校彌撒中心 St. Thomas the Apostle Mass Centre (1988) 聖多默宗徒彌撒中心	Father Cucchiara Memorial School 郭怡雅神父紀念學校	過渡的ミサ・センター 教会新築移転，ミサ・センターは閉鎖 学校現存	新界	青衣	Cheung Ching Estate, Tsing Yi Island, N.T. 新界青衣島長青邨 Estate School No. 2, Cheung Ching Estate, Tsing Yi, N.T. 青衣長青邨第 1 期屋村第 2 校舍
278	1977	民間建物	礼拝	教会	All Saints Mass Centre 諸聖彌撒中心		低層（2 階建て），半独立住宅．教区が購入 ミサ・センター閉鎖 建物現存	新界	元朗	10, 4th St., Section 1, Fairview Park, Yuen Long, N.T. 新界元朗錦繡花園 "I" 段第 4 街 10 號
279	1979	学校チャペル	教育	教会	Our Lady of Assumption Chapel 聖母升天小堂 Salesian Mass Centre (1997) 慈幼彌撒中心	Salesian School 慈幼學校 (Secondary Section 中學部, Primary Section 小學部) Salesian Middle School (English & Chinese) 慈幼學校 Salesian English School 慈幼英文學校	学校は 1959, 1972, 2003 年増築 小學部のチャペルを主日ミサに利用・開放 現存 クリスマス，復活祭は中學部ホールでミサ	香港	筲箕灣	16 Chai Wan Road, Hong Kong 香港柴灣道 16 號

No.	竣工/開設	類型	複合用途	建物所有者	教会名	併設施設	建築の状況	地域	地区	所在地
280	1979	政府標準設計学校ミサ・センター	教育	政府	Our Lady Queen of the Angels Parish 天神之后堂區 Our Lady Queen of Angels Mass Centre (1987) 天神之后彌撒中心	Shun Lee Catholic Secondary School 順利天主教中學	1979 年，牛頭角から移転 現存	九龍	觀塘順利邨	7 Shun Chi St., Cha Liu Au 九龍順利邨順緻街 7 號順利天主教中學
281	1979	政府標準設計学校ミサ・センター	教育	政府	St. John Bosco Chapel 聖鮑思高小堂 聖鮑思高小學 (1981)	St. John Bosco School 慈雲山聖鮑思高學校	学校現存せず	九龍	慈雲山	Tsz Wan Shan R.E. Blk., 47, Kowloon 九龍慈雲山邨 47 座（聖鮑思高學校）
282	1980	幼稚園併設	教育	教会	St. Stephen's Church 聖斯德望堂 聖スティーブン教会	St. Stephen's Catholic Kindergarten 聖斯德望天主教幼稚園 聖スティーブン幼稚園	現存	新界	下葵涌	14 Wing Fong Road, Ha Kwai Chung, N.T. 新界葵涌榮芳路 14 號
283	1980	政府標準設計学校ミサ・センター	教育	政府	Chai Wan Kok Mass Centre 柴灣角天主教小學彌撒中心 Annunciation Mass Centre (1988) 聖母領報彌撒中心	Chai Wan Kok Catholic Primary School 柴灣角天主教小學	過渡的教会，ミサ・センター閉鎖 学校現存	新界	荃灣	Chai Wan Kok Catholic Primary School, Site No. 3/157, West Chai Wan Kok, Tsuen Wan, N.T. 新界荃灣柴灣角 3/157 地段 2-10 On Yin Street, Chai Wan Kok, Tsuen Wan, N.T. (1988) 新界荃灣柴灣角安賢街 2 至 10 號
284	1980	ミッション・ステイション	礼拝	教会	Infant Jesus of Prague Mass Centre 耶穌聖嬰彌撒中心		正式ミサ・センター建設中の過渡的教会，1981 年 1 月閉鎖	新界	梅窩	39H, Chung Hau Street, Silver Mine Bay, Lantau Island, N.T. (1980) 新界大嶼山梅窩涌口街 39 號 H 地下
285	1980	民間建物	教育	民間	International College Hong Kong 康樂園國際學校	International College Hong Kong 康樂園國際學校	民間経営学校借用 ミサ・センター閉鎖，学校現存	新界	大埔	3 Hong Lok Yuen 20th St., Hong Lok Yuen 新界大埔康樂園第 20 街 5 號
286	1981	政府標準設計学校ミサ・センター	教育	政府	Ling To Mass Centre 領島彌撒中心	Ling To Primary School 領島學校 Ling To Catholic Primary School 天主教領島學校	現存	九龍	何文田	Ho Man Tin, Catholic Primary School 九龍何文田俊民苑天主教學校
287	1981	福祉施設併設	福祉	教会	St. Peter's Village Mass Centre 西貢伯多祿村	Caritas Community Development Project	カリタス開発集落，船上生活者定住用住宅 伯多祿村現存 ミサ・センター閉鎖	新界	西貢	St. Peter's Village 西貢伯多祿村
288	1981	ミッション・ステイション	礼拝	教会	Lui Kung Tin Mass Centre 雷公田彌撒中心		閉鎖	新界	石崗	Lui Kung Tin Village, Shek Kong, N.T. 新界石崗雷公田村
289	1982	学校併設	教育	教会	Our Lady of Lourdes Church 露德聖母堂	Yu Chung Keung Second Memorial School 余振強紀念第二中學	1982 年に移転新築 現存	香港	置富花園	Chi Fu Close, Pokfulam, Hong Kong. 香港薄扶林置富徑 1 Chi Fu Close, Pokfulam, Hong Kong. (1985) 香港薄扶林置富徑 1 號
290	1982	公営団地	教育	政府	St. Francis Xavier Mass Centre 聖方濟沙勿略彌撒中心 St. Francis Xavier Chapel (2015) 聖方濟沙勿略小堂	Kam Lam Catholic Kindergarten 甘霖天主教幼稚園	公営団地地上階に幼稚園入居 現存	九龍	彩雲邨	c/o Kam Lam Catholic Kindergarten, Kam Lam House, G/F., Choi Wan Estate, Kowloon 九龍彩雲邨甘霖樓地下 甘霖天主教幼稚園
291	1982	カトリック学校ミサ・センター	教育	教会	St. John the Apostle Mass Centre 聖若望宗徒彌撒中心	Shek Lei Catholic Secondary School 石籬天主教中學	竣工 1981 年 当初より 3 階に学校チャペルあり 1981 年にミサ・センターが石籬天主教小學に臨時開設される 1982 年に中学で正式開設 現存	新界	葵涌	317 Tai Pak Tin Street, Kwai Chung, N.T. 新界葵涌大白田街 317 號 23-31 On Chit St., Shek Yam, Kwai Chung, N.T. (1986) 新界葵涌石蔭安捷街 23 至 31 號
292	1982	幼稚園併設	教育	教会	Infant Jesus of Prague Mass Centre 耶穌聖嬰彌撒中心 プラハの幼子イエス・ミサ・センター Infant Jesus of Prague Retreat Centre (1995) 耶穌聖嬰避靜中心	Kindergarten（計画のみ）幼稚園 Retreat house	キャンプ，ハイキングに行く人が土曜夜ミサに参加できるよう開設 幼稚園併設を意図して設計されたが，実際には開設しなかった 1987 年ミサ停止 黙想施設に転用，現存	新界	梅窩	Wang Tong Village, Silver Mine Bay, Lantau Island, N.T. 新界大嶼山梅窩橫塘村

No.	竣工/開設	類型	複合用途	建物所有者	教会名	併設施設	建築の状況	地域	地区	所在地
293	1983	政府標準設計学校ミサ・センター	教育	政府	The Little Flowers' School Mass Centre 聖華學校彌撒中心 Blessed Martyrs of China Mass Centre（1988）華福彌撒中心 Martyrs of China Chapel（2000）華福小堂 Martyr Saints of China Mass Centre（2001）中華殉道諸聖彌撒中心 Holy Martyrs and Blessed of China Mass Centre（2007）中華殉道諸聖及真福彌撒中心	The Little Flowers' School 聖華學校 The Little Flowers' Catholic Primary School 聖華學校 天主教聖華學校	現存	新界	沙田	c/o The Little Flower's School, Wo Che Estate, Phase One, Shatin, N.T. 新界沙田禾輋邨第一期聖華學校
294	1983	カトリック学校ミサ・センター	教育	教会	Nativity of Our Lady Mass Centre 聖母聖誕彌撒中心	Bishop Walsh Primary School 華德學校	ミサ・センター閉鎖 校舎現存	九龍	樂富	150 Junction Rd., Lo Fu Ngam 九龍聯合道 150 號
295	1983	民間建物	礼拝	民間	St. Thomas the Apostle Mass Centre 聖多默宗徒彌撒中心		過渡的教会 閉鎖	新界	青衣	107-108 Chung Mei Village, 2nd floor, Tsing Yi Island, N.T. 新界青衣島涌美村 3 樓
296	1983	政府標準設計学校ミサ・センター	教育	政府	St. Matthew the Apostle Mass Centre 聖瑪竇彌撒中心 St. Matthew Mass Centre（1996）聖瑪竇彌撒中心 St. Matthew the Apostle Mass Centre（1997）聖瑪竇宗徒彌撒中心 使徒聖マタイ・ミサ・センター	Yan Tak Catholic Primary School 仁德天主教小學 仁德カトリック小学校	平日ミサ用チャペルあり 現存	新界	屯門	Yan Tak Catholic Primary School, Butterfly Estate, Tuen Mun, N.T. 新界屯門蝴蝶邨小學校舍第 2 座仁德天主教小學
297	1984	カトリック学校ミサ・センター	教育	教会	Quarry Bay Mass Centre 鰂魚涌彌撒中心	Canossa School 香港嘉諾撒學校	現存	香港	鰂魚涌	8 Hoi Chak St. Quarry Bay, Hong Kong 香港鰂魚涌海澤街 8 號
298	1985	学校チャペル	教育	教会	St. Mary's Convent Chapel 聖母院小堂 瑪利諾修院小堂	Maryknoll Convent School 瑪利諾修院學校 メリノール修道会学校	CIRS（Catholic Institute for Religion and Society）が無償借用, 平日・主日ミサ 1996 年に CIRS 移転, ミサ停止 現存	九龍	九龍塘	九龍九龍塘何東道五號 130 Waterloo Road, Kowloon 九龍窩打老道 130 號
299	1986	福祉施設併設	福祉	教会	St. Charles Chapel 聖嘉祿小堂 St. Charles' Chapel（2012）明愛醫院聖嘉祿小堂	Caritas Medical Centre 明愛醫院	もとは修道会運営 2014 年建て替え 現存せず	九龍	深水埗	Caritas Medical Centre, 111 Wing Hong Street, Kowloon 九龍深水埗永康街 111 號明愛醫院懷明樓地下
300	1986	カトリック学校ミサ・センター	教育	教会	St. Joseph's Mass Centre 聖若瑟彌撒中心	St. Joseph's Anglo-Chinese School 聖若瑟英文中學	恒久小教区教会堂建設中の過渡的教会, 1986-1987 年閉鎖 中学校のみ 2011 年 Clear Water Bay Road（九龍新清水灣道 46 號）に移転, 新築 現存せず	九龍	九龍城	61 Kwun Tong Rd., Kowloon 九龍觀塘道 61 號
301	1986	学校併設	教育	教会	St. Joseph's Church 聖若瑟堂 聖ヨゼフ教会	St. Joseph's Anglo-Chinese Primary School 聖若瑟英文小學	現存	九龍	九龍城	57 Kwun Tong Rd. 九龍觀塘道 57 號
302	1987	民間建物	福祉	教会	Diocesan Pastoral Centre for Filipinos	Diocesan Pastoral Centre for Filipinos（Catholic Centre 内）公教進行社	Catholic Centre 18 階. パーティションで仕切った内陣, ミサ時はフロア全体が会衆席になる 英語, タガログ語, インドネシア語ミサ	香港	中環	18/F, Grand Bldg., 15-18 Connaught Rd., Central 香港中環干諾道中 15-18 號大昌大廈 18F
303	1987	民間建物	教育	民間	Delia Memorial School Mass Centre 地利亞修女紀念學校彌撒中心 Tai Koo Shing Mass Centre（1995）太古城彌撒中心	Delia School of Canada 地利亞修女紀念學校	民間団体が経営する学校の講堂を有償賃借 所有者が貸し出す限りは賃借継続 現存	香港	太古城	Kam Shun Mansion, Tai Koo Shing, HK 香港太古城金山閣地下地利亞修女紀念學校
304	1987	政府標準設計学校ミサ・センター	教育	政府	St. Mark's Mass Centre 聖瑪爾谷彌撒中心	Tuen Mun Catholic Secondary School 屯門天主教中學	ミサ・センター閉鎖 現存	新界	屯門	Kin Sang Estate, Tuen Mun, N.T. 新界屯門建生邨
305	1987	政府標準設計学校ミサ・センター	教育	政府	St. Francis Church 聖方濟堂 St. Francis Mass Centre（1990）聖方濟彌撒中心	St. Joseph's Primary School 聖若瑟小學	過渡的教会 1990 年ミサ・センター停止, 教会移転 学校現存	新界	馬鞍山	St. Joseph's Primary School, Hang On Estate, Ma On Shan, Shatin, N.T. 新界沙田馬鞍山恒安邨聖若瑟小學

No.	竣工/開設	類型	複合用途	建物所有者	教会名	併設施設	建築の状況	地域	地区	所在地
306	1988	学校チャペル	教育	教会	St. Albert the Great Chapel 聖大亞伯爾小堂 Rosaryhill School Chapel (1993) 玫瑰崗學校小堂	Rosaryhill School 玫瑰崗學校	修道院チャペルは5階に別にある 現存	香港	司徒拔道	41B, Stubbs Rd., Wanchai, HK 香港司徒拔道 41 號 B
307	1988	学校チャペル	教育	教会	Wah Yan College Chapel 華仁書院小堂	Wah Yan College 香港華仁書院	1988 年に公的開放 現存	香港	灣仔	281 Queen's Road East 香港皇后大道東 281 號
308	1988	政府標準設計学校ミサ・センター	教育	政府	St. Benedict Mass Centre 聖本篤彌撒中心	Immaculate Heart of Mary College 聖母無玷聖心書院	過渡的教会，ミサ・センター移転 学校現存	新界	沙田	4 Jat Min Chuen St., Jat Min Chuen, Sha Tin, N.T. 新界沙田乙明邨乙明街 4 號地下
309	1988	政府標準設計学校ミサ・センター	教育	政府	Blessed Wu Kuo Sheng Chapel 真福吳國盛小堂 Blessed Peter Wu Kuo Sheng Chapel (1989) 真福伯多祿吳國盛小堂 Saint Wu Guosheng Chapel (2001) 聖吳國盛小堂	Cho Yiu Catholic Primary School 祖堯天主教小學	1978 年学校移転，新築 学校現存	新界	葵涌祖堯邨	10 King Cho Road, Cho Yiu Chuen, Kwai Chung, N.T. 新界葵涌祖堯邨敬祖路 10 號
310	1989	民間建物	礼拝	教会	Epiphany Mass Centre 主顯彌撒中心 Epiphany Chapel 主顯小堂 Epiphany Church 主顯堂 主の公現教会		1987 年，ディベロッパー建設の住商混合建物の一部を教区が購入 現存	新界	梅窩	Silver Pearl Mansion, Flat D, G/F., Lot 685, DD4, Silvermine Bay Pier Road, Silvermine Bay, Lantau Island 大嶼山梅窩梅窩碼頭道 685 地段，DD4 銀寶大廈 D 座地下
311	1989	民間建物	教育	民間	Discovery Bay Mass Centre 愉景灣彌撒中心	Discovery Bay International School 愉景灣國際學校 ディスカバリー・ベイ・インターナショナル・スクール	民間経営学校講堂を主日ミサに賃借 現存	新界	愉景灣	International School, Discovery Bay, Lantau Island 大嶼山愉景灣國際學校
312	1989	学校チャペル	教育	教会	Transfiguration Chapel 耶穌顯容小堂	St. Joan of Arc Secondary School 聖貞德中學	1986 年に学校が北角に移転 1989 年にチャペル開設．現存	香港	北角	55 Braemar Hill Road, North Point, HK 香港北角寶馬山道 55 號
313	1990	公営団地	教育	政府	Tai Wo Mass Centre 太和彌撒中心 Saint Anna Wong Mass Centre (1992) 真福王亞納彌撒中心 St. Anna Wong Mass Centre (2000) 聖王亞納彌撒中心	Tai Po Catholic Kindergarten 天主教大埔幼稚園	ミサ・センター 2003 年移転 幼稚園現存	新界	大埔	G/F., Ka Wo House, Po Nga Court, Tai Po, N.T. 新界大埔寶雅苑家和閣地下天主教大埔幼稚園
314	1990	空港併設	交通	政府	Hong Kong International Airport Chapel 香港國際機場小堂	Hong Kong International Airport 香港國際機場	移転，現存せず	九龍	啟德	H.K. Kai Tak Airport 香港啟德機場 九龍啟德國際機場 2 樓 237A 室
315	1990	民間建物	商業	民間	Hong Kong Parkview Complex Club House 陽明山莊	Parkview Complex 陽明山莊	民間ディベロッパー開発の集合住宅クラブハウスの多目的室を日曜ミサに無償借用 信徒がミサを企画，実施 現存	香港	大潭	Parkview Complex, 88 Tai Tam Reservoir Road 大潭水塘道 88 號陽明山莊
316	1990	カトリック学校ミサ・センター	教育	教会	Oblate Fathers Primary School 獻主會小學彌撒中心 St. Eugene De Mazenod Mass Centre (2005) 聖馬善樂彌撒中心	Oblate Fathers Primary School 獻主會小學 Oblate Primary School 獻主會小學	現存	九龍	土瓜灣	1 Shun Fung St., Tokwawan, Kowloon 九龍土瓜灣順風街 1 號
317	1990	幼稚園併設	教育	教会	St. James' Church 聖雅各伯堂 聖ジェームス教会	St. James' Catholic Kindergarten (1990) 天主教聖雅各伯幼稚園 Po Yin Social Centre	1990 年移転新築 現存	九龍	油塘	8 Ka Wing St., Yau Tong 九龍油塘嘉榮街 8 號
318	1990	独立棟教会堂	礼拝	教会	Mother of Christ Church 基督之母堂 キリストの母教会		1990 年建て替え 現存	新界	上水	Near Tai Ping Estate, Sheung Shui, N.T. 新界上水太平邨側 11 Po Ping Road, Sheung Shui, N.T. (1997) 新界上水保平路 11 號

No.	竣工/開設	類型	複合用途	建物所有者	教会名	併設施設	建築の状況	地域	地区	所在地
319	1990	公営団地	福祉	政府	Missionaries of Charity 仁愛傳教修女會	Missionaries of Charity 仁愛傳教修女會	修道院チャペルでもある 1990年に公営団地上階にホームレス宿泊施設開設，現存 平日ミサは公営団地上階（広東語）もしくは2階チャペル（英語），大規模イベント時のミサは地上階オープンスペース使用	九龍	深水埗	G/F., Cheong Chit House, Block 6, Nam Cheong Estate, Shamshuipo, Kowloon 九龍深水埗南昌邨昌哲樓第6座地下
320	1991	政府標準設計学校 ミサ・センター	教育	政府	Star of the Sea Church 海星堂	Star of the Sea Primary School 柴灣海星小學	小学校移転，現存せず	香港	柴灣	Hing Wah Est., Phase 2, Chaiwan, Hong Kong 香港柴灣興華邨第2期
321	1991	カトリック学校ミサ・センター	教育	民間	Adam Schall Residence Mass Centre 湯若望宿舍彌撒中心	Adam Schall Residence of the Chinese University of Hong Kong 香港中文大學湯若望宿舍	寮はイエズス会が建設費寄付 所有は学校法人 寮ホールを主日ミサに利用 ステージ反対側に小聖堂，パーティションで普段は閉鎖 現存	新界	沙田	United College Chinese University, Shatin, N.T. 新界沙田香港中文大學湯若望宿舍
322	1992	政府標準設計学校 ミサ・センター	教育	政府	Blessed Joseph Cheung Mass Centre 真福張大鵬彌撒中心 Saint Zhang Dapeng Chapel (2001) 聖張大鵬小堂	Sacred Heart of Mary Catholic Primary School 天主教聖母聖心小學	1991年に移転 チャペル，学校共に現存	新界	大埔	Sacred Heart of Mary Catholic Primary School, Fu Heng Estate Phase 1, Tai Po, N.T. 新界大埔富亨邨第1期天主教聖母聖心小學
323	1992	民間建物	礼拝	民間	Southorn Mass Centre 修頓彌撒中心		閉鎖，現存せず	香港	灣仔	12/F., Southorn Centre, 130 Hennessy Road, Wanchai, Hong Kong 香港灣仔軒尼詩道130號修頓中心12樓
324	1992	政府標準設計学校 ミサ・センター	教育	政府	Tin Shui Wai Mass Centre 天水圍彌撒中心 St. Jerome Mass Centre (1995) 聖葉理諾彌撒中心	Pui Shing Catholic Secondary School 培聖天主教中學 Pui Shing Catholic Secondary School (1995) 天主教培聖中學	過渡的教会 学校現存	新界	天水圍	9 Tin Ho Road, Tin Shui Wai, Yuen Long, N.T. 新界元朗天水圍天河路9號
325	1992	政府標準設計学校 ミサ・センター	教育	政府	King Lam Catholic Primary School Mass Centre 景林天主教小學彌撒中心 St. Andrew's Mass Centre (1993) 聖安德肋彌撒中心	King Lam Catholic Primary School 景林天主教小學	過渡的教会 学校現存	九龍	将軍澳	King Lam Estate Block 3 King Min House, 38 Po Lam Rd. N, Tseung Kwan O 九龍將軍澳景林邨
326	1993	幼稚園併設	礼拝	教会	St. Benedict's Church 聖本篤堂 聖ベネディクト教会	Caritas Institute of Community Education 明愛社區進修中心	幼稚園が計画されたが竣工後に開設せず カリタス使用 現存	新界	沙田	7 Kong Pui Street, Shatin Wai, Shatin, N.T. 新界沙田沙田圍崗背街7號
327	1993	政府標準設計学校 ミサ・センター	教育	政府	St. Thomas the Apostle Mass Centre 聖多默宗徒彌撒中心 St. Thomas the Apostle Church (1997) 聖多默宗徒堂	Caritas St. Joseph Prevocational School 明愛聖若瑟職業先修學校	過渡的教会 学校現存	新界	青衣	Phase II, Tsing Yi Estate, Tsing Yi, N.T. 青衣青衣邨第2期
328	1993	幼稚園併設	教育	教会	Annunciation Church 聖母領報堂 受胎告知教会	Annunciation Catholic Kindergarten 天主教領報幼稚園	現存	新界	荃灣	11 On Yin Street, Chai Wan Kok, Tsuen Wan, N.T. 新界荃灣柴灣角安賢街11號 11 On Yin Street, Tsuen King Circuit, Tsuen Wan, N.T. 新界荃灣荃景圍安賢街11號
329	1995	幼稚園併設	教育	教会	Star of the Sea Church 海星堂 海星教会	Star of the Sea Catholic Kindergarten 天主教海星幼稚園 Star of the Sea Catholic Nursery (2010) 天主教海星幼兒園 Diocesan Pastoral Centre for Workers 教區勞工牧民中心	1995年建て替え，現存	香港	柴灣	200 Chaiwan Road, Chaiwan, Hong Kong 香港柴灣柴灣道200號
330	1995	民間建物	礼拝	教会	The Holy Trinity Chapel 聖三小堂 トリニティ・チャペル Trinity Chapel (1999) 天主聖三小堂		教区購入，ミサ平日のみ 現存	新界	愉景灣	1D, Glamour Court, Discovery Bay 愉景灣康慧台康頤閣1D
331	1996	政府標準設計学校 ミサ・センター	教育	政府	St. Edward's Mass Centre 聖愛德華彌撒中心	St. Edward's Catholic Primary School 聖愛德華天主教學校	1996年校舎建て替えに伴いミサ・センターも移転 平日ミサ学校チャペル，主日ミサ講堂，現存	九龍	藍田	8 Hing Tin St., Lam Tin 九龍觀塘藍田慶田街8號

No.	竣工/開設	類型	複合用途	建物所有者	教会名	併設施設	建築の状況	地域	地区	所在地
332	1996	独立棟教会堂	礼拝	教会	St. Francis Church 聖方濟堂 聖フランシスコ教会		政府要請による換地・建て替え 現存	新界	馬鞍山	No. 11, Hang Kwong Street, Man On Shan, N.T. 新界馬鞍山恒光街 11 號
333	1998	学校チャペル	教育	教会	Our Lady of Mount Carmel Church 聖母聖衣堂	Caritas Lok Kan School 明愛樂勤學校	過渡的教会 学校移転，現存せず	香港	灣仔	42 St. Francis Street, 2/F., Wanchai, H.K. 香港湾仔聖佛蘭士街 42 號 明愛樂勤學校 2 樓小聖堂
334	1998	家庭教会	礼拝	民間	Pui O 貝澳 parishioners' homes			新界	大嶼山	Pui O 貝澳
335	1998	ミッション・ステイション	教育	教会	Tung Chung Mass Centre 東涌彌撒中心 Tung Chung Visitation Mass Centre (2000) 東涌聖母訪親彌撒中心 Tung Chung Visitation Chapel (2002) 東涌聖母訪親小堂	Tung Chung Our Lady's Kindergarten (1971) 東涌聖母幼稚園 (2001 年移転)	1971 年開設の幼稚園をミサ・センターとしても使用 現存	新界	東涌	13 Sheung Ling Pie, Tung Chung, Lantau Island 大嶼山東涌上嶺皮村 13 號
336	1998	福祉施設併設	福祉	政府	Cheshire Home, Chung Hom Kok 春礪角慈氏護養院	Cheshire Home, Chung Hom Kok 春礪角慈氏護養院	民間組織が運営者であるが，建設は政府．新棟 1998 年建設．新棟のホールをミサに使用 現存	香港	春礪角	128 Chung Hom Kok Road, Chung Hom Kok, Hong Kong 香港春礪角道 128 號
337	1999	幼稚園併設	教育	教会	St. Thomas the Apostle Church 聖多默宗徒堂 使徒聖トマス教会	St. Thomas' Catholic Kindergarten 天主教聖多默幼稚園 聖トマス・カトリック幼稚園	現存	新界	青衣	5 Tsing Luk Street, Tsing Yi 新界青衣青綠街 5 號
338	1999	カトリック学校ミサ・センター	教育	教会	School Hall of Tak Ching Girls' School 德貞女子中學	Tak Ching Girls' School 德貞女子中學	CIRS が 1999 年から主日ミサに使用 2005 年校舎一部新築，現存	九龍	深水埗	9 Hing Wah St W, Cheung Sha Wan 九龍深水埗興華街西 9 號
339	2000	修道院チャペル	礼拝	教会	Franciscan Kowloon Friar 方濟會九龍會院	Franciscan Kowloon Friar 方濟會九龍會院	修道院チャペルで定期公的ミサ	九龍	九龍塘	133 Waterloo Rd., Kowloon Tong 九龍九龍塘窩打老道 133 號
340	2001	民間建物	商業	教会	Our Lady of Mount Carmel Church 聖母聖衣堂 聖母聖衣教会	No. 1 Star Street 匯星壹號	2001 年再開発 現存	香港	灣仔	No. 1 Star Street, Star Street, Hong Kong 香港灣仔星街 1 號
341	2001	政府標準設計学校ミサ・センター	教育	政府	Immaculate Heart of Mary Mass Centre 潔心彌撒中心	Sau Mau Ping Catholic Primary School 秀茂坪天主教小學	2001 年移転，建て替え 現存	九龍	觀塘	Po Tat Estate, Kwun Tong, Kowloon 九龍觀塘寶達村 2 Po Lam Rd., Sau Mau Ping 九龍觀塘寶達邨
342	2001	空港併設	交通	政府	Chek Lap Kok Airport Prayer Room 赤鱲角機場祈祷禱室 Hong Kong Chek Lap Kok International Airport (1999) 香港赤鱲角國際機場 Prayer Room of Departure Floor (2016) 機場離境大樓祈禱室	Chek Lap Kok Airport 赤鱲角機場	多宗派兼用 現存	新界	赤鱲角	Prayer Room H.K. Chek Lap Kok International Airport 香港赤鱲角國際機場祈禱室
343	2002	幼稚園併設	教育	教会	St. Jerome's Church 聖葉理諾堂 聖ジェローム教会	St. Jerome's Catholic Kindergarten 天主教聖葉理諾幼稚園 聖ジェローム・カトリック幼稚園	現存	新界	天水圍	6 Tin Mei Street, Tin Shui Wai, Yuen Long, N.T. 新界元朗天水圍天美街 6 號
344	2003	カトリック学校ミサ・センター	教育	教会	Saint Anna Wang Mass Centre 聖王亞納彌撒中心	Valtorta College 恩主教書院	現存	新界	大埔	Pui Yin Lane, Tai Po, N.T. 新界大埔培賢里恩主教書院（2 樓禮堂）
345	2005	民間建物	礼拝	教会	Korean Catholic Community Church 韓国カトリックコミュニティチャペル	Korean Catholic Community Church Office 韓国カトリックコミュニティ事務所	恒久的な教会堂だが，ディベロッパーの意向で転出を余儀なくされる可能性あり 現存	香港	上環	2/F, Wing Cheong Commercial Bldg., 19–25 Jervois St., Sheung Wan 上環蘇杭街 19–25 號永昌商業大廈 2/F
346	2005	民間建物	礼拝	民間	Divine Mercy Formation Centre 慈悲耶穌培育中心	Divine Mercy Formation Centre 慈悲耶穌培育中心	個人信徒所有，Eucharistic Oblates for the Vulnerable が無期限無償借用 現存	香港	天后	1/F Lee King Mansion, 83 Electric Road, Tin Hau 香港電器道 83 號，利景閣 1 樓
347	2005	政府標準設計学校ミサ・センター	教育	教会	CIRS Mass	Tack Ching Girls' Secondary School 德貞女子中學	2005 年一部建て替え 主日に講堂で広東語ミサ 現存	九龍	深水埗	9 Hing Wah St. W, Sham Shui Po 九龍深水埗興華街西 9 號
348	2006	幼稚園併設	教育	教会	St. Andrew's Church 聖安德肋堂 聖アンドリュー教会	St. Andrew's Catholic Kindergarten 天主教聖安德肋幼稚園 聖アンドリュー・カトリック幼稚園	現存	九龍	將軍澳	11 Sheung Ning Road, Tseung Kwan O, Kowloon 九龍將軍澳常寧路 11 號

No.	竣工/開設	類型	複合用途	建物所有者	教会名	併設施設	建築の状況	地域	地区	所在地
349	2006	福祉施設併設	福祉	政府	Our Lady of Perpetual Help Chapel 永助聖母小堂	Caritas Lung Tin Home 明愛龍田苑	ホールでミサ 2014年チャペル閉鎖 建物現存	新界	大澳	Caritas Lung Tin Home (Residential Services for the Elderly) Shop Units 2A & 3–6, Commercial Centre, Lung Tin Estate, Tai O, Lantau Island 明愛龍田苑 大嶼山大澳龍田邨 2A 及 3 至 6 號舖位
350	2009	民間建物	礼拝	民間	St. John Paul II Formation Centre 聖若望保祿二世培育中心	St. John Paul II Formation Centre 聖若望保祿二世培育中心	個人信徒所有, Eucharistic Oblates for the Vulnerable が無期限無償借用 現存	香港	堅尼地城	2A Man Kwong Court, 12 Smithfield, Kennedy Town 香港堅尼地城士美菲路 12 號, 文光閣 2A
351	2014	福祉施設併設	福祉	教会	Chapel	Canossa Hospital (Caritas) 嘉諾撒醫院	修道院チャペルでもある 運営主体はカリタスに移行 現存	香港	半山	1 Old Peak Road, Hong Kong 香港舊山頂道 1 號嘉諾撒醫院
352	2014	福祉施設併設	福祉	政府	St. Charles' Chapel 明愛醫院聖嘉祿小堂	Caritas Medical Centre 明愛醫院	もとは修道会運営 現在は事実上, 政府所有 2014年建て替え 現存	九龍	深水埗	Caritas Medical Centre, 111 Wing Hong Street, Kowloon 九龍深水埗永康街 111 號明愛醫院懷明樓地下
353	2015	政府標準設計学校 ミサ・センター	教育	政府	Visitation Church 聖母訪親堂	Tung Chung Catholic School 東涌天主教學校	現存	新界	東涌	Yat Tung Estate, Tung Chung, N.T. 新界東涌逸東邨
354	2016	民間建物	商業	民間	Cathay City Room 202 國泰城 S202 室	Cathay City 国泰城	Cathay City の会議室で毎週ミサ 現存	新界	東涌	Cathay City 國泰城
355	2016	民間建物	商業	民間	Discovery Bay Management Hall DB 管理服務公司禮堂	Discovery Bay Office Centre 愉景灣商務中心	商業施設管理会社のホールを賃借してミサ 現存	新界	愉景灣	Discovery Bay 愉景灣
356	2016	政府標準設計学校 ミサ・センター	教育	政府	School hall/Chapel	St. Francis of Assisi's College 聖芳濟各書院	現存	新界	粉嶺	1 Yan Shing Lane, Fanling, N.T. 新界粉嶺欣盛里 1 號
357	2017	学校チャペル	教育	教会	Chapel	香港仔兒童工藝院 Aberdeen Technical School (1952) 香港仔工業學校	校舎は1935年築だが, ミサは2017年頃から開放 現存	香港	香港仔	1 Wong Chuk Hang Rd. 香港黃竹坑道 1 號
358	2017	カトリック学校ミサ・センター	教育	教会	Caritas Institute of Higher Education Chapel 明愛專上學院小聖堂 Theater Room カリタス高等専門学校ミサ・センター	Caritas Institute of Higher Education 明愛專上學院 カリタス高等専門学校	2017年竣工 主日ミサは学校の Theater Room, 平日ミサはチャペル 現存	九龍	将軍澳	2 Chui Ling Lane, Tseung Kwan O 將軍澳翠嶺里 2 號
359	2017	学校チャペル	教育	教会	Chapel	St. Francis' Canossian School 嘉諾撒聖方濟各學校	2010年校舎新築 小学校チャペルを主日ミサに借用 現存	香港	灣仔	44–46 St Francis St., Wan Chai 灣仔聖佛蘭士街 44–46
360	2018	民間建物	礼拝	教会	St. Peter's Church 聖伯多祿堂 聖ピーター教会	Apostleship of the Sea 船員司牧	2018年3月仮移転, Mariners' Club 建て替え中の仮設教会, 賃借 現存	九龍	佐敦	3/F Chi Wo Commercial Building, 20 Saigon St., Jordan, Kowloon 九龍佐敦西貢街 20 號志和商業大廈 3 樓
361	2020 (予定)	福祉施設併設	福祉	教会	St. Joseph's Church 聖若瑟堂 聖ヨゼフ教会	Community Hall コミュニティ・ホール	既存の St. Joseph's Church の増築 地域福祉施設としても使用予定 2018年起工, 2020年竣工予定	新界	粉嶺	5 Wo Tai Street, Luen Wo Market, Fanling, N.T. 新界粉嶺聯和墟和泰街 5 號

資料2　カトリック香港教区の営繕事業を請け負った主要建築家，1950-1990 年代

チエン・ナイジェン（**Chien Nai Jen** 錢乃仁）

竣工年／事業期間	教会名	学校名	その他施設	地域	地区	資料1 No.	事業名
1954	St. Francis of Assisi Church 聖五傷方濟各堂	St. Francis of Assisi's School 聖五傷方濟各學校		九龍	Shek Kip Mei 石硤尾	102	Proposed school and church
1954	St. Francis of Assisi Church 聖五傷方濟各堂	St. Francis of Assisi's School 聖五傷方濟各學校		九龍	Shek Kip Mei 石硤尾	102	Proposed wells
1956–1957		Holy Spirit Minor Seminary (Diocesan Minor Seminary) 聖神修院		香港	Pok Fu Lam Road 薄扶林道	N/A	新築
1956–1959	St. Jude's Church 聖達寶堂	St. Jude's School 聖猶達小學		香港	North Point 北角	110	Proposed school and Catholic church
1957	St. Anne's Church 聖亞納堂	St. Teresa's School and Kindergarten 聖德蘭小學		香港	Stanley 赤柱	170	Proposed school, church & rectory
1957		St. Peter's Catholic Primary School 聖伯多祿學校		香港	Aberdeen 香港仔	N/A	Proposed new school
1958		St. Peter's Catholic Primary School 聖伯多祿學校		香港	Aberdeen 香港仔	N/A	Proposed additional play ground
1958–1960			Cathedral Parish Building 主教座聖堂小教区事務所・ホール	香港	Mid-levels 半山	N/A	Proposed Alterations & Additions
1958–1960	Our Lady of Rosary Church 聖母玫瑰堂	St. Charles School 聖嘉綠小學		香港	Kennedy Town 堅尼地城	187	Proposed school and church
1958	Tang King Po School Chapel 鄧鏡波學校小堂	Tang King Po School 鄧鏡波學校		九龍	Quarry Hill 採石山	87	Proposed extention
1958–1962	Newman College Chapel 新民書院小堂	Newman Catholic College 天主教新民書院		九龍	Yau Ma Tei 油麻地	231	Proposed New Catholic Secondary School
1959	St. Francis of Assisi Church 聖五傷方濟各堂	St. Francis Xavier's College 聖芳濟書院		九龍	Shek Kip Mei 石硤尾	102	Proposed School & Church
1959	Immaculate Heart of Mary Church 聖母聖心堂 聖母無玷之心堂			新界	Tai Po 大埔	194	Proposed church
1959	Cathedral 主教座堂			香港	Mid-levels 半山	22	Alteration of roof
1959–1961	St. Peter's Church 聖伯多祿堂			香港	Aberdeen 香港仔	198	Proposed new church and rectory
1960–1962	St. Vincent's Chapel 聖雲先小堂	Wong Tai Sin Catholic Primary School 黃大仙天主教小學		九龍	Wong Tai Sin 黃大仙	203	新築
1961–1963	St. Francis of Assisi Church 聖五傷方濟各堂 聖方濟各堂	St. Francis of Assisi Primary School （1963） 聖五傷方濟各小學 St. Francis of Assisi's English Primary School 聖方濟各英文小學 St. Francis of Assisi Caritas School 聖方濟各愛德小學	Social welfare centre	九龍	Shek Kip Mei 石硤尾	102	Proposed New Addition, A Social Welfare Centre for School Children
1961–1963	St. Charles Chapel 聖嘉祿小堂		Hospital Caritas Medical Centre 明愛醫院	九龍	Lei Cheng Uk 李鄭屋	299	Proposed New Catholic Hospital
1962		St. Peter's Secondary School 聖伯多祿中學		香港	Aberdeen 香港仔	N/A	Proposed secondary school
1962	Holy Family Chapel 聖家小堂	Choi Hung Estate Catholic Secondary School 彩虹邨天主教英文中學 彩虹邨天主教中學		九龍	Choi Hung Estate 彩虹	220	Proposed Catholic Secondary School
1962			Caritas Youth Welfare Centre 長洲青年福利會中心 Caritas Chan Chun Ha Field Studies Centre 明愛陳震夏郊野學園	新界	Cheung Chau 長洲	N/A	新築

竣工年／事業期間	教会名	学校名	その他施設	地域	地区	資料1 No.	事業名
1963–1964			Social Welfare Building Caritas Mok Cheung Sui Kun Community Centre 明愛莫張瑞勤社區中心	香港	Kennedy Town 堅尼地城	N/A	新築
1963			Catholic Retreat House 天主教靜修院	香港	Chung Hom Kok 春磡角	N/A	新築
1964–1968		Holy Spirit Seminary East Wing 聖神修院東翼		香港	Aberdeen 香港仔	108	New addition of East Wing
1965	St. Jude's Church and Rectory 聖猶達堂 Saint Jude's Mass Centre 聖猶達彌撒中心			新界	Kam Tin 錦田	224	新築
1964–1965		St. Joseph's Anglo-Chinese Secondary School 聖若瑟英文中學		九龍	Kwun Tong 觀塘	N/A	新築

チエン・ナイジェン，T. C. ユエン（T. C. Yuen）

竣工年／事業期間	教会名	学校名	その他施設	地域	地区	資料1 No.	事業名
1963–1965		Hong Kong Tang King Po College 香港鄧鏡波書院		香港	Kennedy Road 堅尼地道	N/A	Proposed secondary school
1963–1967			Social Welfare Centre Caritas Hong Kong 明愛中心	香港	Caine Road 堅道	N/A	Proposed Caritas social welfare centre

チエン・ナイジェン，プン・インケウン

竣工年／事業期間	教会名	学校名	その他施設	地域	地区	資料1 No.	事業名
1964–1966	Our Lady of Fatima Church 花地瑪聖母堂	Sacred Heart School 聖心學校		新界	Cheung Chau 長洲	76	Sacred Heart School (proposed addition of a new building)
1965	Notre Dame Chapel 聖母院小堂	Notre Dame College 獻主會聖母院書院		九龍	Ma Tau Wai 馬頭圍	227	

チエン・ナイジェン，クワン，チュウ & ヤン（Kwan, Chu & Yang）

竣工年／事業期間	教会名	学校名	その他施設	地域	地区	資料1 No.	事業名
1964–1968		Holy Spirit Seminary 聖神修院		香港	Aberdeen 香港仔	108	East wing

ピーター・ン・ピンキン（Peter Ng Ping Kin 伍秉堅）

竣工年／事業期間	教会名	学校名	その他施設	地域	地区	資料1 No.	事業名
1959–1961	Holy Cross Church 聖十字架堂			香港	Shau Kei Wan 筲箕灣	193	Construction of church building (rebuilding)
1962–1966	Mother of Good Counsel Church 善導之母堂	Ng Wah Catholic Primary and Secondary School 伍華小學，中學		九龍	San Po Kong 新蒲崗	219	Proposed school and church
1963–1964	St. Albert the Great Chapel 聖大亞伯爾小堂	Rosaryhill School 玫瑰崗學校		香港	Stubbs Rd. 司徒拔道	306	Proposed school BLDG
1964–1969	SS.Cosmas & Damian Church 葛達二聖堂	Tsuen Wan Catholic Primary School (Tak Sing School) 荃灣天主教小學		新界	Tsuen Wan 荃灣	233	Proposed Church & School Building
1966	St. Joseph's Church 聖若瑟堂			香港	Garden Road 花園道	228	Building for St. Joseph's Church (rebuilding existing church)
1967	St. Joseph's Church 聖若瑟堂			香港	Garden Road 花園道	228	alterations and additions
1968	St. Joseph's Church 聖若瑟堂			香港	Garden Road 花園道	228	Add store facing to entrance cols.
1985	St. Joseph's Church 聖若瑟堂			香港	Garden Road 花園道	228	Alteration and addition (extension)
1985–1987	St. Joseph's Church 聖若瑟堂	St. Joseph Anglo-Chinese Primary School 聖若瑟英文中學		九龍	Kwun Tong Road 觀塘道	301	Proposed St. Joseph Primary School Catholic Mission
1986	St. Joseph's Church 聖若瑟堂			香港	Garden Road 花園道	228	Relocated office room & added secretary room
1994	St. Joseph's Church 聖若瑟堂			香港	Garden Road 花園道	228	Add R.C. open staircase adjoining Garden Road.
1995	St. Joseph's Church 聖若瑟堂			香港	Garden Road 花園道	228	Ramp & S.S.railing added

プン・インケウン（**Pun Yin Keung**）

竣工年／事業期間	教会名	学校名	その他施設	地域	地区	資料No.	事業名
1963-1967	St. Paul's Chapel 聖保禄小堂	Yau Ma Tei Catholic Primary School 油麻地天主教小學		九龍	Yau Ma Tei 油麻地	245	Proposed 30 classroom primary school for the Catholic mission, chapel, staff's quarters
1966	Notre Dame Chapel 聖母院書院小堂	Nortre Dame College 聖母院書院小堂		九龍	Ma Tau Wai 馬頭圍	227	20 classroom secondary school (for boy's) for the Catholic mission
1968-1972		Sai Kung Sung Tsun Catholic School 西貢崇真學校		新界	Sai Kung 西貢	N/A	New building and extention
1968-1970	Christ the King Chapel 基督君王小堂	Cheung Sha Wan Catholic Secondary School 長沙灣天主教英文中學		九龍	Cheung Sha Wan 長沙灣	241	Proposed 26-classroom secondary boy's school for the Catholic mission
1968		Sung Tsun primary school 西貢崇真天主教學校		新界	Sai Kung 西貢	N/A	Proposed new primary school
1972-1975	Holy Spirit Chapel 聖神小堂	Yu Chun Keung Memorial College 余振強紀念中學		九龍	Ho Man Tin 何文田	269	Catholic boy's secondary school
1975	Saint Anna Wang Mass Centre 聖王亞納彌撒中心	Valtorta College 恩主教書院		新界	Tai Po 大埔	344	Proposed secondary school
1976	St. Alfred's Church 聖歐爾發堂		Caritas Shatin Social Centre 明愛沙田長者中心	新界	Sha Tin 沙田	266	Proposed church and social welfare centre

プン・インケウン，チエン・ナイジェン

1964-1966	Our Lady of Fatima Church 花地瑪聖母堂	Sacred Heart School 聖心學校		新界	Cheung Chau 長洲	76	Sacred Heart School (proposed addition of a new building)

デビッド・リー，ガイ・チャン（**David Lee & Guy Chan**）

1969	Cathedral 主教座堂			香港	Mid-levels 半山	22	Renovation: chapel, main altar
1971	Holy Redeemer Church 贖世主堂	Castle Peak Catholic Primary School 青山天主教小學		新界	Tuen Mun 屯門	257	Proposed Catholic School & Church at Castle Peak Town
1971		Raimondi College 高主教書院		香港	Mid-levels 半山	N/A	Extension
1973-1978			Caritas House 明愛大廈	香港	Mid-levels 半山	N/A	Extension of Caritas House Block 'D' Bishop's Office
1974	Our Lady of China Church 中華聖母堂	Tai Kok Tsui Catholic Primary School 大角嘴天主教小學		九龍	Tai Kok Tsui 大角嘴	252	Proposed chapel
1975	Martyr Saints of China Chapel 中華真福致命小堂		Holistic Retreat Centre 石澳天主堂靜修舍	香港	Shek O 石澳	268	Proposed chapel & quarter
1978-1982	St. John the Apostle Mass Centre 聖若望宗徒彌撒中心	Shek Lei Catholic Secondary School 石籬天主教中學		新界	Kwai Chung 葵涌	291	Proposed school building
1978	Chapel in Priests' quarter 神父宿舍用チャペル		Diocesan Centre 教區中心	香港	Mid-levels 半山	N/A	Rebuilding

レオン・パクヤン（**Leung Pak Yan** 梁伯仁）

1975	Chapel at St. Raphael Cemetery 聖辣法厄爾天主教墳場小堂			九龍	Cheung Sha Wan 長沙灣	N/A	Building
1976			Caritas Bianchi Lodge 明愛白英奇賓館	九龍	Yau Ma Tei 油麻地	N/A	新築
1976-1977	St. Stephen's Church 聖斯德望堂	St. Stephen's Catholic Kindergarten 聖斯德望天主教幼稚園		新界	Kwai Chung 葵涌	282	Proposed Catholic Church complex
1976		Holy Spirit Seminary 聖神修院		香港	Aberdeen 香港仔	108	Watchman House
1978			Ossarium of St. Raphael Catholic Cemetery 聖辣法厄爾天主教墳場納骨堂	九龍	Cheung Sha Wan 長沙灣	N/A	Building

竣工年／事業期間	教会名	学校名	その他施設	地域	地区	資料1 No.	事業名
1978			Ossarium of Chai Wan Catholic Cemetery 柴灣天主教墳場納骨堂	香港	Chai Wan 柴灣	N/A	Building
1979			Caritas Refugee Camp for Vietnamese カリタス ヴェトナム難民施設	九龍	Kai Tak 啟德	N/A	Building
1980–1982	Infant Jesus of Prague Mass Centre 耶穌聖嬰彌撒中心			新界	Mui Woo 梅窩	292	新築
1981–1985	St. Jude's Church 聖達寶堂	St. Jude's School 聖猶達小學		香港	North Point 北角	110	Alteration and addition (lift installation)
1982–1989		Sai Kung Sung Tsun Catholic School 西貢崇真學校		新界	Sai Kung 西貢	N/A	Alteration and addition, extension
1985	Sacred Heart of Mary Church 聖母無玷之心堂 Immaculate Heart of Mary Church	Sacred Heart of Mary School 聖母無玷之心小學		新界	Tai Po 大埔	194	Alterations and additions (formation of playground)
1986–1987	St. Joseph's Chapel 聖若瑟小堂			新界	Yim Tin Tsai 鹽田仔	23	Alteration and addition
1987	St. Francis of Assisi Church 聖方濟各堂	St. Francis of Assisi's Primary School 聖方濟各英文小學		九龍	Shek Kip Mei 石硤尾	102	Electrical rewiring
1987–1991	St. Jame's Church 聖雅各伯堂	Kindergarten 天主教聖雅各伯幼稚園		九龍	Yau Tong 油塘	317	Proposed church, rectory and kindergarten
1990		Sung Tsun secondary school 西貢崇真學校		新界	Sai Kung 西貢	N/A	不明
1991	Star of the Sea Church 海星堂	Star of the Sea Catholic Kindergarten Star of the Sea Catholic Nursery 天主教海星幼稚園 天主教海星幼兒園	Diocesan Pastoral Centre for Workers 教區勞工牧民中心	香港	Chai Wan 柴灣	329	Proposed Star of the Sea Church
1992		Sung Tsun primary school 西貢崇真學校		新界	Sai Kung 西貢	N/A	Drainage of lavatory of primary school and living quarters
1994		Caritas Jockey Club Lok Yan School 明愛賽馬會樂仁學校		九龍	Sham Shui Po 深水埗	N/A	新築
1995			Caritas Hospital Wai Yee Block 明愛醫院懷義樓	九龍	Cheung Sha Wan 長沙灣	N/A	Refurbishment
1996		Holy Spirit Seminary 聖神修院		香港	Aberdeen 香港仔	108	Drainage Plan
2000			Caritas Kennedy Town Community Centre (Caritas Mok Cheung Sui Kun Community Centre) 明愛莫張瑞勤社区中心	香港	Kennedy Town 堅尼地城	N/A	新築
2002	St. Francis of Assisi Church 聖方濟各堂	St. Francis of Assisi's English Primary School 聖方濟各英文小學		九龍	Shek Kip Mei 石硤尾	102	new Addition to St. Francis of Assisi Primary School
2003	Christ the King Mass Centre 基督君王彌撒中心	Cheung Sha Wan Catholic Secondary School 長沙灣天主教英文中學		九龍	Cheung Sha Wan 長沙灣	241	Proposed alternation and addition (A&A) works

ヴィンセント・ン（Vincent Ng 吳永順）

竣工年／事業期間	教会名	学校名	その他施設	地域	地区	資料1 No.	事業名
1989	Immaculate Heart of Mary Church 聖母無玷之心堂 Immaculate Heart of Mary Church			新界	Tai Po 大埔	194	Church interior renovation
1989	Mother of Good Counsel Church 善導之母堂	Ng Wah Catholic Primary and Secondary School 伍華小學，中學		九龍	San Po Kong 新蒲崗	219	Church interior renovation
1990	Our Lady of China Church 中華聖母堂	Tai Kok Tsui Catholic Primary School 大角嘴天主教小學		九龍	Tai Kok Tsui 大角嘴	252	Church interior renovation
1990	St. Mary's Church 聖母堂	Poo Ai School 普愛學校		九龍	Hung Hom 紅磡	172	Church interior renovation

竣工年 / 事業期間	教会名	学校名	その他施設	地域	地区	資料1 No.	事業名
1990	Rosary Church 玫瑰堂			九龍	Tsim Sha Tsui 尖沙咀	28	Church interior renovation
1991	Star of the Sea Church 海星堂	Star of the Sea Catholic Kindergarten Star of the Sea Catholic Nursery 天主教海星幼稚園 天主教海星幼兒園	Diocesan Pastoral Centre for Workers 教區勞工牧民中心	香港	Chai Wan 柴灣	329	Church interior renovation
1993	Annunciation Church 聖母領報堂	Annunciation Catholic Kindergarten 天主教領報幼稚園		新界	Tsuen Wan 荃灣	329	New building
1993	St. Benedict's Church 聖本篤堂			新界	Sha Tin 沙田	328	New building
1995	St. Francis Church 聖方濟堂			新界	Ma On Shan 馬鞍山	332	New building

資料 3　教会堂建築建設事業をおこなった中国系建築家の経歴と事業内容，1950 年代-1990 年代

チエン・ナイジェン

経歴　チエン・ナイジェン（Chien Nai-jen, 錢乃仁）は 1913 年に中国の広東で生まれた[1]．北京の燕京大学を卒業した．燕京大学における専攻は不詳であるが，工学であった可能性が高い．1930 年代後半にはミシガン大学で建築の学位を取得した．戦後は大陸の中山大學で建築を教えた．

　建築デザイナーとしての彼のプロジェクトには広西省政府庁舎の建て替えがあった（竣工年等不詳）．香港では戦後に設計活動を開始したようである（資料 2）．香港のプロジェクトには，教会堂以外には住宅，カトリック病院などがあった．チエンは 1965 年に香港の自身の設計事務所を閉鎖した[2]．その理由は不明ではあるが，1960 年代後半，香港では大陸の文化大革命の影響を受けて動乱が起き，社会が不安定化したため，多くの富裕層が香港を離れアメリカ合衆国や欧州に移民した．チエンは 1965 年から 1968 年の間にアメリカに移民したので，この社会動乱が理由ではないかと推察される．チエンの事務所は 1965 年に閉鎖されたので，この時期のプロジェクトは他の建築家と共同でおこなった．

　チエンは 2010 年にオハイオにて 97 歳で死去した[3]．

　チエン自身がカトリック信徒であったかは確認できていない．カトリック香港教区総務処前プロキュレーターであるエドワード・コンによれば，1950-1960 年代には教会はカトリック信徒に建設事業を発注することを好んでいたので，チエンは信徒であった可能性が高い[4]．チエンの葬儀はプロテスタント教会であるシルバニア合同教会でとりおこなわれた[5]．このことから，チエンはキリスト教信者であったと推察される．プロテスタント信者かカトリック信者，もしくはカトリックからプロテスタントへの改宗者であったのではと推測される．

教会建設事業　チエン・ナイジェンの名前が香港の「認可建築家（Authorized Architect, AA）」リストに最初に現れるのは 1941 年である（Lam 2006）．戦後，チエンは多数のカトリック教会堂と教会関係施設を設計した（資料 2）．チエンは，カトリック教会が 1950-1960 年代に最も好んだ建築家だったようである．チエンが設計した教会堂のほとんどは，学校併設教会堂であった．第 4 章で説明したように，これは当時の主流の類型であった．

　1955 年，チエンは「教会・学校建設促進基金委員会」の第 1 回会合に招かれ出席した（第 4 章第 3 節(1)）．チエンが具体的にどのような貢献をこの委員会でしたかは不明である．

　チエンの教会関係の最後のプロジェクトのひとつは大神学校である聖神修院の東棟であり，1968 年に竣工した．ラム・サーリンによれば，チエンの設計はモダニズム，とりわけ機能主義を基本としながらも，欄干や水平性の強調といった中国伝統建築の要素を 5 階建ての建築にとりいれたものであった（林 2010）．

　チエンは，1920 年代に誕生した中国キリスト教折衷様式を戦後に継承した数少ない建築家の一人であった．大神学校の東棟以外に，アッシジの聖フランシスコ教会・学校（St. Francis of Assisi Church, St.

---

1) "Nai-Jen CHIEN Obituary," Toledo Blade, 2010.
2) エドワード・レオン（Edward Leung）から筆者への E メール，2015 年 8 月 4 日.
3) "Nai-Jen CHIEN Obituary," Toledo Blade, 2010.
4) エドワード・コンから筆者への E メール，2015 年 3 月 23 日.
5) "Nai-Jen CHIEN Obituary," Toledo Blade, 2010.

Francis of Assisi's English Primary School, No. 102）を中国キリスト教折衷様式で設計した（口絵 4, 図 4.5, 4.6,
図面 13-19, 第 4 章）.

ピーター・ン・ピンキン

ピーター・ン・ピンキン（Peter Ng Ping Kin, 伍秉堅）はカトリック信徒であった[6]. 専門教育歴は不明
である. 自身の設計事務所「P. K. Ng アソシエイツ」を開設した. 事務所は現在も香港島脊箕灣と台湾
の台北に所在する.

資料 2 に示す通り, 主に 1960 年代に教区の仕事を請け負った. 第 4 章で述べたように, 新蒲崗の善
き導きの母教会（Mother of Good Councel Church, 善導之母堂, No. 219）および小中学校を設計した. 建設費
の大半を寄付し, 学校は父親の名（Ng Wah, 呉華）を冠した. 事務所は 1995 年まで教区から事業を請け
負ったが, ピーター・ン自身が最後の教区事業に関わっていたかは不明である. カトリック教会と学校
以外のプロジェクトとしては, モルモンなど他宗教の施設を設計したようである[7]. 1980 年代後半か
1990 年代前半にアメリカ合衆国に移民した[8].

プン・インケウン

プン・インケウン（Pun Yin Keung）作製の建築図面のタイトルによれば,「認可建築家」であり, かつ
「認可構造設計家（Chartered Structural Engineer）」であった. 科学学士号とインペリアル・カレッジ・ロン
ドンのディプロマを取得し, イギリスの構造設計家協会（Institute of Structural Engineers）の準会員
（associate member）であった. 彼はロンドンで専門教育を受けたようである.

1963 年から 1976 年にかけて教区事業を請け負った[9].

チエン・ナイジェンが引退間際の 1960 年代半ばに, チエンは教会関係の業務の一部をプンに引き継
がせたようである. そのうちのひとつは長洲島のファティマの聖母教会（Our Lady of Fatima Church）と
聖心学校であった（No. 76, 資料 2）. 1963 年以前にプンがチエンのもとで仕事をしていたかどうかは不
明である.

プンがカトリック信徒であったかは不明である. 特に 1950 年代から 1980 年代にかけて, 教区は信
徒建築家を好んだこと, 少なくとも 9 件の教会関係事業を請け負っていることから, 信徒であったと考
えるのが妥当であろう.

デビッド・リー, ガイ・チャン

デビッド・リーとガイ・チャンは共にカトリック信徒であった[10]. 彼らは 1969 年から 1982 年にかけ
て教区の事業を請け負った（資料 2）.

デビッド・リー・タイワイ（David Lee Tai Wai, 李大偉）の専門教育歴は彼の建築図面のタイトルからう
かがい知ることができる. 香港大學で建築学士号を取得し, リバプール大学で都市・地域計画を学び,

---

6) エドウィン・リーから筆者への E メール, 2015 年 8 月 4 日.
7) 筆者によるサイモン・リーへのインタビュー, 2011 年 5 月 26 日.
8) 筆者によるエドワード・コンへのインタビュー, 2010 年 9 月 27 日.
9) エドワード・コンから筆者への E メール, 2015 年 6 月 17 日.
10) エドワード・コンから筆者への E メール, 2015 年 3 月 23 日.

シビック・デザインの修士号を取得した．都市計画協会（Town Planning Institute）の準会員であった．

ガイ・チャン・ウィンカイ（Guy Chan W. K.）は香港大學を卒業した[11]．

デビッド・リーは 1971 年から「教区発展委員会」の委員として奉仕した（第 5 章第 3 節 2）．

リーとチャンはそれぞれカナダとオーストラリアへ移民した[12]．

レオン・パクヤン

レオン・パクヤン
（**Leung Pak Yan**, 梁伯仁）
エドワード・レオン提供．

経歴　レオン・パクヤン（Leung Pak Yan, 梁伯仁）は中国広東新會縣で 1928 年 12 月 1 日に生まれ，幼少期を過ごした[13]．レオン一家は 1949 年に共産党支配から逃れるため，香港に移住し定住した．

レオンは 1950 年に進学のために中国大陸へ渡り，当時の国立武漢大学に入学し，土木工学を学んだ．1952 年に香港に戻り，珠海大學（当時）で土木工学の勉強を続け，1954 年に土木工学のディプロマを得た．卒業後は基礎工事会社，2 件の設計事務所に勤めた後，1960 年にチエン・ナイジェンの設計事務所に入所した．レオンは，チエンが事務所を閉鎖する 1965 年までチエンのもとで働いた．チエンのもとを離れてからは，九龍の電力供給会社であった「中電控股（China Light and Power Co. Ltd.）」に入社し，建築・土木設計者として働いた．当時，「認可建築家」資格試験受験のために勉強に励み，1972 年に「認可建築家」と「認可構造設計家（Registered Structural Engineer）」の資格を得た．1974 年，自身の設計事務所「P. Y. Leung アソシエイツ」を設立した．政府機関や民間のクライアントから建築・土木デザインの業務を請け負った．チエン・ナイジェンとプン・インケウンから，カトリック香港教区とカリタス香港の業務を引き継いだ．それ以来 2000 年代前半まで，教区とカリタスからの業務を多数請け負った（資料 2）．

レオンは 1976 年に，三人の息子と共に受洗しカトリック信者となった．一家は九龍の聖テレサ教会（St. Teresa's Church, No. 57）に所属した．

レオンは公式な引退はせず，2008 年に病に倒れるまで仕事を続けた．2012 年 3 月，84 歳で死去した．

レオンの長男であるエドワード・レオン（Edward Leung）は，カナダの大学に留学して工学を学んだ．父の事務所を継ぎ，建築家，エンジニアとして，教区や修道会からの業務を現在もしばしば請け負っている[14]．熱心な信徒であり，聖テレサ教会のメンテナンス委員会委員長としても奉仕している．

教会建設事業　教会堂設計に関して，レオンがしばしば息子たちに言っていたのは，カトリック教会堂は，一般の人たちがそれとわかるように，プロテスタント教会とは異なる設計をしなければならない，ということであったという[15]．

カトリック教区関係の事業以外に，レオンと息子らは，1998 年にバプテスト教会堂（Diamond Hill Baptist Church），2004 年にカトリック女子修道会（Daughters of Mary Help of Christians）修道院チャペルを設計した．

---

11) 筆者によるエドウィン・リーへのインタビュー，2013 年 3 月 26 日．

12) 筆者によるエドワード・コンへのインタビュー，2010 年 9 月 27 日．

13) エドワード・レオンから筆者への E メール，2015 年 8 月 4 日．

14) エドワード・コンから筆者への E メール，2010 年 9 月 27 日．

15) エドワード・レオンから筆者への E メール，2015 年 8 月 4 日．

エドウィン・リー

経歴　　エドウィン・リー（Edwin Li, 李國熹）は香港で生まれ，イエズス会の中学である香港華仁書院を卒業した．中学在学中に受洗した[16]．

　　1957年，香港大學建築学部に入学した．入学の動機は，絵を描くこととデザインすることが好きだったためである．当時，建築学部はイギリス王立建築家協会（RIBA）のプログラム認定をまだ得ていなかった（1961年に認定された）．このため1959年にオーストラリアのメルボルン大学に留学し，建築の勉強を続けた．3人の友人と共にオーストラリアを留学先に選んだが，その理由は，香港に比較的近いことと生活費がそれほど高くないことであった．大学が休みの期間にはメルボルンの設計事務所で働いた．その事務所の所長はカトリック信徒であり，事務所はカトリック教会関係の事業を複数請け負っていたことから，カトリック教会建築に興味を持つようになった．1961年にメルボルン大学を卒業後，上述のメルボルンの設計事務所に勤めた．

　　1964年，香港に戻り，設計事務所に勤務した．1年半後，香港政庁公共事業署建築部門の建築職員となった．公共建築の設計と施工監理が部門の業務であり，1989年の定年まで勤めた．

　　所属教会は，聖マーガレット教会（St. Margaret's Church, No. 38）であった．

　　1993年，家族と共にカナダに移民した．2019年時点では，トロントと香港を往復して暮らしている．

教会建設事業　　オーストラリアから香港に戻るとすぐに，リーは香港の複数のカトリック修道会営繕事業への奉仕を始めた．新築や改修事業の計画，設計，維持管理などへの助言を無償でおこなった．奉仕活動はカナダに移民する1993年まで続けた．イエズス会の中学校に在籍したことから，イエズス会司祭たちとは親しかった．奉仕した具体的事業の一部は以下である．香港島および九龍のイエズス会華仁書院の改修・維持管理計画と設計，華仁書院チャペルの設計，イエズス会が管理運営する香港大學学生寮リッチ・ホールの維持管理と改修，長洲島にあるイエズス会黙想施設「ザヴィエル・ハウス」の設計，メリノール修道女会病院とメリノール女子修道院の設計（1982年から1993年までリーはメリノール病院理事会メンバーを務めた）．他の修道会もリーの奉仕を聞き及び，支援を頼んだ．サレジオ会黙想施設，長洲島ドン・ボスコ青年センター，女子コロンバン会修道院，香港島スタンレーのカルメル会女子修道院チャペル改修，リトル・シスターズ会（Little Sisters of the Poor, 安貧小姉妹会）老人ホーム，カノッサ女子修道院などである．

　　トロントに移民後，トロントの女子カルメル会建設事業への奉仕もおこなった．

　　1977年，教区典礼委員会の下に「典礼芸術・建築委員会（LAAC）」が新設され，リーは委員となるよう依頼され，引き受けた（第5章）．

　　1978年，教区総務処がリーに対し，建て替え新築中であった教区センター（Diocesan Centre）14階の司祭居住スペースに付属する司祭用チャペル設計の支援を依頼した[17]．当時リーは，香港政庁の上級建築職員であったため，業務時間外にボランティアとして教区の事業を支援した．2019年時点でも，リーが設計したチャペルは教区センターに居住する司祭たちに日々使用されている．総務処前プロキュレーターのエドワード・コンによれば，リーは教会堂やチャペルの設計は自身の趣味なのだと語っていたという．

　　リーは1989年に政府を定年退職するとすぐに，教区総務処で「建築顧問」として，ほぼフルタイム

16）筆者によるエドウィン・リーへのインタビュー，2013年3月26日．
17）筆者によるエドワード・コンへのインタビュー，2010年9月27日．

エドウィン・リー（**Edwin Li**, 李國熹）
背景はリー設計のザヴィエル・ハウスのモザイク壁画.

で奉仕を始めた[18]. 1993 年に香港を離れるまでの 4 年 10 か月，総務処で建設事業支援奉仕を続けた. 総務処で奉仕を始めたとき，建設事業管理に特化した監理技術職員や修道士は在籍していなかった[19]. また，第 6, 7 章でも述べた通り，当時総務処の建設事業は急増していたので，総務処にとってリーの奉仕はきわめて有用であった. リーが支援したのは，カテドラル，大神学校チャペル，ルルドの聖母教会 (Our Lady of Lourdes Church, No. 289)，聖ベネディクト教会 (St. Benedict's Church, No. 326, 口絵 9, 図面 37)，海星教会（No. 329, 図面 38, 39），キリストの母教会 (Mother of Christ Church, 基督之母堂, No. 318)，受胎告知教会（Annunciation Church, No. 328, 図 7.1, 図面 40），主の公現教会 (Epiphany Church, 主顕堂, No. 310, 図 7.2, 7.3)，聖ローレンス教会 (St. Lawrence's Church, No. 188)，聖なる贖い主教会 (Holy Redeemer Church, No. 257)，カトリック・センター（No. 174），ビショップ・レイ・インターナショナル・ハウス (Bishop Lei International House, 教区経営ホテル)，カリタス施設などの計画，設計，事業管理である. リーは総務処プロキュレーターと共に，あるいは総務処を代表し，設計者や施工事業者らとの打ち合わせに出席した.

　リーはまた，「教区カトリック墓地委員会」委員も務めたので，香港島聖ミカエル墓地 (St. Michael's Cemetery) の司祭納骨堂と記念壁の設計もおこなった. 彼は自身が携わった多くの事業のなかで，これが最もやりがいを感じたものだったと語った.

　新界の上水地区にあるキリストの母教会は，リーが設計に深く関与した. リーは政府の「認可者 (AP)」の資格を持っていなかったので，リーの知人である E. Y. ウーが公式には AP となった. エドワード・コンがリーに設計を全面的に依頼し，司祭が細かな要望を出すことはしなかった. 1991 年に教会は竣工した[20].

　リーは「教区発展委員会」委員も務めた（第 5 章第 3 節 2）.

　1993 年，カナダに移民するため，総務処での奉仕を辞した.

---

18) 筆者によるエドワード・コンへのインタビュー, 2010 年 9 月 27 日.
19) 筆者によるエドウィン・リーへのインタビュー, 2013 年 3 月 26 日.
20) 筆者によるエドウィン・リーへのインタビュー, 2013 年 3 月 26 日.

ヴィンセント・ン

ヴィンセント・ン（Vincent Ng, 呉永順）はカトリック信徒であり，幼少時より香港島の聖アンソニー教会（St. Anthony's Church）に所属している（No. 86）．

香港大學の学部で建築（1985 年卒業）を，大学院修士課程で都市デザイン（1994 年修了）を学んだ．彼の学部卒業論文のテーマは，香港のカトリック教会建築であった．学部卒業後から現在まで，民間の設計事務所で建築家として設計の実務に従事している．2019 年時点では，AGC Design の代表（Director）の一人である．

聖アンソニー教会の典礼グループに所属していたので，その時に教区典礼委員会のトーマス・ロウ神父に出会った．ロウはヴィンセント・ンを「典礼芸術・建築委員会（LAAC）」のコンサルタント委員として招いた（第 5 章第 3 節 5）．資料 2 に示すように，それ以降，ヴィンセント・ンはいくつかの教区建設事業を請け負った．当時は認可者としてではなく，設計に関わる建築家メンバーの一人であったので，建築図面はンの名前で作成やサインはされていない．

ヴィンセント・ン（**Vincent Ng, 呉永順**）

近年は香港のキリスト教他宗派の教会堂設計を手掛けている．聖公会の荊冕堂（Crown of Thorns Church, 2002 年），プロテスタントの基督教九龍城潮人生命堂（2011 年），中華基督教会公理堂（2012 年），中華基督教禮賢會九龍堂（Kowloon Rhenish Church, 2016 年），メソジスト教会とメソジスト会議場の改修などを請け負った[21]．2012 年には香港中文大學崇基書院の多宗派兼用チャペルを設計した．

2014 年に香港建築家協会（HKIA）の会長に選出され，2015-2016 年まで務めた．

---

21) AGC Design. "Project Religious," http://www.agcdesign.com.hk/Religious.html, 2018 年 4 月 7 日閲覧.

資料4　戦後の歴代司教，総務処プロキュレーター，建設関係の教区委員会一覧

時間軸: 1952　55　60　65 66 68 69　71　74 75 76 77　80　83　86　89　93　95　2002　07　09 10　16 17 18

司教，総務処プロキュレーター

司教：ビアンキ　シュウ　リー　ラム　ジョン・ウー　ゼン　トン　イェウン

総務処プロキュレーター：Mencarini　Vigano　Mencarini　エドワード・コン　デビッド・チャン　Liberatore

ポロ修道士 現場監督　エドウィン・リー 建築顧問

教区委員会

- 教会・学校建設促進基金委員会
- 財務計画委員会
- 発展委員会（休止）
- 典礼委員会
- LAAC 典礼芸術・建築委員会
- DCBPP
- DBDC 教区建築および発展委員会

資料 5　教区建築および発展委員会（DBDC）委員・職員一覧，1995–2018 年

年: 1995 96 97 98 99 2000 01 02 03 04 05 06 07 08 09 10 11 12 13 14 15 16 17 18

区分	役職	氏名（在任期間の記載）
	委員長	Simon Li サイモン・リー（不動産管理）
	委員長	Bosco Fung
	副委員	Philip Kwok フィリップ・クウォク（構造設計家）
信徒・委員	建築家	Lam Sair-ling ラム・サーリン（終身助祭）
信徒・委員	建築家	Victor Kwok ヴィクター・クウォク
信徒・委員	建築家	Anna Kwong アンナ・クウォン
信徒・委員	建築家	John Wong Po Lung ジョン・ウォン
信徒・委員	建築家	Lisa Cheung
信徒・委員	建築家	Edward Leung
信徒・委員	構造設計家	Philip Kwok フィリップ・クウォク
信徒・委員	構造設計家	Joseph Chan ジョセフ・チャン
信徒・委員	構造設計家	Julian Ip Wai Wing（終身助祭）
信徒・委員	建築積算士	Alice Woo Shih Yung
信徒・委員	建築設備設計士	Vincent Tong ヴィンセント・トン
信徒・委員	建築設備設計士	Vincent Tong
信徒・委員	建築設備設計士	Mark Woon Chun
信徒・委員	建築設備設計士	Ken Lam ケン・ラム
信徒・委員	建築設備設計士	Lam Kam Kuen KK ラム
信徒・委員	建築設備設計士	Wong Wai Kwong
信徒・委員	プランナー	Bosco Fung
信徒・委員	プランナー	Bosco Fung
信徒・委員	プランナー	Teresa Chu
信徒・委員	プランナー	Simon Li
信徒・委員	プランナー	Anthony Yeh
信徒・委員	プランナー	Lau Kwok-yu
信徒・委員	土木エンジニア	Leung King-wai レオン・キンワイ
信徒・委員	土木エンジニア	Maurice Lee
信徒・委員	土木エンジニア	Bernard Lai バーナード・ライ
信徒・委員	その他	Albert Chan（会計士）
信徒・委員	その他	Brendan Yeung (IT) ブレンダン・イェウン
信徒・委員	その他	Andrew Au（教育/組織管理，終身助祭）
信徒・事務局職員	事務局長/事務局長補佐	Anna Kwong アンナ・クウォン（建築家）
信徒・事務局職員	事務局長/事務局長補佐	Denis Ko Chi Wo（建築家）
信徒・事務局職員	事務局長/事務局長補佐	Bosco Yiu（不動産管理）
信徒・事務局職員	事務局長/事務局長補佐	Fu Ping-chiu（エンジニア，事務局長補佐）
信徒・事務局職員	事務局長/事務局長補佐	Patrick Tam（建築家）
信徒・事務局職員	事務局長/事務局長補佐	Mike Lai（測量士，事務局長補佐）
信徒・事務局職員	建築アシスタント	AA1
信徒・事務局職員	建築アシスタント	AA2
信徒・事務局職員	建築アシスタント	AA3
信徒・事務局職員	建築アシスタント	AA4
信徒・事務局職員	建築アシスタント	AA4
信徒・事務局職員	建築アシスタント	AA5
信徒・事務局職員	建築アシスタント	AA6
信徒・事務局職員	建築アシスタント	AA7
信徒・事務局職員	監理技術者/監理技術補佐	COW1
信徒・事務局職員	監理技術者/監理技術補佐	ACOW1
信徒・事務局職員	監理技術者/監理技術補佐	ACOW2
信徒・事務局職員	監理技術者/監理技術補佐	ACOW3
信徒・事務局職員	監理技術者/監理技術補佐	ACOW4
信徒・事務局職員	監理技術者/監理技術補佐	ACOW5
信徒・事務局職員	監理技術者/監理技術補佐	ACOW6
聖職者	職権委員	Dominic Chan
聖職者	職権委員	Dominic Chan ドミニク・チャン（司教総代理）
聖職者	職権委員	Dominic Chan（司教総代理）
聖職者	職権委員	Thomas Law トーマス・ロウ（典礼委員会）
聖職者	職権委員	Joseph Mak
聖職者	職権委員	David Chan デビッド・チャン（総務処プロキュレーター）
聖職者	職権委員	Stephen Lee（司教総代理）
聖職者	委員	Giovanni Giampietro ジョバンニ・ジャンピエトロ（典礼委員会）
聖職者	委員	John B Kwan
聖職者	委員	Thomas Law トーマス・ロウ（典礼委員会）
聖職者	委員	David Chan（総務処プロキュレーター補佐）
聖職者	委員	Joseph Zen（司教総代理）
聖職者	委員	Dominic Chan（司教総代理）
聖職者	委員	Chow Yu Hong（終身助祭）

▨：各委員の在任期間を示している

参考文献

英語

Abbas, M. Ackbar. 1997. *Hong Kong: Culture and the Politics of Disappearance*. University of Minnesota Press.

Aikman, David. 2003. *Jesus in Beijing: how Christianity is transforming China and changing the global balance of power*. Regnery Publishing.

Ashiwa, Yoshiko, and David L. Wank, eds. 2009. *Making religion, making the state: the politics of religion in modern China*. Stanford University Press.

Atkin, Nicholas, and Frank Tallett. 2003. *Priests, prelates, and people: a history of European Catholicism since 1750*. Oxford University Press.

Bacik, James J. 2002. *Catholic spirituality, its history and challenge*. Paulist Press.

Bays, Daniel H. 2012. *A new history of Christianity in China, Blackwell guides to global Christianity*. Wiley-Blackwell.

Beck, Ulrich. 2010. *A God of one's own : religion's capacity for peace and potential for violence*. English ed. Polity.

Berger, Peter L. 1967. *The sacred canopy: elements of a sociological theory of religion*. 1st ed. Doubleday.

Berger, Peter L. 2014. *The many altars of modernity: toward a paradigm for religion in a pluralist age*. De Gruyter.

Bokenkotter, Thomas S. 2004. *A concise history of the Catholic Church*. Revised and expanded ed. Doubleday.

Brown, Deborah A. 1993. *Turmoil in Hong Kong on the Eve of Communist Rule: The Fate of the Territory and Its Anglican Church*. Mellen Research University Press.

Burke, Peter. 1988. "Popular Piety" In *Catholicism in Early Modern History: A Guide to Research: Reformation Guides to Research*, edited by John W. O'Malley. Center for Reformation Research.

Caryl, Christian. 2012. *Building the dragon city: history of the Faculty of Architecture at the University of Hong Kong*. Hong Kong University Press.

Catholic Foreign Mission Society of America. 1978. *Maryknoll: Hong Kong chronicle*. Catholic Foreign Mission Society of America.

Catholic Press Bureau. 1958. *Catholic Hong Kong: A Hundred Years of Missionary Activity*. Catholic Press Bureau.

Catholic Truth Society. 1953−2018. *Hong Kong Catholic Church Directory*. Catholic Truth Society.

Catholic Truth Society. 1974. *Hong Kong Diocesan Convention: Reports and recommendations II*. Catholic Truth Society.

Catholic University of America. 2003. *New Catholic Encyclopedia*. edited by Catholic University of America, Thomson/Gale and Catholic University of America.

Chan, Francis Nai-kwok. 2004. "Crossing the border: Identity and education: A narrative self study." Doctor of Education, Ontario Institute for Studies in Education, University of Toronto.

Charbonnier, Jean-Pierre. 2007. *Christians in China: A. D. 600 to 2000*. Ignatius Press.

Christ, Emanuel, and Christoph Gantenbein, eds. 2012. *Typology: Hong Kong, Rome, New York, Buenos Aires, Review N° II*. Park Books.

Chu, Cindy Yik-yi, Miriam Xavier Mug, and Betty Ann Maheu. 2009. "The Maryknoll Sisters, their Ministries and Educational Work, 1921 to the Present." In *History of Catholic Religious Orders and Missionary Congregations in Hong Kong*, edited by Louis Ha and Patrick Taveirne, 439−475. Centre for Catholic Studies, the Chinese University of Hong Kong.

Chung, Chak, and Ming-yan Ngan. 2002. "From 'Rooftop' to 'Millennium' the Development of Primary Schools in Hong Kong since 1945." *New Horizons in Education* 46: 24−32.

Clark, Anthony E. 2015. "China's Tale of Two Churches: Epic building in an era of destruction." *Sacred Architecture Journal* 27. http://www.sacredarchitecture.org/articles/chinas_tale_of_two_churches/.

Coomans, Thomas. 2014a. "Indigenizing Catholic Architecture in China: From Western-Gothic to Sino-Christian Design, 1900−1940." In *Catholicism in China, 1900−Present The Development of the Chinese Church*, edited by Cindy Yik-yi Chu, 125−144. Palgrave Macmillan.

Coomans, Thomas. 2014b. "A pragmatic approach to church construction in Northern China at the time of Christian inculturation: The handbook 'Le missionnaire constructeu', 1926." *Frontiers of Architectural Research* 3 (2): 89−107.

Coomans, Thomas. 2016. "Sinicising Christian Architecture in Hong Kong: Father Gresnigt, Catholic Indeginisation, and the South China Regional Seminary, 1927−31." *Journal of the Royal Asiatic Society* 56: 133−161.

328

Coomans, Thomas, and Puay-peng Ho. 2018. "Architectural Styles and Identities in Hong Kong: The Chinese and Western Designs for St. Teresa's Church in Kowloon Tong, 1928–32." *Journal of the Royal Asiatic Society Hong Kong* 58: 81–109.

Coomans, Thomas, and Luo Wei. 2012. "Exporting Flemish Gothic architecture to China: meaning and context of the churches of Shebiya (Inner Mongolia) and Xuanhua (Hebei) built by missionary-architect Alphonse De Moerloose in 1903–1906." *Relicta* 9: 219–262.

Faggioli, Massimo. 2014. *Sorting out Catholicism: a brief history of the new ecclesial movements*. Liturgical Press.

Faggioli, Massimo. 2015. *Pope Francis, tradition in transition*. Paulist Press.

Faggioli, Massimo. 2016. *The rising laity: ecclesial movements since Vatican II*. Paulist Press.

Faure, David. 2003. *Hong Kong: a reader in social history*. Oxford University Press.

Fremantle, Richard. 2008. *God and money: Florence and the Medici in the Renaissance: including Cosimo I's Uffizi and its collections*. L. S. Olschki.

Fukushima, Ayako. 2015. "Demolition of Tangible Properties as an Intangible Practice." In *World heritage, tourism, and identity: inscription and co-production*, edited by Laurent Bourdeau, Maria Gravari-Barbas, and Mike Robinson. Ashgate.

Fukushima, Ayako, Junne Kikata, Tadashi Takao, and Hisashi Shibata. 2008. "Preserving the 'shell' and Regenerating the spirit: Case Study of Christian churches in islands in the southern Japan." *ICOMOS International Scientific Symposium*. http://www.icomos.org/quebec2008/cd/toindex/77_pdf/77-MSwX-102.pdf.

Galvin, William J. 2009. "Maryknoll Fathers and Brothers." In *History of Catholic Religious Orders and Missionary Congregations in Hong Kong*, edited by Louis Ha and Patrick Taveirne. Centre for Catholic Studies, the Chinese University of Hong Kong. 287–438.

Galvin, William J. 2011. *Maryknoll Fathers and Brothers in Hong Kong 1920–2010*. Catholic Foreign Mission Society of America.

Greenhalgh, Brian, and Graham Squires. 2011. *Introduction to building procurement*. Spon Press.

Ha, Louis Keloon. 1998. "The foundation of the Catholic mission in Hong Kong, 1841–1894." Ph. D, University of Hong Kong.

Ha, Louis Keloon. 2007. The History of Evangelization in Hong Kong: Mid Levels, Sai Ying Pun, Happy Valley. The Diocesan Ad Hoc Committee for The Year of Evangelization.

Ha, Louis Keloon. 2018. *The Foundation of the Catholic Mission in Hong Kong 1841–1894*. Joint Publishing.

Ho, Louis K. 2009. *The dragon and the cross: why European Christianity failed to take root in China*. Xulon Press.

Ho, Pui-yin. 2004. *The administrative history of the Hong Kong government agencies, 1841–2002*. Hong Kong University Press.

Hon, Savio Tai-fai. 2017. "Salt and Light: Reflections on Pope Benedict's Letter to the Church in China on the Occasion of its 10th Anniversary." *Tripod* 37 (187): 12.

Hong Kong Catholic Diocesan Archives. 2005. *March into the Bright Decade: Pastoral Letters of Cardinal John B. Wu*. Hong Kong Catholic Diocesan Archives.

Jamroziak, Emilia, and Janet E. Burton, eds. 2006. *Religious and laity in western Europe, 1000–1400: interaction, negotiation, and power*. Brepols.

Jim, C. Y., Si Ming Li, and Tung Fung, eds. 2011. *A new geography of Hong Kong* 新香港地理. Second ed. Vol. II (下册). Cosmos Books.

Jones, Lindsay, Mircea Eliade, and Charles J. Adams. 2005. *Encyclopedia of Religion*. 2nd ed. 15 vols. Macmillan Reference USA.

Kam, Liza Wing Man. 2015. *Reconfiguration of "the stars and the queen" : a quest for the interrelationship between architecture and civic awareness in post-colonial Hong Kong*. Nomos.

Kawamura, Shinzo. 1999. "Making Christian lay communities during the 'Christian century' in Japan: a case study of Takata District in Bungo." Ph. D, Graduate School of Arts and Sciences, Georgetown University.

Kieckhefer, R. 2004. *Theology in Stone: Church Architecture From Byzantium to Berkeley*. Oxford University Press.

Kung, Joseph. 2012. "His Eminence Ignatius Cardinal Kung Pinmei." *Tripod* 32 (16).

Lakeland, Paul. 2003. *The liberation of the laity: in search of an accountable church*. Continuum.

Lam, Anthony. 2013. "The Ten Year Reign of Hu Jintao and Religious Freedom in China." *Tripod* 33 (169): 29–41.

Lam, Anthony. 2016. "Catholic Population in China Since 2000 and Its Impact." *Tripod* 36 (180). http://www.hsstudyc.org.hk/en/tripod_en/en_tripod_180_07.html.

Lam, Anthony. 2017. "The Revised Regulations on Religious Affairs are Unsettling." *Tripod* 37 (187): 95–112.

Lam, Anthony S. K., and Betty Ann Maheu. 2006. *Power and struggle: the authentic church structure of the Catholic Diocese in China and the abuse of political power*. Holy Spirit Study Centre.

Lam, C. W. 2010. "The role of Catholic welfare organizations in Hong Kong." *Hong Kong Journal of Catholic Studies* 1: 170-184.

Lam, Tony Chung Wai. 2006. "From British Colonization To Japanese Invasion: The 100 years Architects in Hong Kong 1841-1941." *HKIA JOURNAL* (45): 44-55.

Leung, Beatrice. 1992. *Sino-Vatican relations: problems in conflicting authority, 1976-1986, LSE monographs in international studies*. Cambridge University Press.

Leung, Beatrice. 1996. *Church & state relations in 21st century Asia*. Centre of Asian Studies, University of Hong Kong.

Leung, Beatrice. 1998. "Church-State Relations in the Decolonization Period: Hong Kong and Macau." *Religion, State and Society* 26: 17-30.

Leung, Beatrice Kit Fun. 2004. "Church, State and Education." In *Education and Society in Hong Kong and Macao: Comparative Perspectives on Continuity and Change*, edited by Mark Bray and Ramsey Koo, 99-108. Comparative Education Rresearch Centre, The University of Hong Kong.

Leung, Beatrice. 2014. "Political Participation of the Catholic Church in Hong Kong SAR." In *New trends of political participation in Hong Kong*, edited by Yushuo Zheng and Chor-yung Cheung. City University of Hong Kong Press. 285-310.

Leung, Beatrice, and Shun-hing Chan. 2003. *Changing Church and State Relations in Hong Kong, 1950-2000*. Hong Kong University Press.

Leung, Beatrice, and Yü-shuo Cheng. 1997. *Hong Kong SAR: in pursuit of domestic and international order, Hong Kong series*. Chinese University Press.

Leung, Beatrice, and William T. Liu. 2004. *The Chinese Catholic Church in Conflict: 1949-2001*. Universal Publishers.

Leung, Beatrice, and John D. Young. 1993. *Christianity in China: foundations for dialogue*. Centre of Asian Studies, University of Hong Kong.

Li Ng, Suk-kay Margaret. 1978. "Mission strategy of the Roman Catholic Church of Hong Kong, 1949 to 1974." Master of Philosophy, University of Hong Kong.

Luk, Bernard Hung-kay. 1991. "A Brief Outline of the History of the Catholic Church in Hong Kong." In *The Special Bulletin for the 150th Anniversary of the Catholic Church in Hong Kong* (香港天主教會一百五十週年紀念特刊), 特刊工作小組, 39-42.

Ma, Eddie Kin-ming. 1997. "Hong Kong and the 1997 Crisis: danger or opportunity? Strategies for Baptist Mission and growth in a climate of political transition." Doctor of Missiology, Asbury Theological Seminary.

Madsen, Richard. 2018. "The Tightening of Restrictions over Religions in China." *Tripod* 38 (188): https://hsstudyc.org.hk/en/tripod_en/en_tripod_188_04.html.

McNamara, Denis. 2011. *How to read churches*. Rizzoli International Publications.

Muldoon, Tim, ed. 2009. *Catholic identity and the laity*. Vol. 54, *The annual publication of the College Theology Society*. Orbis Books.

Nagase, Masako. 2012. "Does a Multi-Dimensional Concept of Health Include Spirituality? Analysis of Japan Health Science Council's Discussions on WHO's 'Definition of Health'." *International Journal of Applied Sociology* 2 (6):71-77.

Nissim, Roger. 2012. *Land administration and practice in Hong Kong*. Third ed. Hong Kong University Press.

Phan, Peter C. 2002. "The Laity in the Early Church: Building Blocks for a Theology of the Laity." *Triet dao: Journal of Vietnamese philosophy & religion* 4 (2). http://www.icmica-miic.org/attachments/article/508/Theology%20of%20the%20Laity_Phan.pdf.

Poon, SW, and KY Ma. 発行年不詳. *The History of Quarrying in Hong Kong 1840-1940*. Lord Wilson Heritage Trust.

Pun, Ngai, and Liwen Yu, eds. 2003. 書寫城市：香港的身份與文化 (*Narrating Hong Kong Culture and Identity*). Oxford University Press.

Rowe, Peter G., and Seng Kuan. 2002. *Architectural Encounters with Essence and Form in Modern China*. The MIT Press.

Ryan, Thomas F. 1962. *Catholic Guide to Hong Kong*. Catholic Truth Society of Hong Kong.

Schloeder, Steven J. 1998. *Architecture in communion: implementing the Second Vatican Council through liturgy and architecture*. Ignatius Press.

Shelton, Barrie, Justyna Karakiewicz, and Thomas Kvan. 2011. *The making of Hong Kong: from vertical to volumetric*. Routledge.

Smith, Carl T. 2003. "Wanchai: In Search of an Identity." In *Hong Kong: a reader in social history*, edited by David Faure. Oxford University Press. 157-207.

Sweeting, Anthony. 1989. "The Reconstruction of Education in Post-War Hong Kong, 1945-1954: Variations in the Process of Policy-Making." Ph. D, University of Hong Kong.

Sweeting, Anthony. 1990. *Education in Hong Kong, pre-1841 to 1941, fact and opinion: materials for a history of education in Hong Kong*. Hong Kong University Press.

Sweeting, Anthony. 2004. *Education in Hong Kong, 1941 to 2001: visions and revisions*. Hong Kong University Press.

Tan, Kang John. 2000. "Church, state and education during decolonization: Catholic education in Hong Kong during the pre-1997 political transition." Ph. D, University of Hong Kong.

Taveirne, Patrick. 2009. "CICM Missionaries: Past and Present, 1865–2006." In *History of Catholic Religious Orders and Missionary Congregations in Hong Kong*, edited by Louis Ha and Patrick Taveirne, 1–76. Centre for Catholic Studies, the Chinese University of Hong Kong.

Taylor, Charles. 2007. *A secular age*. Belknap Press of Harvard University Press.

Ticozzi, Sergio. 1997. *Historical Documents of the Hong Kong Catholic Church*. Hong Kong Catholic Diocesan Archives.

Ticozzi, Sergio. 2018. *The Never Ending March: China's Religious Policy and the Catholic Church*. Chorabooks.

Tsang, Steve. 2004. *A modern history of Hong Kong*. Hong Kong University Press.

Tse, Wing Chiu Edmund. 2005. "Catholicism in Post-Mao China: Perceptions of the Hong Kong Catholic Community since the 1980s." Master of Philosophy, University of Hong Kong.

University of Hong Kong. 2002. *Growing with Hong Kong: the University and its graduates: the first 90 years*. University of Hong Kong.

Vosko, Richard S. 2006. *God's house is our house: re-imagining the environment for worship*. Liturgical Press.

Vroom, Wim H. 2010. *Financing Cathedral building in the Middle Ages: the generosity of the faithful*. Amsterdam University Press.

Walker, Anthony. 1995. *Hong Kong- The Contractors' Experience*. The Hong Kong Construction Association.

Wang, Haoyu. 2008. "Mainland Architects in Hong Kong after 1949: A Bifurcated History of Modern Chinese Architecture." Ph. D, University of Hong Kong.

Weaver, Andrew J., Kevin J. Flannelly, and Julia E. Oppenheimer. 2003. "Religion, spirituality, and chaplains in the biomedical literature: 1965–2000." *The International Journal of Psychiatry in Medicine* 33 (2): 155–161.

Wijesuriya, Gamini. 2001. "'Pious Vandals': Restoration or Destruction in Sri Lanka?" In *Destruction and conservation of cultural property*, edited by Robert Layton, Julian Thomas and Peter G. Stone. Routledge.

Wong, Wendy Siuyi. 2005. "Design Identity of Hong Kong: Colonization, De-colonization, and Re-colonization." The 6th International Conference of the European Academy of Design Conference Proceedings. http://wsywong.info.yorku.ca/files/2014/12/ead06_id117_final.pdf.

Wong, Yue Chim Richard. 2015. *Hong Kong Land for Hong Kong People: Fixing the Failures of Our Housing Policy*. Hong Kong University Press.

Xue, Charlie Qiu-li, Han Zou, Baihao Li, and Ka Chuen Hui. 2012. "The shaping of early Hong Kong: transplantation and adaptation by the British professionals, 1841–1941." *Planning Perspectives* 27 (4): 549–568.

Xue, Charlie Qiu Li. 2016. *Hong Kong architecture, 1945–2015*. Springer.

Yan, Kin Sheung Chiaretto. 2014. *Evangelization in China: challenges and prospects*. Orbis Books.

Yeung, Gustav K. K. 2013. "Constructing sacred space under the forces of the market: A study of an 'upper-floor' Protestant church in Hong Kong." In *Christianity in Contemporary China: Socio-cultural perspectives*, edited by Francis Khek Gee Lim. Routledge.

中国語（普通話ピンインのアルファベット順）
陳天權. 2016.「香港二十世紀天主教堂的設計演變」.『天主教研究學報』7.
陳天權. 2018.『神聖與禮儀空間　香港基督宗教建築』. 中華書局 .
鄺麗娟（Kwong, Madeleine）. 1989.「中國「無名」基督徒的靈修」.『神思』3: 13.
何佩然. 2016.『城傳立新：香港城市規劃發展史（1841-2015）』. 中華書局.
何佩然. 2018.『班門子弟　香港三行工人與工會』. 三聯書店.
黃懿縈. 2016.「中國式天主教建築在戰前香港的發展探析（1922-1941）」.『天主教研究學報』7.
李國雄. 1989.『靈修小語』. 公教真理學會.
李國雄. 2000.『靈修靜與動』. 公教真理學會.
梁潔芬. 2010.『雙城記　香港和澳門天主教會』. 澳門天主教教友協進會，澳門觀察報.
梁潔芬，盧兆興. 2010.『中國澳門特區博彩業與社會發展』. 香港城市大學出版社.
林社鈴. 2010.「教會建築本地化聖神修院的建築與風格」.『宗聲』1: 167-183.
劉紹麟. 2018.『解碼香港基督教與社會脈絡』. 基督教文藝出版社.
呂大樂. 2007.『四代香港人』. 進一步多媒體.
羅國輝. 2001.『建：天上人間, 介紹教堂建築及其奉獻禮』. 香港教區禮儀委員會辦事處.
羅慧燕. 2015.『藍天樹下：新界鄉村學校』. 三聯書店.
吳永順. 2005.「神的廟宇　教堂建築」. 陳翠兒, 蔡宏興 編『空間之旅：香港建築百年』. 三聯書店. 113-121.
薛求理. 2014.『城境：香港建築, 1946-2011 = Contextualizing modernity: Hong Kong architecture 1946-2011』. 商務印

書館.

楊佩華. 1991.「香港聖堂建築簡介」.『建：香港聖堂建築淺談』, 1-6.

周永新. 2016.『香港人的身份認同和價值觀』. 中華書局.

日本語（五十音順）

伊藤雅之. 2003.『現代社会とスピリチュアリティ：現代人の宗教意識の社会学的探究』. 渓水社.

臼田寛, 玉城英彦, 河野公一. 2004.「WHO の健康定義制定過程と健康概念の変遷について」.『日本公衆衛生雑誌』51 (10): 6.

遠藤誉, 深尾葉子, 安冨歩. 2015.『香港バリケード：若者はなぜ立ち上がったのか』. 明石書店.

太田静六. 1982.『長崎の天主堂と九州・山口の西洋館』. 理工図書.

大西直樹, 千葉真 編. 2006.『歴史のなかの政教分離：英米におけるその起源と展開』. 彩流社.

大貫隆, 名取四郎, 宮本久雄, 百瀬文晃. 2002.『岩波 キリスト教辞典』. 岩波書店.

小高毅. 2015.『霊性神学入門』. 教文館.

金子晴勇. 2012.『キリスト教霊性思想史』. 教文館.

カラン, チャールズ E. 1999=2008.『現代カトリック倫理の伝統（原著：*The Catholic Moral Tradition Today: A Synthesis*）』. 清永俊一 訳. 聖アントニオ神学院 編. サンパウロ.

川上秀人. 1985.「長崎県を中心とした教会堂建築の発展過程に関する研究」工学博士学位論文, 九州大学.

川上秀人, 土田充義. 1983.「長崎県を中心とした教会堂建築の発展過程について」.『日本建築学会論文報告集』331: 155-163.

川上秀人, 土田充義, 前川道郎. 1986.「長崎県を中心とした教会堂建築における貫の位置について」.『日本建築学会計画系論文報告集』361: 122-128.

川上秀人, 土田充義, 前川道郎. 1990a.「長崎県を中心とした初期教会堂建築の特徴について」.『日本建築学会計画系論文報告集』408: 157-164.

川上秀人, 土田充義, 前川道郎. 1990b.「長崎県を中心とした教会堂建築の時代区分について」.『日本建築学会計画系論文報告集』410: 135-142.

川口幸大. 2013.『現代中国の宗教 信仰と社会をめぐる民族誌』. 昭和堂.

川田進. 2015.『東チベットの宗教空間：中国共産党の宗教政策と社会変容』. 北海道大学出版会.

河原温, 池上俊一 編. 2014.『ヨーロッパ中近世の兄弟会』. 東京大学出版会.

川村信三. 2003.『キリシタン信徒組織の誕生と変容：「コンフラリヤ」から「こんふらりや」へ』キリシタン文化研究會編. 教文館.

川村信三. 2006.『時のしるしを読み解いて：歴史にみる現代キリスト者の課題』. ドン・ボスコ社.

木方十根, 福島綾子, 高尾忠志, 柴田久. 2010.「九州離島のキリスト教系集落の維持管理活動に関する研究 過疎集落における文化的景観の継承方法の確立に向けて」.『住宅総合研究財団研究論文集』36: 71-82.

教皇ヨハネ・パウロ二世. 1988=2006.『信徒の召命と使命（原著：*Christifideles Laici*）』. 小田武彦・門脇輝夫 訳. カトリック中央協議会.

倉田徹. 2009.『中国返還後の香港：「小さな冷戦」と一国二制度の展開』. 名古屋大学出版会.

倉田徹, 張彧暋. 2015.『香港：中国と向き合う自由都市』. 岩波書店.

伍嘉誠. 2017.「香港におけるキリスト教と社会福祉 その過去, 現在, 未来」. 櫻井義秀 編『現代中国の宗教変動とアジアのキリスト教』. 北海道大学出版会. 199-229.

斎藤真. 2006.「政治構造と政教分離：イギリス〈複合〉帝国とアメリカ諸植民地」. 大西直樹, 千葉真 編『歴史のなかの政教分離：英米におけるその起源と展開』. 彩流社.

櫻井義秀. 2017.『現代中国の宗教変動とアジアのキリスト教』. 北海道大学出版会.

島薗進. 2007.『スピリチュアリティの興隆：新霊性文化とその周辺』. 岩波書店.

島薗進. 2010.「救済からスピリチュアリティへ：現代宗教の変容を東アジアから展望する」.『宗教研究』84 (2): 331-358.

島薗進. 2011.「日本の世俗化と新しいスピリチュアリティ：宗教社会学と比較文化・比較文明の視座」.『社会志林』57 (4): 23-34.

上智学院新カトリック大事典編纂委員会. 1996.『新カトリック大事典』. 研究社.

第二バチカン公会議文書公式訳改訂特別委員会. 2013.『第二バチカン公会議公文書改訂公式訳』. カトリック中央協議会.

高階秀爾. 1997.『芸術のパトロンたち』. 岩波書店.

田原南美, 福島綾子. 2013.「歴史的建造物としての教会建築の保存・復原におけるボランティアの組織体制に関する研究：鹿児島カテドラル・ザビエル記念旧聖堂再生プロジェクトを事例として」.『2013 年度日本建築学会大会（北海道）学術講演会 学術講演梗概集』, 661-662.

中華人民共和国政府, グレートブリテン・北アイルランド連合王国政府. 1984.「香港問題に関する英中共同声明

332

（中華人民共和国政府とグレートブリテン・北アイルランド連合王国政府の香港問題に関する共同声明）」. 東京大学東洋文化研究所 田中明彦研究室. 2016 年 3 月 14 日閲覧. http://www.ioc.u-tokyo.ac.jp/~worldjpn/documents/texts/docs/19841219.D1J.html.

テュヒレ, ヘルマン. 1997.『信仰分裂の時代』（キリスト教史　第 5 巻）. 上智大学中世思想研究所 編訳 / 監修. 平凡社.

デンツィンガー, ヘンリク, アードルフス・シェーンメッツァー. 1982.『カトリック教会文書資料集：信経および信仰と道徳に関する定義集』. 浜寛五郎 訳. A. ジンマーマン 編. 改訂版. エンデルレ書店.

ドーハン, レオナルド. 1984=1994.『信徒を中心とした教会（原著：*The Lay-Centered Church Theology & Spirituality*）』. 松本三朗 訳. 女子パウロ会.

奈良雅史. 2016.『現代中国の〈イスラーム運動〉：生きにくさを生きる回族の民族誌』. 風響社.

西村薫乃, 福島綾子. 2013.「歴史的建造物としての教会建築の保存・復原におけるボランティアによる施工のあり方に関する研究：鹿児島カテドラル・ザビエル記念旧聖堂再生プロジェクトを事例として」.『2013 年度日本建築学会大会（北海道）学術講演梗概集』, 663-664.

日本カトリック司教協議会教会行政法制委員会 訳. 1992.『カトリック新教会法典　羅和対訳』. 有斐閣.

ピュージン, オーガスタス・ウェルビー・ノースモア. 1836=2017.『対比（原著：*Contrasts*）』. 佐藤彰 訳. 中央公論美術出版.

福島綾子. 2009.『香港の都市再開発と保全：市民によるアイデンティティとホームの再構築』. 九州大学出版会.

福島綾子. 2011.「生きている宗教遺産としての文化的景観：九州離島のキリスト教系集落」. 日本建築学会 編『未来の景を育てる挑戦：地域づくりと文化的景観の保全』. 技報堂出版.

福島綾子. 2013.「宗教遺産の近代的営繕と動態保全の仕組みに関する研究　地域の特性としての宗教遺産継承を目指して」.『国土政策関係研究支援事業 研究成果報告書』国土交通省.

福島綾子. 2014.「教会建築の営繕をめぐって」. 土居義岳 編『絆の環境設計：21 世紀のヒューマニズムをもとめて』. 九州大学出版会.

福島綾子. 2015.「市街地の景観形成と宗教建築との関係に関する研究」. LIXIL 住生活財団.

藤森照信, 汪坦. 1996.『全調査東アジア近代の都市と建築』. 筑摩書房.

フランシスコ会聖書研究所. 2011.『聖書』. サンパウロ.

ベル, クエンティン. 1978=1989.『ラスキン（原著：*Ruskin*）』. 出淵敬子 訳. 晶文社.

ホーム, ロバート・K. 1997=2001.『植えつけられた都市：英国植民都市の形成（原著：*Of Planting and Planning: The Making of British Colonial Cities*）』. 布野修司, 安藤正雄, アジア都市建築研究会 訳. 京都大学学術出版会.

前川道郎. 2002.『教会建築論叢』. 中央公論美術出版.

マクグラス, A. E. 1999=2006.『キリスト教の霊性（原著：*Christian Spirituality: An Introduction*）』. 稲垣久和, 岩田三枝子, 豊川慎 訳. 教文館.

水岡不二雄. 1998.「香港のスクォッター問題における階級, 民族, および空間：植民地を支えた都市産業体系生産への序奏」.『土地制度史学』41 (1): 1-17.

ラスキン, ジョン. 1880=1997.『建築の七燈（原著：*The Seven Lamps of Architecture*）』. 杉山真紀子 訳. 鹿島出版会.

ランドウ, ジョージ・P. 1985=2010.『ラスキン：眼差しの哲学者』. 横山千晶 訳. 日本経済評論社.

林泉忠. 2005.『「辺境東アジア」のアイデンティティ・ポリティクス　沖縄・台湾・香港』. 明石書店.

ロヨラ, イグナチオ・デ. 1615=1995.『霊操』. 門脇佳吉 訳. 岩波書店.

初出一覧

第 2, 3 章

福島綾子. 2018.「香港カトリック教会建築の悉皆調査　1840 年代-1940 年代前半」.『日本建築学会技術系報告集』58: 1273-1278.

第 4 章

Ayako Fukushima. 2019. "A Comprehensive Survey of Catholic Churches in Hong Kong: from 1945 to 55." 『日本建築学会技術系報告集』59: 467-472.

Ayako Fukushima. 2019. "Social and Political Factors in Induction of Catholic Churches in Hong Kong." 『日本建築学会計画系論文集』84(758): 977-986.

第 7 章

Ayako Fukushima.2011. "Catholic Laity Involvement in Church Building Projects: Management of church building projects in the Hong Kong Catholic Diocese from the 1960s to present." 『日本建築学会計画系論文集』76(667): 1711-1719.

第 8 章

Ayako Fukushima and Yoshitake Doi. 2013. "The Building Process and the Laity Involvement of Our Lady of Mount Carmel Church in Wanchai, Hong Kong: Church building system of the Catholic Diocese of Hong Kong." 『日本建築学会計画系論文集』78(688): 1431-1440.

第 9 章

Ayako Fukushima and Yoshitake Doi. 2015. "The Catholic Building Professional Advisory Group and its Spirituality: Laity Involvement in Church Building System of the Catholic Diocese of Hong Kong." 『日本建築学会計画系論文集』80(708): 429-439.

あとがき

　研究を始めてから本書の刊行まで，非常に長い期間にわたって，たくさんの方々のご協力をいただきました．

　土居義岳先生は，私が研究を始めた当初よりご指導をくださり，私の博士論文の主査をつとめてくださいました．研究することは信仰にも似て，孤独な作業のなかで信じ続けることを教えられました．土居先生への感謝，敬意は，言葉では言い尽くせません．

　香港では，多くの方々から惜しみない協力をいただきました．全員のお名前を挙げることができませんが，香港の友人各位に心から感謝申し上げます．

　特に，カトリック香港教区のエドワード・コン神父は，ご自身が教会堂建設事業に数十年にわたって携わってきた貴重な経験，情報を，惜しみなく私に与えてくださいました．そして私の研究を様々なかたちで長年支援してくださいました．コン神父なくして，私の研究，本書の出版はなかったと思います．心から感謝いたします．

　香港中文大學カトリック研究センターのルイス・ハ神父は，私を訪問研究者として受け入れて下さり，研究への協力，支援をしていただきました．感謝申し上げます．

　2006年に九州大学に着任し，研究を始めた時には，私自身は，無神論者に近い不可知論者でした．そのような私が，香港と日本での出会いを通し，2013年にカトリック信者として受洗するに至りました．信仰者であることと研究者であることは，矛盾することではなく，また，違う顔を使い分けるのでもないことを，本研究は示すことができたでしょうか．

　山田晴佳さん，今岡真里子さんという二人の有能な方が，研究業務において大きな力添えをしてくださいました．お礼申し上げます．

　本書の刊行には，第10回九州大学出版会・学術図書刊行助成を得ました．編集に多大なご尽力をいただいた尾石理恵さんはじめ九州大学出版会関係者各位にお礼を申し上げます．

　本研究の一部は，科学研究費若手研究（B）（課題 No. 26820272），科学研究費国際共同研究加速基金（課題 No. 17KK0027）によって実施したものです．2018年夏から2019年にかけて，香港に長期滞在して研究する機会を得ました．香港で濃密な研究の時間を過ごしながら，本書を上梓しました．

福 島 綾 子

2019年6月 香港にて

索 引

著者略歴

ふくしまあやこ
福島綾子

九州大学芸術工学研究院助教. 専門は文化財学, 歴史学. 博士（工学）. 早稲田大学第一文学部考古学専修卒業, 早稲田大学文学研究科考古学専攻修士課程修了. ユネスコ北京事務所で文化遺産保存修復事業マネジメントに従事. フルブライト奨学金を得てペンシルバニア大学文化遺産保存学修士課程（Historic Preservation Program）修了. 民間企業勤務を経て, 2006 年より九州大学芸術工学研究院に所属. カトリック教会堂の建設・営繕のあり方を建築学, 歴史学, 社会学, 宗教学などから多角的に解明することを主な研究テーマとし, 日本と香港を主な対象としている.

ほんこん きょうかいどう けんせつ
香港カトリック教会堂の建設
──信徒による建設活動の意味──

2019 年 10 月 15 日　初版発行

著　者　福　島　綾　子

発行者　笹　栗　俊　之

発行所　一般財団法人　九州大学出版会

〒 814-0001　福岡市早良区百道浜 3-8-34
九州大学産学官連携イノベーションプラザ305
電話　092-833-9150
URL　https://kup.or.jp
印刷／城島印刷㈱　製本／篠原製本㈱

九州大学出版会・学術図書刊行助成

九州大学出版会は，1975 年に九州・中国・沖縄の国公私立大学が加盟する共同学術出版会として創立されて以来，大学所属の研究者等の研究成果発表を支援し，優良かつ高度な学術図書等を出版することにより，学術の振興及び文化の発展に寄与すべく，活動を続けて参りました。

この間，出版文化を取り巻く内外の環境は大きく様変わりし，インターネットの普及や電子書籍の登場等，新たな出版，研究成果発表のかたちが模索される一方，学術出版に対する公的助成が縮小するなど，専門的な学術図書の出版が困難な状況が生じております。

この時節にあたり，本会は，加盟各大学からの拠出金を原資とし，2009 年に「九州大学出版会・学術図書刊行助成」制度を創設いたしました。この制度は，加盟各大学における未刊行の研究成果のうち，学術的価値が高く独創的なものに対し，その刊行を助成することにより，研究成果を広く社会に還元し，学術の発展に資することを目的としております。

第 1 回　道化師ツァラトゥストラの黙示録
　　　　　／細川亮一（九州大学）
　　　　　中世盛期西フランスにおける都市と王権
　　　　　／大宅明美（九州産業大学）

第 2 回　弥生時代の青銅器生産体制
　　　　　／田尻義了（九州大学）
　　　　　沖縄の社会構造と意識——沖縄総合社会調査による分析——
　　　　　／安藤由美・鈴木規之編著（ともに琉球大学）

第 3 回　漱石とカントの反転光学——行人・道草・明暗双双——
　　　　　／望月俊孝（福岡女子大学）

第 4 回　フィヒテの社会哲学
　　　　　／清水　満（北九州市立大学学位論文）

第 5 回　近代文学の橋——風景描写における隠喩的解釈の可能性——
　　　　　／ダニエル・ストラック（北九州市立大学）
　　　　　知覚・言語・存在——メルロ＝ポンティ哲学との対話——
　　　　　／円谷裕二（九州大学）

第 6 回　デモクラシーという作法——スロヴァキア村落における体制転換後の民族誌——
　　　　　／神原ゆうこ（北九州市立大学）

第 7 回　魯迅——野草と雑草——
　　　　　／秋吉　收（九州大学）

第 8 回　トルコ語と現代ウイグル語の音韻レキシコン
　　　　　／菅沼健太郎（九州大学）

第 9 回　コメニウスの旅——〈生ける印刷術〉の四世紀——
　　　　　／相馬伸一（広島修道大学）
　　　　　ハインリヒ・シェンカーの音楽思想——楽曲分析を超えて——
　　　　　／西田紘子（九州大学）

第 10 回　香港カトリック教会堂の建設——信徒による建設活動の意味——
　　　　　／福島綾子（九州大学）

＊詳細については本会 Web サイト（https://kup.or.jp/）をご覧ください。
（執筆者の所属は助成決定時のもの）